예비교사를 위한

컴퓨터 활용교육

이태욱 · 박정호 · 송정범 · 김광열 지음

敎友社

머리말

A COMPUTER OF APPLICATION EDUCATION

현 지식정보화 시대에는 정보를 효과적으로 다루는 것이 중요시되는 시대로 정보를 수집 · 분석 · 가공할 수 있도록 도와주는 컴퓨터는 이젠 정보화 사회에 적응하기 위해 누구나 필수적으로 배워야하는 도구가 되었다.

또한 2005년 12월에 한차례 개정된 정보통신기술 교육 운영지침에서도 지금까지의 단순한 지식 중심의 교육을 지양하고 학습 및 일상생활의 문제해결에 정보통신 기술을 적극적으로 활용할 수 있도록 하는 ICT활용교육을 강조하고 있다.

그러나 ICT를 실제 수업에 활용해야 하는 일선 교사들은 잘 갖추어진 정보화 인프라에도 불구하고 현장 교육적 환경이 이를 뒷받침하지 못하고 있어 ICT활용 교수 · 학습의 정착에 걸림돌이 되고 있는 실정이다.

이는 여러 가지 요인이 있겠지만 제일 우선 개선해야할 점은 예비교사들의 사전교육의 문제점이다.

따라서 본 교재인 〈예비교사를 위한 컴퓨터 활용교육〉에서는 현장교사는 물론 예비교사들의 컴퓨터 활용능력 신장을 위해 마련되었으며 단순한 기능습득에서 벗어나 학교에서 배우는 교육과정, 가정 및 학교에서 부딪히는 다양한 문제 상황을 중심으로 효과적으로 정보를 처리할 수 있도록 구성하였다.

1장에서는 ICT활용교육의 개념, 목적과 개정된 정보통신기술 교육운영지침에서 강조하고 있는 정보통신윤리에 대한 내용으로 이루어져 있으며 2장부터는 실제로 『운영체제』개념과 활용을 다루고, 3장에서는 『한글 2005』개념과 활용을 다루고, 4장과 5장에서는 『파워포인트와 엑셀』의 교육적인 활용을 다루었다. 마지막으로 6장과 7장에서는 교육용 웹 콘텐츠 제작에 필수적인 『멀티미디어와 홈페이지』의 교육적인 활용에 대해 살펴보았다.

이 책이 많이 부족하지만 예비교사나 현장 교사들이 ICT활용교육을 함에 있어 작은 보탬이 되길 바란다.

끝으로 이 책을 만드는 과정에서 여러 가지로 바쁜 일과 속에서도 책이 나올 수 있도록 많은 격려와 훌륭한 길잡이가 되어주신 교우사 오판근 사장님 이하 출판사 관계자 여러분들께도 진심으로 고마운 마음을 전한다.

2007. 8.

저자 일동

차 례

A COMPUTER OF APPLICATION EDUCATION

Chapter 1 ICT 활용 교육이란?

Chapter 2 운영체제

Chapter 3 한글 2005의 교육적 활용

Chapter 4 파워포인트의 교육적 활용

Chapter 5 엑셀의 교육에의 활용

Chapter 6 멀티미디어의 교육적 활용

Chapter 7 홈페이지의 교육적 활용

1 Chapter

ICT 활용 교육이란?

chapter1

1 ICT 활용 교육이란?

01_ICT 활용 교육이란?

1. 개념

21세기 지식정보사회를 살아가는데 있어서 핵심적으로 요구되는 능력 중의 하나는 ICT활용능력이다. 21세기 정보사회를 원만하게 살아가기 위해서는 새로운 ICT를 편안하게 할 수 있어야 하며, 더 나아가 이러한 ICT를 활용하여 새로운 지식을 창출해낼 수 있어야 한다. 즉 21세기 정보사회는 정보 소양인을 요구하고 있다(송경희, 2001).

이처럼 ICT활용능력은 사회를 살아가기 위해 기본적이면서 필수적으로 갖추어야하는 소양 Literacy 중 하나라는 것에 의미가 있다. 이는 곧 정보통신기술을 활용하는 능력이 생존경쟁력을 의미하며, 정보통신기술을 교육에 도입하는 것은 자연스런 이치를 넘어서 절체절명의 과제라 해도 과언이 아니다. 이것이 ICT교육의 출발점이라 할 수 있다.

이에 정부 차원에서 2000년 8월 1일 '초 · 중등학교 정보통신기술 운영지침' 이 발표되고 정보통신기술교육이 제7차 교육 과정부터 체계적으로 이루어질 수 있는 기반을 마련할 수 있었다.

이 운영지침에 따르면 지금까지 사용하던 '컴퓨터교육' 대신 보다 넓은 의미의 '정보통신기술(Information Communication Technology)교육' 이라는 용어를 사용한다. 정보통신기술(Information & Communication Technology)은 정보기술(Information Technology)과 통신기술(Communication Technology)의 합성어로 기존의 IT 개념에 Communication 즉, 정보의 공유 및 의사소통 과정을 보다 강조하는 의미를 내포하고 있다. 따라서 협의의 개념에서 정보통신기술이란 정보를 검색, 수집, 전달하기 위한 하드웨어와 소프트웨어를 의미하나, 광의의 개념으로 보면, 이들 하드웨어와 소프트웨어를 이용하여 정보를 수집, 생산, 가공, 보존, 전달, 활용하는 모든 방법을 의미한다고 할 수 있다.

하지만, 근래에 들어 인터넷, 컴퓨터 보급의 일반화와 학습 환경의 변화에 따른 내용의 진부화와 국가 사회적 요구 증대 등으로 단계별 내용의 수정 · 보완의 필요성이 대두되었다. 따라서 2005년 12월 정보통신기술교육 운영지침 개정안이 나왔는데 이를 구체적으로 살펴보면 다음과 같다.

정보통신기술 교육을 다음과 같이 소양 교육과 교과 활용교육으로 나누고, 소양 교육에서는 컴퓨터 과학 요소 및 정보통신윤리 분야를 강화하며 소양 교육과 교과 활용교육 간의 연계를 통하여 효과적으로 교육 목표를 달성할 수 있도록 하였다. 이를 구체적으로 살펴보면 다음과 같다.

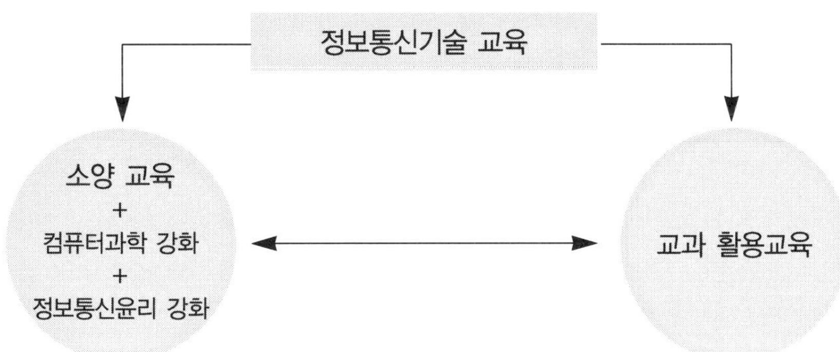

첫째, 정보통신윤리 교육을 강화한다. 정보통신기술의 급속한 발달로 대부분의 학생이 컴퓨터와 인터넷을 쉽게 사용할 수 있으나 타인과 자신의 정보 생활에 대한 적절한 윤리의식 및 대응 방법에 대한 교육이 이루어지지 않고 있다. 이러한 현상을 반영하여 초 · 중등교육에서 정보통신윤리가 확립될 수 있도록 근본적이고도 충분한 교육이 이루어지도록 한다.

둘째, 미래 지향적인 정보통신기술에 대한 교육이 이루어지도록 한다. 기존 교육내용에 대한 제한적이고 왜곡된 인식에서 벗어나 창의력, 문제 해결력, 논리적 사고력 등 고능 사고 능력을 함양할 수 있는 정보통신기술 교육을 지향한다. 이를 통해 미래 지식 정보 사회를 유지 · 발전시킬 수 있는 잠재적 인재를 육성한다.

셋째, 단순한 기능 위주의 응용 소프트웨어 조작 방법에 대한 내용을 축소하고 정보통신기술에 대한 원리, 개념 등 컴퓨터 과학 측면의 교육을 강화하며 정보 전달 · 교류의 수단으로 활용되던 인터넷을 정보를 생성하고 교환하는 장으로 확장시켜 재구성한다.

넷째, 교육 내용 간의 연계성과 계열성을 확보한다. 기존의 정보통신기술에 대한 학교급별, 과목별 교육내용의 중복 해소와 체계적인 교육이 가능하도록 교육내용을 구성하고 아울러 최근 활발히 이루어진 정보통신기술 교육에 대한 새로운 경향을 반영한다.

다섯째, 교과 교육과정과 밀접하게 연계될 수 있는 교과 활용교육 유형과 예시를 제시한다. 각 교과별로 다양하고 실질적인 예시를 제시하되 정보통신기술 소양 교육과 교과 활용교육이 연계될 수 있도록 구성한다.

2. 소양교육

정보통신기술 자체에 대한 교육으로 정보의 생성, 처리, 분석, 검색 등 기본적인 정보 활용능력을 기르는 교육이다. ICT 소양교육은 학교장 재량 활동시간이나 특별활동 시간에 독립 교과 혹은 특정 교과의 내용 영역으로 정보통신기술 자체에 관한 교육을 하는 것을 의미한다. 즉, 초등학교의 '실과', 중학교의 '컴퓨터', 고등학교의 '정보 사회와 컴퓨터' 교과를 통해 학생들이 컴퓨터, 각종 정보기기, 멀티미디어 매체, 응용프로그램을 다룰 수 있는 기본적인 소양을 기르도록 하는 것이다.

3. 교과 활용 교육

기본적인 정보소양능력을 바탕으로 학습 및 일상생활의 문제해결에 정보통신 기술을 적극적으로 활용할 수 있도록 하는 교육이다. 교과 활용 교육은 각 교과시간에 정보통신기기를 활용하여 교과의 목표를 가장 효과적으로 달성하기 위한 교육활동, 즉 정보통신기술을 도구적으로 활용하여 학습자의 학습동기를 유발하고 자기 주도적인 학습능력을 신장시키려는 교육활동을 의미한다. 예를 들면 교육용 CD-ROM 타이틀을 이용하여 수업을 하거나 혹은 인터넷 등을 통합 웹 자료를 활용하여 교수-학습을 하는 형태이다.

이러한 ICT 활용교육의 목적은 학생들의 창의적 사고와 다양한 학습활동을 촉진시켜 학습목표를 효과적으로 달성할 수 있도록 지원하는 데 있으며, 보다 궁극적으로는 이러한 정보통신기술을 이용하여 학습과 일상생활에서 당면하는 문제를 효과적으로 해결할 수 있도록 하는 데 있다. 따라서 정보통신기술 활용 교육은 그 교과의 특성과 정보통신기술의 특성이 적절하게 조화를 이룰 때에 교육적인 효과가 가장 크다고 할 수 있다.

4. 소양교육과 교과 활용 교육의 관계

실제로 교과 학습에 필요한 ICT 활용능력은 각 교과 시간에 다루기 어렵기 때문에 컴퓨터 관련 과목 등을 통해 이루어진다. 학습자들은 소양 교육으로 ICT에 대한 기본적인 기술 능력을 습득하고, 이를 토대로 각 교과에서 ICT를 활용한 교수 · 학습 활동을 해나갈 수 있다. 두 가지의 교육이 서로 연계하여 이루어질 때 아래 그림과 같이 ICT 활용교육은 가장 효과적으로 이루어진다.

ICT 교육의 개념

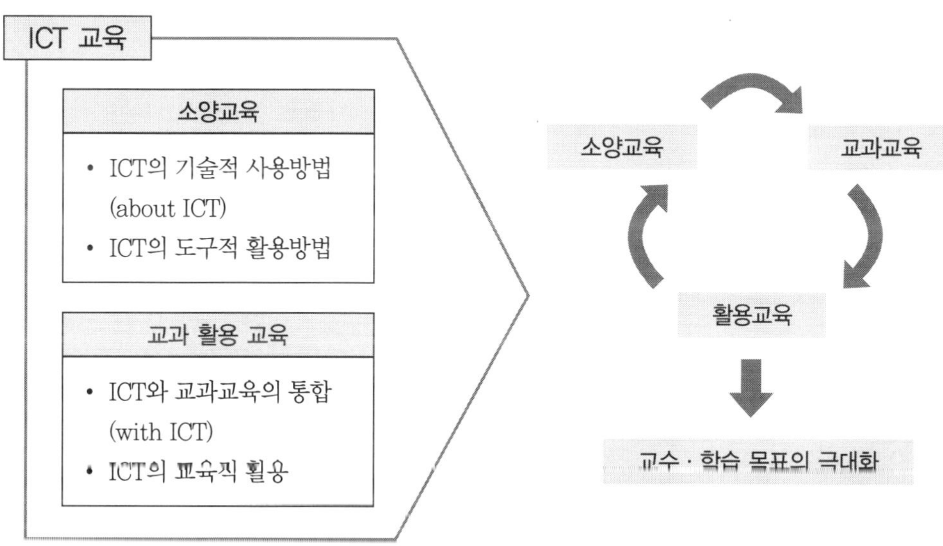

02_ICT 활용 교육의 필요성

제7차 교육 과정은 지식정보화시대 창의적인 인재 육성을 위한 '자율과 창의에 바탕을 둔 학생중심 교육 과정'을 목표로 하며, 이를 위하여 교육 과정에 대한 학교의 자율권과 재량을 확대하고, 수준별 교육 과정을 구성하여 학습자의 학습 능력과 요구에 따른 다양한 학습 기회를 제공하는 등 지식정보화시대의 교육적인 필요에 부응하고 있다. 이를 위해서는 단순히 교육 방법만을 변화시키는 것이 아닌, 교육 과정 속에서 주요한 변화가 이루어져야 할 것이며, 정보통신기술교육은 다음의 측면에서 그 필요성이 강조된다.

첫째, 유연하고 다양한 학습활동을 제공한다.

정보통신기술을 통해 지식 전달 위주의 교육방법과 교실 중심의 제한된 교육환경에서 탈피하고, 다양한 정보와 경험, 인물들과 적극적으로 상호 교류할 수 있게 됨으로써 학습자들은 더욱 감성적으로, 지적으로 개방되며, 다양성, 창의성, 포용력 등의 개념들에 친숙해질 수 있다.

둘째, 자기 주도적 학습능력 및 창의력, 문제해결력 신장이다.

ICT 활용교육은 정보통신기술을 이용하여 학습자들이 스스로 학습의 목표 및 적절한 학습 전략을 선정하고, 학습의 결과를 평가하는 과정에 적극적으로 참여하도록 지원함으로써 자기 주도적인 학습 능력을 신장할 수 있도록 한다. 뿐만 아니라, 적합한 정보를 찾아 자신의 용도에 맞게 수집, 분석하고 종합하여 새로운 정보를 창출해 내는 과정 속에서 학습자들은 창의력과 문제 해결력을 신장시킬 수 있다.

셋째, 동기유발을 통한 능동적인 학습참여 유도이다.

다양한 멀티미디어 교수-학습 자료를 활용하여 생생한 학습 경험을 제공하고, 이를 통해 적극적인 자기표현과 참여를 유도할 수 있다. 또한 실생활과 관련한 주제를 탐색하고 자신에게 흥미 있는 정보를 선택, 활용할 수 있는 ICT 친화적 교육환경을 통해 보다 능동적인 학습참여를 유도할 수 있다.

넷째, 교육의 장 확대이다.

교실수업의 물리적, 공간적 제한을 벗어난 학습 환경을 통해 교육의 장이 더욱 확대됨에 따라 사고의 폭과 경험을 보다 넓히는 고차적인 사고 능력을 신장시킬 수 있게 된다.

03_ICT의 활용 교수 · 학습 유형

1. ICT 활용 교수-학습

ICT 활용 수업의 활동 유형은 수업 과정을 중심으로 이루어졌다. 모든 활동 유형을 포괄하는 수업 과정은 아래와 같은 단계로 구분할 수 있으며, 각 단계마다 교사와 학생이 해야 할 대표적인 활동을 포함하고 있다.

1) 수업 활동 수립 및 준비 단계

교사의 입장에서 수업 활동을 어떻게 수립하고 무엇을 준비해야하는가?

2) 수업 안내 단계

교사는 학습 목표나 활동을 학습자에게 어떻게 제시해야 하는가?

3) 수업 전개 단계

전개 단계에서 학습자는 어떤 활동을 하게 되며, 교사가 지원해야 할 사항은 무엇인가?

4) 수업 정리 단계

수업 정리 단계에서 교사와 학생은 어떤 활동을 하게 되는가?

2. 활동 유형

ICT 활용 수업의 다양한 활동 형태는 학습자 중심, 실생활의 문제 해결 중심, 과제 중심, 협동 중심 그리고 교육 과정의 통합이라는 큰 방향 아래 정보 통신 기술의 특성 및 정보 통신 기술의 교육적 활용 가능성과 연관 지어 크게 8가지 정도로 나눌 수 있다. 그러나 각 활동 유형은 수업 전개 시 한 가지 이상의 유형과 혼합하여 또는 순차적으로 적용될 수 있으므로, 8가지 유형보다 훨씬 다양한 형태가 나올 수 있다.

1) 정보 탐색하기

정보 탐색하기는 과제해결을 위한 첫 단계로서, 인터넷 검색 엔진을 비롯한 웹 사이트, CD-ROM 타이틀, 인쇄 자료 등을 활용하여 자료를 탐색하거나 정보를 갖고 있는 사람과의 직접적인 정보 교환 등을 통해 다양한 정보를 찾아보는 유형이다. 이 유형은 보다 다양한 자료를 필요로 하는 과목에서 기초적인 정보 검색 및 정리를 위해서 또는 문제 해결 능력의 배양이나 탐구 활동을 통한 적극적인 태도를 기르기 위한 목적에서 활용될 수 있다.

2) 정보 분석하기

정보 분석하기는 다양한 방법(웹 사이트 검색, 설문 조사, 실험 · 구체물을 통한 자료 확보 등)으로 수집한 원시 자료를 문서 편집기나 데이터베이스, 스프레드시트 등을 이용하여 비교, 분류, 조합하는 정보 분석 활동을 통해 결론을 예측하고 추론해 보는 유형이다. 이러한 자료 분석 과정과 추론활동 등은 학습자들의 탐구 능력을 증진시키기 위한 목적으로 활용될 수 있다.

3) 정보 안내하기

정보 안내하기는 교사가 대부분의 학습활동을 주도하는 유형이다. 즉, 미리 잘 짜인 수업처럼 교사가 미리 수업을 계획하여 필요한 단계에서 교육용 CD-ROM 타이틀을 제공하거나, 미리 개발한 프레젠테이션 자료를 제시하거나, 홈페이지를 구축하여 학습자들에게 수업 내용을 안내하는 유형이다. 이러한 면대면 교실 수업뿐만 아니라, 시간과 공간을 초월하여 학습이 가능한 웹 기반 학습(WBI : Web Based Instruction)도 이 유형에 포함된다.

이 유형은 사전에 교사가 적절한 교육용 CD-ROM 타이틀을 선택하는 능력과 필요한 프레젠테이션 자료 또는 홈페이지를 구축할 수 있는 기술 및 시간을 필요로 하지만 불필요한 정보를 사전에 배제하고 학생들의 수업에 효율적으로 사용할 수 있다는 장점이 있다.

4) 웹 토론하기

웹 토론하기는 채팅이나 게시판, 전자우편 등을 활용하여 어떤 특정한 주제에 대해 허락이 된 참여자들 또는 불특정 다수 누구나가 자신의 의견을 게시할 수 있는 유형이다. 채팅을 통해 멀리 떨어진 토론 참여자들이 문자를 이용한 실시간 대화를 할 수 있으며, 게시판이나 전자우편을 통해 비실시간으로 토론 주제에 대한 의견을 정리하여 게시할 수 있다. 이 유형은 다른 사람의 의견을 존중하는 태도와 합리적 사고력을 함양하기 위한 목적으로 활용될 수 있으며, 웹의 특성상 면대면 토론 학습에 부담감을 갖고 있는 학습자들을 적극적으로 참여시켜 의사 표현 능력을 신장시키고자 하는 목적으로도 활용할 수 있다.

5) 협력 연구하기

협력 연구하기는 교실이라는 제한된 범위를 넘어 다른 지역, 다른 나라 학습자끼리 공동 관심 사항에 대해 각기 자료를 검색하고, 취합하여 결과물을 공유하는 유형이다. 이 유형은 많은 사람들과의 연계를 통해 상호작용을 활성화한다는 점 이외에도 서로 다른 환경과 문화에 대해 통찰할 수 있는 기회를 제공해 준다는 점에서 의의가 있다. 특히 교사에게는 통합 교육 과정의 운영과 다른 학교와의 협력 학습, 그리고 다중문화를 경험할 수 있도록 하며, 학생에게는 재미있고, 상호작용적인 학습 경험에 참여할 기회를 제공한다는 점에서 수업 활동에 적극 활용될 수 있다.

6) 전문가와 교류하기

전문가와 교류하기는 인터넷을 통해 특정 분야의 전문가를 비롯한 학부모, 선배, 다른 교사 등과 의사소통을 하면서 학생들이 탐구 및 학습 활동을 할 때에 관련 분야의 전문 지식을 활용토록 지원하기 위한 유형이다. 전자우편을 통한 질의응답 형식으로 전문가와 교류하기도 하며, 원격 대화가 가능한 카메라 설치나 원격 영상 회의 시스템 등의 진보된 기술을 활용하여 전문가와 실시간 화상 대화를 실시하는 것도 가능하다. 이 유형은 특히 심도 있는 정보 조사를 목적으로 할 때 유용하게 활용될 수 있다.

7) 웹에서 펜팔하기

E-pals(이팔 : 인터넷을 이용한 펜팔) 또는 Keypals(키팔 : 컴퓨터의 키보드를 이용한 펜팔)은 인터넷의 전자우편을 이용하여 여러 지역의 다른 사람들과 개인적인 교류를 하거나 언어 학습 또는 문화에 대한 이해를 위한 목적으로 교류를 하는 유형이다. 이는 세계 여러 나라의 친구들을 사귀고 개인적인 교류하기 위한 목적으로 활용할 수 있으나, 그 보다는 다른 지역, 다른 국가의 언어, 문화, 역사, 지리 등을 이해하기 위한 목적으로 활용할 수 있다.

8) 정보 만들기

정보 만들기는 문제 해결 과정에서 산출된 각종 결과물들을 다른 사람들이 볼 수 있도록 보고서나 프레젠테이션 자료, 홈페이지로 만드는 유형이다. 이 유형은 만들기 활동 자체가 하나의 목표가 되어 인터넷 신문 만들기, 포스터 만들기, 그림엽서 만들기 등과 같이 표현하고 싶은 것을 나타내는 창의적인 표현 능력 증진을 위해 적용할 수 있다. 정보는 저작 도구나 그래픽 제작 소프트웨어 또는 HTML 문서 등 각종 도구를 활용하여 만들어지며, 웹을 통해 다른 사람들에게 공개된다. 이 유형은 웹의 문서 작성 및 파일 관리에 대한 기술을 비롯해 읽고, 쓰고, 편집하고, 수정하는 일반교양 기술과 창의적인 표현 능력 증진, 협동심과 서로 나누는 사회적 기술 함양을 위한 목표에 적용할 수 있다.

3. ICT 활용 수업 유형

1) 상황학습

인터넷과 같은 컴퓨터 통신 환경은 학습자들을 실제적인 과제에 직접, 간접적으로 참여할 수 있도록 지원해주는 강력한 도구라고 할 수 있다. 이러한 예로는 미국에서 주도하고 있는 국제 프로젝트인 글로브(Globe)에서 학습자가 측정하고 수집한 자료가 실제 과학자들의 기초자료로 사용되고 있으며(http://globe.arc.nasa.gov), 미국의 마야탐험 프로젝트에서는 현지에서 직접 촬영한 필름, 그리고 현지와의 상호작용을 통해 학생들이 교실에서 실제와 거의 유사한 탐험 경험을 하는 것을 들 수 있다(http://www.mecc.com/mayaquest.html).

2) 협력학습

인터넷 환경은 학습자들이 동료, 전문가, 교사 또는 지역사회 인사와의 협력이 이루어질 수 있는 환경을 제공함으로써 자연스럽게 협력학습 방법을 익힐 수 있게 한다. 전문가가 학생들을 의도적으로 가르치는 관계가 아니라 하나의 목적 달성을 위해 전문가와 학생이 동료의식을 갖고 함께 일하는 관계(횡적인 관계)를 형성하게 한다. 예로 들면, 미국 전국 학교망(SchoolNet)의 '함께 글쓰기(Collaborative Writing)' 프로젝트에서는 다른 지역, 다른 문화권에 있는 학생들이 협력하여 서로 상대방의 글을 읽고 검토의견을 교환함으로써 하나의 글을 성공적으로 완성해나가는 것을 볼 수 있다.

3) 통합교과학습

하이퍼텍스트 응용기술의 원리를 도입한 인터넷과 같은 컴퓨터 통신 환경에서는 주제를 중심으로 내용이나 소재들이 자연스럽게 상호 연결되므로 주제 중심의 통합교과적인 학습이 가능하다. 인터넷을 매개로 하는 프로젝트에서는 교과의 구분은 별 의미가 없으며 하나의 주제와 관련된 다양한 내용들에 대한 학습이 자연스럽게 이루어질 수 있다.

4) 문제해결학습

문제해결학습이란 어떤 내용을 배우기보다는 문제를 해결하는 방법을 배우는 것을 의미한다. 일반적으로, 문제를 해결하는 과정은 문제의 제기, 문제의 개념화, 문제 해결을 위한 전략 설정, 문제에 대한 정보의 조직, 자원의 할당, 문제해결 과정의 모니터링, 평가를 포함하는 일련의 사이클로 이루어진다(Sternberg, 1996).

문제해결 학습을 위해서 학습자들은 적극적 · 비판적 · 창의적으로 사고해야 하며 해결책은 저절로 주어지는 것이 아니라 학습자들이 스스로 찾아내야 한다. 문제해결 학습과정에서 학습자는 데이터베이스, 전문가 등의 다양한 인터넷 자료원에 접근하여 필요한 정보를 탐색할 수 있다.

5) 화상회의를 통한 원격학습

서로 멀리 떨어져 있는 교사와 학습자간에 컴퓨터 화면을 통해 서로를 볼 수 있고 질문을 주고받으며 동시 수업을 진행하는 것은 최근의 기술로 가능해진 새로운 형태의 수업 방법이다. 이와 같은 수업은 하나의 교사 또는 전문가가 멀리 떨어져 있는 여러 학습자에게 동시 수업을 실시할 수 있게 하며 질문, 응답, 조언 등을 즉각적으로 할 수 있게 하는 생동감 있는 수업 방법이다. 이러한 화상 회의를 통한 원격 학습의 예로는 일본의 한 고등학교에서 씨유씨미(CU-SeeMe) 소프트웨어를 사용하여 지진이란 주제에 대해 미국의 한 학급과 실시간으로 화상 회의를 한 것을 들 수 있다(Sugimoto, 1997).

6) 컴퓨터 기반의 원격제어학습

과학과 같은 분야에서는 직접 기기를 다루어 보고 실제 데이터를 관찰하고 분석하며 다양한 실험을 하는 것이 전문적인 지식을 쌓는데 큰 도움이 된다. 실제와 유사한 간접경험을 제공하기 위한 수단으로 컴퓨터 시뮬레이션과 같은 인위적으로 개발된 소프트웨어들이 사용되어 왔다.

7) 프로젝트학습

프로젝트학습의 특징은 학생들이 필요로 하는 기술과 지식들을 하나의 프로젝트를 수행하는 과정에서 자연스럽게 획득할 수 있다는 것이다. 교사는 학생들에게 필요한 안내와 정보를 제공하며 학생들이 무엇을 하고 있으며 또 어떤 어려움이 있는지를 파악하여 필요한 자원을 제공받을 수 있도록 도와주는 조정자 또는 촉진자로서의 역할을 한다. 프로젝트가 성공적으로 수행되기 위해서는 뚜렷한 목표가 있어야 하며 조정자와 지원체제가 필요하다. 인터넷은 학생들이 프로젝트를 수행하는 데 필요한 다양한 자원을 제공하는 도구가 된다.

8) 개별화 학습

학습자들은 서로 다른 장소에서 서로 다른 학습전략을 사용하여 학습을 한다. 이러한 견지에서 볼 때 인터넷은 학습자들의 각기 다른 학습형태와 전략을 지원해 줄 수 있으며 개개인의 학습 양식과 요구를 충족시켜 줄 수 있다. 예를 들어, 동일한 주제에 관해 학습자들은 자신이 원하는 장소와 시간에 자신이 선택한 경로와 속도로 학습자원들을 선택하고 탐구함으로써 독자적으로 학습을 수행해 나갈 수 있다.

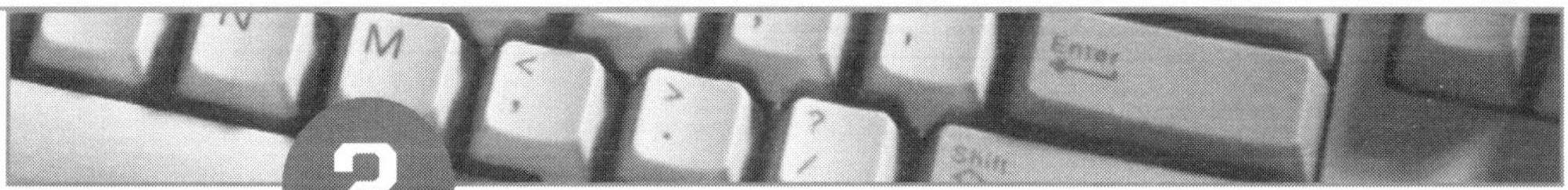

chapter1 2

개인정보보호

01_개인정보보호의 정의

개인정보란 본인의 의사에 반하거나 본인이 알지 못하는 상태에서 이용될 경우 정보주체(혹은 당사자)의 안녕과 이해관계에 영향을 미칠 수 있는 개인 관련 정보를 말한다.

1. 개인정보보호관련 법률 체계

우리나라 개인정보보호법제는 헌법을 최상위 근거법으로 하고 이에 기인한 기본권을 보장하는 구체적 법률로서 공공분야에는 '공공기관의 개인정보보호에 관한 법률-이하개인정보보호법' 이, 민간분야에는 '정보통신망이용촉진 및 정보보호등에 관한 법률-이하 정보통신망법' 이 각각 일반법으로 적용되고 있다.

헌법

공공부문	구분	민간부문
공공기관의 개인정보 보호에 관한 법률	일반법 (컴퓨터 정보)	정보통신망 이용촉진 및 정보보호 등에 관한법률

〈출처 : 2003 개인정보보호백서-한국정보보호진흥원〉

1) 법률에 규정된 개인정보 정의

개인정보보호법 – 공공부문
"개인정보란 생존하는 개인에 관한 정보로서 당해 정보에 포함되어 있는 성명, 주민등록번호 등의 사항에 의하여 당해 개인을 식별할 수 있는 정보(당해 정보만으로는 특정 개인을 식별할 수 없더라도 다른 정보와 용이하게 결합하여 식별할 수 있는 것을 포함한다)"

'개인정보보호법' 은 공공기관이 보유하고 있는 개인정보 중 컴퓨터로 처리되는 개인정보만을 대상으로 하기 때문에 민간 부문에서의 개인정보까지 포함된다고는 볼 수 없다.

정보통신망법 – 민간부문
"개인정보라 함은 생존하는 개인에 관한 정보로서 성명 · 주민등록번호 등에 의하여 당해 개인을 알아볼 수 있는 부호 · 문자 · 음성 및 영상 등의 정보(당해 정보만으로는 특정 개인을 식별할 수 없더라도 다른 정보와 용이하게 결합하여 식별할 수 있는 것을 포함한다)"

위 법률은 정보통신서비스제공자에 대해 규율하는 즉, 민간 부문에서의 개인정보 처리 법률이다.

2. 개인정보에 대한 인식

1) 일반적 인식

개인정보주제	개인정보이용자
인격적 가치	인격적 가치, 재산적 가치(민간부문의 경우)

2) 최근 경향

개인정보보호를 일종의 재산권적 차원에서 다루는 경향이 아주 강하다. 이러한 관점에서는 정보프라이버시, 즉 자기정보통제권이 자기 자신의 재산에 대한 권리행사로 나타나게 된다.

자기정보통제권이란?
자신에 관한 정보의 수집 · 이용 · 공개 · 세공 등을 본인이 통제할 수 있는 권리

3) 문제점

- 정보프라이버시를 전적으로 재산권적 접근으로만 파악하는 것은 인격권적 접근에 의한 사회규범의 형성을 부정하는 결과를 초래할 수 있다.
- 인격권적 피해에 대한 배상이 부정됨으로써 개인정보에 대한 무분별한 침해행위를 조장할 우려가 있다.
- 개인정보의 재산권적 측면을 강조할 경우 무분별한 침해행위를 야기하여 인간의 존엄성이라는 헌법적 가치를 빈번하게 손상시킴으로써 민주적 사회발전에 저해하는 원인을 제공할 수 있다.

변화하는 개인정보의 범위
• 개인정보의 범위는 고정되어 있는 것이 아니라 지속적으로 확대되고 있다. • 전자우편주소, 신용카드 비밀번호, 로그파일, 쿠키(Cookies) 정보, 위치정보, DNA 정보 등 새로운 개인정보가 계속 등장하고 있다. • 우리 사회의 경쟁력 및 생활의 편리성을 높이는데 기여하겠지만, 만약 누군가에 의해 오용될 경우 개인적으로나 사회적으로 중대한 위협이 될 수 있다.

3. 개인정보 침해 위협

1) 개인정보의 침해는 개인의 사적인 공간을 위협한다.

- 현실공간에서 뿐만 아니라 사이버공간에서의 사적인 영역이 위협받는다.

2) 개인정보의 침해는 개인의 안전을 심각하게 위협할 수 있다.

- 학교 홈페이지에 게시된 청소년들의 사진이 유괴나 살인과 같은 범죄에 이용될 가능성이 충분히 있다.

3) 개인정보의 침해는 사회적 배제(Social Exclusion)를 초래할 수 있다.

- 광범위하고 상세한 개인정보의 수집과 이용은 사람들을 다양한 범주로 분류하는데 사용되어 새로운 유형의 사회적 배제를 초래할 수 있다. 이러한 사회적 과정을 팬옵틱 소트(Panoptic Sort)라고 부른다.

4) 개인정보의 침해는 기업과 소비자 사이에 힘의 불균형을 낳을 수 있다.

- 기업이 소유한 고객정보는 고객 서비스의 향상을 위해서 사용될 수 있겠지만 궁극적으로 기업의 권한을 강화하고 소비자의 자유를 감소시킬 가능성이 높다.

4. 개인정보보호의 현안과 쟁점

1) 주민등록번호 도용

- 개인정보의 오 · 남용과 관련해서 주민등록번호의 악용이 가장 먼저 지적되어야 한다.
- 대부분의 인터넷 사이트들이 회원가입 시 주민등록번호 입력을 필수항목으로 요구하고 있다.

500명의 네티즌 중 20%가 주민등록번호를 도용당한 경험이 있다. 12%가 타인의 주민등록번호를 도용한 경험이 있다.

〈출처 : 주민등록번호 도용관련 2003년 한국정보보호진흥원 조사 결과〉

- 주민등록번호가 유출되면 자신이나 자신이 속한 기업이 재정적 손실을 입을 수 있을

뿐 아니라 자신의 의사와 반해서 사생활이 공개되는 피해를 입을 수 있다.

- 아이러니컬하게도 적지 않은 사람들이 자신의 주민등록번호가 유출될까 두려워 남의 주민등록번호를 도용하고 있다.

2) 스팸(Spam) 메일

스팸(spam) 메일과 인스턴트 메시징 스팸도 사람들의 업무나 휴식을 방해하는 심각한 프라이버시 침해 유형으로 등장했다.

스팸메일의 91.6 %가 음란물이나 불법복제물 판매 광고 메일이다.

〈출처 : 2003 정보통신백서〉

- 휴대폰 문자메시지 스팸도 스팸메일 못지않게 프라이버시를 심각하게 침해하고 있다.
- 2003년 한 해 동안 휴대폰 스팸 메시지는 25억 5천만 통이 발송되었으며, 그 중 80% 정도가 폰팅 업체에 의해 발송된 음란전화나 음란사이트 광고였다.

3) CCTV

- 밤길에 보행자들의 안전을 보호하기위해 골목길에 설치된 CCTV가 범죄를 예방하는 데는 도움이 되겠지만, 모든 주민을 잠재적 범죄자로 간주할 뿐 아니라 촬영된 필름이 불법 유출될 경우 주민의 프라이버시 침해를 초래할 수 있다는 점에서 논란의 대상이 된다.

4) 스마트카드(Smart Card)

- 스마트카드는 케이캐시(K-Cash:전자화폐), 대학의 학생증, 기업의 사원증, 병원 진료카드, 공무원 신분증 등 다양한 형태로 사용되고 있다.
- 스마트카드는 개인정보와 프라이버시 보호에 있어 중대한 도전이다.

• 스마트카드를 사용하게 되면 개인정보의 광범위한 공유를 통해 각종 편의를 얻게 되는 반면 익명성의 영역은 그만큼 줄어들기 때문이다.

4. 개인정보보호 대책

1) 개념적 발전

전통적 의미	현대적 의미
홀로 남아 있을 권리 사생활의 보호	정보주체의 자기정보결정권 정보의 재산적 가치 인정

(가) 의미 확대

• 수집, 보관, 관리, 이용, 이전, 그리고 폐기에 이르는 모든 과정에서 정보주체의 권리가 어떻게 보장될 수 있는가?

• 프라이버시 개념 확대 : '사생활보호' 라는 협의의 개념에서 '개인의 자기정보결정권' 이란 개념으로 발전

정보주체의 자기정보 결정권이란?
개인이 자신의 어떤 정보가, 누구에 의해, 어떻게 수집되고, 어떻게 보관되며, 어떻게 이용되는가에 대해 스스로 결정할 수 있는 권리

(나) 주요 쟁점

• 정보주체의 자기정보결정권을 불가침의 인권으로 이해해야 하는지 아니면 거래나 제약 또는 위임이 가능한 권리로 보아야 하는지?

• 개인정보의 수집과 이용에 있어 정보주체의 동의는 어떻게 받아야 하는지?

• 개인정보를 상업적으로 이용하는 경우 각각의 정보에 대해 어떻게 또 얼마를 보상해 주어야 하는 것인지?

2) 법제도의 개선

2003년 말에 이루어진 '정보통신망법'의 개정을 통한 몇 가지 중요한 제도적 개선은 다음과 같다.

(가) 정보주체의 자기정보결정권강화 조치

- 정보통신서비스제공자에게 자신의 개인정보에 대한 열람 뿐 아니라 개인정보를 이용하거나 제3자에게 제공한 내역을 요구할 수 있다.

(나) 개인정보분쟁조정위원회에 전담 조정부 설치

- 개인정보침해 사건 발생시 신속하고 공정한 구제 조치를 위해 전담 조정부 설치 운영한다.

(다) 처벌강화

- 수신자의 거부의사에도 불구하고 불법적인 스팸메일을 발송한 사람에 대한 처벌이 강화되었다. (과태료가 현행 1천만 원 이하에서 3천만 원 이하로 크게 늘어남)

(라) 전자서명인증 활용 권장

- 회원모집 시 주민등록번호를 수집하는 관행이 주민등록번호의 오 · 남용을 초래한다는 사실에 착안하여, 주민등록번호 대신 전자서명인증의 활용을 권장하고 있다.

3) 사회적 신뢰의 제고

- 정보화 과정에서 발생하게 되는 개인정보와 프라이버시 침해 문제는 궁극적으로 법제도와 기술의 혼합을 통해 해결될 수밖에 없다.
- 그러나 법제도적 장치와 기술적 해법이 미흡한 상태이며, 법제도와 기술을 운용하는 주체(인간, 정부, 기업)에 대한 신뢰가 낮은 것이 현실이다. 그동안 사회적 관심과 논쟁을 불러온 NEIS나 전자주민카드 도입 논쟁 등은 사회적 불신의 비용이 얼마나 큰지를 보여주는 대표적인 사례이다.

사회적 신뢰를 통한 해결의 중요성
법제도와 기술을 운용하는 주체(인간, 정부, 기업)에 대한 신뢰 제고를 통한 해결이 우선시 되는 사회적 풍토가 중요하다.

02_개인정보 침해 유형

1. 기초 지식

1) 자기정보 통제권의 정의

> 자신에 관한 정보의 수집 · 이용 · 공개 · 제공 등을 본인이 통제할 수 있는 권리

2) OECD 개인정보보호 8 원칙

① 수집제한의 원칙, ② 정보의 정확성 원칙, ③ 목적명확화의 원칙, ④ 이용제한의 원칙, ⑤ 안전보호의 원칙, ⑥ 공개의 원칙, ⑦ 개인참가의 원칙, ⑧ 책임의 원칙

3) 개인정보 침해 단계별 용어의 개념

▶ 수집 : 정보주체에 관한 정보를 취득하는 행위

▶ 저장 및 관리 : 개인정보를 다시 처리하거나 사용할 수 있도록 저장매체에 입력, 기록, 또는 보존하는 행위

▶ 이용 : 개인정보 처리 외에 어떠한 목적을 위해 활용하는 행위

▶ 제공 : 취득 · 저장한 개인정보를 제3자에게 공개하는 행위(제3자에게 전송하는 방식과 제3자가 검사, 검색을 할 수 있도록 공개하는 방식으로 나눌 수 있음)

※ 위와 같은 개인정보와 관련한 일련의 작업 또는 과정을 일반적으로 "개인정보처리"라 정의함

(예) 정보의 수집, 기록, 저장, 구성, 적용, 변경, 복구, 참고, 사용, 공개, 배열, 결합, 폐쇄, 삭제, 파기 등 자신에 관한 정보의 수집 · 이용 · 공개 · 제공 등을 본인이 통제할 수 있는 권리

2. 침해유형

1) 개인정보 수집단계에서의 침해

(가) 개인정보 수집 유형

구 분	내 용
수집 경로별	• 서비스 이용계약 체결을 위해 정보주체로부터 직접 수집하는 경우 (웹사이트 회원가입, off-line에서의 회원가입 신청서 작성 등)
	• 정보주체 이외로부터 수집하는 경우 (게시판에 공개된 정보의 수집, 명함 · 졸업명부 · 전화번호부 등에서의 수집)
수집 방법별	• 서비스 제공 및 이용 관계에 의한 수집 (회원가입) • 해킹 등 불법 수단에 의하여 수집하는 경우 • cookie 정보의 수집 • RFID에 의한 수집 • 스파이웨어 등 정보의 자동수집
수집 대상별	• 아동의 개인정보를 수집하는 경우 • 성인의 개인정보 수집

(나) 수집 시 침해 유형 및 사례

개인정보 수집은 정보주체의 자기정보통제권을 보장하기 위하여 정당한 절차에 의하여 정보주체가 개인정보 수집에 대한 사실을 인지할 수 있어야 하므로 개인정보 수집에 대한 사실을 인지할 수 있도록 동의 획득 내지 고지가 이루어져야 함

※ OECD 제8원칙 중 수집제한의 원칙(제1원칙) - 개인정보의 수집은 원칙적으로 제한되어야 하고 합법적이고 공정한 절차에 의해 정보 주체의 인식하에 또는 동의를 얻은 후에 수집되어야 함

(다) 침해 유형

① 개인정보 수집 시 수집 및 이용목적, 보유기간, 개인정보 열람 · 정정 등의 방법 등을 고지하지 않는 경우

② 동의 또는 고지 없이 정보주체 이외로부터 개인정보를 수집하여 상품 마케팅 등에 활용하는 경우 (정보주체 외로부터의 수집)

③ 법정대리인(부모)의 동의 없는 아동의 개인정보 수집

④ 서비스 이용과 관련 없는 과도한 정보의 수집

⑤ 해킹 등 불법수단에 의한 개인정보의 수집

2) 개인정보 저장 및 관리 단계에서의 침해

(가) 개인정보 저장 및 관리 유형

구 분	내 용
저장 및 관리 매체별	• 정보를 DB화하여 정보시스템의 서버 및 컴퓨터 하드디스크에 저장 • 회원가입신청서 등 문서를 캐비닛, 금고 등 특정 장소에 보관
관리 수단별	• 정보보호 시스템(방화벽, 암호화 S/W의 활용 등)을 통한 기술적 · 물리적 조치 • 개인정보 취급 및 관리에 대한 내부 지침 마련, 취급자에 대한 교육 등을 통한 관리적 조치

(나) 침해 유형

① 조직 내부의 개인정보 취급자에 의한 유출

② 외부인의 불법적인 접근

③ 사업자의 인식부족, 과실 등으로 개인정보가 공개된 경우

④ 기술적 · 관리적 조치 미비로 인한 개인정보 유출

⑤ 개인정보와 관련된 고객 claim(개인정보의 정정, 열람 청구 등)에 대한 불응 또는 미 조치

3) 개인정보 이용 및 제공 단계에서의 침해

(가) 개인정보 저장 및 관리 유형

구 분	내 용
이용 유형	• e-CRM을 통한 고객정보의 이용 -고객을 분류화하여 1 : 1 마케팅 내지 타켓 마케팅 자료로 활용 • 고객 정보의 프로파일링을 통한 새로운 정보를 생성하여 마케팅에 이용 -고객의 구매 성향, 주요 구입 시기 등 분석 • 각종 관련 업체와의 업무 제휴 및 협조 등을 위하여 고객정보를 제공하거나, 공유 • TM(Trade Mark), 광고성 전자우편 발송을 위한 자료로 활용

(나) 이용 및 제공 단계에서의 침해 유형 및 사례

• 수집된 개인정보는 당초 수집 시에 고지한 목적 범위에서만 이용 또는 제공되어야 하며, 만일 목적 범위 외에 이용하거나 제3자에게 제공하고자 하는 경우에는 정보주체로부터 동의를 얻어야 함

※ OECD 제8원칙 중 이용제한의 원칙(제4원칙)

-개인정보는 정보주체의 동의가 있거나, 법률의 규정에 의한 경우를 제외하고는 목적 구체성의 원칙에 따라 특정된 목적 이외의 다른 목적을 위하여 공개, 이용, 그밖에 사용에 제공되어서는 아니됨

※ OECD 제8원칙 중 목적 구체성의 원칙(제3원칙)

개인정보를 수집하는 목적은 정보를 수집할 당시에 특정되어 있어야 하며 그 후의 이용은 특정된 목적의 달성 또는 수집목적과 일치되어야 하며 수집목적이 변경될 때마다 그 목적을 구체화해야 함

(나) 침해 유형

① 정보주체의 동의 없는 개인정보의 무단 제공 및 공유

② 당초 수집 시에 고지한 이용목적을 넘어서는 개인정보의 이용

③ 타인의 개인정보를 무단으로 이용하는 경우

4) 개인정보 파기 단계에서의 침해

(가) 개인정보 파기 유형

구 분	파기 유형	
	on-line	off-line
파기 방법	• DB화되어 있는 정보의 삭제	• 회원가입신청서를 분쇄기를 통해 파쇄

(나) 파기단계에서 발생되는 침해 유형

• 수집된 개인정보는 수집 목적 및 이용목적이 달성되었을 경우 다른 특별한 법령의 규정에 의하여 보존의 필요성이 있는 경우를 제외하고는 원칙적으로 파기되어야 함

※ OECD 제8원칙 중 개인 참가의 원칙(제7원칙)

-정보주체는 자기정보에 관한 소재를 확인할 권리를 가지며 이러한 권리가 거부되는 경우에 이의를 제기하거나 정보의 폐기, 정정 등의 권리를 가짐

(다) 수집목적 및 이용목적을 달성한 후에는 개인정보를 파기하지 않는 경우

- 수집 당시에 사업자가 개인정보의 보유기간을 사전에 고지하는 경우에는 당해 기간 동안 보유하는 것은 허용

※ 사업자가 개인정보를 보유하는 경우

- 다른 법령의 규정에 의하여 보존할 필요성이 있는 경우
  (상법, 전자거래에서의 소비자보호에 관한 법률 등)
- 보유기간을 사전에 고지한 경우
  (분쟁발생에 대비하기 위하거나, 회원탈퇴 후 재가입 시 혜택 부여 등을 위해)
- 그러나 보존의 필요성이나 다른 법령의 규정이 없음에도 개인정보를 파기하지 않거나,
- 보유가 허용된다고 하여도 당해 정보를 이용 및 제공하거나, 관리 소홀로 훼손 및 유출하는 경우에는 개인정보 침해 발생

Chapter 2

운영체제

chapter2 1

운영체제

01_운영체제의 정의와 역할

운영체제라는 것은 컴퓨터를 잘 모르는 사용자라도 컴퓨터를 쉽고 편리하게 조작할 수 있도록 만든 프로그램으로서 컴퓨터의 성능을 최대화시킬 목적으로 만든 것이다.

이러한 운영체제의 역할을 정리하면 다음과 같다.

1. 컴퓨터 사용의 용이성 제공

운영체제는 컴퓨터 하드웨어를 사용하기 쉽게 만들어주는 일관된 시스템 프로그램이다. 따라서 운영체제가 설치된 컴퓨터는 사용자가 하드웨어에 신경 쓰지 않고 운영체제에서 지원하는 방법에 따라서 컴퓨터를 사용할 수 있게 해준다.

2. 프로그램의 실행 환경 제공

운영체제는 하드웨어를 제어할 수 있는 인터페이스 프로그램을 제공하고 있다. 따라서 프로그램 개발자는 인터페이스 프로그램을 이용해서 프로그램을 만들고, 같은 운영체제를 사용하는 모든 컴퓨터에서 프로그램을 실행시킬 수 있다.

3. 하드웨어 관리 기능

운영체제는 하드웨어와 응용 프로그램 사이에서 여러 응용 프로그램이 하드웨어 시스템을 사용할 수 있도록 해준다. 이러한 관리 기능은 크게 두 가지로 나뉘는데, 하나는 필요한 자원을 응용 프로그램이 효율적으로 사용할 수 있도록 해주는 자원 할당 기능이고, 다른 하나는 시스템을 감시하는 제어 프로그램 기능이다.

- **자원 할당 기능** : CPU의 시간, 메모리, 인터럽트, DMA, 디스크 공간, 입출력 장치들을 관리하며, 이를 응용 프로그램에 적절히 할당하는 기능을 수행한다.
- **제어 프로그램 기능** : 시스템을 감시하면서 부적절한 컴퓨터 자원의 사용을 막고 각종 오류를 처리하며, 입출력 장치를 제어하고 관리하는 역할을 한다.

02_운영체제의 종류

운영체제의 종류는 문자 사용자 인터페이스(CUI : Character User Interface) 방식과 그래픽 사용자 인터페이스(GUI : Graphic User Interface) 방식으로 나뉘기도 한다.

CUI 방식은 사용자가 컴퓨터를 사용하기 위해서는 컴퓨터와 사용자 사이의 명령어를 알고 있어야지만 컴퓨터를 사용할 수 있는 방식이다. 이러한 CUI 방식의 대표적인 운영체제가 바로 DOS(Disk Operating System)이다.

GUI 방식은 CUI 방식이 가지는 단점인 명령어를 모르면 컴퓨터를 사용할 수 없다는 단점을 보완하기 위해 만든 방식으로서 이 GUI 방식은 사용자가 명령어를 모른다고 하여도 명령어와 연결된 그림(Icon)을 마우스로 클릭하면 해당 명령어가 자동으로 실행되도록 만든 방식이다. 가장 대표적인 운영체제가 바로 Windows이다.

1. DOS(Disk Operating System)

마이크로소프트사에서 개발한 개인용 컴퓨터를 위한 운영체제이다 예전에 활약한 운영체제이다. 하지만 이 운영체제의 영향력은 아직도 남아 있다. 사용자들은 모르지만 Windows 98속에도 DOS가 들어있다.

2. Windows

위의 DOS와 마찬가지로 마이크로소프트사에서 개발한 GUI 방식의 대표적인 운영체제이다. Windows는 멀티미디어와 통신, 인터넷, 네트워크에 대한 뛰어난 성능을 제공하는 운영체제이다. 현재는 Windows XP를 가장 많이 사용하고 있다.

3. UNIX

미국의 벨 연구소에서 프로그래밍 연구와 개발을 목적으로 다수의 사용자를 위해 C언어로 개발한 운영체제이다. 이 운영체제는 주로 가격이 고가이고 우수한 성능의 컴퓨터를 요구하기 때문에 이러한 UNIX의 단점을 해결하기 위해 개발된 것이 Linux이다. Linux는 작고 가벼워 일반 컴퓨터에도 설치가 가능하며 일반적인 운영체제가 소스를 공개하지 않는 반면에 Linux는 운영체제의 소스를 공개하여 누구든지 수정하여 사용할 수 있도록 만든 운영체제이다.

03_Windows의 운영체제의 종류별 특징

기존의 DOS가 가지는 CUI방식은 사용자가 컴퓨터를 사용하기 위해서는 반드시 명령어를 숙지하고 정확하게 명령어 입력을 하여야만 가능하다는 단점이 있었는데, 이 단점을 보완하여 보다 편리하고 쉽게 사용할 수 있도록 만든 운영체제가 Windows 운영체제이다.

1. Windows 98

Windows 98은 아직 DOS를 완전히 벗어나지 못한 운영체제로서 부팅 메뉴 중에는 DOS로 부팅할 수 있는 메뉴가 들어 있다.

2. Windows NT(New Technology)

Windows NT는 Windows 95보다 상위에 자리 잡은 운영체제로서 네트워크 서버나 컴퓨터의 정보를 보호하기 위한 회사 등을 목적으로 개발된 워크스테이션용 운영체제이다.

3. Windows 2000

Windows 2000은 Windows NT 4.0 다음에 출시된 운영체제로서 Windows 98과

Windows NT의 기능을 합해 놓은 것 같은 운영체제이다.

4. Windows XP

Windows XP는 Windows 98/ME의 편리한 사용자 인터페이스와 Windows 2000의 보안과 신뢰성, 안성성에 드라이버 롤백, 시스템 복원, 시스템 자동 복구, 시스템 파일 기능과 같은 새롭고 업그레이드된 기능들이 합쳐진 운영체제이다.

종류에는 Windows XP Home, Windows XP Professional이 있다. Windows XP Home은 개인용으로 게임이나 교육을 목적으로 출시된 제품으로 그만큼 보안이 취약하다는 약점을 가지고 있다. Windows XP Professional은 보안 및 안정성을 중요하게 다룬 제품으로 서버 및 관리 솔루션에 적합한 설계 구조를 가진다.

04_윈도우 XP의 특징

예전에는 마이크로소프트의 PC용 운영체제는 불안정하다고 인식하는 사람들이 많았다. 처음부터 16비트 프로그램과의 호환성을 염두에 두고 만들었으므로 메모리 관리와 멀티테스킹 등에서 많은 문제가 생길 수 밖에 없었다. 그러나 윈도우 XP는 안정적인 윈도우 NT의 커널을 기반으로 만들어져 지금까지의 윈도우 98을 비롯한 개인 사용자용 윈도우와는 달리 안정적으로 탈바꿈했다.

윈도우 XP의 새로운 특징은 다음과 같다.

안정성 확보

멀티테스킹이 안정적이며 멀티테스킹 시 프로그램 하나가 오류를 발생해도 전체 시스템 동적은 멈추지 않는다. 향상된 메모리 관리 기술로 인해 프로그램이 사용하던 메모리는 종료 즉시 시스템에 환원되어 다른 프로그램을 이용할 수 있도록 해준다.

다양한 하드웨어 지원

XP 자체에는 수많은 하드웨어에 대응하는 드라이버가 준비되어 있다. 따라서 PC의 하드웨어를 운영체제가 완벽하게 인식하고 그 성능을 극대화할 수 있다. 또한 XP의 플로그앤 플레이(Plug & Play)를 이용해서 해당 하드웨어에 연결하기만 하면 사용할 수 있도록 해준다.

조절 가능한 인터페이스

XP의 인터페이스는 사용자의 계정마다 따로 조절할 수 있으므로 하나의 시스템에서 여러 사용자가 각기 다른 인터페이스로 조절하여 사용할 수 있다.

빠른 속도

32비트 코드로 이루어져 있어 현재 32비트 CPU를 사용하는 시스템에서 빠른 속도를 보여주며, 최근 64비트 CPU가 나옴에 따라 64비트 코드로 이루어진 XP도 선보이고 있다.

멀티미디어 지원

미디어 플레이어를 기본으로 탑재하여 미디어 파일(동영상 파일)을 재생할 수 있으며, 나아가 DVD까지 감상할 수 있다. 또한 USB, IEEE1394 등의 주변기기 연결을 통하여 디지털 캠코더의 영상을 캡쳐하고 편집할 수 있으며, 디지털 카메라를 지원하여 컴퓨터의 USB단자를 활용하여 디지털 카메라의 사진을 파일로 저장하는 것이 편리하게 되었다.

chapter2

2 Windows XP

01_윈도우 XP의 기본 화면

컴퓨터를 사용하기 위해 전원 버튼을 누르면 잠시 후 화면에 여러 가지 영문자들이 지나가고 우리에게 익숙한 화면이 나타난다. 바로 Windows 부팅시 나타나는 로고 화면이다. 이 Windows가 운영체제의 한 종류이다.

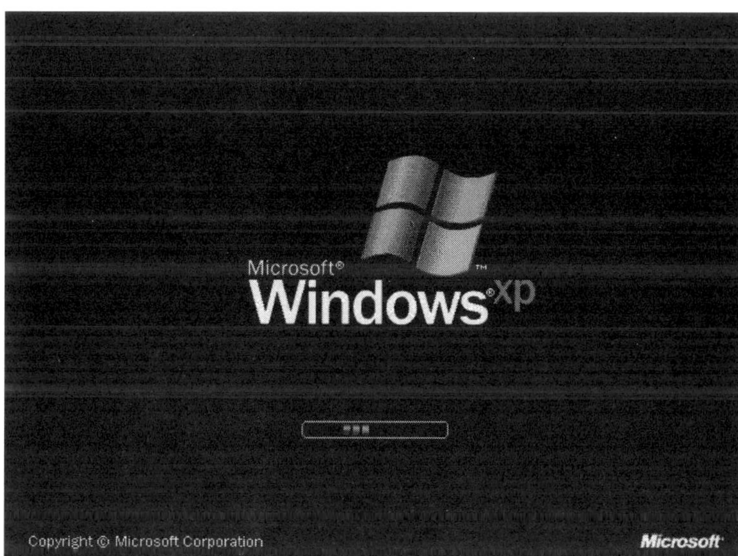

가. 윈도우 XP의 인터페이스

윈도우 XP의 인터페이스는 작업의 영역이 되는 바탕화면, 프로그램 실행을 위한 시작 버튼, 실행되고 있는 프로그램을 표시하는 작업 표시줄, 트레이 영역으로 구성되어 있다.

기본화면 : 설치시 기본화면 캡쳐

나. 바탕화면

윈도우 XP를 시작하면 나타나는 화면으로 공부할 때 필요한 책상과 같은 역할을 한다. 필요한 책과 여러 가지 도구들을 책상 위에 올려놓고 사용하듯이 윈도우 XP에서는 작업할 때 필요한 여러 가지 내용들이 바탕화면 위에 놓여지게 된다.

바탕 화면은 작업 창(윈도우)가 나타나는 무대가 되며, 필요에 따라 파일, 폴더나 바로 가기 아이콘을 위치할 수 있는 곳이다.

바로 가기 아이콘

바로 가기 아이콘이란 파일을 대신하는 아이콘으로 해당 파일의 위치에 대한 정보를 가지고 있기 때문에 이 바로가기 아이콘을 더블클릭하면 해당 파일이나 폴더등이 실행된다.

바탕화면의 아이콘

처음 윈도우 XP를 설치하면 바탕화면에 휴지통 아이콘만 보일 것이다. 위에서 설명한 것처럼 사용자는 자주 사용하는 파일과 폴더, 바로 가기 아이콘을 바탕화면에 배치할 수 있으며, 바탕화면 항목을 지정할 수도 있다.

바탕 화면에 윈도우 XP 아이콘을 추가하려면 다음과 같이 하면 된다.

바탕화면에서 마우스 오른쪽 버튼 누르고 단축 메뉴에서 [속성]을 클릭한 후 [바탕 화면]탭에서 '바탕 화면 사용자 지정' 버튼을 누른다. 바탕 화면 대화 상자에서 [일반] 탭을 클릭하고 [바탕 화면 아이콘]항목에서 추가하려는 아이콘을 체크를 한다. '아이콘 변경' 버튼을 이용하면 표시되는 아이콘의 그림을 다른 것으로 바꿀 수 있다.

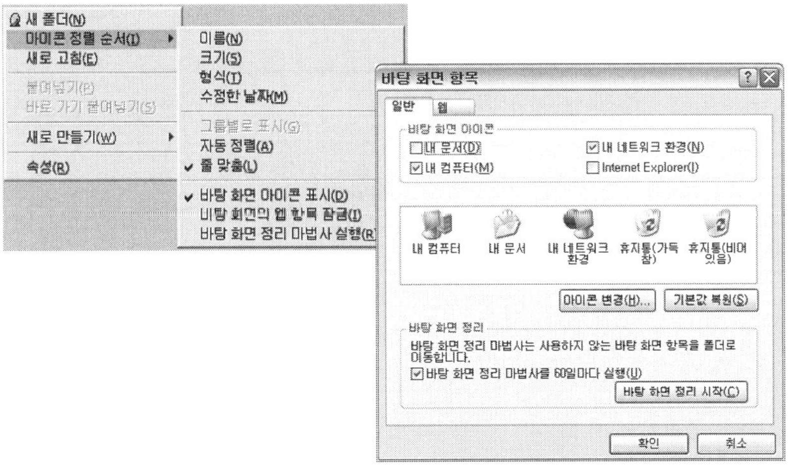

바탕화면의 아이콘 정렬

윈도우 XP를 사용하다 보면 바탕 화면에 많은 아이콘과 폴더가 놓이게 된다. 바탕화면에 파일이나 폴더를 위치시키면 더블 클릭만으로 해당 데이터로 접근이 가능하기 때문이다. 이렇게 바탕 화면의 많은 아이콘과 폴더들을 정렬하기 위해서는 바탕 화면에서 마우스 오른쪽 버튼을 누른 후 단축 메뉴에서 [아이콘 정렬 순서]를 클릭한다. 정렬의 방식에는 이름, 크기, 형식, 수정한 날짜별로 할 수 있다.

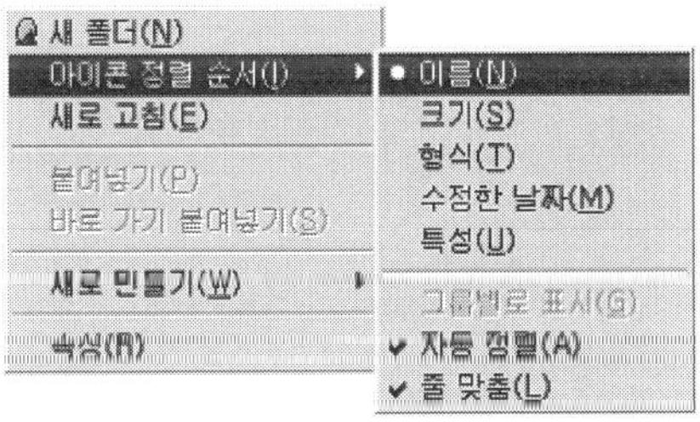

바탕화면 배경 설정

바탕화면의 배경을 설정하기 위해서는, 우선 바탕 화면에서 마우스 오른쪽 버튼을 누르고 단축 메뉴에서 [속성]을 클릭한 후 디스플레이 등록 정보 대화 상자의 [바탕 화면]탭을 클릭한다.

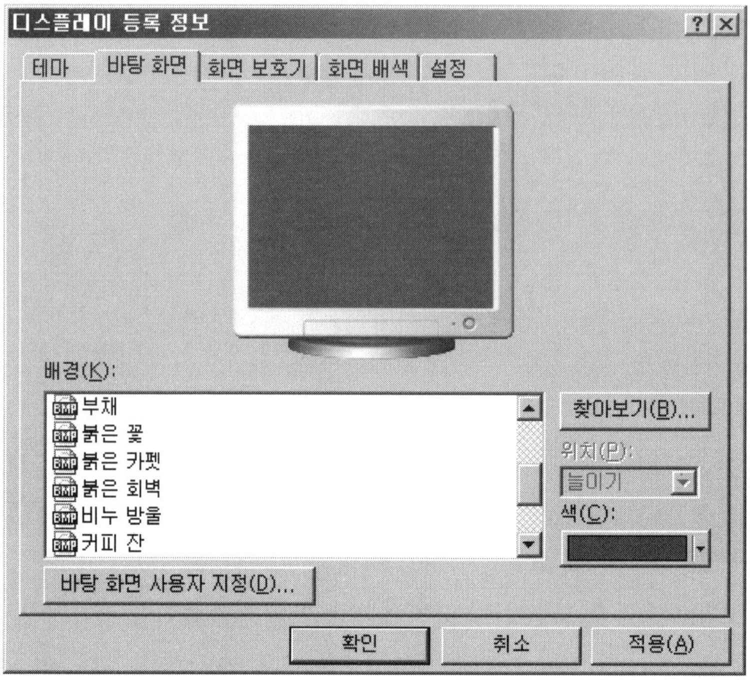
디스플레이 등록 정보
테마
바탕 화면
화면 보호기
화면 배색
설정
배경(K):
부채
붉은 꽃
붉은 카펫
붉은 회벽
비누 방울
커피 잔
찾아보기(B)...
위치(P):
늘이기
색(C):
바탕 화면 사용자 지정(D)...
확인
취소
적용(A)

따라해보기 바탕화면에 바로 가기 아이콘 만들기

자주 사용하는 프로그램의 바로 가기 아이콘을 바탕화면에 배치하면 빠르고 손쉽게 프로그램을 실행할 수 있다.

이번에는 비탕회먼에 비로 기기 이이콘을 만들어 보는 것을 띠리해 보자.

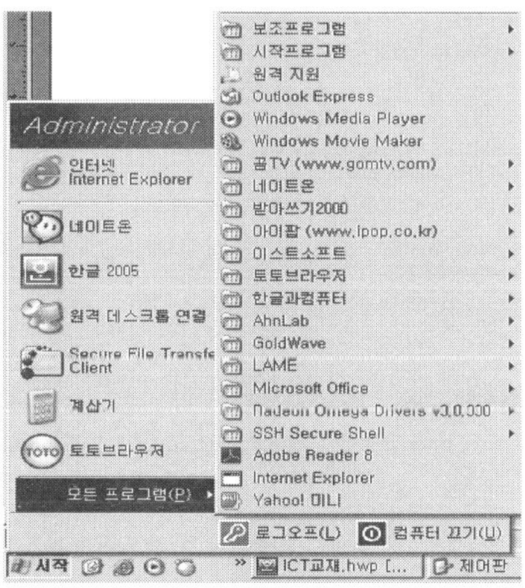

① [시작]-[모든 프로그램]을 클릭하여 프로그램 목록중 원하는 프로그램 아이콘에 마우스 포인터를 위치시킨다.

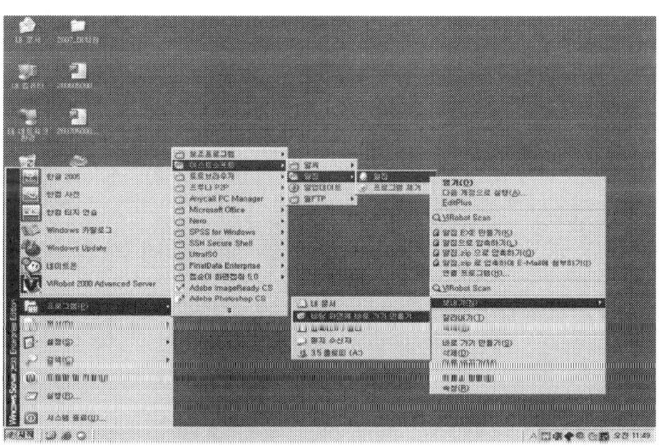

② 마우스 오른쪽 버튼을 클릭하여 나타나는 메뉴에서 [보내기]-[바탕 화면에 바로 가기 만들기]를 선택한다.

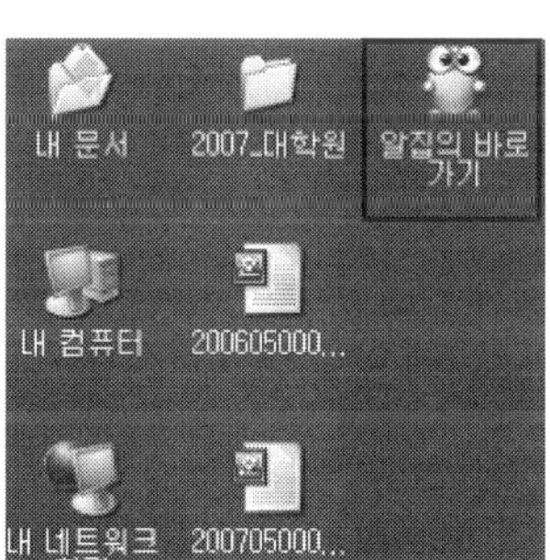

③ 바딩화면에 지징한 프로그램의 바로 가기 아이콘이 표시되며 이 아이콘을 더블 클릭하면 프로그램이 실행된다.

| 02_시작 버튼으로 떠나는 윈도우 XP 여행 |

가. 시작 메뉴

시작 메뉴는 윈도우 XP 조작에 필요한 기능이 정리된 메뉴로 지원하는 서비스와 프로그램을 간단하고 바르게 실행할 수 있게 해준다. 따라서 마우스 클릭만으로 프로그램을 실행하거나 문서 파일을 열 수 있다.

아래와 같은 시작메뉴에서 ▶ 표시가 있는 것들은 하위 메뉴가 있음을 의미한다. 하위 메뉴를 실행하려면 ▶표시를 누른 후 원하는 메뉴를 찾아 다시 클릭해야 한다.

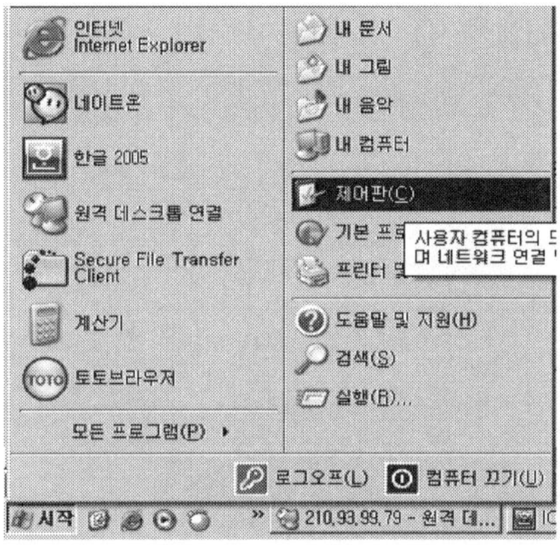

나. 시작 메뉴 설정

시작 메뉴에 마우스를 올려 놓고 오른쪽 버튼을 클릭하고 [속성]을 클릭하면 작업 표시줄 및 시작 메뉴 속성 대화상자가 나타나고 이 대화상자에서 작업 표시줄과 시작 메뉴를 설정할 수 있다.

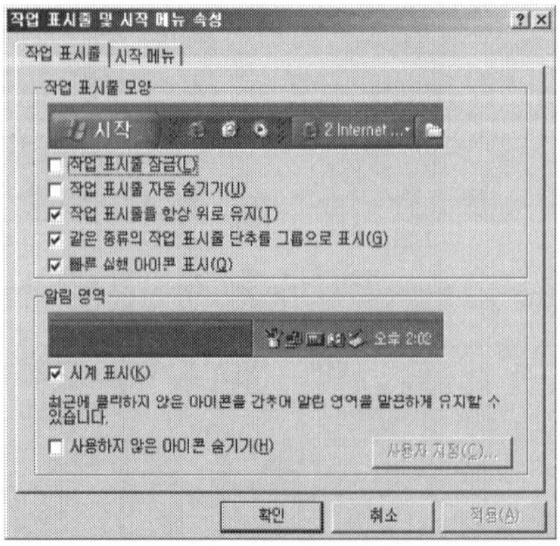

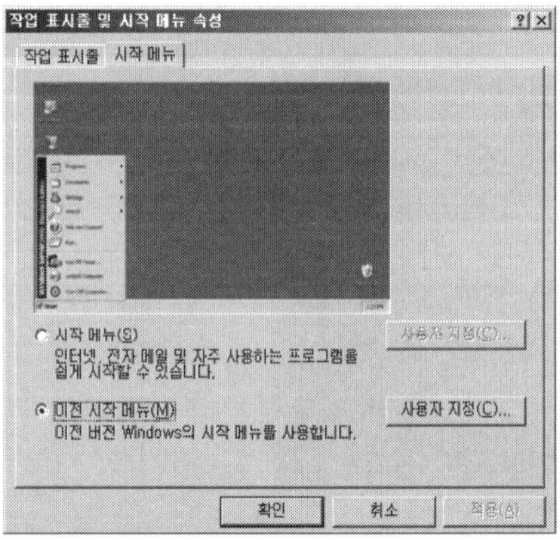

1) [작업 표시줄] 탭 설정

작업표시줄 잠금 : 작업 표시줄 잠금이 체크가 되지 않은 상태에서는 이를 사용자가 원하는 곳으로 이동이 가능하지만 체크가 되어 있으면 고정이 되므로 이동이 불가능하다. 이렇게 사용하다 보면 사용자의 실수로 인하여 바로 가기 아이콘이 삭제된다던지 또는 아이콘 크기나 작입표시줄의 크기가 변경될 수 있는데 이것을 막아주는 것이 잠금이라는 기능이다.

작업 표시줄 자동 숨기기 : 작업 표시줄 자동 숨기기를 체크하면 작업 표시줄이 화면상에서 없어지고 마우스를 작업표시줄 근처에 가져가면 작업표시줄이 나오는 기능이다.

2) [시작 메뉴] 탭 설정

시작 메뉴와 이전 시작 메뉴가 있는데 이중 시작 메뉴는 윈도우 XP의 새로운 시작 메뉴이고 이전 시작 메뉴는 윈도우 95/98/Me에서 사용하던 형식으로 XP의 새로운 시작 메뉴가 익숙하지 않은 경우에 사용한다.

'사용자 지정' 버튼을 누르면 많은 항목들을 설정할 수 있는데, 이 기능을 활용하여 시작 메뉴에 등록할 수 있는 프로그램 수를 조절할 수 있다.

따라해보기 빠른 실행 아이콘을 작업 표시줄에 표시하기

빠른 실행 아이콘을 작업표시줄에 배치시키면 자주 사용하는 프로그램을 빨리 실행시킬 수 있는 장점이 있다.

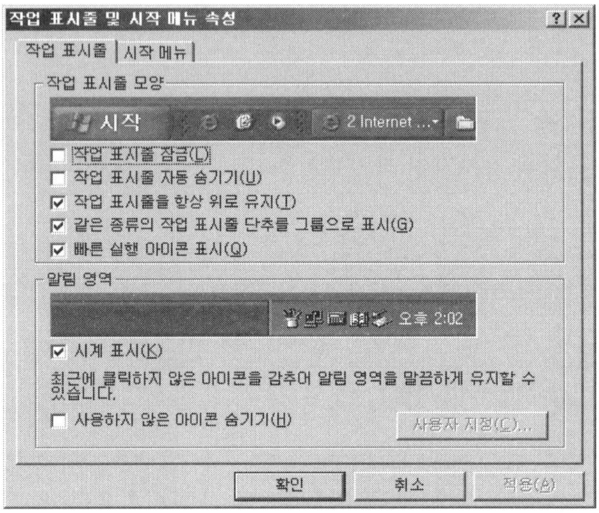

① 작업 표시줄에서 마우스 오른쪽 버튼을 누른 후 [속성]을 클릭한다.

② 작업 표시줄 및 시작 메뉴 속성 대화 상자가 나타나면 [작업 표시줄]탭을 클릭하고, [작업 표시줄 모양]항목에서 '빠른 실행 아이콘 표시' 에 체크한다.

③ [확인] 버튼을 누르고 바탕 화면을 보면 시작 버튼 오른쪽에 빠른 실행 아이콘이 표시되는 것을 확인할 수 있다.

따라해보기 프로그램 삭제

물론 요즘의 프로그램들은 설치 파일(주로 Setup.exe, Install.exe 파일)이 따로 있어서 더블 클릭만으로 설치가 가능하지만 삭제하는 방법에 대해서는 잘 모르는 분들이 많습니다. 이번에는 시작 프로그램 메뉴에 프로그램을 삭제하는 방법에 대해 따라해 봅시다.

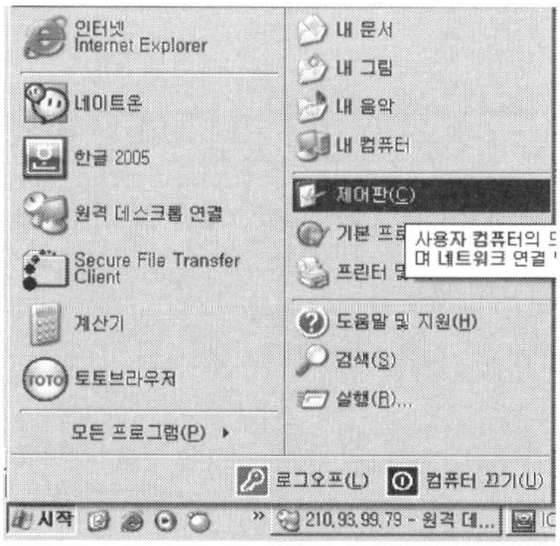

① 불필요한 프로그램을 제거하기 위해서는 우선 [시작]-[제어판]메뉴를 선택한다.

② 제어판 목록에서 [프로그램 추가/제거]를 클릭한다.

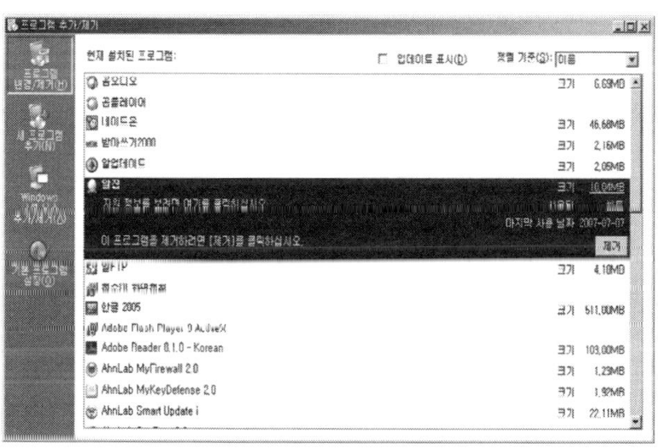

③ 제거할 프로그램을 선택하고, 선택한 프로그램의 오른쪽 아래에 표시되는 [변경/제거]버튼을 클릭한다.

④ 프로그램 삭제와 관련된 경고 메시지가 나타나면 [예]버튼을 클릭한다.

| 03_시스템 로그온과 계정관리 |

윈도우 XP에서는 사용자마다 다른 설정을 적용해 두고 각자 자신의 환경에 맞는 컴퓨터를 사용할 수 있도록 지원하고 있다. 학교나 가정에서 하나의 컴퓨터를 여러 사람이 쓰고 있을 때, 시스템 로그온과 계정관리에 대해 알아보자.

1. 시스템 로그온

컴퓨터를 부팅하면 윈도우 XP는 기본적으로 시스템 관리자로 자동 로그인한다. 윈도우 XP를 설치할 때 시스템 관리자 암호를 설정하였다면 다음과 같이 로그온 화면이 나온다.

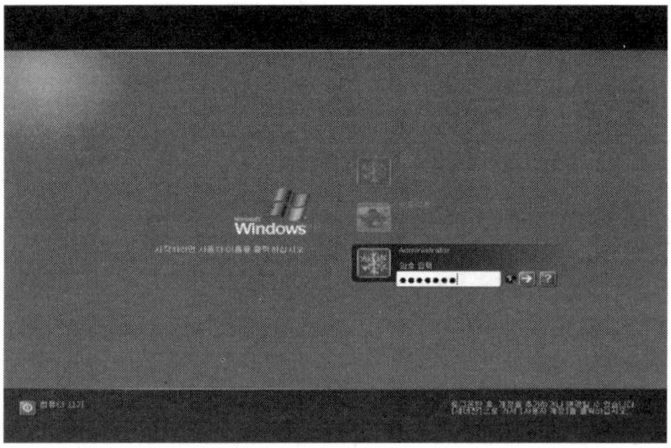

① 사용자 계정 그림을 마우스로 클릭한다.

② 암호를 입력하는 란이 생기면 정확한 암호를 입력하고 오른쪽 화살표 버튼을 클릭한다.

2. 사용자 계정 만들기

사용자 계정을 만들어 각자 다른 윈도우 환경에서 작업을 해보자.

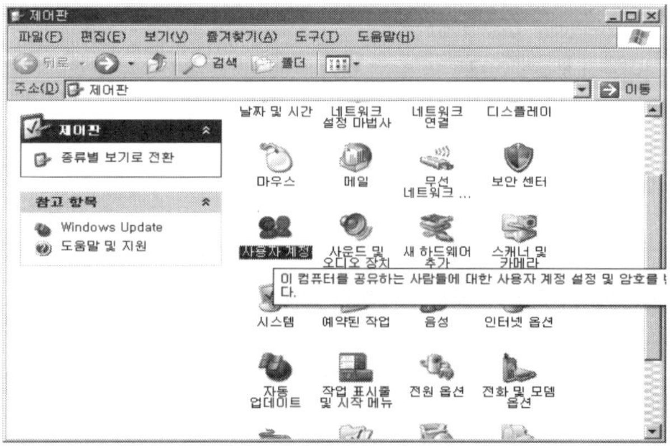

① [시작]-[제어판]을 선택한다.

② 제어판 목록에서 [사용자 계정]을 선택한다.

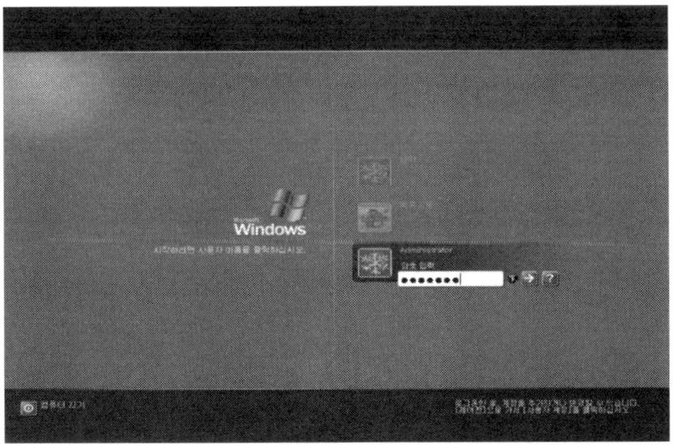

③ 사용자 계정 화면이 나타나면 [새 계정 만들기]를 클릭한다.

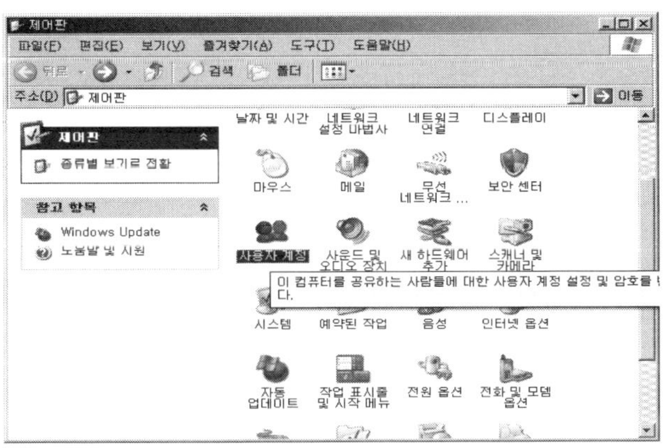

④ 새로 만들 계정 이름을 입력하고 [다음] 버튼을 클릭한다.

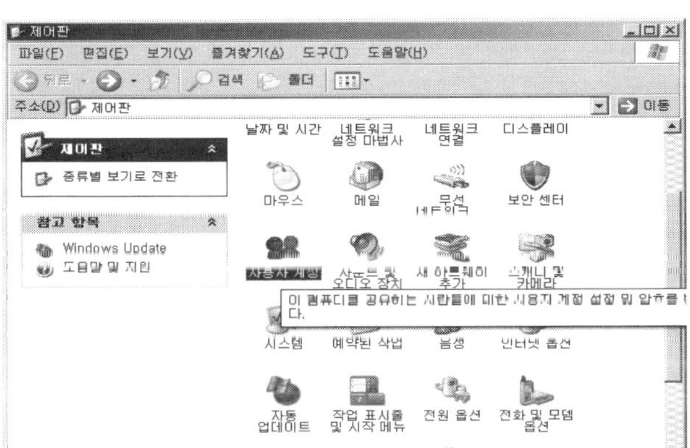

⑤ 계정 유형을 선택하고 [계정 만들기]버튼을 눌러 다음으로 진행한다.

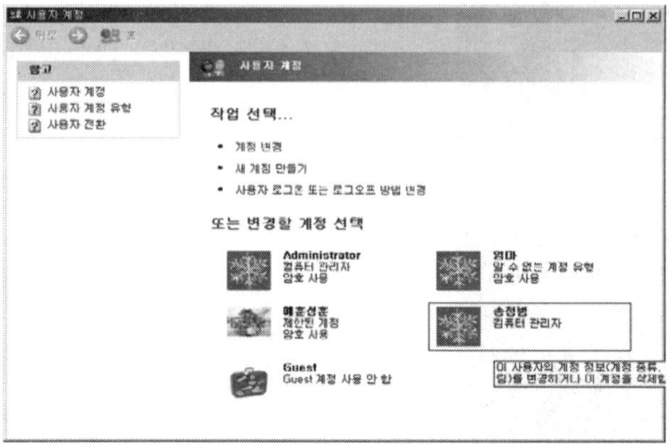

⑥ 새로 만든 계정이 등록된다.

chapter2 **3**

윈도우 탐색기를 이용한 폴더와 파일 관리

01_Windows 탐색기

컴퓨터와 네트워크 드라이브의 내용을 계층 구조로 보는데 사용하는 기능이다. Windows 탐색기는 파일을 실행할 수 있으며 폴더나 파일을 찾아보고 복사나 이동을 하는데 편리하게 사용할 수 있는 프로그램으로 곧바로 Web Browser로 연결하여 쓸 수도 있다.

1. 탐색기의 창 구조

탐색기는 수직으로 두 개의 창으로 나뉘어져 있으며 왼쪽 창은 탐색 창(폴더 창)이고, 오른쪽 창은 탐색 창에서 선택된 내용이 표시된다. 탐색 창의 내용은 [보기]-[탐색 창]에서 선택하여 볼 수 있다. 탐색 창에 [모든 폴더]를 선택했을 때 하나의 폴더를 선택하면 오른쪽 창에는 선택된 폴더 안의 내용이 모두 표시된다.

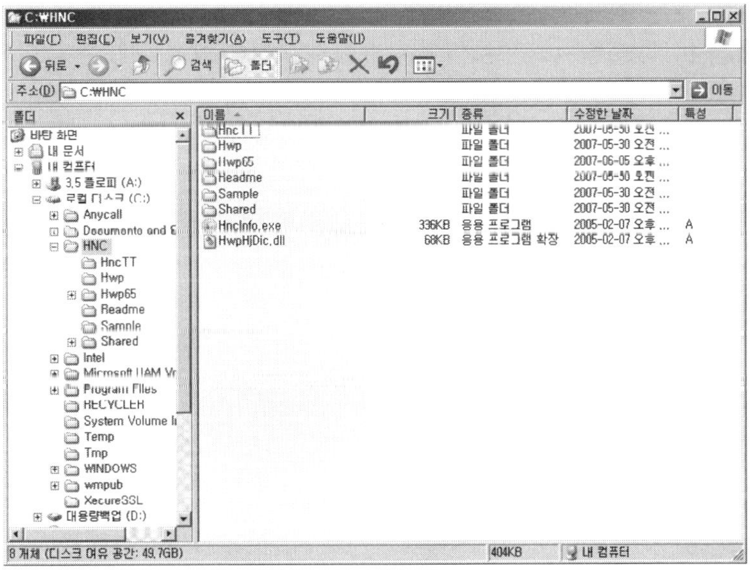

❶ **제목 표시줄** : 현재 열린 창의 제목을 표시한다.

❷ **메뉴 표시줄** : 탐색기에서 사용하는 여러 가지 명령을 실행한다.

❸ **표준 단추 모음** : 자주 사용하는 명령을 한 번의 클릭으로 쉽게 사용하도록 만든 도구이다.

❹ **주소 표시줄** : 현재 폴더 및 컴퓨터의 주요 구성 요소를 선택할 수 있다.

❺ **폴더 창** : 컴퓨터를 구성하고 있는 폴더의 목록이 나무의 가지 모양으로 표시된다.

❻ **상태 표시줄** : 현재의 작업 상황을 표시해 준다.

❼ **파일 창** : 폴더 창에서 선택하면 이곳에 해당 파일과 폴더의 목록이 표시된다.

2. 하위 폴더 나타내기(계층 구조)

탐색기의 탐색 창에는 '+', '–' 표시를 볼 수 있는데, '+' 부분을 클릭하면 그 폴더에 해당되는 하위 폴더들이 목록으로 표시되고, '+' 이었던 부분은 '–' 로 전환된다. '–' 부분을 클릭할 경우 하위 폴더 목록은 사라지고, '–' 이었던 부분이 '+' 로 전환된다.

3. 보기 메뉴

1) **도구 모음** : 기본적으로 창의 상단에 아이콘 모음들을 표시하거나 숨긴다.

2) **상태 표시줄** : 창의 하단에 개체 수, 숨겨진 파일 수 및 개체의 크기, 사용할 수 있는 디스크 공간을 표시하는 상태 표시줄을 보이거나 숨긴다.

3) **탐색 창** : [검색], [즐겨찾기], [열어본 페이지 목록], [채널], [모든 폴더]를 선택하여 각 종목으로 이동하여 내용을 확인할 수 있으며, 탐색기의 왼쪽 창을 보이지 않게 할 수도 있다.

4) **웹 페이지 형식으로** : 탐색기의 오른쪽 창을 웹 페이지 형식으로 보여준다.

5) **큰 아이콘** : 파일과 폴더를 큰 아이콘으로 표시한다.

6) **작은 아이콘** : 파일과 폴더의 순서를 가로로 정렬하여 작은 아이콘으로 표시한다.

7) **간단히** : 세로로 정렬하여 아이콘과 이름만 표시한다.

8) **자세히** : 작은 아이콘과 이름, 크기, 종류, 바뀐 날짜와 시간까지 자세히 표시한다.

9) **아이콘 정렬** : 이름, 종류, 크기, 날짜, 자동 정렬이 있다.

10) 아이콘 줄 맞춤 : [큰 아이콘]과 [작은 아이콘]을 선택했을 때 보이지 않는 일정한 간격의 작은 격자 안에 아이콘을 넣어준다.

11) 새로 고침 : 바로 가기 키 F5를 누른 것과 같으며, 창의 내용을 새로운 정보로 고쳐 표시한다.

02_파일과 폴더

파일은 정보의 집합으로 디스크에 저장하는 기본단위이다. 파일은 고유한 이름을 가지고 있으며 파일명과 파일 형식을 나타내는 확장자(Extension)로 되어 있고, 구분은 점(.)으로 한다.

폴더는 DOS에서의 디렉토리(Directory)와 같은 개념으로, 서로 관련 있는 파일을 체계적으로 관리하기 위해 사용되는 자료방이다. 폴더는 폴더 안에 또 다른 하위 폴더를 만들 수 있으므로 바탕 화면을 비롯하여 Windows 탐색기나 내 컴퓨터에서 만들 수 있다. 폴더는 파일과 같이 속성도 변경할 수 있고, 네트워크에 연결되어 있을 경우도 있다.

03_폴더 만들기

폴더는 파일과 같이 속성도 변경할 수 있고 네트워크에 연결되어 있을 경우 공유도 할 수 있다. Windows에서는 파일 이름은 영문자나 숫자를 기준으로 공백을 포함하여 255 자까지 사용할 수 있다. 파일 이름으로 『 \ / : * ? " 〈 〉 | 』등은 사용할 수 없다.

1. 메뉴 표시줄로 폴더 만들기

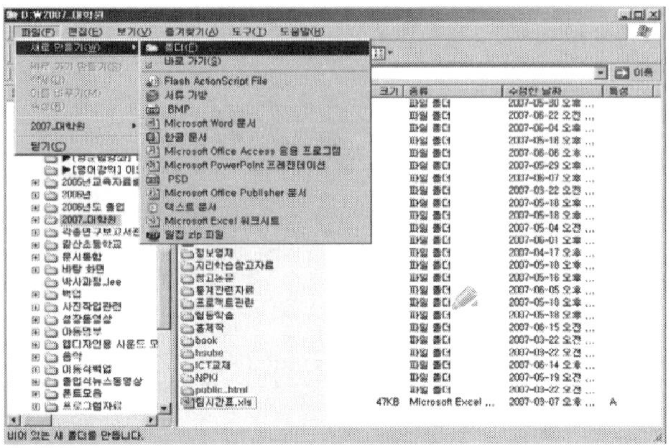

① 탐색기에서 새롭게 만들 폴더가 들어갈 드라이브 또는 폴더를 선택하여 클릭한다.

② 메뉴에서 [파일]-[새로 만들기]-[폴더]를 선택한다.

③ 오른쪽 파일 창에 “새 폴더”가 생기면 이름을 입력하고 마우스를 클릭한다.

2. 바로가기 메뉴로 폴더 만들기

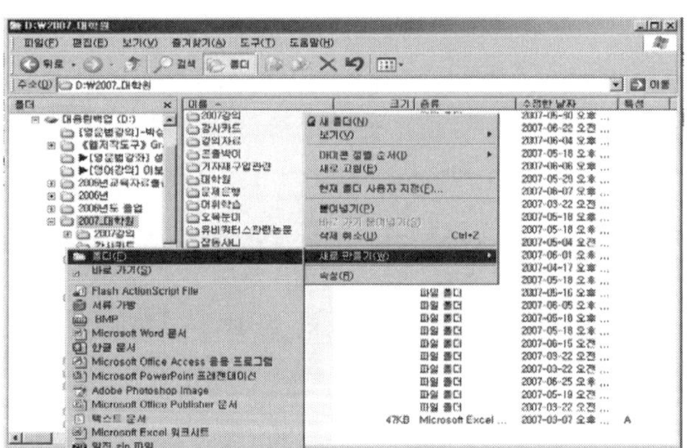

① 폴더의 빈 공간에 마우스 포인터를 위치하고 오른쪽 버튼을 누른다.

② 나타난 바로가기 메뉴의 [새로 만들기]-[폴더]를 클릭하고 “새 폴더”에 이름을 입력한다.

| 04_파일과 폴더의 이름 바꾸기 |

1. 메뉴 표시줄로 이름 바꾸기

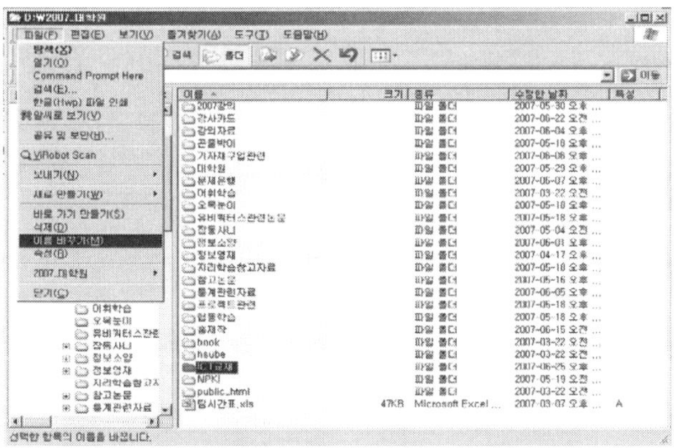

① 폴더 영역에서 원하는 드라이브나 폴더를 마우스로 클릭하여 선택한다.

② 변경하고자 하는 폴더나 파일을 마우스로 클릭하여 선택한다.

③ 메뉴의 [파일]-[이름 바꾸기]를 클릭하여 입력 상태가 되면 새 이름을 입력한 후 마우스를 클릭한다.

2. 바로가기 메뉴로 이름 바꾸기

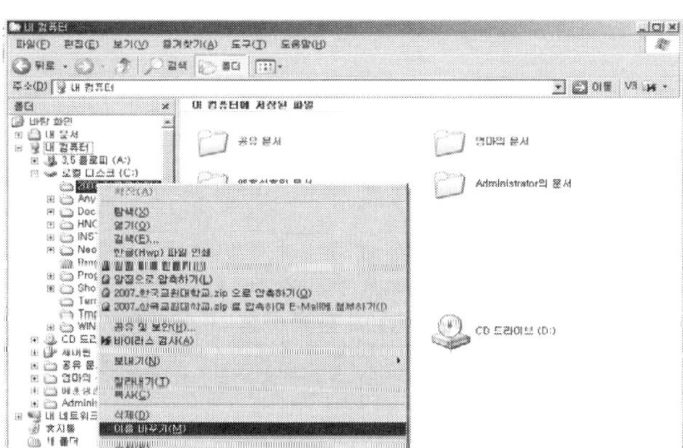

① 폴더 영역에서 원하는 드라이브나 폴더를 마우스로 클릭하여 선택한다.

② 마우스 오른쪽 버튼을 클릭하여 나오는 바로가기 메뉴에서 [이름 바꾸기]를 선택한다.

③ 입력 상태가 되면 새 이름을 입력한 후 마우스를 클릭한다.

3. 바로가기 키로 이름 바꾸기

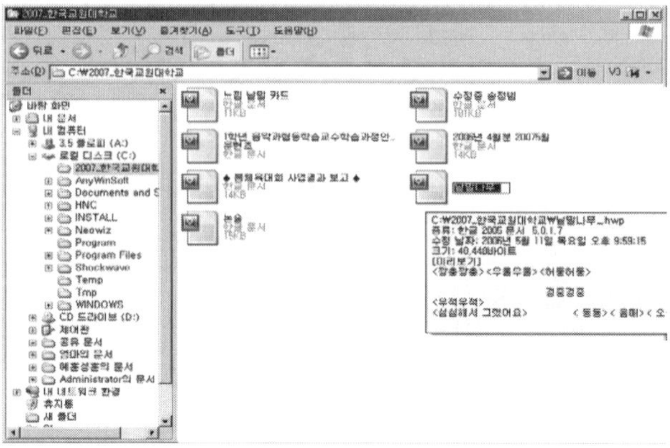

① 폴더 영역에서 이름을 바꿀 폴더나 파일을 마우스로 클릭하여 선택한다. 또는 선택한 후 키보드의 F2 를 클릭해도 된다.

② 새 이름을 입력한다.

05_파일과 폴더의 복사

파일 복사는 원본 파일은 그대로 둔 채 다른 폴더나 디스크에 똑같은 파일을 하나 더 만드는 것을 말한다.

1. 메뉴 표시줄로 복사하기

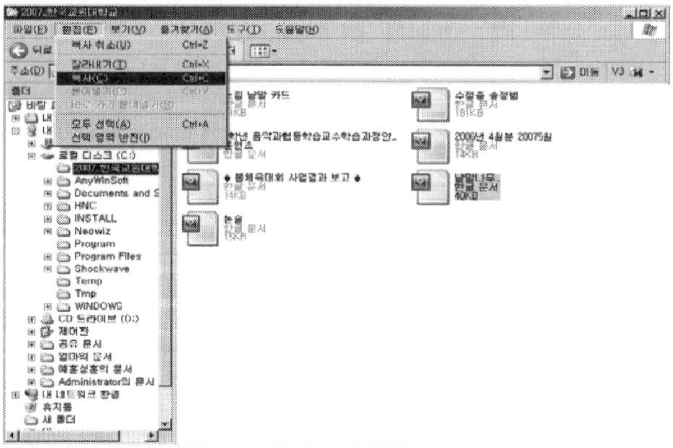

① 복사할 파일 및 폴더를 선택한다.

② [편집] 메뉴에서 [복사]를 클릭한다.

③ 붙이기 원하는 폴더를 열고 [편집]메뉴에서 [붙여넣기]를 클릭한다.

2. 바로가기 메뉴로 복사하기

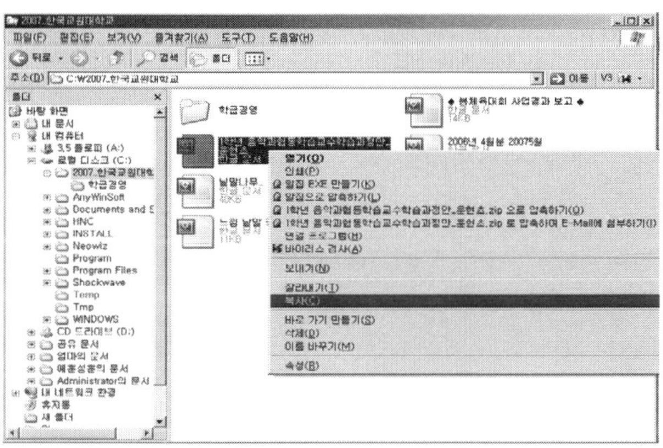

① 복사할 파일 및 폴더를 선택한다.

② 마우스 오른쪽 버튼을 클릭하여 바로가기 메뉴를 부른다.

③ 바로가기 메뉴에서 [복사]를 선택한다.

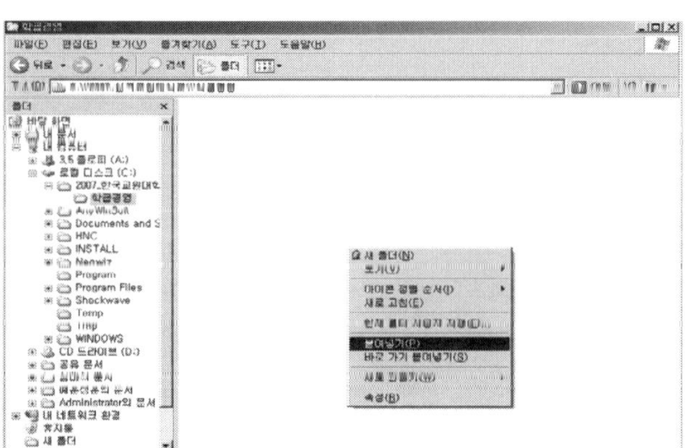

④ 붙이기 원하는 폴더에서 바로가기 메뉴를 호출하여 [붙여넣기] 한다.

06_파일과 폴더의 이동

1. 메뉴 표시줄로 이동하기

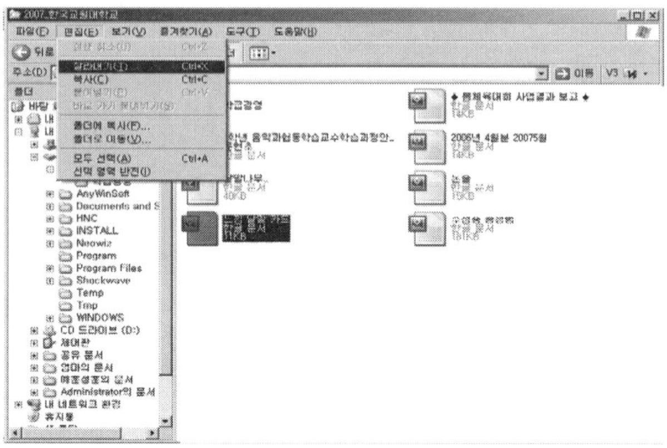

① 이동할 파일 및 폴더를 선택한다.

② [편집] 메뉴에서 [잘라내기]를 클릭한다.

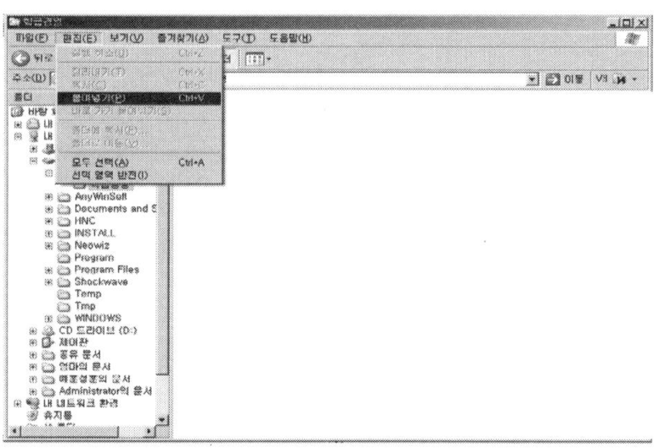

③ 이동을 원하는 폴더를 열고 [편집] 메뉴에서 [붙여넣기]를 클릭한다.

2. 바로가기 메뉴로 이동하기

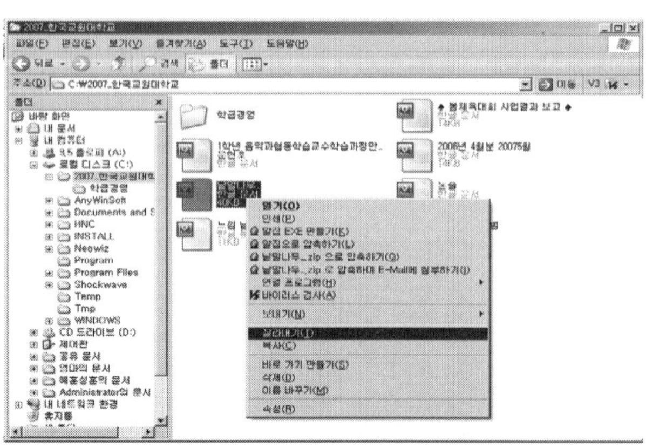

① 이동할 파일 및 폴더를 클릭한다.

② 마우스 오른쪽 버튼을 클릭하여 바로가기 메뉴를 부른다.

③ 바로가기 메뉴에서 [잘라내기]를 선택한다.

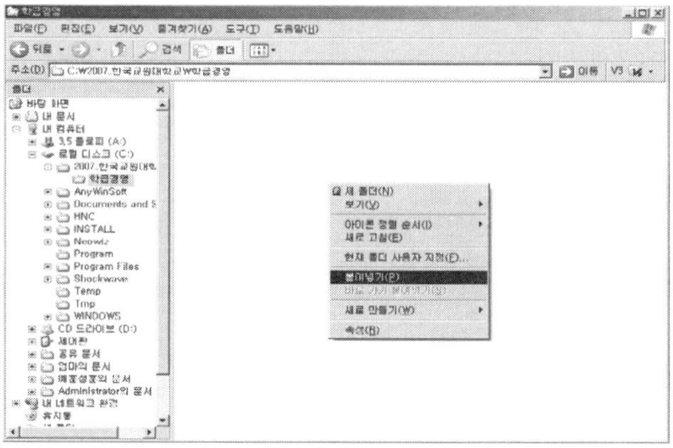

④ 원하는 장소에서 바로가기 메뉴를 호출하여 [붙여넣기] 한다.

3. 마우스를 이용하여 복사하기

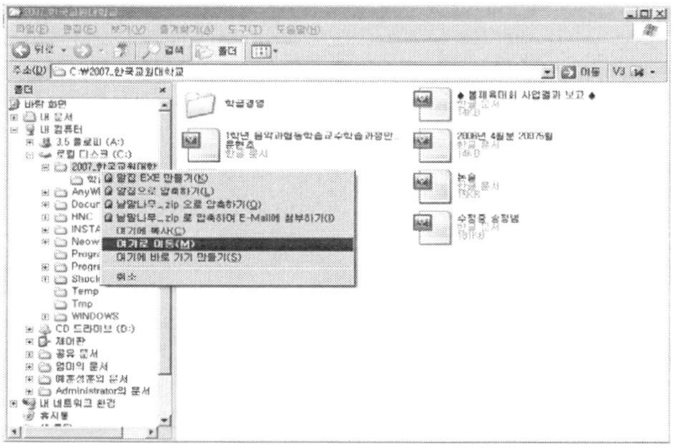

① 방법 : 이동할 파일 및 폴더를 클릭한 후 마우스 오른쪽 버튼으로 선택하여 이동시키고자 하는 곳으로 드래그 앤 드롭한다. 바로가기 메뉴가 나오면 [여기에 이동]을 선택한다.

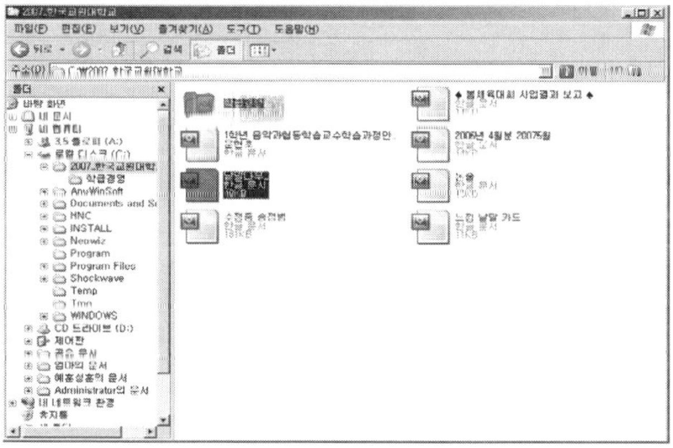

② 방법 : 같은 드라이브에서 파일 및 폴더를 마우스 왼쪽 버튼으로 끌어다 놓는다.

07_파일과 폴더의 삭제

1. 메뉴 표시줄로 삭제하기

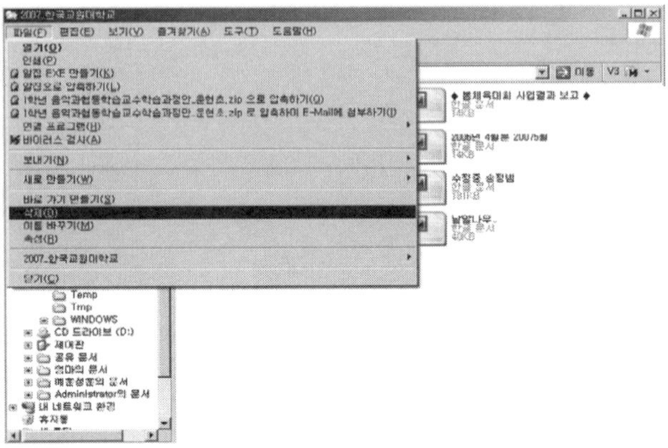

① 삭제할 파일 및 폴더를 선택한 다음 메뉴에서 [파일]-[삭제]를 선택한다.

② [파일 삭제 확인] 대화 상자가 나타나면 '예'를 클릭한다.

2. 바로가기 메뉴로 삭제하기

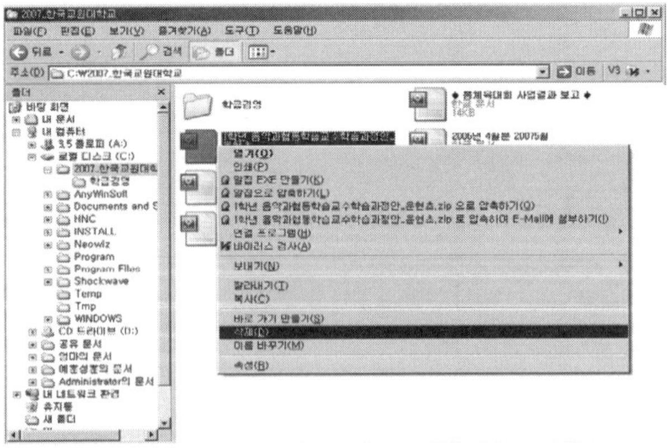

① 삭제할 파일 및 폴더를 선택한 다음 마우스 오른쪽 버튼을 클릭하여 바로가기 메뉴가 나타나면 [삭제]를 선택한다.

② [파일 삭제 확인] 대화 상자가 나타나면 '예'를 클릭한다.

chapter2 **4**

시스템 오류 수정

| 01_디스크 검사 |

파일과 폴더 및 디스크의 논리적, 물리적 오류를 검사하고 오류를 수정한다. 실제 드라이브의 오류를 검사하는 것으로 디스크 표면을 검사하여 불량(Bad) 섹터를 검사해 준다.

1. 검사 방법

① **방법** : [시작]-[프로그램]-[보조 프로그램]-[시스템 도구]-[디스크 검사]

② **방법** : [내 컴퓨터]에서 디스크를 마우스 오른쪽 버튼으로 클릭하여 [속성]-[도구] 탭-[오류 검사]에서 '지금 검사'를 클릭한다.

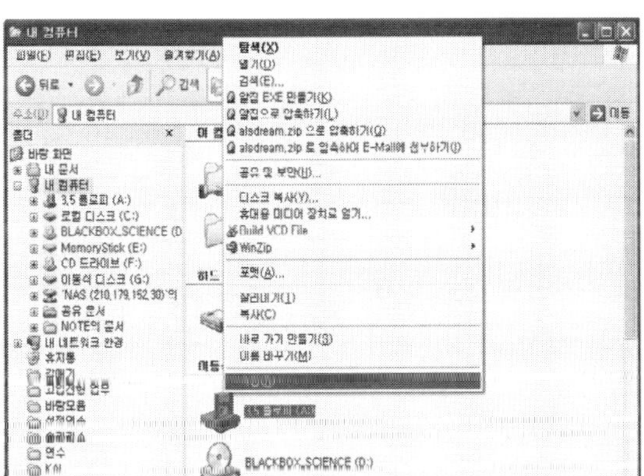

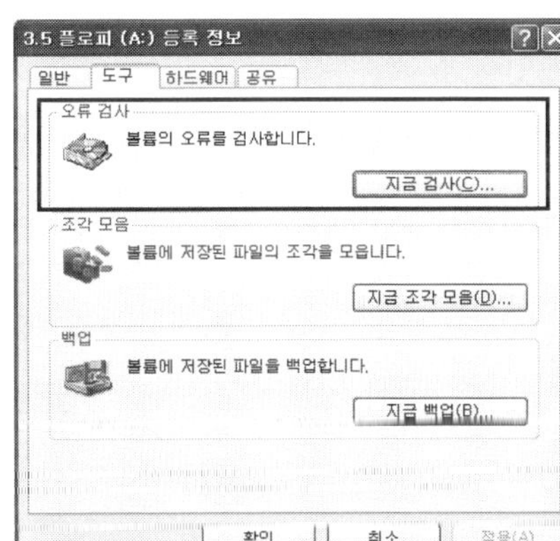

③ **방법** : [Windows 탐색기]에서 디스크를 마우스 오른쪽 버튼으로 클릭하여 [속성]-[도구] 탭-[오류 검사]에서 '지금 검사'를 클릭한다.

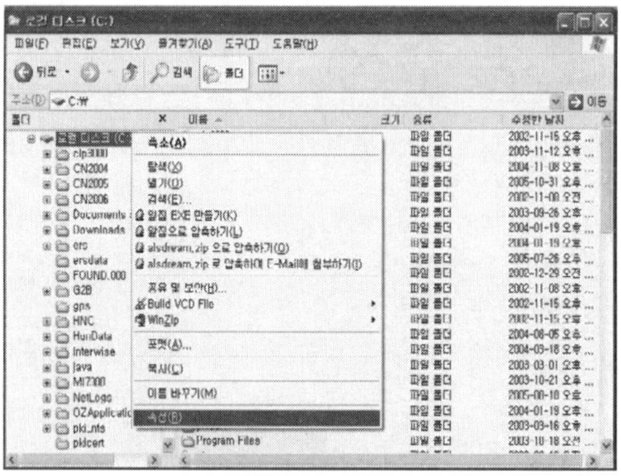

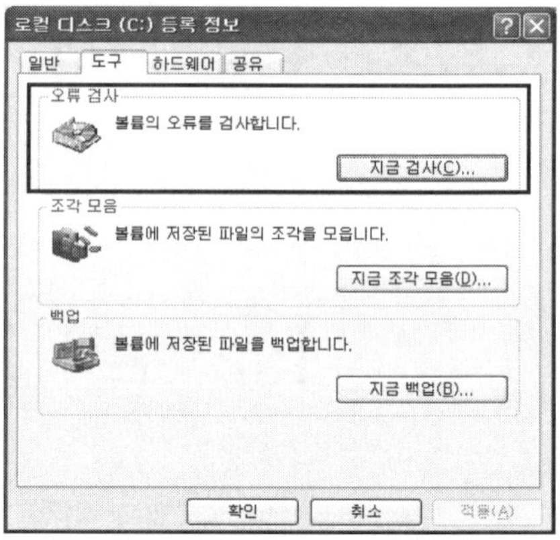

2. 검사 유형

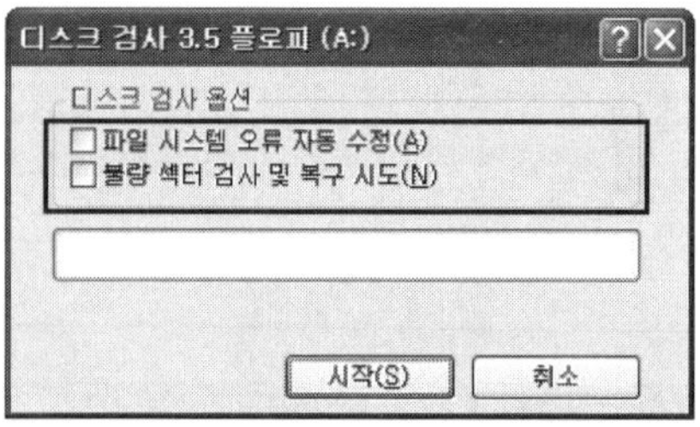

① **표준 검사** : 표면 검사 없이 파일과 폴더의 구조에 대한 오류를 검사한다.

② **파일 시스템 오류 자동 수정** : 디스크를 검사할 때 오류가 발생하면 자동으로 수정하고 넘어간다.

③ **불량 섹터 검사 및 복구 시도** : 파일과 폴더의 논리적 오류 및 물리적 오류까지 검사하며 불량섹터에 있는 자료는 다른 위치로 이동시킨다.

02_디스크 조각 모음

자료를 복사, 이동, 삭제하는 과정에서 생기는 디스크 공간의 조각으로 인해 파일을 저장하는 과정에서 디스크의 연속된 장소에 저장할 수 없게 되어 여러 장소에 나뉘어져 저장되므로 엑세스 속도가 느려지게 된다.

디스크 조각모음은 하드 디스크와 플로피 디스크 등의 파일 영역과 사용하지 않은 공간을 다시 정렬하여 파일을 인접한 영역에 저장하여 단편화 현상을 없애고 한 곳으로 모아줌으로써 시스템의 속도와 안전성을 향상시킨다. 디스크 조각을 모으는 동안 다른 작업을 수행 할 수 있지만 시스템 속도가 느려지게 된다. CD-ROM 드라이브, 네트워크 드라이브, Windows가 지원하지 않는 프로그램으로 압축된 드라이브는 소삭 보음을 할 수 없다.

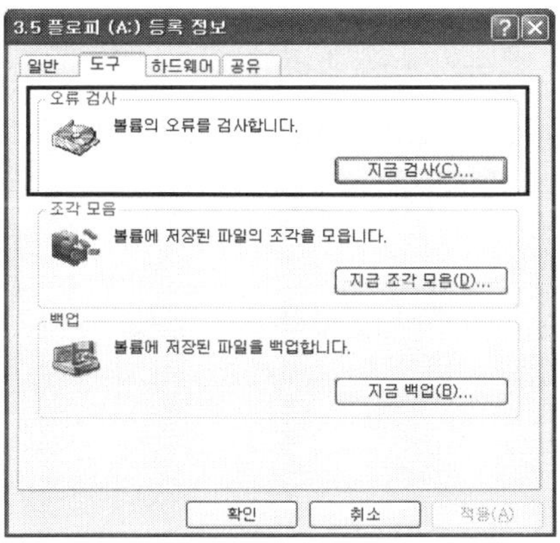

chapter2 5

윈도우 XP의 네트워크 활용

01_윈도우 XP의 네트워크 기능

네트워크의 궁극적인 목적은 분산되어 있는 정보를 효율적으로 관리하기 위한 것이다. 네트워크를 활용하면 여러 컴퓨터에 분산되어 있는 정보에 접근하여 필요한 정보를 사용할 수 있게 된다.

윈도우 XP는 네트워크 환경에서 컴퓨터를 효율적으로 사용할 수 있도록 하기 위해 네트워크와 관련된 많은 기능을 담고 있다.

윈도우 XP의 네트워크 관련 기능등을 요약하면 다음과 같다.

- 편리한 인터넷 접속
- ADSL과 무선 네트워킹 지원
- 전화 접속 네트워킹
- 오프라인 브라우징
- 원격 데스크톱
- 인터넷 연결 공유
- 인터넷 방화벽

02_윈도우 XP의 네트워크 설정

윈도우 XP에서 네트워크가 제대로 동작하기 위해서는 네트워크를 위한 하드웨어와 소프트웨어가 제대로 설치 또는 설정되어 있는지 확인해야 한다.

네트워크 카드의 확인

네트워크 카드(랜카드)가 정상적으로 동작하는지 확인하려면 다음과 같이 한다.

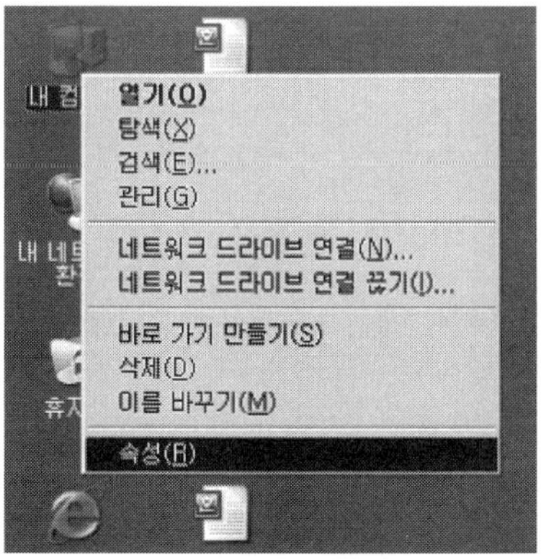

① 바탕화면의 [시작]메뉴를 선택한 다음 [내 컴퓨터]항목을 마우스 오른쪽 버튼으로 클릭한다. 나타나는 메뉴에서 [속성]을 선택한다.

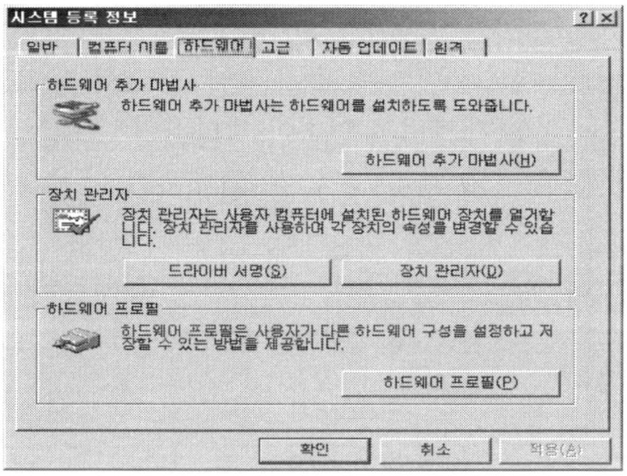

② '시스템 등록정보' 대화상자가 나타나면 [하드웨어]탭을 선택한 다음 '장치 관리자' 영역에 있는 [장치관리자] 버튼을 클릭한다.

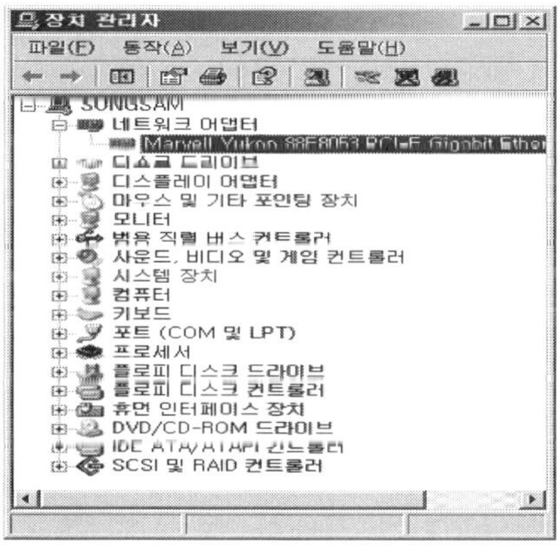

③ 화면과 같이 네트워크 어뎁터 항목을 확장하여 시스템에 연결된 랜카드가 모두 나타난다면 정상적으로 드라이버가 설치된 것이다.

프로토콜 확인

네트워크 카드에서 사용 가능하도록 설정되어 있다면 프로토콜을 확인해야 한다. 그러면 프로토콜을 설정하는 방법에 대해 알아보자.

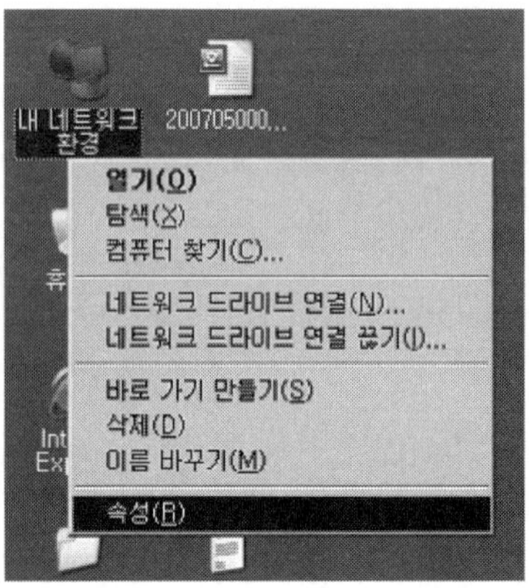

① 바탕 화면에서 [내 네트워크 환경]을 누르고 마우스 오른쪽 버튼을 클릭하여 나온 메뉴 중 [속성]을 클릭한다.

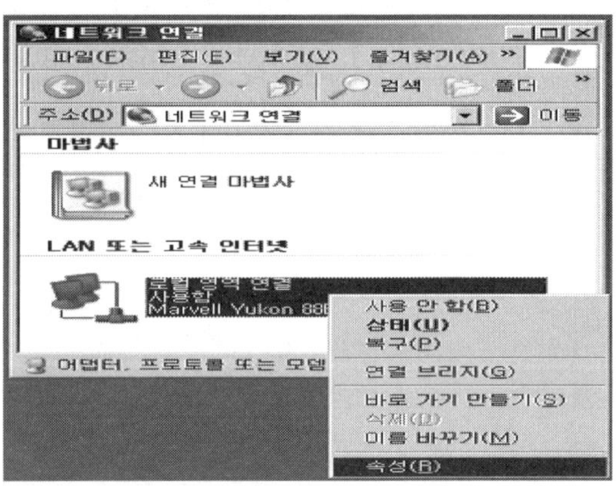

② 네트워크 연결이 나타나면 [로컬 영역 연결]을 누른 후 마우스 오른쪽 버튼을 클릭하여 나온 메뉴 중 [속성]을 클릭한다. 네트워크 카드가 두 개가 꽂혀 있을 땐 [로컬 영역 연결]이 두 개가 나타날 수 있다.

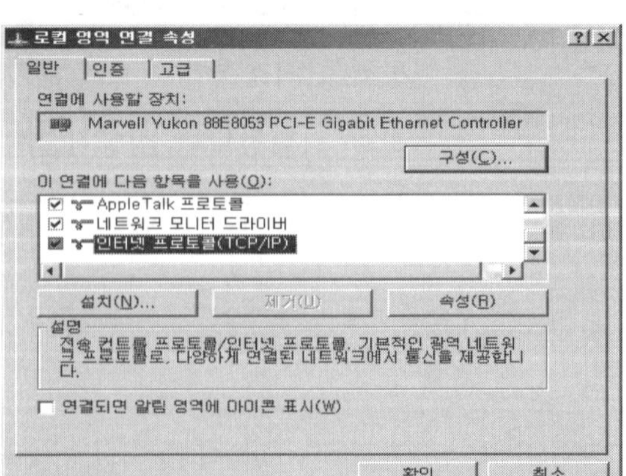

③ 연결에 사용할 장치에 컴퓨터에 장착된 네트워크 카드의 장치명이 나타나며, [이 연결에 다음 항목을 사용]이라는 항목에 나오는 목록이 내 컴퓨터에서 사용할 수 있는 프로토콜들이다. 이 중 [인터넷 프로토콜(TCP/IP)]를 선택한 후 아래 [속성] 버튼을 클릭하면 설정화면이 나온다.

네트워크 공유를 위한 설정

① 바탕 화면에서 [내 컴퓨터]를 누르고 마우스 오른쪽 버튼을 클릭하여 나온 메뉴 중 [속성]을 클릭한다.

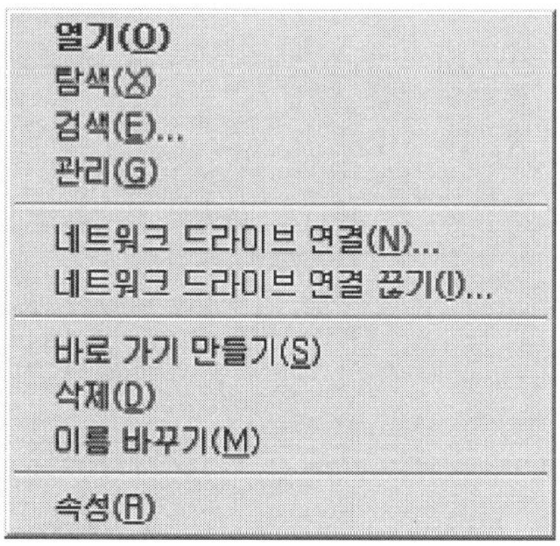

② 네트워크 연결이 나타나면 [로컬 영역 연결]을 누른 후 마우스 오른쪽 버튼을 클릭하여 나온 메뉴 중 [속성]을 클릭한다.

네트워크 카드가 두 개가 꽂혀 있을 땐 [로컬 영역 연결]이 두 개가 나타날 수 있다.

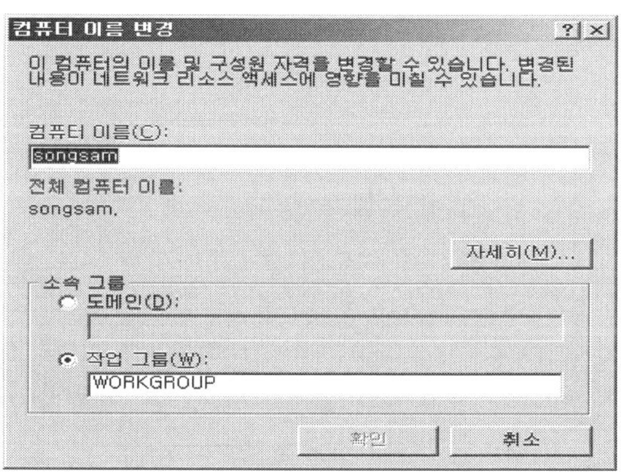

③ 나타나는 컴퓨터 이름 변경에서 작업 그룹을 입력하고 [확인] 버튼을 클릭하면 네트워크 공유를 위한 설정이 끝난다.

컴퓨터 이름은 같은 네트워크 안에 있는 다른 컴퓨터의 이름과 중복이 되어서는 안된다. 단, 작업 그룹은 공유를 위한 컴퓨터들이 같은 이름을 사용해야 한다. 옆 그림에서는 'workgroup'을 사용하였다.

| 03_네트워크 자원 관리 |

앞의 작업에서 네트워크에 관련된 하드웨어와 소프트웨어의 설정을 마쳤다면 윈도우 XP에서 제공하는 모든 네트워크 작업이 가능하다. 같은 네트워크 안에 소속된 컴퓨터 사이에서는 파일과 폴더, 그리고 디스크 드라이브의 공유가 가능하다. 네트워크 안에서의 공유 작업은 윈도우 탐색기를 이용하여 간단하게 할 수 있다.

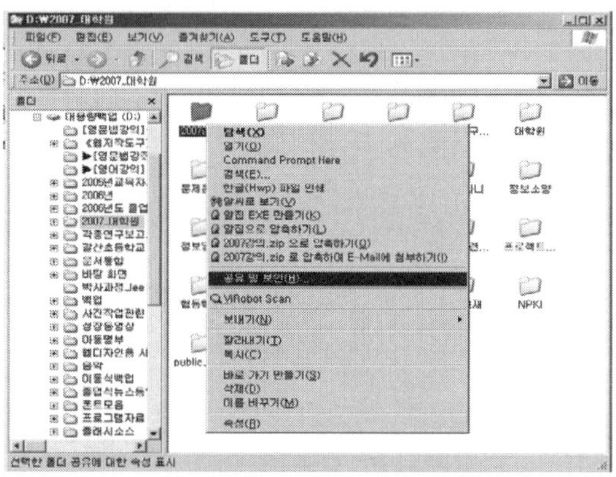

① 윈도우 탐색기를 실행한 다음 네트워크에 연결된 다른 컴퓨터 사용자들과 공유하려고 하는 폴더나 파일을 선택하고 마우스 오른쪽 버튼을 클릭한다. 나타나는 메뉴에서 [공유 및 보안]을 선택한다.

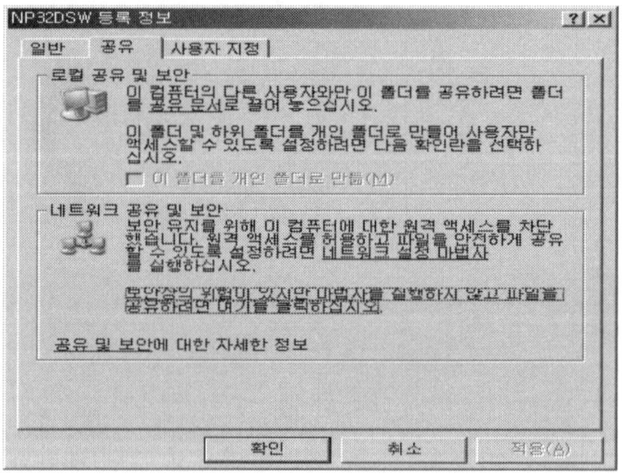

② '공유폴더 등록 정보' 창에서 [공유] 탭으로 이동한 후 '네트워크 공유 및 보안' 항목을 살펴본다. 이곳에서 '네트워크 설정 마법사'를 이용하여 네트워크 공유를 할 수 있다. 이곳에서는 '네트워크 설정 마법사' 없이 해보도록 한다.

따라서 '보안상의 위험이 있지만 마법사를 실행하지 않고 파일을 공유하려면 여기를 클릭하십시오' 라고 되어 있는 부분을 클릭한다.

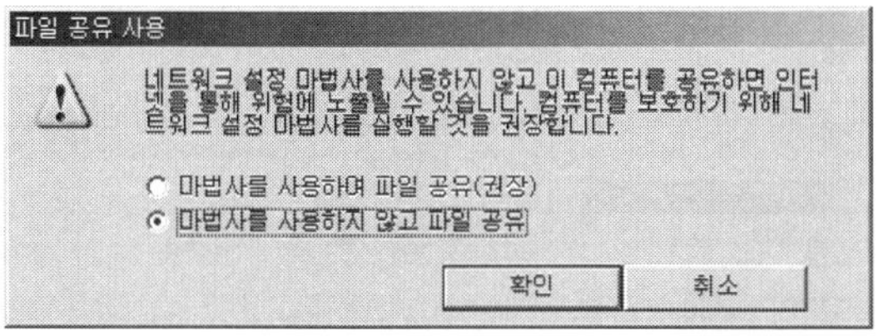

③ '파일 공유 사용' 대화 상자가 나오고 이곳에서 마법사를 사용하지 않고 파일 공유를 체크한 다음 [다음] 버튼을 누른다.

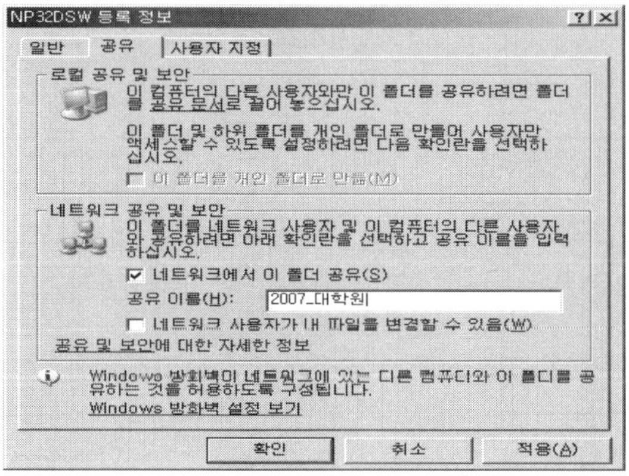

④ 다시 공유 폴더 등록 정보 대화 상자로 돌아오면, 이번엔 '네트워크에서 이 폴더 공유'에 체크하고 그 폴더에 다른 사람도 쓰기 권한을 주려면 '네트워크 사용자가 내 파일을 변경할 수 있음'도 선택한다. 선택을 마쳤으면 [확인] 버튼으로 작업을 마친다.

⑤ 공유된 폴더는 화면과 같이 손바닥 모양의 아이콘이 만들어진다.

04_원격 데스크톱 연결과 원격 지원

원격 데스크톱과 원격 지원 기능은 윈도우 XP에서 처음으로 추가된 기능이다. 원격 지원의 경우 시스템에 문제가 생겼을 때 가까운 이들로부터 실시간으로 도움을 받기 위한 기능이며, 원격 데스크톱 기능은 외부에서 학교 혹은 다른 곳의 컴퓨터를 자유롭게 사용할 수 있도록 도와준다.

① [시작]-[제어판]을 선택하여 제어판이 나타나면 [시스템] 아이콘을 더블 클릭한다. 이 작업은 원격으로 연결하려는 대상 컴퓨터에서 해주어야 한다.

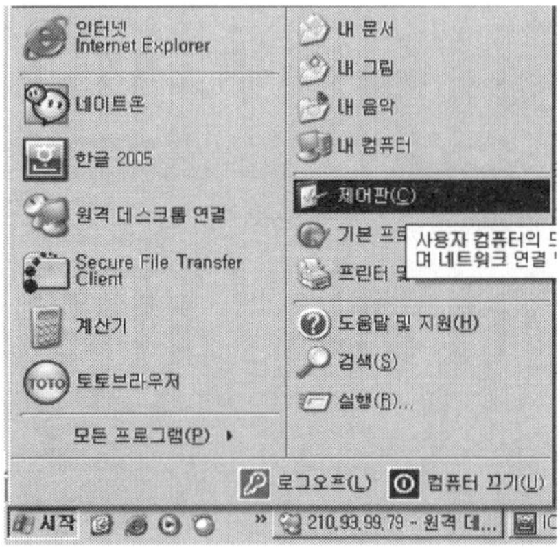

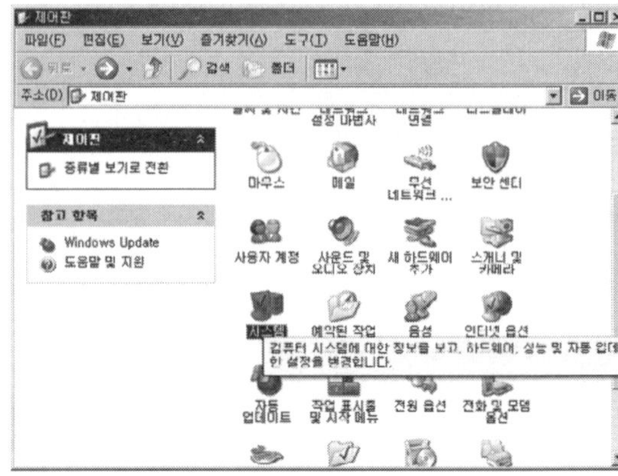

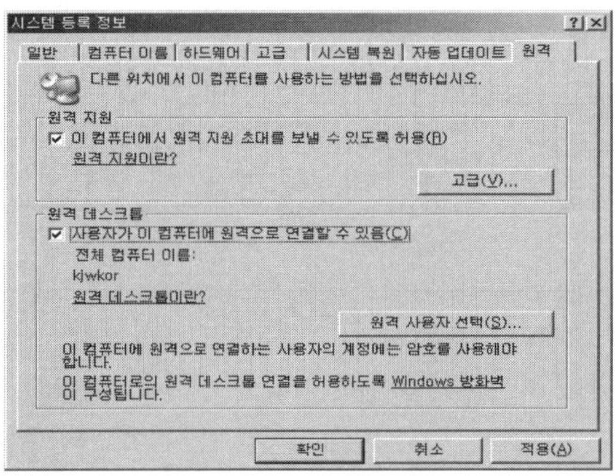

② '시스템 등록 정보' 대화상자가 열리면 [원격]탭을 선택한다.

③ 원격 탭의 '원격 데스크톱' 영역에서 '사용자가 이 컴퓨터에 원격으로 연결할 수 있음' 항목에 체크한다.

④ 이 컴퓨터에 접속할 사용자를 선택해야 하기 때문에 [원격 사용자 선택] 버튼을 클릭한다.

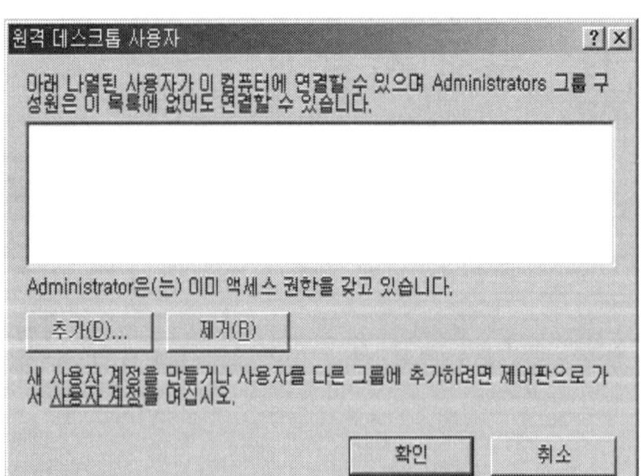

⑤ '원격 데스크톱 사용자' 대화상자가 열리면 원격으로 연결할 수 있는 사용자를 추가한다. 컴퓨터의 관리자인 'Administrator'는 액세스 권한을 갖고 있다. 'Administrator' 외에 다른 계정을 사용하고 싶다면 [추가] 버튼을 눌러 '사용자 선택' 대화 상자가 나오면 '선택할 개체 이름 입력하십시오.' 라는 부분에 사용자 이름을 입력하면 된다.

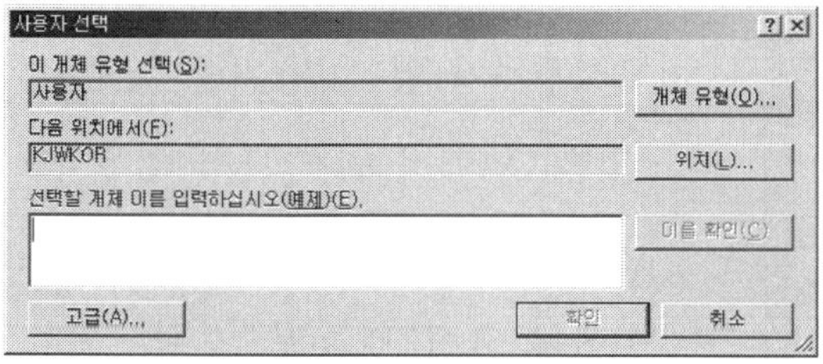

만약 만들어진 사용자 계정이 없다면 앞에서 설명한 사용자 계정을 추가하여 만들고 이 과정을 계속하면 된다.

05_다른 컴퓨터에서 원격으로 연결하기

위 과정을 정상적으로 끝냈다면 외부의 컴퓨터를 이용하여 원격으로 연결할 수 있다. 이때 필요한 것은 원격으로 연결할 대상 컴퓨터의 IP 주소이다. 또한, 앞의 내용에서 살펴본것과 같이 원격 연결을 위한 사용자 계정이 필요한데 사용자 계정에는 암호가 설정되어 있어야 한다. 암호가 설정되어 있는 않은 사용자 계정은 원격 연결이 허용되지 않는다.

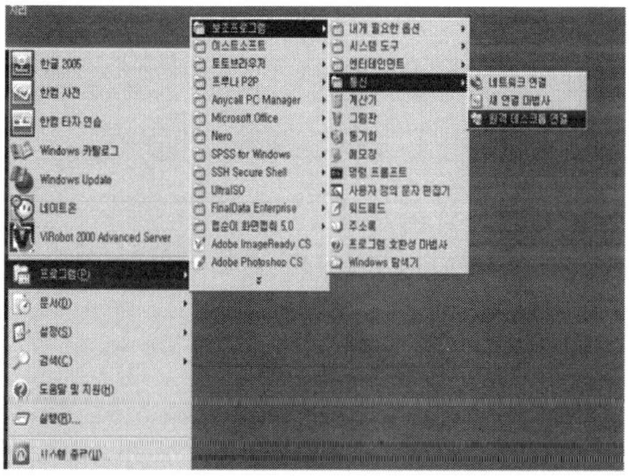

① 원격 연결을 위해 [시작]-[프로그램]-[보조 프로그램]-[통신]-[원격 데스크톱 연결]을 차례대로 선택한다.

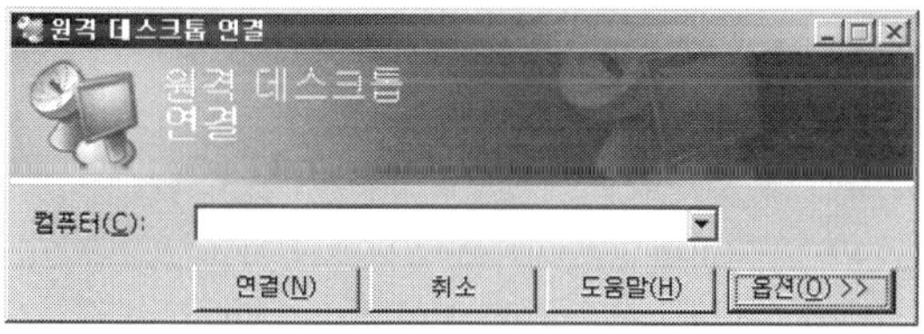

② 나타나는 '원격 데스크톱 연결' 대화상자에서 연결시 환경 설정을 위해 [옵션] 버튼을 클릭한다.

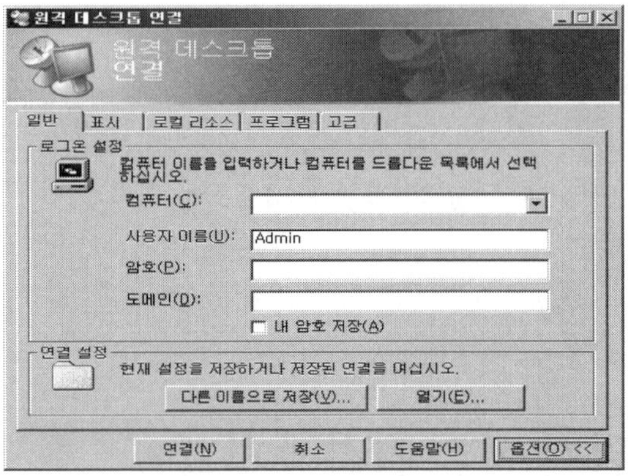

③ 대화상자가 옆 그림 처럼 확장되면 [일반] 탭에서 원격 대상 컴퓨터의 IP 주소, 사용자 계정명, 암호를 입력하고 [표시] 탭을 클릭한다.

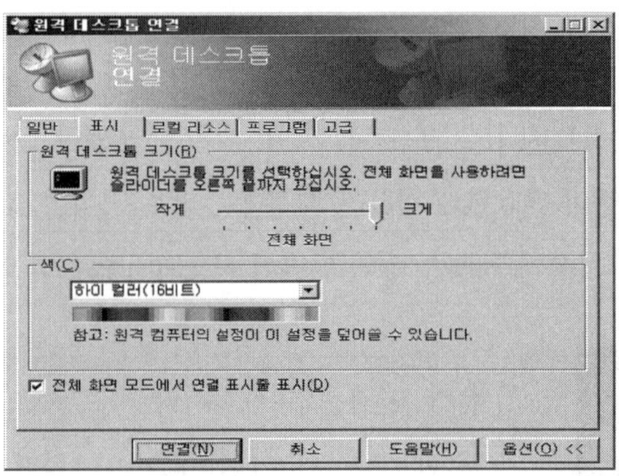

④ [표시] 탭에서는 원격 데스크톱의 창 크기와 색상, 해상도를 설정한다.

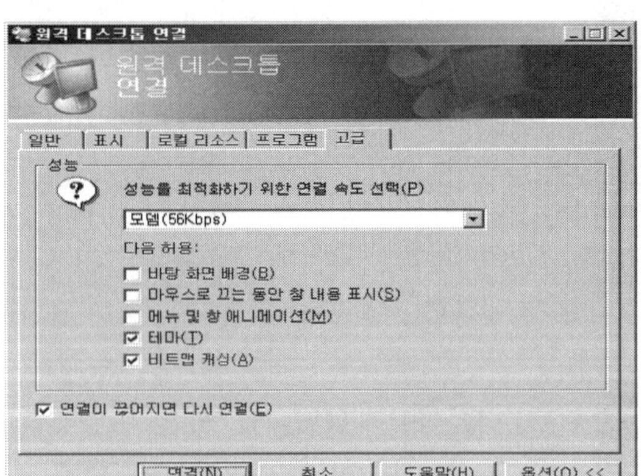

⑤ [고급] 탭에서는 연결 속도를 설정할 수 있다.

⑥ 설정이 모두 끝났으면 [연결] 버튼을 클릭한다.

chapter2 6 파일 압축 및 해제(ALZIP)

파일 백업시 또는 서로 연관된 파일을 하나로 묶어서 관리할 수 있도록 지원해 주는 프로그램으로 파일 전송시 압축 파일을 사용하면 전송 시간을 줄일 수 있고, 디스크 공간을 효율적으로 사용할 수 있으므로 경제적이다. 이 교재에서는 국산 압축 프로그램 중 가장 많이 사용되는 알집(ALZIP)에 대해서 소개한다.

01_압축하기

1. Windows 탐색기에서 압축하기

특정 파일을 압축하여 새로운 압축파일을 만들고자 할 때 가장 쉽게 할 수 있는 방법이다. Windows 탐색기에서 해당 파일들을 선택하고 마우스의 오른쪽 버튼을 누르면 알집 관련 메뉴가 나온다. 여기서 해당 압축하기 메뉴를 선택하면 압축파일이 만들어진다.

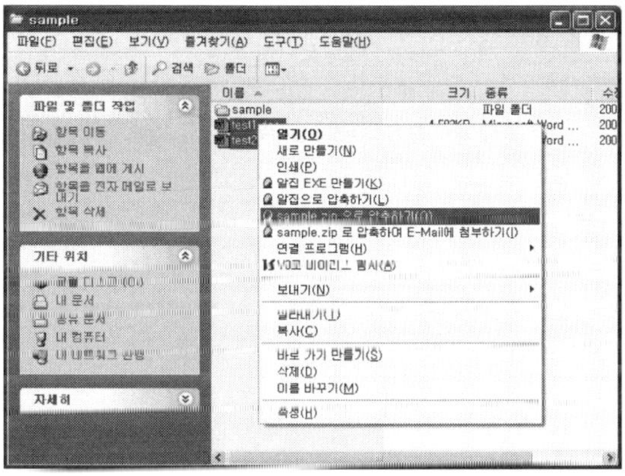

① Windows 탐색기에서 압축하고자 하는 파일 또는 폴더를 선택한 후 마우스 오른쪽 버튼을 클릭한다. 메뉴에 '알집으로 압축하기(L)'와 'sample.zip 으로 압축하기(Q)'가 있는데 알집으로 압축하기를 선택하면 아래 ❷번 과정에서 파일이름과 기타 옵션사항을 설정할 수 있다. sample.zip 으로 압축하기를 클릭하면 ❷번 과정을 거치지 않고 바로 압축한다.

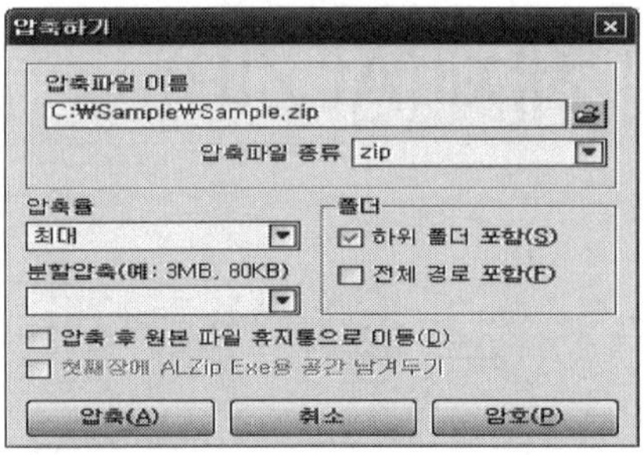

② 알집으로 압축하기를 선택하면 알집으로 압축하기 대화상자가 나타난다.

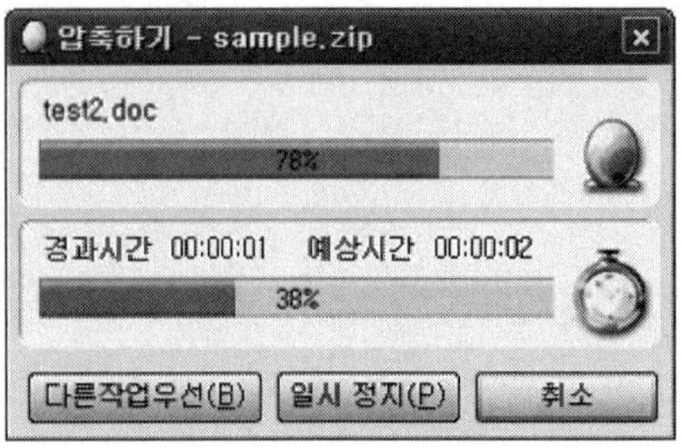

③ 압축을 시작한다. 압축하기 작업 중 대화상자가 나타나서 작업 상황을 알려준다. 압축 진행 과정이므로 잠시 기다린다.

④ 압축이 끝나면 ❷번에서 입력했던 이름 또는 Windows 탐색기 메뉴에서 선택한 이름의 압축파일이 생성된다.

2. 알집에서 압축하기

알집을 실행시키고 새로 압축파일을 만드는 방법이다.

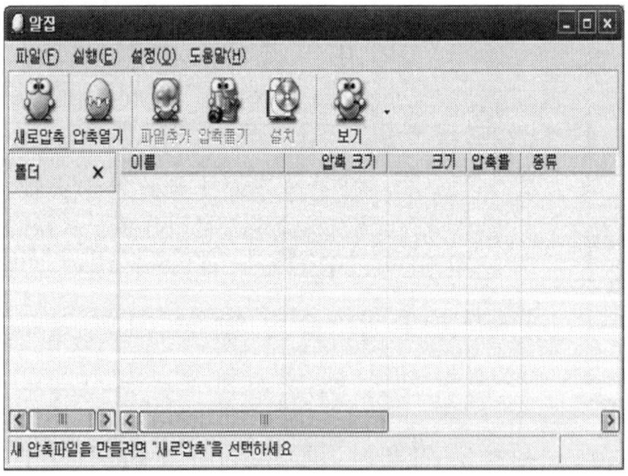

① 먼저 알집을 실행시킨 후 '새로압축' 버튼을 클릭한다.

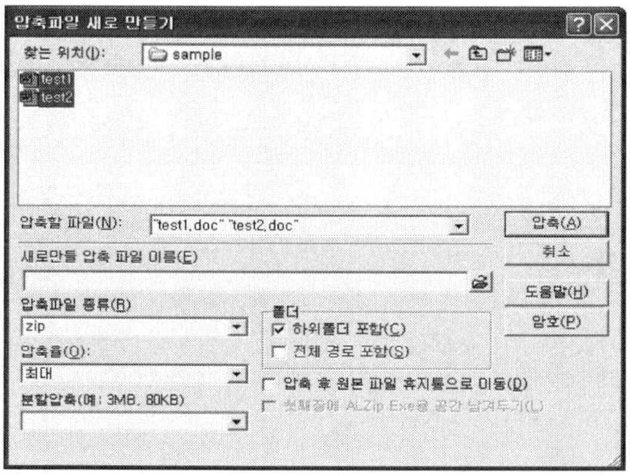

② 나타난 새로 압축 대화상자에 원하는 사항을 설정한다.

③ 모든 설정이 끝났으면 '압축' 버튼을 클릭한다.

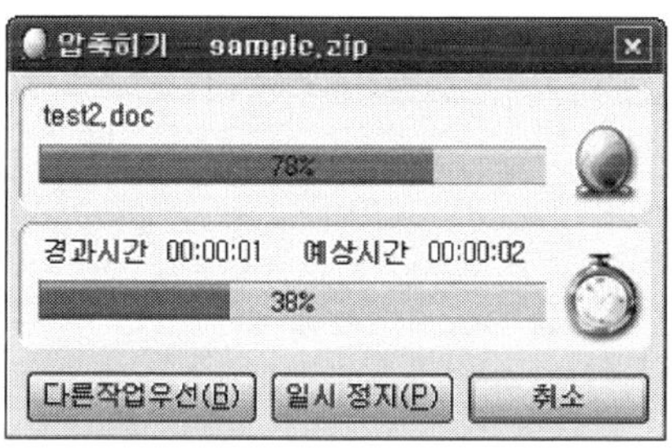

④ 압축을 시작한다. 압축하기 작업 중 대화상자가 나타나서 작업 상황을 알려준다. 압축 진행 과정이므로 잠시 기다린다.

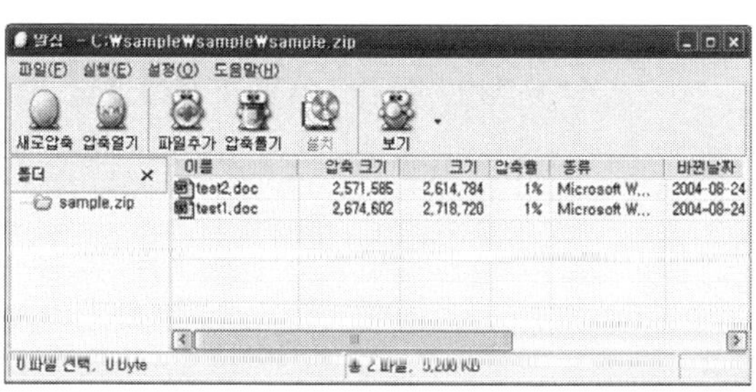

⑤ 압축이 종료되면 압축된 내용을 보여준다. 이제 압축이 다 되었으므로 알집을 종료한다.

sample.zip

⑥ 압축이 종료되면 ❷번 과정에서 입력했던 이름의 압축 파일이 생성된다.

3. 알집 창으로 드래그 인 압축하기

새로 압축파일을 만들거나 열려있는 압축파일에 새로운 파일을 더하려 할 때 압축하려는 파일을 Windows 탐색기에서 알집 창으로 드래그하여 놓으면 쉽게 압축할 수 있다.

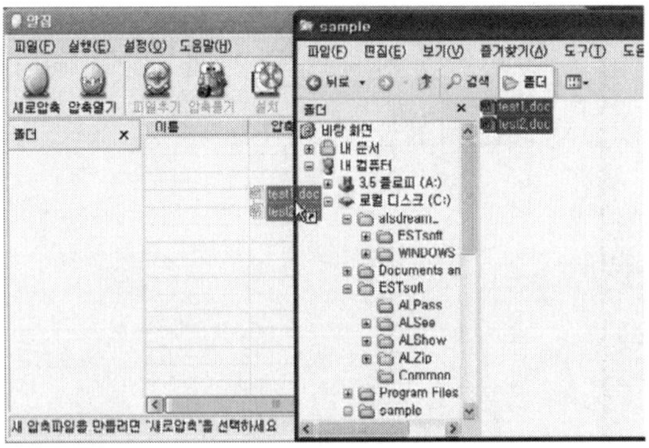

① Windows 탐색기에서 압축하고자 하는 파일들을 알집으로 드래그 한다.

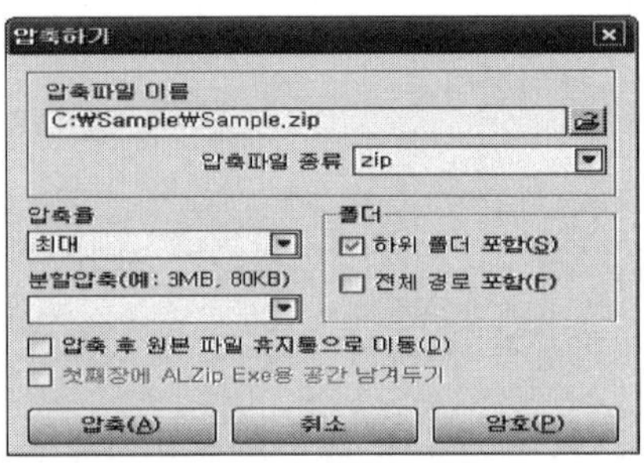

② 알집으로 압축하기 대화상자가 나타난다. 자세한 설명은 알집으로 압축하기 대화상자를 참조한다.

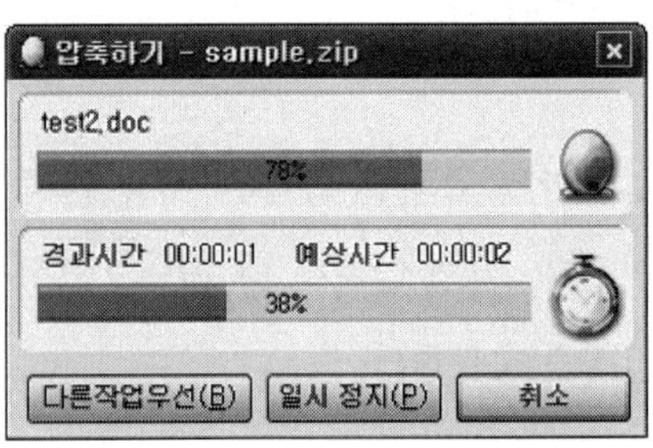

③ 압축을 시작한다. 압축하기 작업 중 대화상자가 나타나서 작업 상황을 알려준다. 압축 진행 과정이므로 잠시 기다린다.

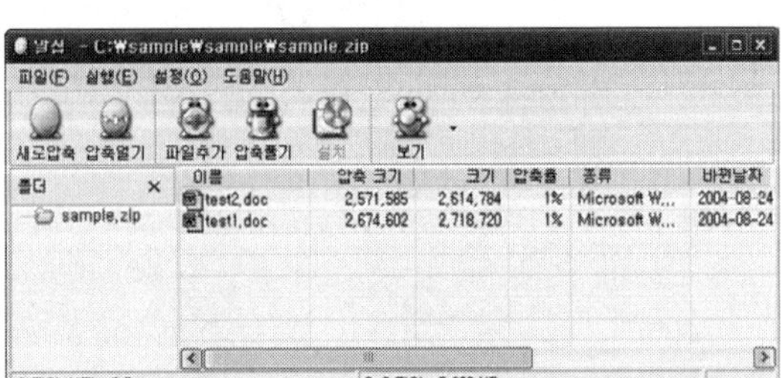

④ 압축이 종료되면 압축된 내용을 보여준다. 이제 압축이 다 되었으므로 알집을 종료한다.

4. 기존 압축파일에 드래그 인 압축하기

기존에 존재하는 압축파일에 새로운 파일을 추가하고자 할 때 사용하는 가장 손쉬운 방법이다.

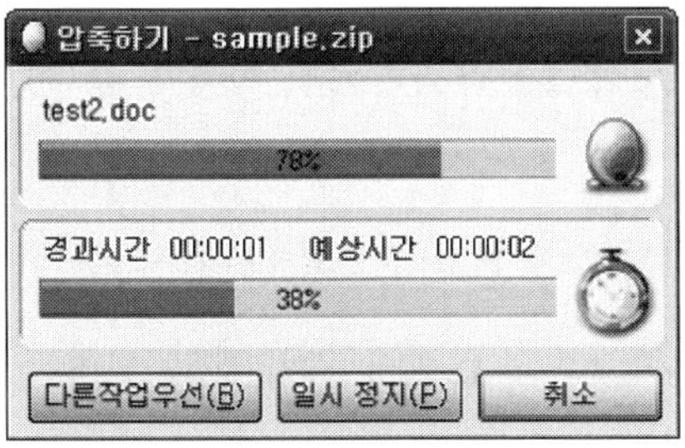

① 먼저 Windows 탐색기에서 추가하고자 하는 파일 또는 폴더를 선택한다.

② [참고] 여러 개의 파일을 선택하려면 ctrl 키를 누른 상태에서 해당 파일이나 폴더를 클릭한다.

③ 선택된 파일 또는 폴더를 드래그 해서 추가하고자 하는 압축파일에 끌어다 놓는다. 기능이 활성화 된 경우에는 커서 옆에 작은 '+' 기호가 나타나게 된다.

④ 압축을 시작한다. 압축하기 작업 중 대화상자가 나타나서 작업 상황을 알려준다. 압축 진행 과정이므로 잠시 기다린다.

⑤ 해당 압축파일에 선택된 파일이 추가 되었다.

02_압축풀기

1. Windows 탐색기에서 압축풀기

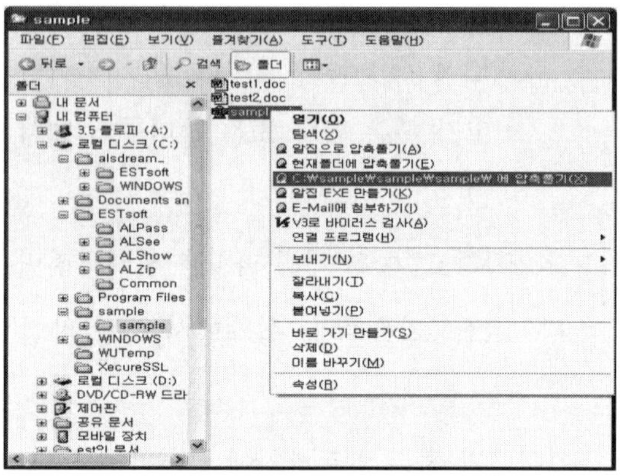

① Windows 탐색기에서 압축을 풀 파일 한 개 또는 여러 개를 선택하고 마우스 오른쪽 버튼을 클릭한다.

② Windows 탐색기 메뉴에서 원하는 항목을 선택한다. 자세한 설명은 Windows 탐색기 메뉴 부분을 참조한다.

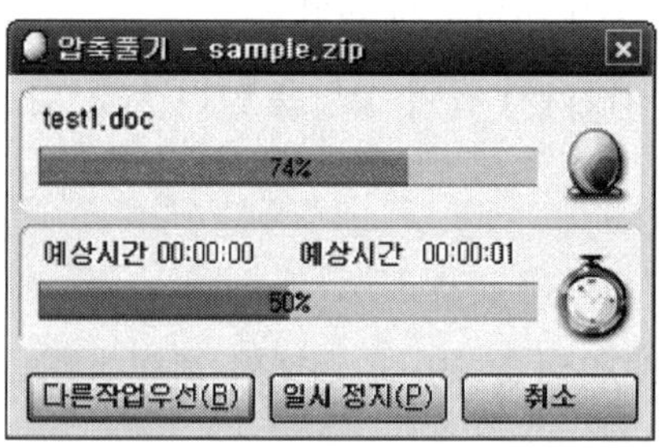

③ 압축 풀기를 시작한다. 압축풀기 작업 중 대화상자가 나타나서 작업 상황을 알려준다. 진행 과정이므로 잠시 기다린다.

2. 알집에서 압축풀기

① 먼저 알집을 실행시킨 후 '압축열기' 버튼을 클릭한다.

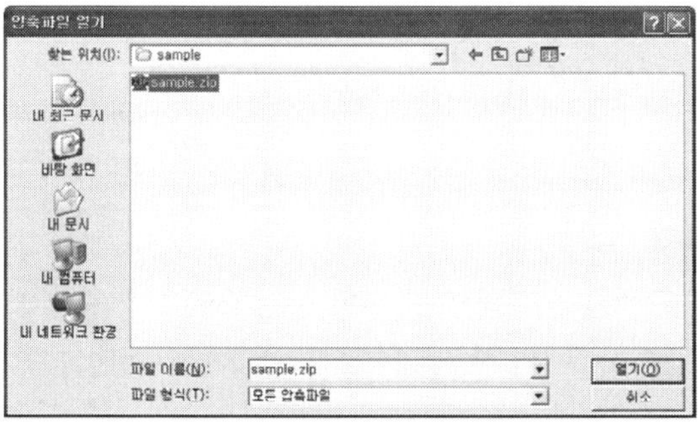

② 압축을 풀고자 하는 파일을 선택한 후 '열기' 버튼을 클릭한다.

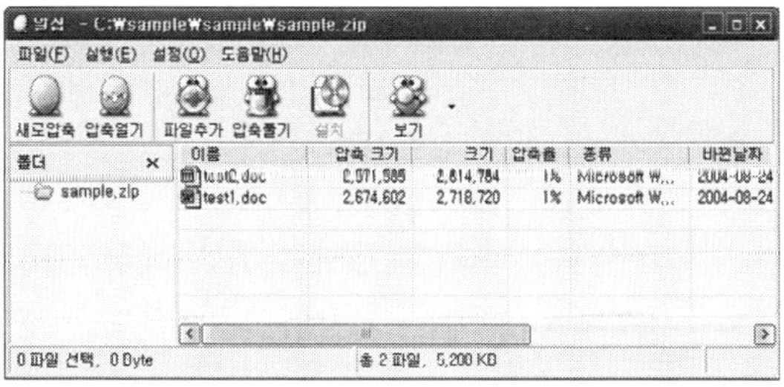

③ 압축되어 있는 파일들의 목록이 나오는데 필요한 파일만 풀고 싶으면 오른쪽 파일목록에서 원하는 파일을 선택한다. 선택을 하지 않으면 모든 파일의 압축을 풀게 된다. 압축을 풀 파일을 정했다면 '압축풀기' 버튼을 클릭한다.

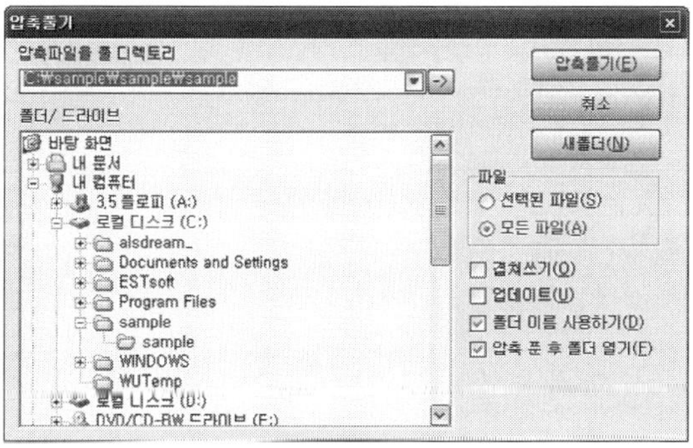

④ '압축풀기' 버튼을 누르면 압축풀기 대화상자가 나타난다. 압축을 풀려면 '압축풀기' 버튼을 누른다. [참고] 압축할 때 암호를 설정해 놓았다면 압축 풀 때 암호 입력 대화상자가 나타난다.

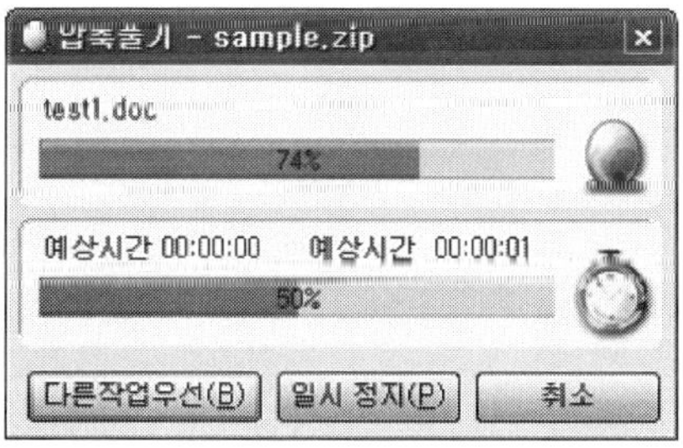

⑤ 압축 풀기를 시작한다. 압축풀기 작업 중 대화상자가 나타나서 작업 상황을 알려준다. 진행 과정이므로 잠시 기다린다.

3. 알집 창에서 드래그 아웃 압축풀기

실행된 알집 화면에서 압축할 파일들을 Windows 탐색기에 끌어다 놓는 압축 해제 방법이다.

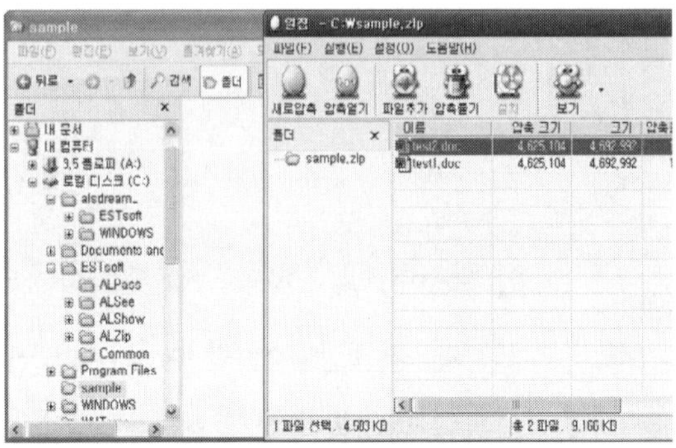

① 알집과 Windows 탐색기를 실행시킨 후 압축을 풀고자 하는 파일들을 알집에서 드래그하여 Windows 탐색기에 놓는다. [참고] 압축할 때 암호를 설정해 놓았다면 압축 풀 때 암호 입력 대화상자가 나타난다.

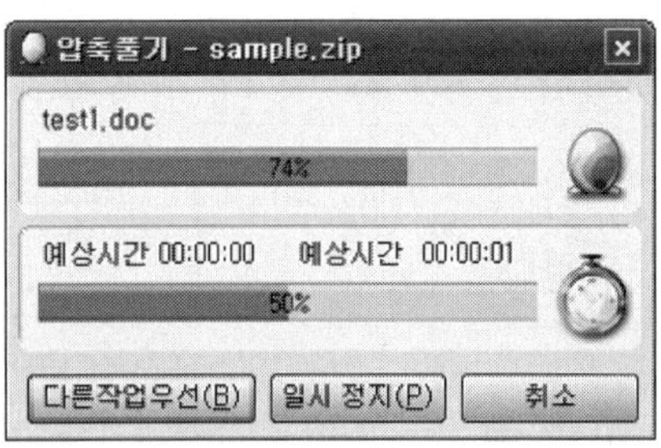

② 압축 풀기를 시작한다. 압축풀기 작업 중 대화상자가 나타나서 작업상황을 알려준다. 진행 과정이므로 잠시 기다리면 된다.

A COMPUTER OF APPLICATION EDUCATION

3 Chapter

한글 2005의 교육적 활용

chapter3

1 한글 2005의 기초

01_한글 2005 실행하기

① 바탕 화면에 등록된 아이콘에서 마우스 왼쪽 버튼을 두 번 누르기 하면 '한글 2005'가 실행된다.

② 또는 [시작]-[프로그램]-[한글과컴퓨터]-[한글 2005]-[한글 2005]를 마우스로 클릭 한다.

02_한글 2005 초기화면

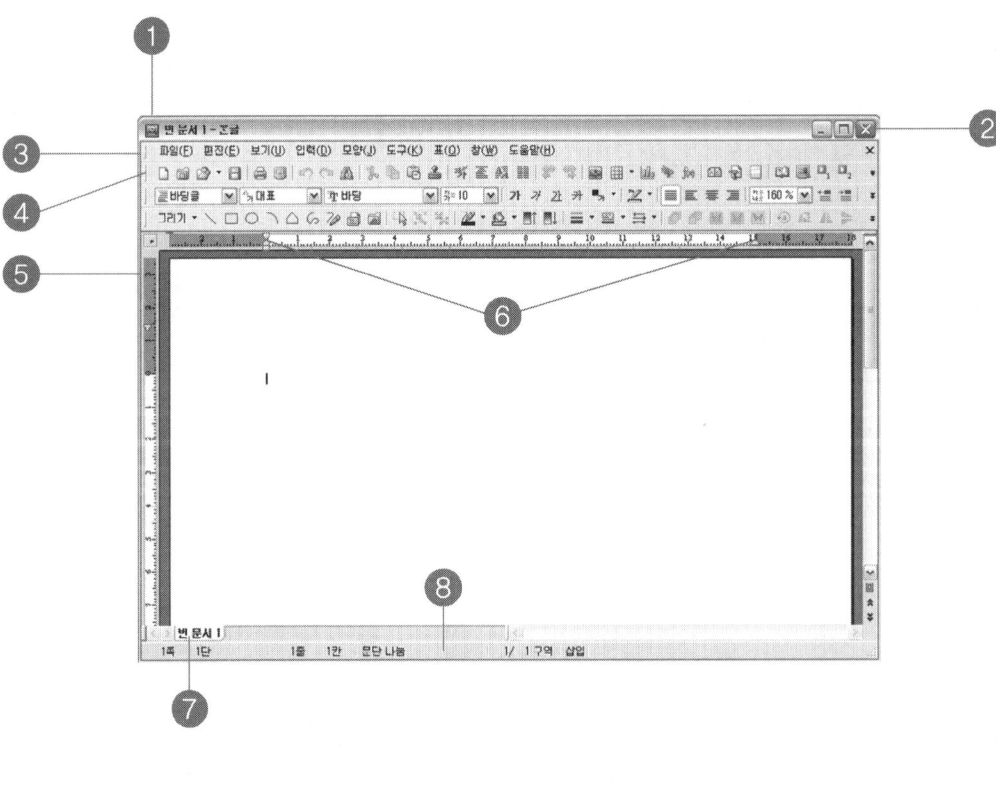

❶ 제목 표시줄 : 작업 중인 문서의 경로와 파일 이름 표시

❷ 제어 아이콘 : 작업 중인 문서를 종료하거나 화면의 크기를 변경하는 단축메뉴가 나타남

❸ 메뉴 표시줄 : 한글 2002에서 제공하는 모든 기능이 있음

❹ 도구 모음 : 메뉴 중에서 가장 많이 사용하는 기능을 아이콘으로 모아 놓은 곳

❺ 눈금자 : 탭을 이동하거나 길이를 잴 때 사용

❻ 문서여백 표시 탭 : 문단에 설정된 왼쪽 또는 오른쪽 여백을 표시

❼ 문서탭 : 새로운 창을 열지 않고 여러 개의 문서를 불러올 때 문서들을 표시

❽ 상황선 : 작업 중인 문서에서 커서 위치, 작업 상태, 각 메뉴의 간단한 설명 표시

03_한글 2005 끝내기

1. 경로 : [파일-끝]

만일 편집 중인 문서 가운데 저장하지 않은 것이 있다면 한글 2005를 마칠 때 파일을 저장할 것인지 사용자에게 확인한다. 이때 문서를 저장하면 된다.

chapter3 **2**

문서작성 및 인쇄

| 01_문자 입력 |

1. 한글 입력

입력기 도구 상자(E ㄱ A ▭ T ?)에서 글자판의 종류가 한글2벌 표준인가를 확인하고 작업영역에서 글을 입력한다.

2. 영문 입력 전환

「한/영」키나 「왼쪽 Shift + Space Bar」 또는 입력기 도구상자를 이용한다.

3. 특수문자의 입력

1) 경로 : [입력-문자표] 단축키 Ctrl + F10

2) 작업 순서

글자판을 통하여 직접 입력할 수 없는 기호나 입력하기 불편한 각종 문자들을 사용자가 직접 선택하여 입력한다.

4. 글자겹침

1) 경로 : [입력-글자 겹침]

2) 작업 순서 : 한글에서 사용하는 문자가 아닌 경우에는 두 세 글자 정도를 겹쳐 씀으로써 새로운 모양의 글자를 만들 수 있다.

5. 한자변환

1) 경로 : [입력-한자로 변환] 단축키 F9

① 입력되어 있는 한글을 한자로 변환한다.

② 한자 변환은 커서 위치에 따라 글자 또는 낱말 단위로 실행되며, 블록을 설정하여 많은 양의 한글을 한꺼번에 연속적으로 한자로 바꿀 수도 있다.

③ 한자로 바꾸어 입력한 글자에 커서를 두고 다시 한 번 [입력-한자로 변환]을 실행하면, 한자가 다시 한글로 변환된다.

02_저장하기/불러오기

1. 저장하기/다른 이름으로 저장하기

1) 경로 : [파일-저장하기]

현재 화면에서 편집하고 있는 문서를 글문서(*.hwp) 형식으로 저장된다.

2) 작업 순서

① 내용을 입력하고 [파일-저장하기]를 실행한다.

② 대화 상자가 나타나면 [위치]에서 파일을 저장할 드라이브를 지정하고 파일 목록 창에서 파일을 저장할 폴더를 선택한다. 그 후 [파일 이름] 입력 상자에 저장할 파일의 이름을 입력하고, [저장] 버튼을 누른다

한글2005로 작성한 문서를 한글97에서 사용하고자 할 때는 [파일-다른 이름으로 저장]을 선택하고 "파일형식"을 '한글97~3.0문서(*.hwp)'로 설정, 저장한다.

2. 불러오기

1) 경로 : 파일-불러오기 단축키 Alt + O

이미 만들어져 있는 파일의 내용을 보거나, 편집, 인쇄 등을 하기 위하여 파일을 불러 문서창에 연다.

2) 작업 순서

① [파일-불러오기]를 실행한다.

② [불러오기] 대화 상자가 나타나면, [위치]에서 원하는 파일이 있는 폴더를 선택한다.

③ 파일 목록 상자에서 원하는 파일을 선택하고 [열기] 버튼을 누르면, 선택한 파일이 문서창에 표시된다.

03_인쇄

1. 경로 : [파일-인쇄]

현재 편집 화면에 있는 문서를 프린터로 인쇄할 수 있다.

2. 작업 순서

① 현재 편집 화면에 있는 문서를 인쇄하기 위하여 [파일-인쇄]를 실행한다.

② 편집하던 쪽(페이지) 한 장만 인쇄를 하려면, [인쇄 범위-현재 쪽]을 선택하고, [인쇄 매수]에 "1"을 입력하고 [인쇄]버튼을 누른다.

TIP

한 부씩 찍기
- 여러 매 인쇄를 할 때 쪽의 순서로 인쇄되어 인쇄 후 정리하지 않아도 되므로 편리

인쇄 방식
- 모아 찍기 : 한 장의 종이에 여러 쪽을 인쇄
- 나눠 찍기 : 큰 용지에 맞추어 편집된 문서를 작은 종이 여러 장에 인쇄

역순 인쇄
- 지정된 인쇄 범위에서 가장 끝 쪽부터 인쇄한다.

끊어 찍기
- 일정한 쪽수만큼 인쇄를 한 다음, 사용자에게 다음 인쇄를 위한 준비가 다 되었는지를 확인한다. 인쇄 도중에 수시로 작업을 멈추고 출력물을 확인하기 위한 기능이다.

확대/축소
- 편집된 문서를 임의의 크기로 확대하거나 축소하고자 할 때 가로 비율과 세로 비율을 사용자가 지정한다.

chapter3 3 문서 편집

01_편집용지의 설정

1. 경로 : [모양-편집 용지] 단축키 F7

편집 용지 설정은 문서 용지의 종류, 용지의 방향 그리고 종이의 상하좌우에 어느 정도 여백을 남길 것인지 등을 미리 정하는 기능이다.

2. 작업 순서

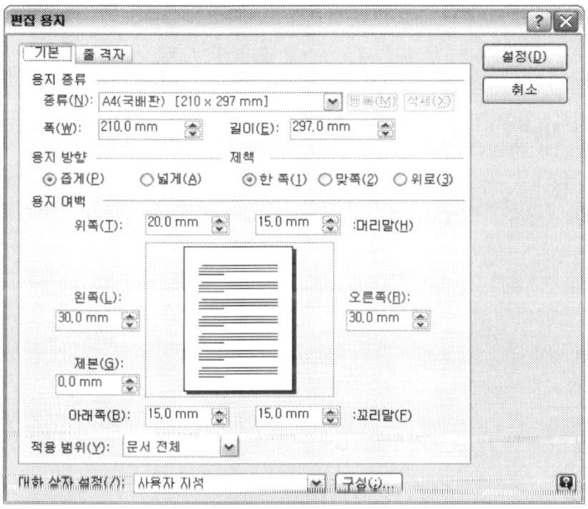

① [모양-편집 용지] 실행하여 [편집 용지] 대화 상자가 나타나면 [기본] 탭을 선택해 [용지 종류] 목록 단추를 누른다.

② 편집 용지 종류와 방향 등에서 해당되는 내용을 선택하고 용지 여백을 입력하고 [설정] 버튼을 누른다

02_구역(Section) 설정

1. 경로 : [모양-구역] 단축키 Ctrl + N, G

각 장마다 새 쪽 번호를 매기거나 배경 그림과 테두리 등을 다르게 설정하는 경우 한글에서는 [구역]을 나눔으로써 위와 같은 작업을 쉽게 할 수 있다.

구역을 나누면 한 문서 안에 있어도 나뉜 구역 간에 서로 다른 편집 용지, 바탕쪽, 각주/미주모양, 쪽 테두리/배경, 개요모양 등을 쓸 수 있다.

2. 작업 순서

① 새로운 구역이 시작될 곳에 커서를 놓고 [모양-구역]을 실행한다.

② [구역] 대화 상자에서 [적용 범위] 목록 단추를 눌러 [새 구역으로]를 선택하고 [설정] 버튼을 누르면 구역이 나뉘면서 새로 생긴 쪽(페이지)의 맨 앞에 커서가 위치된다.

③ [모양-편집 용지]를 실행해 현재 구역의 편집 용지를 앞 구역과 다르게 설정하고 편집을 할 수 있다.

03_블록설정 단축키 F3

편집 기능이 적용될 범위를 미리 지정하는 것으로 본문 중의 내용 일부를 복사하거나 지우기 또는 글자 모양이나 문단 모양을 바꾸고자 할 때, 먼저 원하는 내용을 블록으로 설정한 다음에 각종 편집 기능을 실행해야 한다.

1. 작업순서

1) 글자판으로 블록 설정하기

블록 지정할 내용의 시작 위치로 가서 F3 키를 누른 후 〈방향키〉를 눌러 블록으로 지정할 내용의 끝 부분으로 커서를 옮기고 Esc 를 눌러 블록을 해제한다.

2) 마우스로 블록 설정하기(마우스 끌기)

블록을 시작할 부분에 마우스 포인터를 놓고 마우스 왼쪽 단추를 누른 채로 블록으로 지정할 내용의 끝 부분까지 마우스 끌기를 한 후 놓으면 블록이 설정되고 Esc를 눌러블록을 해제한다.

TIP

빠른 블록 지정

- 한 번 클릭 : 문단 왼쪽에 있을 때는 한 줄 전체가 블록 설정

TIP
- 두 번 클릭 : 문단 내에서는 단어가, 문단 왼쪽에서는 한 문단 전체 블록 설정
- 세 번 클릭 : 문단 내에서는 문단 전체가, 문단 왼쪽에서는 문서 전체가 블록 설정

04_칸 블록 설정 | 단축키 F4

하나의 문단이 하나의 줄로 이루어진 내용에 대하여 "칸 단위 블록"을 설정해 내용을 지우거나 복사할 수 있다.

1. 작업순서

① 각 항목을 〈Tab〉으로 구분하면서 다음과 같이 입력한다.

보기

1학년	여자	한국중학교
2학년	남자	대한중학교
3학년	남자	한국초등학교
4학년	여자	대한초등학교

② 첫 번째 줄의 "여" 앞에 커서를 놓고 〈F4〉를 누른다.

③ 〈오른쪽방향 화살표 키〉를 3번 눌러 "한"앞까지 블록으로 설정하고, 〈아랫방향 화살표 키〉를 4번 눌러 4번째 줄까지 칸 단위 블록을 확장한다.

④ [편집-지우기]를 실행하면 각 줄의 2번째 항목만 삭제된다.

05_복사하기와 붙이기 | 단축키 Ctrl + C, Ctrl + V

1. 복사하기

블록으로 설정된 부분의 내용을 클립보드에 저장한다.

2. 붙이기

클립보드에 기억된 내용은 [편집-붙이기]를 실행하여 원하는 위치에 다시 불러 쓸 수 있으며 다른 곳에서 필요할 때 또 사용 가능하다.

3. 작업 순서

① 문서의 내용 가운데 필요한 부분을 블록으로 설정한 후 [편집-복사하기]를 실행한다.

② 원하는 위치에서 [편집-붙이기]를 실행하면 복사된 내용이 붙여진다.

06_글자모양

1. 경로 : [모양-글자 모양] 단축키 Alt + L

글자모양은 입력할 내용이나 블록으로 설정한 내용에 대한 글자 모양을 일괄적으로 바꾸어 준다.

2. 글꼴

글자 모양 변경 중에서 가장 많이 쓰게 되는 것이 글꼴을 바꾸는 것이다.

3. 글자크기

글자 크기를 키우거나 줄일 수 있으며 가로 세로가 함께 커지고 줄어든다. 1포인트부터 현재 편집 용지에 가득 차는 크기까지 글자 크기의 제한이 없다. 1포인트 글씨는 가로 0.35×세로 0.35㎜이다.

4. 상대 크기

기준 글자의 크기를 기준으로 상대적인 크기를 설정하는 기능이다.

한글 2005	• 기준크기 : 14 pt, 언어 : 한글, 글꼴 : 견고딕 • 상대크기 : 150% 적용

5. 장평과 자간

1) 장평(長平)

글자의 크기는 그대로 유지하면서 글자의 가로 폭을 줄이거나 늘리는 기능으로 글자의 "가로 : 세로"의 비율로 나타낸다.

2) 자간(字間)

글자와 글자 사이의 간격을 조절하는 기능이다.

6. 글자 속성

선택한 글꼴에 대하여 오른쪽으로 기운 글씨(기울임꼴), 두꺼운 글씨(진하게), 밑줄, 외곽선, 그림자, 양각, 음각, 첨자 등의 글자 속성을 적용하여 글자를 멋지게 꾸밀 수 있다.

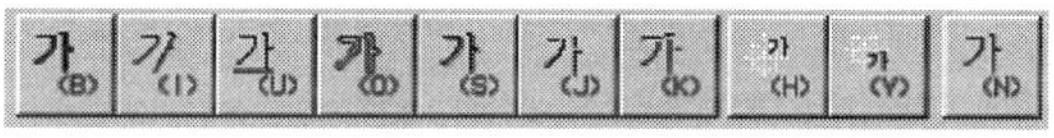

07_문단모양

1. 경로 : [모양-문단모양] 단축기 Alt + T

여러 문장이 이어지다가 문맥에 따라 줄이 바뀌는 부분으로 한/글에서는 사용자가 입력하는 도중에 〈Enter〉를 누르면 문단이 나뉜다.

문단의 왼쪽/오른쪽 여백, 들여 쓰기/내어 쓰기, 정렬 방식, 줄 간격, 문단 테두리, 문단 배경, 문단 종류, 탭 설정 등을 바꿀 수 있다.

2. 정렬방식

문단 안의 한 낱말이 오른쪽 여백에 걸릴 때, 어떤 방식으로 정렬할 것인가를 선택하는 기능이다.

양쪽 정렬	양쪽을 가지런하게 맞추는 정렬(가장 많이 쓰임)
왼쪽 정렬	왼쪽을 가지런하게 맞추는 정렬
오른쪽 정렬	오른쪽을 가지런하게 맞추는 정렬
가운데 정렬	가운데로 모아 맞추는 정렬
배분 정렬	양쪽으로 맞춰 글자 사이를 일정하게 띄우는 정렬
나눔 정렬	양쪽으로 맞춰 어절 사이를 일정하게 띄우는 정렬

3. 여백

편집용지의 여백과는 다른 개념이다. 여기서 말하는 여백은 문단에서의 여백을 말한다. 들여쓰기와 내어쓰기 기능을 이용하면 편리한 문서편집을 할 수 있다.

4. 줄 간격

현재 문단의 줄 간격을 조절하는 기능으로 같은 문단 안에서의 줄과 줄 사이의 간격은 모두 일정하다.

5. 탭 설정

탭(Tab)은 한꺼번에 일정한 거리로 본문을 띄울 때 사용한다. 탭은 여러 개의 항목을 세로로 가지런히 나열해 입력할 때 사용하면 편리하다.

설 정	표시	설 명
왼쪽 탭		그 위치에 있는 낱말의 왼쪽 시작 부분을 가지런하게 맞춘다.
오른쪽 탭		그 위치에 있는 낱말의 오른쪽 끝부분을 가지런하게 맞춘다.
가운데 탭		그 위치에 있는 낱말의 가운데 부분을 가지런하게 맞춘다.
소수점 탭		그 위치에 있는 숫자의 소수점 부분을 가지런하게 맞춘다.

6. 문단 테두리/배경

문단을 에워싸는 테두리를 만들거나, 문단의 배경을 색깔과 무늬로 채워 문단을 보기 좋게 꾸미는 기능이다.

chapter3

4 개체 삽입 및 표 편집

01_그림 삽입

1. 경로 : [입력-개체-그림] 단축키 Ctrl + N, I

미리 준비된 그림 파일을 커서 위치에 삽입하는 기능으로 그림을 넣을 때는 파일 전체를 넣을 수도 있고, 일부분만 잘라 넣을 수 있으며, 확대하거나 축소하여 넣을 수도 있고, 테두리와 그림 효과 여부도 설정/해제할 수 있다.

2. 작업 순서

① [입력-개체-그림]을 실행한다.

② [그림 넣기] 대화 상자가 나타나면 그림 파일 이름을 직접 입력하거나, 경로를 선택한 후 파일 목록에서 원하는 그림 파일을 선택한 후 연다.

> **TIP**
>
> 문서에 포함 선택하기
>
> • 문서에 그림을 넣을 때, 그림 파일을 문서 파일 안에 완전히 포함(embedding)시킬 것인지 외부 그림 파일에 연결(link)만 할 것인지 선택한다.

02_그림 편집

지정된 그림을 고치기 위해서는 그림을 선택하고 [입력-개체 속성]을 실행하거나, 그림 위에서 마우스 왼쪽 단추 두 번 누르기를 한 후 작업을 한다.

1. 크기

1) 그림 개체의 너비와 높이를 원하는 크기로 변경한다.

2) 크기 기준

[고정값]은 입력한 값이 그대로 개체의 크기가 되는 절대값이고, [종이, 쪽, 종이, 단, 문단]은 각 기준에 대한 퍼센트(%)로 개체의 크기를 입력하는 상대값이다.

2. 위치

1) 글자처럼 취급

기준 위치를 [글자처럼 취급]으로 선택하면 개체를 보통 글자와 완전히 같게 취급하여 글을 입력하거나 지우는 대로 개체의 위치가 같이 변한다.

2) 본문과의 배치

종 류	표시	설 명
어울림		개체와 본문이 같은 줄을 나누어 쓰되, 서로 자리를 침범하지 않고 본문이 개체에 흐르듯이 어울리도록 배치된다.
자리차지		개체가 개체의 높이만큼 줄을 차지하고 있기 때문에 개체가 차지하고 있는 영역에는 본문이 오지 못한다.
글 뒤로		개체가 없는 것처럼 본문이 채워지고, 개체는 본문의 배경처럼 사용된다.
글 앞으로		개체가 없는 것처럼 본문이 채워지고, 개체는 본문이 덮이도록 본문 위에 배치된다.

TIP

기준 위치

- 본문에 삽입한 개체가 놓일 위치를, 문서 안에서 어디를 기준으로 정하여 나타낼지 설정하는 것으로 일반 글자처럼 취급하거나 가로/세로 기준 위치를 따로 정할 수 있다.

서로 겹침 허용

- 그림 그리기 개체를 제외한 그림이나 표 개체를 "어울림"이나 "자리차지"로 지정한 경우, 개체끼리 겹쳐지지 않고 서로의 영역만큼 떨어지고 [서로 겹침 허용]을 켜면 "어울림"이나 "자리차지"로 지정된 개체끼리도 서로 겹쳐 놓을 수 있다.

3. 여백/캡션

1) 여백 : 개체 가장자리의 바깥쪽으로부터 본문까지의 간격을 설정한다.

2) 캡션

캡션 내용이 들어갈 [위치]와 [정렬 기준]을 조합하여 '위쪽, 아래쪽, 왼쪽/위, 왼쪽/가운데, 왼쪽/아래, 오른쪽/위, 오른쪽/가운데, 오른쪽/아래' 중에서 캡션의 위치를 정할 수 있다.([그림-캡션달기]를 하면 활성화 된다.)

4. 그림

1) 파일 이름

파일의 이름으로 '문서에 포함' 을 선택하면 '삽입그림' 으로 표시된다.

2) 축소/확대 비율

그림의 가로/세로 비율을 임의로 조정하거나, 정해진 비율로 설정한다.

3) 그림 자르기

그림의 일부분만 필요한 경우 잘라 내어 사용한다.

4) 그림 여백

그림과 테두리 사이에 간격을 두어 그림과 테두리가 떨어져 보이게 하고 싶을 때에는 그림의 안쪽 여백, 즉 [그림 여백]을 조절하여 그림 테두리와 읽어들인 그림 사이의 상하좌우 간격을 각각 다르게 지정할 수 있다.

5) 그림 효과

문서에 삽입한 그림 파일에 대하여 그레이 스케일 처리를 하거나, 흑백 또는 워터마크로 바꾸는 등의 효과를 줄 수 있다.

TIP

그레이 스케일

- 그레이 스케일 이미지로 변화하여 같은 수준의 회색으로 바꿔준다.

흑백으로

- 흑백 이미지로 바꿔준다.

워터마크 효과

- 워터마크는 원래 그림에 '밝기:70, 명암:-50' 의 효과를 주어, 그림을 밝고 명암 대비가 작은 그림으로 바꾸어 준다.

> **TIP**
> 그림 반전
> • 그림의 색상을 반대로 바꾸어 준다.

03_수식

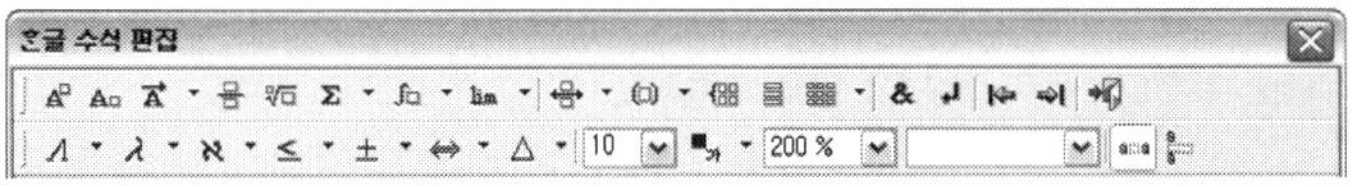

[입력-개체-수식]이나 도구상자에서 f(x) 을 선택하면 아래와 같은 수식도구상사가 나타난다.

04_글맵시

1. 경로 : [입력-개체-글맵시] 단축키 Ctrl + N, M

글맵시는 글자를 구부리거나 글자에 외곽선, 면 채우기, 그림자, 회전 등의 효과를 주어 문자를 꾸미는 기능이다.

2. 글맵시 도구상자의 이용

1) **내용 편집** : 글맵시 내용을 입력하는 대화 상자

2) **글자 모양**

55가지의 글자 형태를 선택할 수 있는 팔레트로 원하는 모양을 선택하면 선택한 이미지 모양이 틀이 되어 글자들을 변형시켜 준다.

3) **채우기 효과**

글맵시의 글자 안을 색깔로 채우거나 그라데이션(gradation)으로 채우기, 또는 무늬나 그림으로 채울 수 있다.

4) **회전** : 글맵시 글자를 0도부터 359도 사이에서 자유롭게 회전할 수 있다.

5) 설정 사항

글맵시 글자에 외곽선, 그림자 효과를 설정도록 [속성] 대화상자가 나타난다.

6) 정렬

"왼쪽, 오른쪽, 가운데, 양끝 배분 정렬, 끝줄 포함 양끝 배분 정렬"등의 문단 정렬 방식을 사용할 수 있다.

7) 글맵시 불러오기

저장해 놓은 글맵시 파일(*.hma)을 불러온다.

8) 다른 이름으로 저장

만들어진 글맵시의 글자 모양을 별도의 파일로 저장 해 놓고 필요할 때마다 불러 쓸 수 있다.

05_그리기 마당

1. 경로 : [입력-개체-그리기마당]

[그리기마당]은 많이 쓰이는 개체를 미리 만들어 등록해 놓고, 필요할 때마다 등록된 개체를 가져다 원하는 그림을 쉽고 빠르게 그리는 도구이다.

06_표 만들기

1. 경로 : [표-표 만들기] 단축키 Ctrl + N, T

문서를 만들면서 복잡한 내용이나 수치 자료를 일목요연하게 정리하고자 할때에는 표를 이용한다.

2. 작업 순서

① [표-표 만들기]를 실행하여 [표 만들기] 대화 상자가 나타나면 줄 수와 칸 수를 지정한 후 [작성] 버튼을 누르면 표를 그릴 수 있는 상태로 마우스 커서 모양이 바뀐다.

② 표를 삽입할 위치에 마우스 포인터를 놓고 원하는 크기만큼 마우스 끌기를 하여 표를 삽입한 후 본문을 편집하듯이 표 안에 내용을 입력한다.

③ 글자판의 〈Shift+Esc〉를 누르거나 마우스로 표 바깥 부분을 한 번 누르면 표에서 빠져나온다.

3. 셀에 데이터 입력

셀에 데이터는 문자, 숫자, 그림 등을 넣을 수 있다.

1) 자동 채우기

일부 셀에서 규칙을 찾아 사용자가 지정한 셀을 규칙에 따라 자동으로 채운다.

2) 작업 순서

① [표-표 만들기]를 실행하여 5줄 5칸짜리 표를 하나 만든다.

② 표의 첫 번째 셀에 "1"을 입력하고, 〈Tab〉을 눌러 2번째 셀로 커서를 옮긴 다음 "2"를 입력한다.

③ 셀 블록으로 설정하고 [표-자동 채우기]를 실행한다.

07_셀 블록 설정

1. 셀(cell)의 정의

여러 칸으로 이루어진 표에서 각각의 칸을 말하며 표는 여러 개의 셀들이 모여서 이루어진 것으로, 셀은 표 편집의 기본 단위가 된다.

2. 셀 블록 설정 방법

1) 마우스로 셀 블록 설정

시작할 셀에 마우스 포인터를 놓고 마우스 왼쪽 단추를 누른 채 마우스를 끌면 지나간 셀이 모두 셀 블록으로 설정된다.

2) 글자판으로 셀 블록 설정

셀 안에 커서를 놓고 F5를 누르면 셀 블록이 설정된다. 이 상태에서 다시 한 번 F5를 누르거나 F3을 누른 다음 화살표 방향키를 누르면 커서가 지나간 셀이 모두 셀 블록으로 설정된다.

3) 표 전체 셀 블록 설정

셀 안에 커서를 놓고 F5를 3번 누르면 표 전체가 셀 블록으로 설정된다.

4) 불연속적인 셀 블록 설정

셀 블록을 설정할 셀 안에 마우스 포인터를 놓고, 글자판의 〈Ctrl〉을 누른 채로 마우스 왼쪽 단추를 누르면 셀 블록이 설정된다.

이 상태에서 다른 셀로 마우스 포인터를 옮겨 글자판의 Ctrl을 누른 채로 마우스 왼쪽 단추를 누르면 선택한 셀도 셀 블록으로 설정된다.

보기

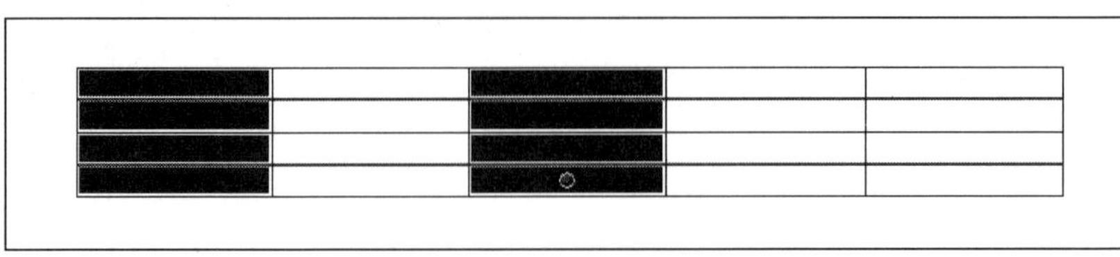

| 08_셀의 크기 조절 |

마우스		표의 선 위에서 마우스로 끌기하여 늘리거나 줄인다.
키보드	Shift +방향키	선택한 셀의 크기만 변한다.
	Alt +방향키	선택한 셀의 행이나 열 단위로 움직이되, 전체 표의 크기는 변함이 없다.
	Ctrl+방향키	선택한 셀의 행이나 열 단위로 움직이되, 전체 표의 크기가 움직인다.

09_셀 합치기와 나누기

1. 셀 합치기

두 개 이상의 셀(cell)을 하나로 합치는 기능으로, 합치고자 하는 셀들을 셀 블록으로 설정한 다음 [표-셀 합치기]를 실행한다.

2. 셀 나누기

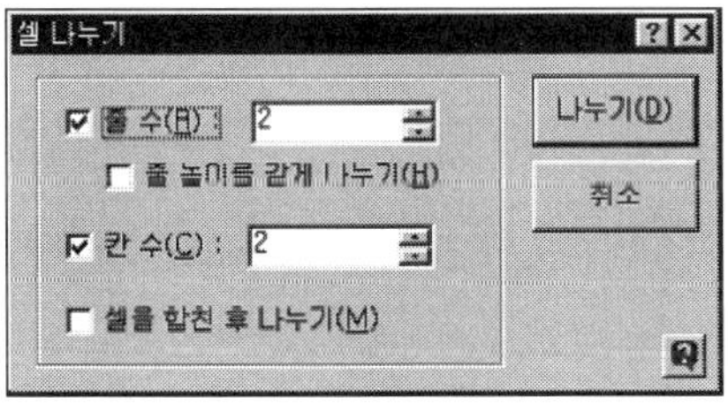

현재 커서가 위치한 셀 또는 셀 블록으로 설정되어 있는 셀들을 여러 개의 셀로 나누는 기능이다.

① 여러 개로 나눌 셀에 커서를 놓고 [표-셀 나누기]를 실행한다.

② [셀 나누기] 대화 상자가 나타나면 셀을 몇 개의 칸과 줄로 나눌 것인지 지정하고 [나누기] 버튼을 누른다.

③ 합친 후 나누기 : 셀들을 하나로 합친 다음 정해진 숫자만큼 줄/칸을 나눈다.

10_셀의 복사

1. 셀 복사

셀을 블록 지정한 후 Ctrl + C 로 복사하여 Ctrl + V 로 붙이기를 하면 다른 셀 위에 덮어쓰기나 끼워 넣기를 할 수 있다.

2. 모양 복사

1) 경로 : [모양-모양복사] 단축키 Alt + C

2) 셀 속성 복사

커서가 놓여 있는 셀의 "안 여백, 세로 정렬 상태, 제목 셀 속성, 한 줄로 입력, 세로쓰기" 등의 셀 속성을 복사한다.

3) 셀 테두리 복사

커서가 놓여 있는 셀의 테두리 종류와 굵기, 색깔, 대각선 모양, 적용 방향 등의 선 모양을 복사한다.

4) 셀 배경 복사

커서가 놓여 있는 셀의 배경 속성을 그대로 복사한다.

11_표/셀의 속성

1. 경로 : [표–표/셀 속성]

2. 표 속성

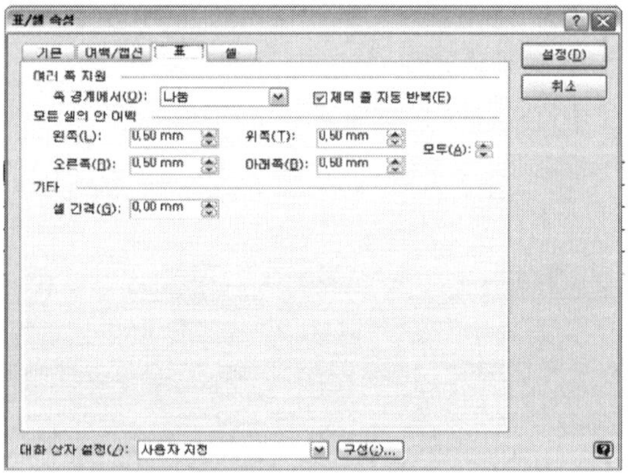

1) 여러 쪽 지원

표가 여러 쪽에 걸칠 때 쪽 경계에 걸리는 줄부터 다음 쪽으로 넘길 것인지(나눔), 또는 쪽 경계에 걸리는 셀 전체를 다음 쪽으로 넘길 것인지 (셀 단위로 나눔) 정할 수 있다.

2) 제목 줄 자동 반복

여러 쪽에 걸치는 표에 대하여 [제목 줄 자동 반복]을 선택해 놓으면, 각 쪽의 표 시작마다 제일 위에 그 표의 모든 제목 줄들을 자동으로 넣어준다.

[표–표/셀 속성–셀]의 [제목 셀]을 선택해야만 [제목 줄 자동 반복]이 동작된다.

3) 모든 셀의 안 여백 : 표의 각 셀 테두리로부터 표 내용까지의 간격을 말한다.

4) **셀 간격** : 표의 각 셀과 셀 사이의 간격을 설정한다.

3. 셀 속성

현재 셀이나 셀 블록으로 설정한 셀에 대하여 셀의 너비와 높이, 안 여백 지정, 세로 정렬 위치, 셀 보호 등을 지정한다.

1) 셀 크기 적용

현재 셀의 [너비]와 [높이]를 설정한다. 현재 셀이 속한 줄 전체의 높이와 칸 전체 너비가 똑같은 너비와 높이로 적용된다.

2) 안 여백

[안 여백 지정]을 선택해 셀의 안쪽 여백값을 설정하면, [표 여백]에서 지정한 여백값을 무시하고 셀 안쪽 여백값에서 설정한 값만을 따른다.

3) 속성

① **세로 정렬** : 셀 안에 입력된 내용에 대하여 셀 높이를 기준으로 셀 위쪽, 셀 가운데, 셀 아래쪽 중 어느 쪽에 맞추어 정렬할지 선택한다.

② **제목 셀** : 선택한 셀에 대하여 [제목 셀]을 선택해 놓으면 여러 쪽에 걸친 표를 만들 때 제목 줄이 자동으로 반복될 수 있도록 지정할 수 있다.
[제목 셀]을 선택해야만 [표] 탭의 [제목 줄 자동 반복]이 동작된다.

③ **한 줄로 입력** : 표의 한 칸에 글을 입력하면 글이 셀 경계선에 닿아도 커서가 다음 줄로 넘어가지 않고 한 줄에 모두 입력된다.

④ **셀 보호** : 기본이 되는 문서 폼(form)을 만들어 놓고 항상 그 표의 일정 셀에 대하여 고정된 상태로 사용하기 위한 기능으로 셀 보호가 설정되어 있는 셀에는 커서가 들어가지 않는다.

4) 세로쓰기

글씨를 위에서 아래로 써 내려가는 [세로쓰기]를 할 수 있다. 세로 방향으로 글을 입력할 때, 영문과 숫자를 눕혀 쓸 것인지 세워 쓸 것인지 선택한다.

5) 필드 이름

외부 프로그램에서 문서내의 자료를 읽고 쓸 수 있도록 셀에 이름을 부여한다.

12_셀 테두리/배경

1. 경로 : [표-셀 테두리/배경]

2. 셀 테두리

표의 각 셀마다 다양한 모양의 셀 테두리선을 넣거나 대각선을 그을 수 있으며, 원하는 방향의 테두리만을 보이거나 감출 수 있다.

1) 테두리 모양

셀 테두리는 11가지 선 종류 중에서 선택할 수 있으며, 테두리 종류에 대하여 굵기와 색깔을 지정할 수 있다.

2) 테두리 모양 바꾸기

원하는 방향의 테두리 모양을 바꾸려면, 먼저 적용할 선 종류와 선 색, 선 굵기 등을 설정한 후 미리 보기 영역에서 원하는 방향의 테두리 단추를 누르면, 해당 방향의 테두리만 현재 모양 ↔ 이전 모양이 돌아가며 적용된다.

3) 선 모양 바로 적용

[선 모양 바로 적용]을 선택해 놓으면, 테두리 모양을 선택하는 순간 미리 보기 영역의 테두리 단추가 눌려져 있는 방향의 테두리 모양이 바로 적용된다.

4) 대각선 긋기

대각선은 "왼쪽 위에서 오른쪽 아래로"와 "오른쪽 위에서 왼쪽 아래로" 두 방향에 대하여 각각 5가지 모양으로 그을 수 있으며, 2가지를 한꺼번에 지정할 수도 있다.

3. 셀 배경

셀의 배경을 색깔과 무늬로 채우거나 그라데이션으로 채우기, 또는 그림으로 채우기 등을 지정하여 다양한 채우기 효과를 낼 수 있다.

1) 색으로 채우기, 무늬로 채우기

셀의 배경을 어떤 색과 무늬 모양으로 채울 것인지 설정한다.

2) 그라데이션으로 채우기

셀의 배경을 다단계 색 퍼짐 효과를 주는 그라데이션(gradation)으로 채운다.

3) 그림으로 채우기

셀의 배경을 그림 파일로 채운다. 채우기 유형을 [크기에 맞추어], [가운데로], [바둑판식으로]중에서 선택하고, 필요시 그림효과를 선택하여 셀을 채울 수 있다.

13_블록 계산식

표 안에서 셀 블록을 설정한 후 "블록 합계, 블록 평균, 블록 곱" 등의 계산결과를 쉽게 구할 수 있다.

14_소트

1. 경로 : [도구-소트]

문서 내용 중의 일부분을 블록으로 설정하고 "가나다" 순서 또는 그 역순 등으로 재배열하는 기능이다.

2. 위치

한글은 소트를 할 때 최대 세 곳의 기준을 지정할 수 있다.

3. 형식

각각의 [소트 위치]에 글자가 있는지 숫자가 있는지, 또는 날짜가 있는지 코드가 있는지 선택하여 소트한다.

4. 필드 구분

지정한 문자나 기호가 입력된 곳에서 필드를 나눈다.

5. 소트 설정

1) 뒤부터 앞으로 비교

마지막 글자부터 앞쪽으로 차례로 비교하여 소트한다.

2) 자소 단위 비교

낱말 끝음절의 종성–중성–초성의 순으로 비교한다.

chapter3 5 보고서 작성하기

01_바탕쪽

1. 경로 : [모양–바탕쪽]

바탕쪽은 문서 전체 쪽에 공통으로 적용되는 쪽 모양을 작성하는 기능으로 양쪽 또는 홀수 쪽과 짝수 쪽을 따로 지정할 수 있어, 맞쪽 문서를 작성할 때 펼쳐진 모양에 맞추어 원하는 모양대로 편집할 수 있다.

2. 작업 순서

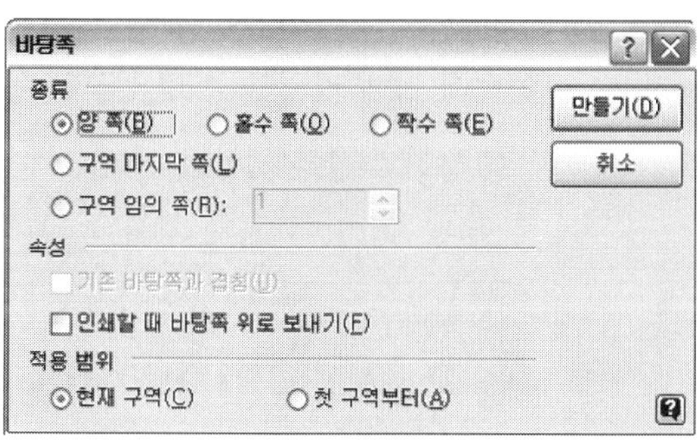

① [모양–바탕쪽]을 실행한 후 현재 문서에서 바탕쪽을 처음 만드는 것이라면 바탕쪽의 위치 (양쪽, 홀수 쪽, 짝수 쪽, 구역 마지막 쪽, 구역 임의 쪽)와 적용 범위(현재 구역, 첫 구역부터)를 선택하고 [만들기] 버튼을 누른다.

② 바탕쪽을 편집할 수 있는 빈 화면과 [바탕쪽 도구 상자]가 나타난다.

③ 빈 화면에 바탕쪽의 내용을 [그리기 도구]로 그리기, [개체 삽입]을 실행해 원하는 위치에 작업을 하여 바탕쪽을 구성한다.

④ [닫기] 버튼을 눌러 바탕쪽 편집을 끝내고 본문으로 돌아온다.

3. 바탕쪽 고치기

[모양-바탕쪽]을 실행했을 때, 현재 구역에 이미 바탕쪽이 만들어져 있으면, 곧바로 현재 쪽에 적용된 바탕쪽의 고치기 상태가 된다.

02_쪽 번호 매기기

1. 경로 : [모양-쪽 번호 매기기] 단축키 Ctrl + N, P

[쪽 번호 매기기]는 복잡한 절차 없이 문서에 쪽(페이지) 번호를 자동으로 매겨 주는 기능이다.

2. 작업 순서

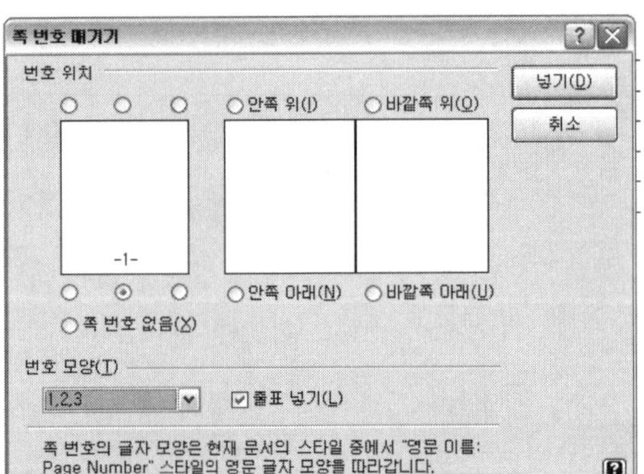

① 쪽 번호를 붙여서 인쇄하고자 하는 쪽(페이지)에 커서를 놓고, [모양-쪽 번호 매기기]를 실행한다.

② [쪽 번호 매기기] 대화 상자가 나타나면 원하는 [번호 위치]와 [번호 모양]을 선택하고 [넣기] 버튼 누른다.

③ 커서 위치에 상관없이 현재 구역의 모든 쪽에 쪽 번호를 인쇄해 준다.

03_머리말/꼬리말

가. 경로 : [모양-머리말/꼬리말] 단축키 Ctrl + N, H

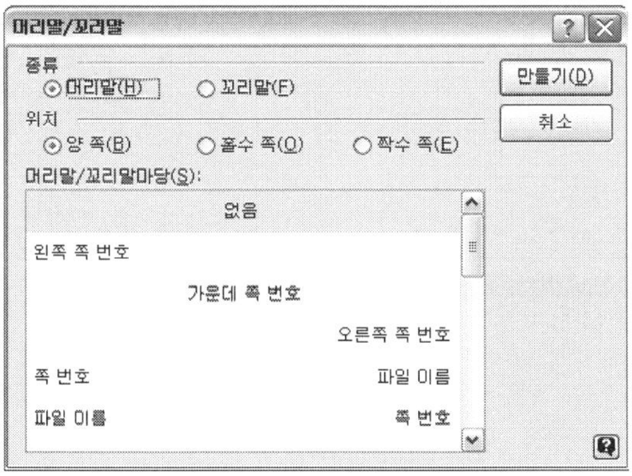

한 쪽(페이지)의 맨 위와 아래에 한두 줄의 내용이 쪽마다 고정적으로 반복되는 것이 있는데, 이것을 [머리말]과 [꼬리말]이라고 한다. 머리말과 꼬리말에는 보통 책의 제목, 그 장의 제목, 쪽 번호 등을 넣는다.

나. 작업 순서

① [모양–머리말/꼬리말]을 실행한 후 [머리말/꼬리말] 대화 상자가 나타나면 머리말/꼬리말의 [종류]와 삽입할 [위치]를 선택하고 [만들기] 버튼을 누르면 입력 화면이 나타난다.

② 머리말/꼬리말에 넣을 내용을 입력하고, 글자 모양을 지정한다.

③ 입력을 끝내고 [머리말/꼬리말 도구 상자]의 [닫기] 버튼를 클릭하면 본문의 편집 화면으로 돌아온다.

| 04 각주, 미주 |

1. 경로 : [입력–주석–각주, 미주]

각주는 본문 내용에 대한 보충 자료를 구체적으로 제시하거나, 인용한 자료의 출처 등을 밝히는 주석으로 본문의 아래에 입력되면 "각주" 문서의 끝에 입력되면 "미주"라 한다. 각주 번호의 종류나 내용을 배열하는 방법 등은 [입력–주석–각주/미주 모양]에서 지정한다.

2. 작업 순서

① 본문에서 각주를 넣을 낱말 뒤에 커서를 두고 [입력-주석-각주, 미주]를 실행하면 커서 위치에 "각주, 미주 번호"가 매겨지고, 각주, 미주 내용을 입력할 수 있도록 커서가 쪽 아래로 옮겨진다.

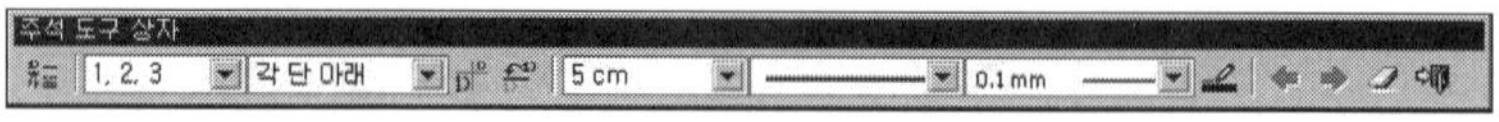

② 자동으로 매겨진 각주, 미주 번호에 이어서 내용을 입력한다.

③ Shift + Esc 를 눌러 본문으로 되돌아온다.

3. 각주 내용 고치기

각주 번호 바로 앞에 커서를 놓고 [편집-고치기]를 실행하거나 각주 위치에서 마우스 두 번 누르기를 하면 그 번호의 각주 내용을 고칠 수 있으며, 주석도구 상자에서 [이전 주석], [다음 주석]을 눌러 다른 번호의 각주 내용을 고칠 수도 있다.

4. 각주 지우기

각주 번호는 보통 문자와 같이 Delete 나 Back Space 를 눌러 지울 수 있으며, 각주 번호를 지우면, 그 번호에 해당하는 각주 내용도 모두 함께 지워진다.

5. 각주 번호 종류 및 모양

종류나 모양은 [입력-주석-각주/미주 모양]에서 바꿀 수 있다.

> **TIP**
>
> 각주 미주 입력 제한
>
> • [각주]는 표나 글상자를 포함한 본문 안에서만 만들어 넣을 수 있으나 [머리말/꼬리말], [숨은 설명], [바탕쪽]과 같은 편집 영역에서는 [각주]를 넣을 수 없다.

| 05_다단 |

1. 경로 : [모양-다단]

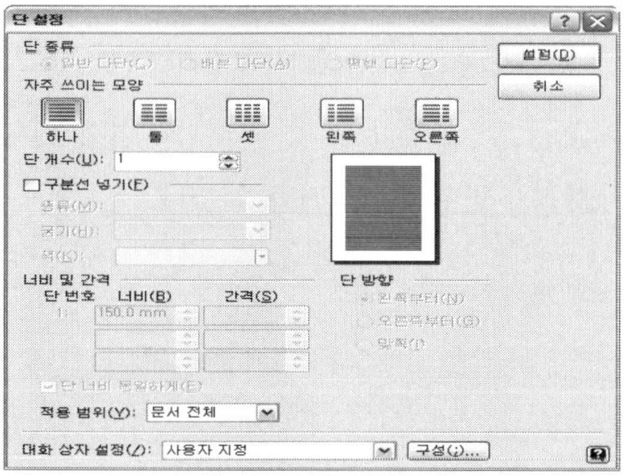

신문이나 회보, 찾아보기 등을 만들 때 읽기 쉽도록 한 쪽을 여러 개의 단으로 나누는 기능으로 다단을 사용하면 문서가 정돈되어 보이는 효과가 있고, 보다 많은 내용을 한눈에 볼 수 있다.

2. 작업 순서

① [모양-다단]을 실행하고 [단 설정] 대화상자에서 [단 종류]와 [자주 쓰이는 모양], [단 개수]를 선택하고 [설정] 버튼을 누른다.

② 다단 편집을 취소하려면, [자주 쓰이는 모양]에서 "하나"를 선택한다.

3. 단 종류

1) 배분 다단

문서를 편집할 때 마지막 쪽의 내용이 마지막 단의 끝까지 채워지지 않아도 각 단의 높이를 같게 맞춰 주는 기능이다.

2) 평행 다단

한 쪽 단에는 용어나 제목 등의 표제어를 적고, 다른 쪽 단에는 그에 대한 설명을 적는 형식의 문서를 편집할 때에는 [단 종류-평행 다단]을 지정한다.

4. 적용 범위

현재 편집 문서의 구역, 다단 편집 상태와 커서 위치, 블록 설정 상태 등에 따라 각각의 경우에 설정할 수 있는 범위를 제시한다.

1) 커서 상태에서 적용 범위

① [문서 전체] : 문서 전체에 대하여 새로운 다단을 설정한다.

② [새 쪽으로] : 커서 위치에서 쪽을 나누어 새로운 다단 설정을 한다.

③ [새 다단으로] : 현재 커서 위치부터 새로운 다단 설정을 한다.

④ [현재 구역] : [모양-나누기-구역 나누기]를 실행하여 현재 문서가 2개 이상 구역으로 나누어져 있으면, [현재 구역]을 적용 범위에서 선택할 수 있다.

⑤ [현재 다단] : 한 구역 안에 두 가지 이상의 다단 편집이 된 곳이 있다면, [현재 다단]을 적용 범위에서 선택할 수 있다.

2) 블록을 설정했을 때의 적용 범위

① [선택된 문자열] : 블록으로 설정된 문자열만 새로운 다단으로 설정한다.

② [선택된 다단] : 블록으로 설정한 부분에 두 가지 이상의 다단이 설정되어 있을 때에는 "선택된 다단"을 적용 범위에서 선택할 수 있다.

3) 표나 글상자 안에서 다단

① 표나 글상자 안의 내용을 다단으로 편집할 수 있다.

② [적용 범위]는 "개체 전체, 새 다단으로"를 선택할 수 있다. [새 다단으로]는 본문 편집에서와 같이 커서 위치부터 새로운 다단을 설정할 수 있다.

③ 개체 안에 두 가지 이상의 다단이 설정되어 있으면, 적용 범위에서 "현재 다단"을 선택할 수 있다.

TIP

[모양-나누기] 메뉴

- [쪽 나누기] : 강제로 쪽을 나누는 기능이다.
- [단 나누기] : 단의 내용이 다 차지 않았더라도 다음 단으로 커서를 옮기고자 할 때에 이용하며, 커서 이후의 내용은 다음 단으로 분리된다.
- [다단 설정 나누기] : 한 페이지 또는 하나의 문서에서 여러 개의 단 모양을 사용하여 문서 편집할 경우 이용하며, 앞단과 독립적인 새로운 단 모양을 정의할 수 있다.
- [구역 나누기] : 하나의 문서를 여러 개의 구역으로 쪼개어 구역마다 편집 용지를 다르게 설정하거나 새 개요 번호 모양을 만들 경우 사용한다.

| 06_스타일 |

1. 경로 : [모양-스타일] 단축키 F6

자주 사용하는 글자 모양이나 문단 모양을 미리 정해 놓고 쓰는 것을 [스타일(styles)]이라 하며, 스타일을 만들어 놓으면 필요할 때 그 스타일을 선택하는 것만으로 해당 문단의 글자 모양과 문단 모양을 한꺼번에 바꿀 수 있다.

스타일은 단순히 글자 모양이나 문단 모양을 간편하게 선택하기 위해서라기보다는, 긴 글에 대하여 일관성 있는 문단 모양을 유지하면서 편집 작업을 하는 데 꼭 필요한 기능이다.

2. 스타일 만들기 작업 순서

① 원하는 대로 글자 모양과 문단 모양을 설정하여 적당한 모양을 만든다.

② 스타일을 추가하고자 하는 문단에 커서를 놓고 [모양-스타일]을 실행한 후 [스타일] 대화 상자가 나타나면 [새 스타일 만들기] 버튼을 누른다.

③ [스타일 추가하기] 대화 상자가 나타나면 [스타일 이름] 입력 상자에 스타일 내용을 암시하는 적당한 이름을 입력하고 [추가] 버튼을 누른다.

3. 스타일 편집

이미 있는 스타일의 이름, 문단 모양, 글자 모양, 다음 문단에 적용할 스타일 등의 스타일 내용을 변경하는 기능으로, 스타일 내용을 바꾸면 그 스타일이 적용되어 있는 모든 글자나 문단 모양이 한꺼번에 바뀐다.

4. 스타일 적용

스타일 목록에서 원하는 스타일을 선택하면, 현재 커서 위치의 낱말이나 문단에 스타일을 적용된다.

5. 바탕글 스타일

새로 만든 빈 문서의 문단은 처음에 [바탕글] 스타일로 지정되며, 한글에서 바탕글 스타일은 지울 수도 이름을 바꿀 수도 자리를 옮길 수도 없다. 하지만 필요하다면 바탕글 스타일 내용을 바꾸어 사용할 수는 있다.

| 07_개요 |

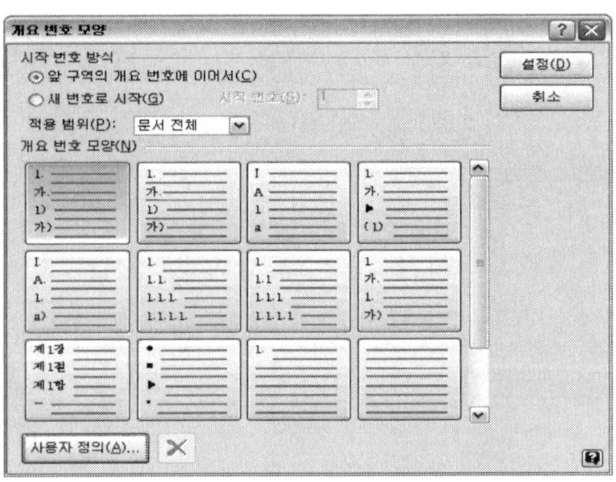

글의 "개요"를 작성한다는 말은 번호를 매겨 가며 글의 내용을 요약한다는 뜻으로 개요 번호를 7수준까지 매겨 주고, 개요 번호를 사용한 문장의 순서가 바뀌면 개요 번호도 그에 맞게 자동으로 바꾸어 준다.

1. 개요 번호 넣기

① [모양-문단모양]의 [확장 탭]에서 문단 종류를 [개요]로 하고 수준을 정한 후 [설정] 버튼을 누르면 개요 번호가 삽입된다.

② [단축키] : Ctrl Alt + Insert

③ 개요 번호 삭제는 [문단 모양] 대화 상자의 [확장] 탭에서 [문단 종류-없음]으로 하고 [설정] 버튼을 누르면 된다.

2. 개요 번호 수준

개요 번호의 수준을 높이거나 낮출 때에는 단축키를 사용하는 것이 편리하다.

(증가 : Ctrl + +, 감소 : Ctrl + -)

3. 개요 번호 모양

[모양-개요 번호 모양]은 현재 구역에 적용할 개요 번호 모양만을 고르는 것으로 삽입한 개요 번호 모양을 바꾸거나 앞으로 삽입할 개요 번호 모양을 고르는 것이다.

개요 번호 모양을 고르고 [설정] 버튼을 눌러도 선택한 개요 번호가 커서 위치에 삽입되지는 않는다. 개요 삽입 단축키〈Ctrl+Alt+Insert〉를 눌러야 선택한 모양대로 개요 번호가 삽입된다.

| 08_차례 만들기 |

1. 경로 : [도구-차례/찾아보기-차례 만들기]

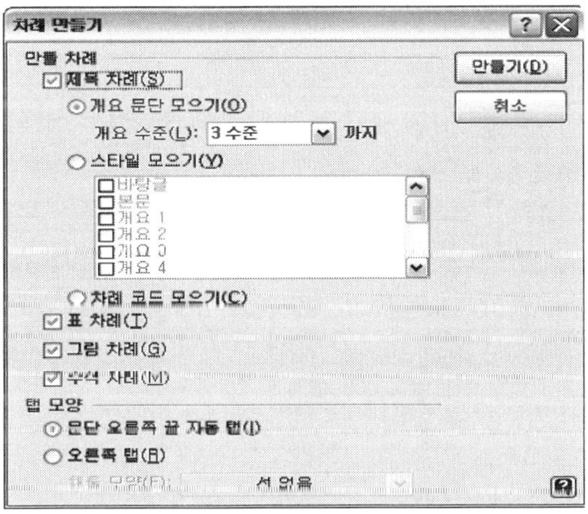

[차례 만들기]는 단행본이나 논문 작성 등에 꼭 필요한 기능으로, 제목 차례를 만들려면 먼저 제목이 있는 줄이 개요 문단 속성을 가지고 있어야 한다.

제목 차례는 개요 문단으로 만든 줄을 한 곳에 모아, 각 줄마다 본문 중에서 어느 쪽에 위치하는지 쪽 번호를 붙여 주는 것이다.

그림, 표, 수식에 캡션 내용을 모아 각각의 차례를 만들 수 있다.

| 09_메일 머지 |

[메일 머지]는 여러 사람의 이름, 주소 등이 들어 있는 데이터 파일과 내용문 파일을 결합시킴(merging)으로써, 이름이나 직책, 주소 부분 등만 다르고 나머지 내용이 같은 수십, 수백 통의 편지를 한꺼번에 만드는 기능이다.

따라서 회원들에게 정기적으로 안내장 같은 것을 발송할 일이 있다면, 많은 양의 단순 반복 작업을 [메일 머지] 기능으로 대신할 수 있다.

1. 경로 : [도구 – 메일 머지]

[메일 머지]를 하기 위해서는 "내용문 파일(form letter file)"과 "데이터 파일(data file)"이 필요하다.

나. 데이터 파일 만들기

① [파일–새 글]을 실행하여 빈 문서창을 하나 만든다.

② 제일 첫 줄에 필드(항목)의 개수를 쓰고, 둘째 줄부터 한 줄에 한 필드씩 입력한다. 예를 들어 같은 내용의 편지를 다수에게 보낼 때 "우편번호, 이름, 주소"의 3개의 필드를 사용하여 간단히 표지를 제작할 수 있다.

③ 필드의 개수 만큼씩의 단위로 새로운 레코드를 입력하면, "우편번호"는 필드 번호 "1", "이름"은 필드 번호 "2", "주소"는 필드 번호 "3"이 된다.

보기

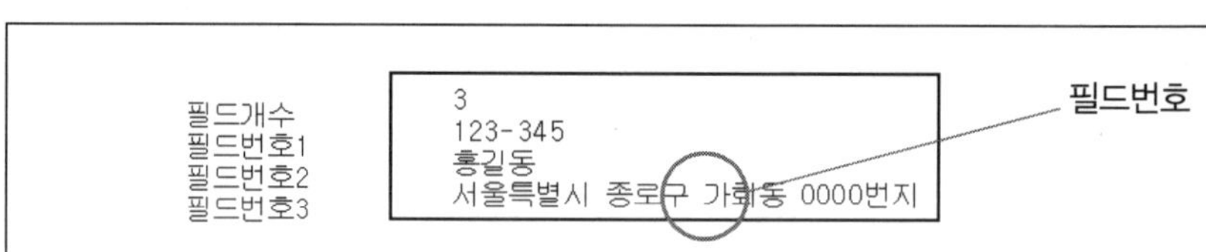

〈데이터 파일 작성 예〉

3. 내용문 파일 만들기

① [파일–새 글]을 실행하여 새로운 빈 문서창을 하나 만든다.

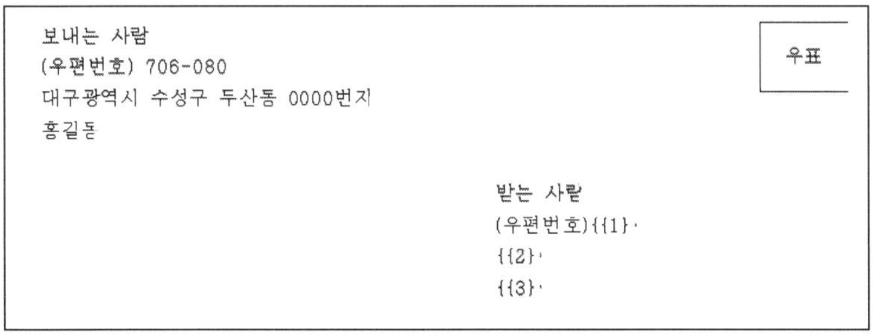

〈메일머지 표시달기 예〉

② 내용문을 작성하면서, 데이터 파일을 삽입할 곳에 [도구–메일 머지–메일 머지 표시 달기]를 실행한다.

③ [메일 머지 표시 달기] 대화 상자가 나타나면 [한글문서/DBF] 탭을 선택한다. 필드 번호 입력 상자에 대입할 항목 번호(필드 번호)를 입력한다. DBF 파일인 경우에는 필드 번호 대신 필드 이름을 입력해도 된다.

4. 메일 머지 만들기

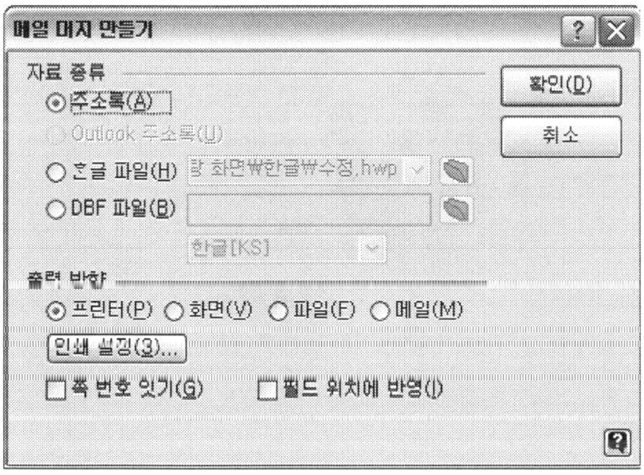

① 메일 머지에서 사용할 "데이터 파일"과 "내용문 파일"이 모두 열려 있는 상태에서, "내용문 파일"에 커서를 놓는다.

② [도구–메일 머지–메일 머지 만들기]를 실행한다.

③ [메일 머지 만들기] 대화 상자가 나타나면 "자료 종류"에서 "한글 파일"을 선택하고, 데이터 파일로 사용할 한/글 파일을 목록 상자에서 지정한다.

④ "출력 방향"은 "화면"으로 지정한다.

⑤ [확인] 버튼을 누르면, 메일 머지 결과가 미리 보기 창으로 출력된다.

| 10_차트 만들기 |

데이터가 있는 문서에 차트를 만들어 두면 자료의 내용을 쉽게 파악할 수 있다.

가. 표를 이용하여 만들기

1) 다음과 같이 차트로 변환할 표를 만든다.

보기

이 름	국어	영어	수학	사회
이정보	90	85	70	80
박센터	80	70	60	60
노평생	85	75	80	100

2) 표 전체를 셀 블록으로 설정한다.

3) [표–차트 만들기] 메뉴를 선택하면 현재 표의 내용을 기준으로 '3차원 세로 막대' 차트가 삽입된다.

4) 차트 위에서 마우스 오른쪽 단추를 눌러 나타나는 팝업 메뉴에서 [도우미] 명령을 선택한다.

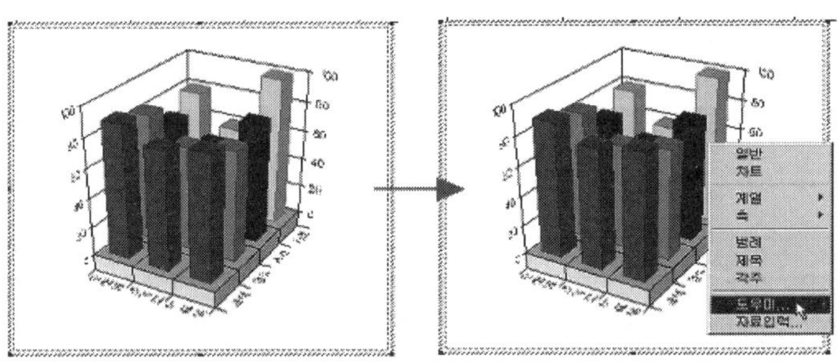

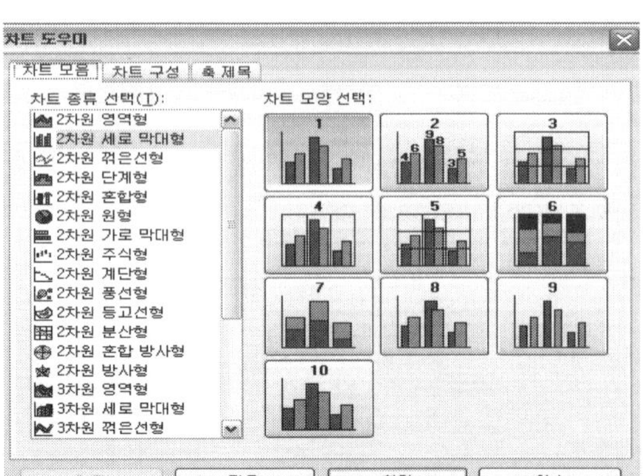

5) [차트 도우미] 대화상자의 [차트모음]에서 '2차원'을 선택한 후, '세로 막대'를 선택한 뒤 [다음] 단추를 누른다.

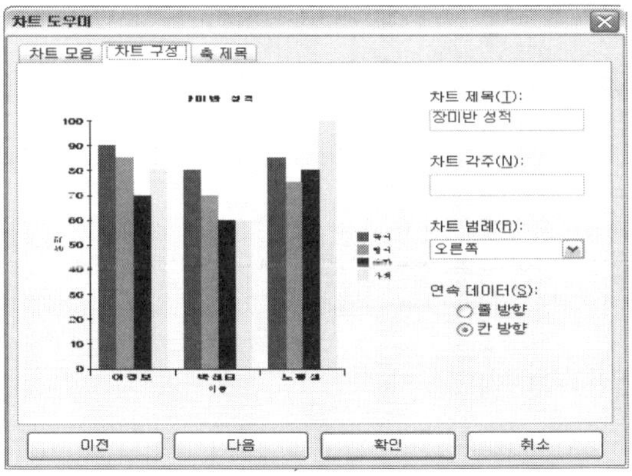

6) [차트 모음] 탭에서 1번 차트 모양을 선택하고 [다음] 단추를 누른다.

7) [차트 구성] 탭에서 '차트 제목'을 '장미반 성적'으로, '치트 범례'를 '오른쪽'으로 설정하고 [다음] 단추를 클릭한다.

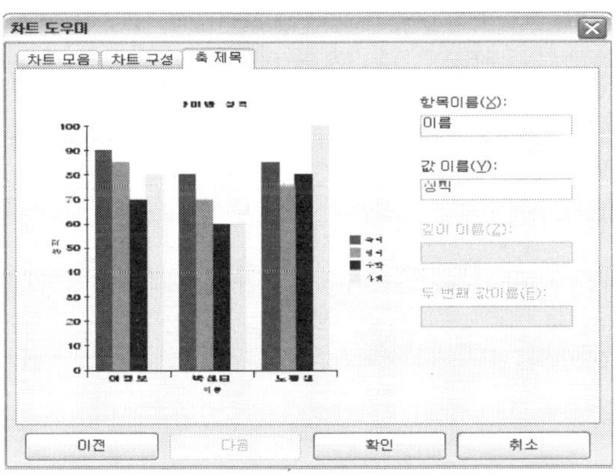

8) [축 제목] 탭에서 '항목 이름'을 '이름'으로, '값 이름'을 '성적'으로 입력한다.

9) [완료] 단추를 누르면 다음과 같은 차트가 만들어진다.

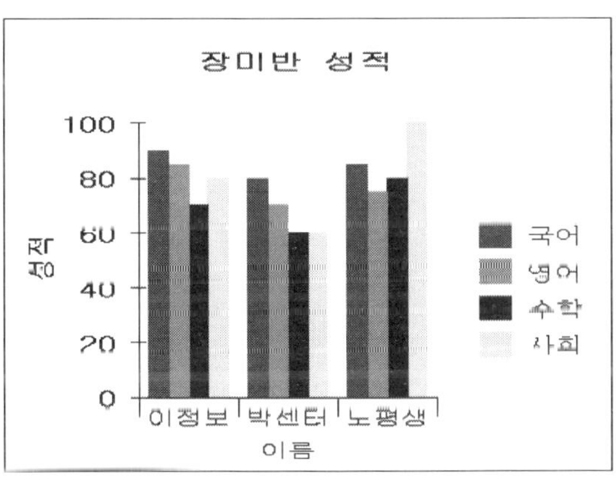

10) 차트가 완성되면 X축 항목을 더블 클릭하여 [축 이름표 모양] 대화상자를 열고 글꼴과 크기를 바꾼다. 그리고 Y축의 '이름' 항목도 더블 클릭하여 글꼴과 크기를 바꾼다.

11) 차트 제목(장미반 성적), X축 제목(이름), Y축 제목(성적) 항목을 더블 클릭한 후, 글꼴과 크기를 알맞게 바꿔주고 차트 영역 밖을 클릭하면 완성된다.

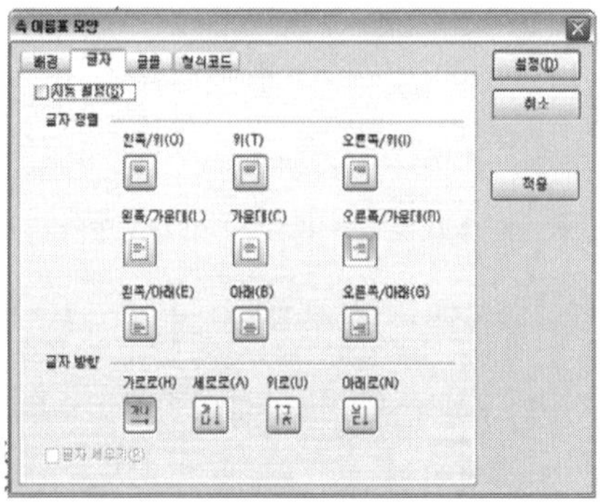

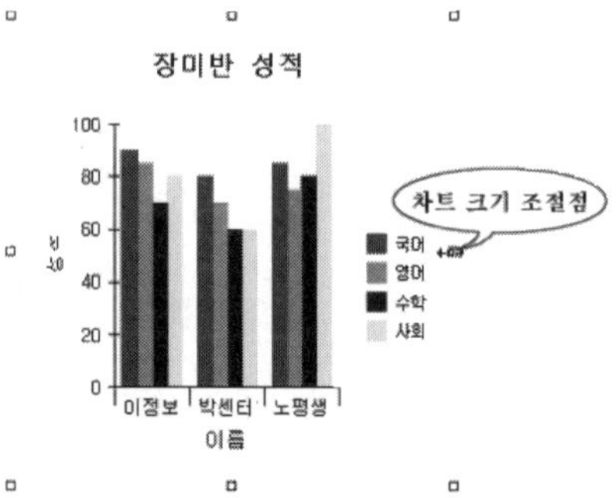

2. 차트 모양 바꾸기

1) 만들어진 차트 위에서 마우스 오른쪽 단추를 눌러 열리는 팝업 메뉴에서 [도우미] 명령을 선택한다.

2) [차트 도우미] 대화상자에서 차트 종류와 차트 모양을 선택한 후, [완료] 단추를 누른다.

3) 차트가 선택한 모양으로 바뀐다.

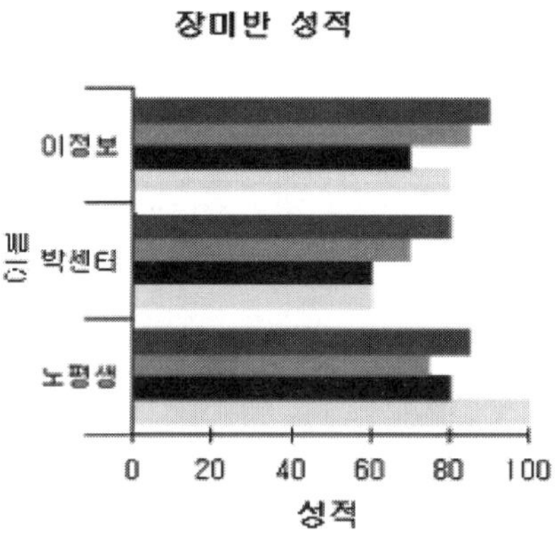

따라해보기 글자 입력과 스타일 작업

유형1 한글문장을 작성한 후 《조건》 에 따라 글자 모양을 변경하여 《출력형태》와 같이 작성하시오.

《조건》

글자모양 : 글꼴 – '돋움체', 크기 – '11pt', 장평 – '95%', 자간 – '2%'

출력형태

> 제임스 앨런은 《사람이 생각할 때》 에서 "사람의 마음은 정원과 비슷해 지속적으로 가꾸어질 수도 있고 잡초 밭이 될 수도 있다.
> 하지만 가꾸든 방치하든 반드시 싹이 돋는다. 쓸모 있는 씨앗을 뿌리지 않으면, 잡초만 무성하게 자라게 된다"라고 적고 있다.

따라하기

① 한글에서 새글([Alt]+ N)을 선택하고 내용을 입력한다.

② 입력한 글을 [F3]키와 [이동키] 또는 마우스를 활용하여 블록을 지정한다.

③ 메뉴[모양–글자모양]을 선택한 후 조건에 따라 적용한다.

유형2 영어 문장을 작성하고 《조건》에 따라 문단모양과 글자모양을 변경하여 《출력형태》와 같이 작성하시오.

《조건》

글자모양 : 글꼴 – '굴림', 크기 –' 12pt', 장평 – '105%', 자간 – '5 %', 글자색 – '노랑(R:248, G:248, B:43)', 음영 '빨강(R:250, G:14, B:14)' **문단모양** : 정렬방식 – '배분정렬', 들여쓰기 – '5pt', 왼쪽여백 – '15pt', 문단 아래간격 –' 10pt'

출력형태

> The main thrust of the pact is to continue to work with Korean colleagues to develop a next generation intelligent system that will develop ways to monitor, detect and prevent the sabotage of data and networks by viruses, worms and malicious attacks.

따라하기

① 새글([Alt]+N)을 선택하고 영문으로 내용을 입력한다.

② [F3]또는 [F4]을 눌러 블록을 지정한다.

③ [모양-글자모양]([Alt]+L)을 선택하여 조건과 동일하게 지정한다.

④ [모양-문단모양]([Alt]+T)을 선택하여 조건과 동일하게 지정한다.

유형3 다음의 《조건》에 따라 스타일 기능을 적용하여 문장을 작성하시오.

《조건》

(1) 스타일 이름 : 경주역사유적

(2) 글자모양 : 글꼴 – '굴림체', 크기 – '11pt', 장평 – '95%', 자간 – '2 %'

(3) 문단모양 : 왼쪽 여백 – '20pt', 오른쪽 여백 –' 15pt' 문단 위 간격 –' 5pt', 문단 아래 간격 –' 10pt', 테두리 – '직선 0.1mm'

출력형태

> 경주역사유적지구(Gyeongju Historic Areas)는 신라천년(B.C 57 - A.D 935)의 고도(古都)인 경주의 역사와 문화를 고스란히 담고 있는 불교유적, 왕경(王京) 유적이 잘 보존되어 있으며, 이미 세계유산으로 등록된 일본의 교토, 니리의 역사유직과 비교하여 유직의 밀집도, 다양싱이 더 뛰어난 유직으로 평가된다.

따라하기

① 새글([Alt]+N)을 선택하고 내용을 입력한다.

② [모양-스타일]을 선택하고 새 스타일(+) 버튼을 누른다.

③ 스타일 이름을 지정한 후 추가한다.

④ 스타일 편집(✎) 버튼을 눌러 문단모양, 글자모양을 조건에 맞게 적용한다.

⑤ 블록을 지정한 후 스타일을 적용해 준다.

따라해보기 표 만들기 및 편집

유형1 다음의 각 조건에 따라 《출력형태》와 같이 표를 작성하시오.

《표 조건》

(1) 표 전체 : 글꼴 – 굴림. 10pt

(2) 정렬 : 문자 – 가운데 정렬, 숫자 – 오른쪽 정렬

(3) 셀 배경색 【음영색】: 회색(R:200 G:195 B:190)

(4) 선 모양은 출력형태와 같이

출력형태

연도	선제		해상		항공	
	중량(l)	중량(l)	중량(l)	중량(l)	중량(l)	중량(l)
2007년	1,232	5,435	1,543	4,725	3,424	7,554
2006년	1,435	5,644	1,287	4,197	2,442	5,386
2005년	1,325	5,565	1,432	4,563	6,243	9,652
2004년	1,287	5,494	1,324	4,480	9,535	12,534

따라하기

① [표-만들기]를 선택 대화창에서 줄 수; 6, 칸 수; 4로 지정하여 표를 만든다.

② 그림처럼 블록을 만든 후 [표-셀 합치기]를 선택한다.

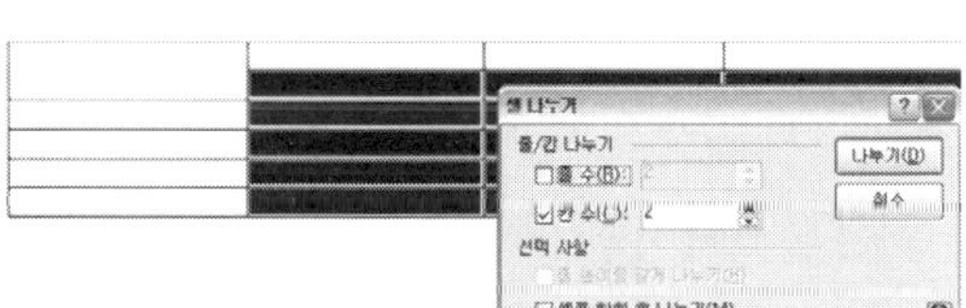

③ 2~4번째 칸을 블록으로 지정한후 [표-셀 나누기]를 선택하여 칸 수를 2로 지정한다.

④ 위의 2줄을 블록으로 지정한 후 셀 [표-테두리/배경-각 셀마다 적용]을 선택한다.

⑤ 셀 배경색, 선 모양을 조건과 동일하게 적용한다.

⑦ 내용을 입력한 후 글꼴, 폰트크기, 정렬을 변경한다.

유형2 다음의 각 조건에 따라 《출력형태》와 같이 표를 작성하시오.

《표 조건》

(1) **표 전체** : 중고딕, 11pt

(2) **정렬** : 문자 – 가운데 정렬, 숫자 – 오른쪽 정렬

(3) 한글의 계산 기능을 이용하여 합계를 구하고, 캡션 기능 사용할 것

(4) 선 모양은 《출력형태》와 같이

출력형태

대륙	성별		목적별			전년동기
	남성	여성	관광	상용	공용	
아시아주	151,606	114,957	236,028	11,911	404	276,753
미주	23,5023	12,768	24,397	2,254	2,470	37,104
구주	17,579	6,206	19,006	1,897	153	41,370
대양주	3,024	1,895	3,674	302	10	5,479
아프리카주	927	238	529	346	22	1,407
평균						

<외래객 입국현황(대륙별, 성별, 목적별)>

따라하기

① [표-만들기]를 선택 대화창에서 줄 수: 7, 칸 수: 7로 지정하여 표를 만든다.

② 항목명 '대륙', '성별', '목적별', '전년동기' 가 들어갈 부분의 셀을 블록 설정하여 합쳐준다.

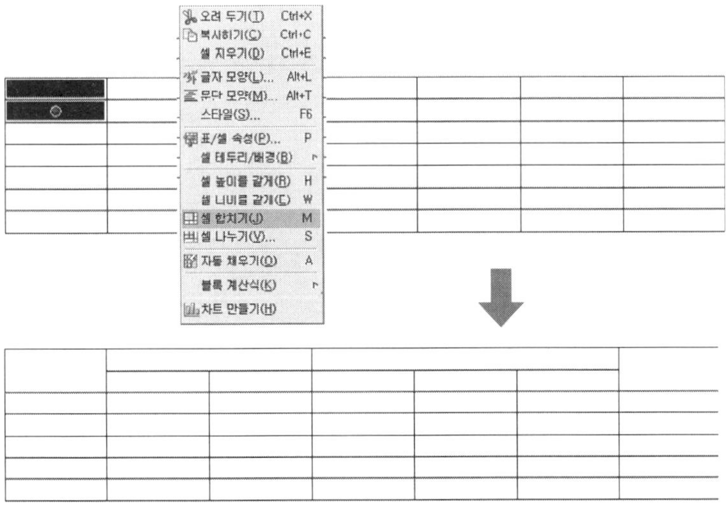

③ 블록을 설정하여 선모양을 변경한다.

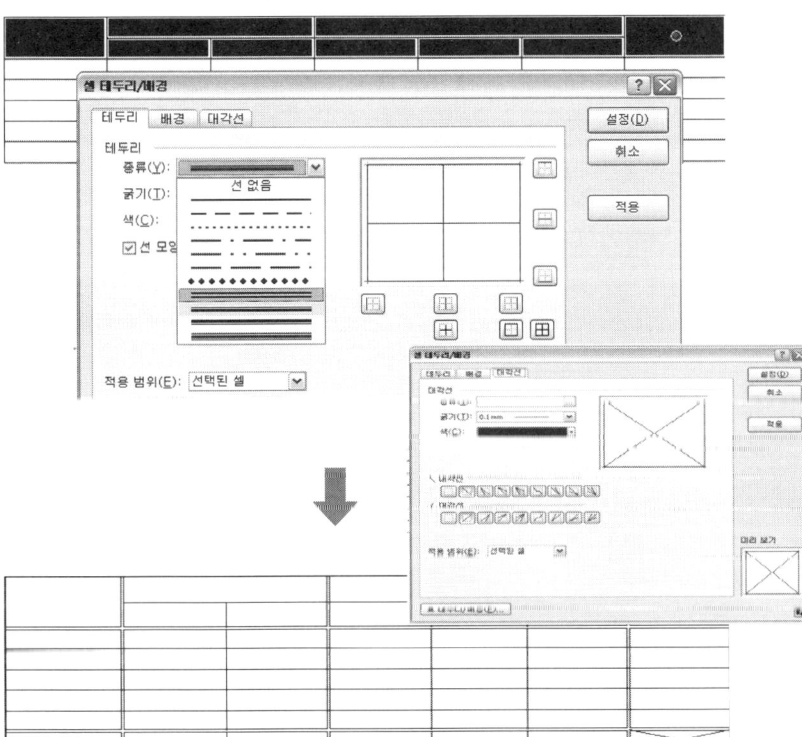

④ 해당 셀에 내용을 입력하고, 글자는 가운데 정렬, 숫자는 오른쪽 정렬로 맞추어 준다.

⑤ 블록계산식[표-블록계산식-블록평균)을 이용하여 블록의 평균을 구한다.

따라해보기 차트 작성

유형1 다음의 각 조건에 따라 표를 작성하고 《출력형태》와 같이 차트를 작성하시오.

《표 조건》

(1) 표 전체 : 글꼴 – 굴림, 10pt

(2) 정렬 : 문자 – 가운데, 숫자 – 오른쪽

(3) 셀 배경색【음영식】: 분홍(R: 255, G:204, B: 204)

(5) 선 모양은 《출력형태》와 동일하게 처리할 것

보기

<보리 소비량, kg>

곡물류	보리		
연도	전가구	농가	비농가
2005년	65.2	89.6	63.2
2006년	69.3	88.6	61.2

출력형태

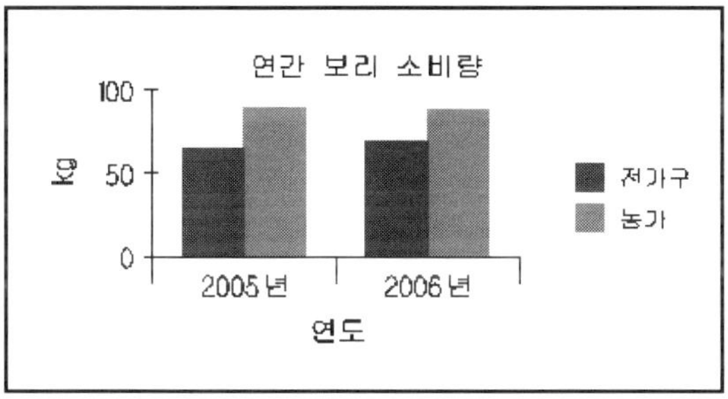

■ 따라하기

① 표는 주어진 조건에 맞게 작성한다.

② 차트에서 데이터로 사용할 표의 셀을 블록으로 지정하여 만든다.

보기

〈보리 소비량, kg〉

곡물류	보리		
연도	전가구	농가	비농가
2005년	65.2	89.6	63.2
2006년	69.3	88.6	61.2

③ 다음으로 [표]-[차트만들기]를 선택한다.

④ 차트 편집창에 새로운 차트가 만들어진다.

《차트 조건》

(1) 차트 데이터는 표의 각 연도에 대한 전가구와 농가의 kg만 이용할 것

(2) 종류 - 〈2차원 세로막대〉 로 작업할 것

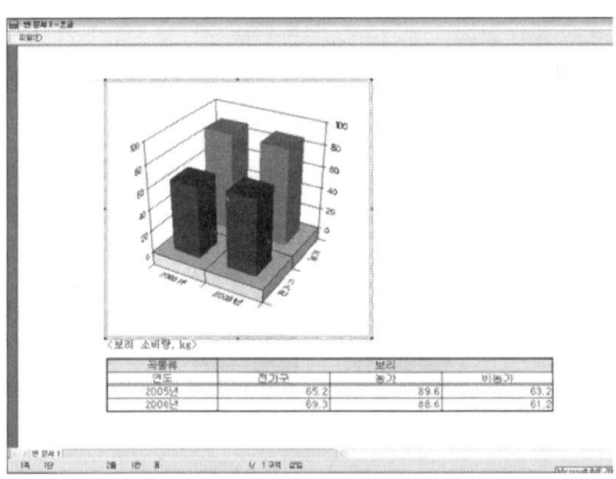

⑤ 차트의 빈 공간을 선택한 후 오른쪽 마우스 버튼을 클릭하여 [차트]를 선택한다.

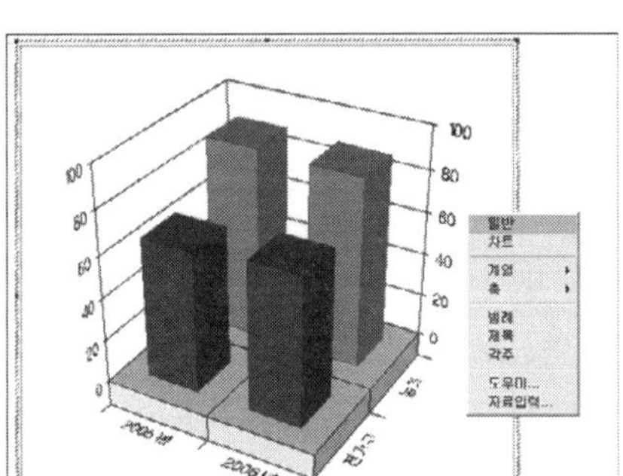

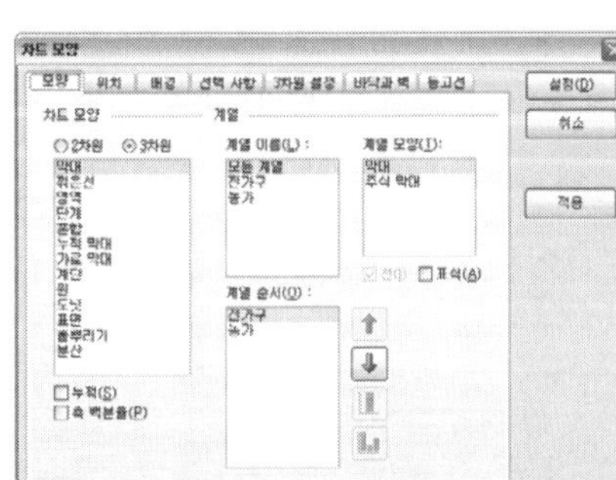

⑥ [일반]을 선택한 후 [배경], [선택사항]을 수정한다.

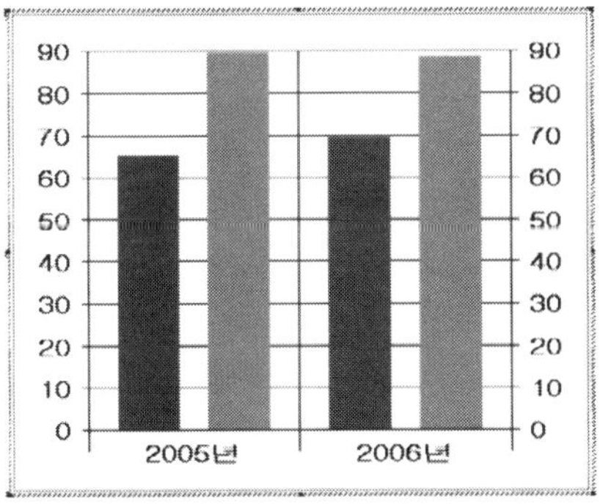

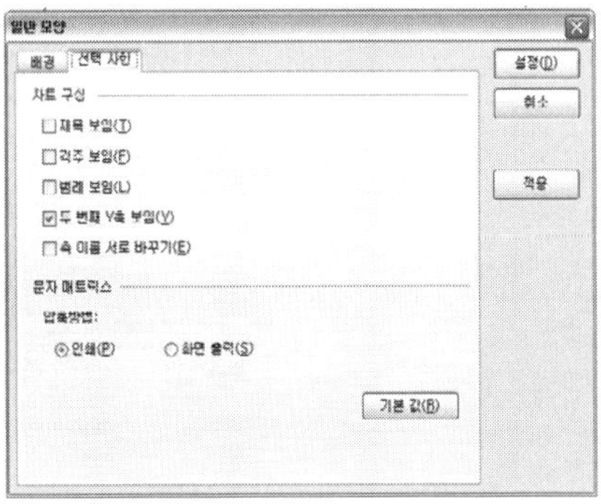

⑦ 범례의 모양과 위치, 축 이름을, 차트제목을 수정한다.

유형2 다음의 각 조건에 따라 표를 작성하고 《출력형태》와 같이 차트를 작성하시오.

《표 조건》

보기

자동차 등록 현황

단위 : 천대

연월	승용차	화물차	승합차	이륜차
2005년 8월	12,453.3	4,294.4	1,423.3	1,345
2005년 9월	12,460.3	4,087.2	1,256.6	1,532
2005년 10월	12,123	4,879	1,245.3	1,253
2005년 11월	11,342	4,022	1,123	976

《차트 조건》

(1) 차트 데이터는 표에서 셀 배경색이 지정된 부분만 이용

(2) 종류-〈3차원 원〉으로 할 것

(3) 제목- 돋움체, 10pt, 굵게 기울임꼴, 가운데 정렬, 배경-선모양(한줄로), 그림자 위치- 2pt

(4) 자료점 이름표, 범례 모양의 글꼴- 굴림, 10pt, 배경-선 모양(두줄로)

(5) 자료점 이름표의 위치, 범례의 위치 등 나머지 사항은 《출력 형태와 동일》

출력형태

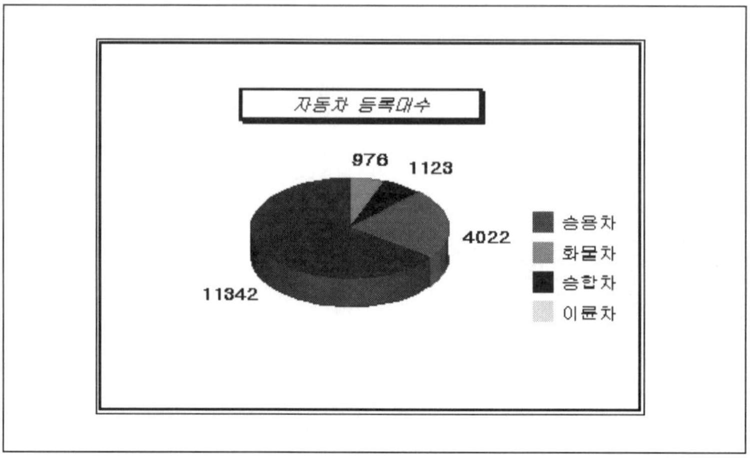

따라해보기 그리기 도구 이용

유형1

《조건》

(1) 타원 : 30mm × 30mm, 면색 (빨강)

(2) 직사각형 : 50mm × 15mm 면색(노랑)

(3) 출력형태 : 30mm × 25mm 면색(녹색 또는 초록)

출력형태

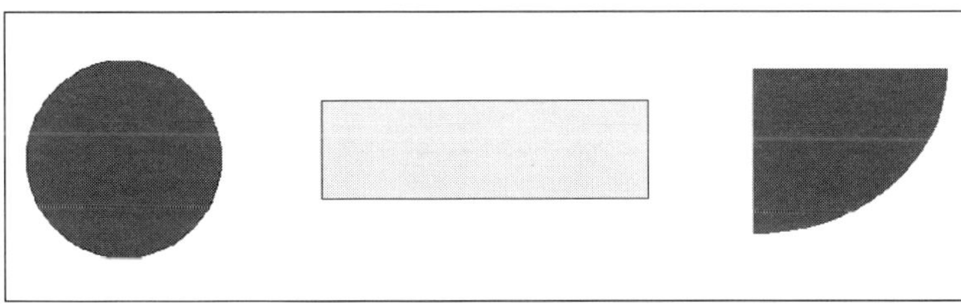

따라하기

① 그리기 도구상자에서 타원 그리기, 직사각형 그리기, 호 그리기를 선택한다.

② 그려진 도형을 더블클릭하여 [개체속성] 대화 상자에서 [크기]와 [채우기]를 선택하여 주어진 조건에 맞도록 변경한다.

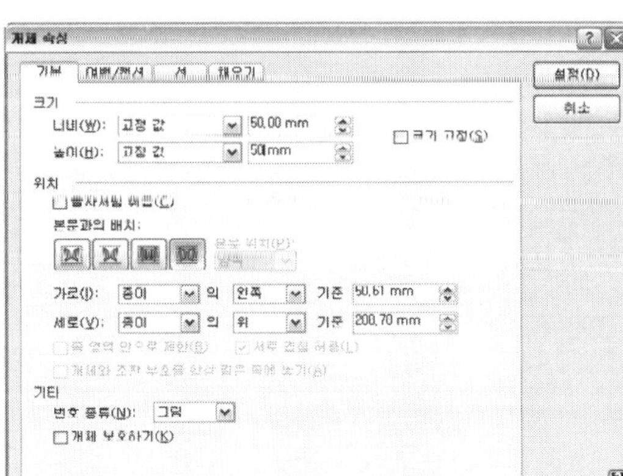

유형2

《조건》

(1) 글상자1 : 35mm × 20mm, 면색(파랑), 글꼴(궁서, 20pt, 진하게, 흰색, 가운데 정렬)

(2) 글상자2 : 45mm×15mm, 면색(밝은 녹색), 글꼴(휴먼옛체, 20pt, 가운데 정렬)

출력형태

따라해보기 문서작성

유형1 지시사항을 참고하여 문서를 작성하라.

글상자[그리기 글상자]
글꼴:중고딕, 20pt, 빨강

글꼴: 궁서, 20pt, 파랑, 가운데 정렬,
책갈피 이름(미래도시)

머리말 기능

미래의 도시

"도시인구 40%는 슬럼 생활"

리들리 스콧 감독이 1982년 제작한 영화 '블레이드 러너'는 21세기 미래의 도시를 이렇게 그렸다.

2019년 11월 미국 캘리포니아주 로스앤젤레스(LA).400층이 넘는 건물들 사이로 휘황찬란한 네온사인이 반짝이고 하늘에는 우주 택시들이 날아다닌다

그런가 하면 한쪽에선 비가 추적추적 내리는 음산한 거리를 인간미를 잃은 사람들이 어슬렁거린다

하지만 미국의 경제 전문지 포브스는 11일 미래의 도시는 블레이드 러너 속의 유토피아(이상향)와 디스토피아(암흑의 세계)가 아닌 개도국 대도시의 방대한 슬럼[1]화가 특징적인 모습이 될 것이라고 예상했다. 포브스는 인구의 도시 집중화 현상이 지속되면서 2030년 전 세계 인구 81억명 중 60% 이상인 50억명이 도시에 살게 되며,도시 인구의 40%인 20억명은 슬럼가로 밀집할 것이라고 보도했다.

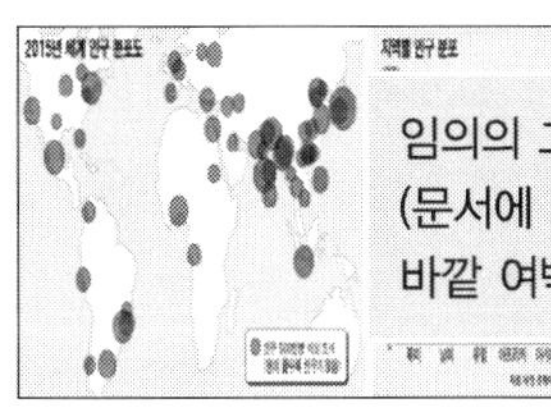

각주

임의의 그림 삽입
(문서에 포함)
바깥 여백 모두3mm

1)슬럼은 도시사회에서의 지역적 병리현상의 하나로 일반적으로 빈민이 많은 지구나 주택환경이 나쁜 지구를 말한다.

Chapter 4

파워포인트의 교육적 활용

chapter4

1 파워포인트 2003 둘러보기

01_파워포인트(PowerPoint)란?

다른 사람들 앞에서 자신의 의견을 말하거나 자기가 가진 정보를 보다 정확하고 설득력있게 전달하고자 할 때 많은 사람들이 유인물, OHP, 실물화상기 등의 시각적 보조자료를 사용하는데 이러한 것을 프레젠테이션(Presentation)이라고 한다.

이러한 프레젠테이션을 효과적으로 수행하는데 도와주는 프로그램이 바로 파워포인트(PowerPoint)이다. 파워포인트는 텍스트, 이미지, 동영상, 사운드 등의 다양한 멀티미디어적인 요소를 포함하여 과거 우리 교사들이 수업을 할 때 자주 이용한 괘도, OHP보다 훨씬 실감나고 또 누구나 쉽게 제작이 가능하기 때문에 현재 학교 현장에서 가장 많이 쓰이는 프로그램중 하나라 할 수 있다.

1997년 MS Office를 통해 소개된 이후, Office 2000, Office XP(2002)를 거쳐 현재 Office 2003(파워포인트 2003)까지 나와 있으며 여기에서는 파워포인트 2003 버전을 사용하여 파워포인트를 처음 접하는 선생님을 대상으로 하였다.

02_파워포인트 관련 용어

내용구성 마법사	제목과 여러가지 주제가 들어있는 슬라이드로 이루어진 프레젠테이션을 자동으로 만들어주는 기능
슬라이드	한 장의 화면을 슬라이드라고 부르며, 파워포인트에서는 프레젠테이션 중에 화면 전체를 전환하는 단위

클립아트	클립아트는 조각 그림을 지칭하는 것으로 비트맵 이미지 형태를 점으로 표현한 직사각형의 그림과는 의미가 다소 틀리며, 그림의 외곽만을 표현한 그림으로 다양한 형태를 보일 수 있음
마스터	모든 슬라이드에 공통으로 적용되는 서식이나 슬라이드의 구성식
배경	보통 배경은 마스터에 지정하고 배경이 없는 슬라이드는 흰색의 단순한 화면으로 구성됨
애니메이션 효과	슬라이드 안에서 각각의 개체에 움직임을 주는 것
화면전환	슬라이드 전체를 움직이는 것

03_파워포인트 시작과 종료

1. 파워포인트 시작하기

① 작업 표시줄에서 [시작] 버튼을 누르고 [프로그램]-[Microsoft Office]-[Microsoft Office PowerPoint 2003] 메뉴를 클릭한다.

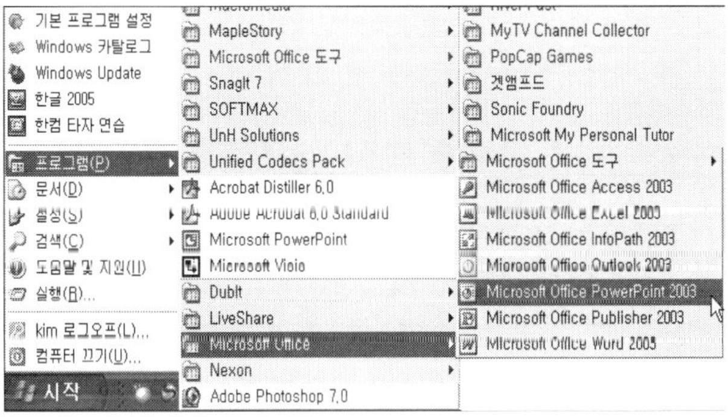

② 다음 그림과 같이 파워포인트 초기화면에서는 항상 제목 슬라이드가 기본적으로 표시된다.

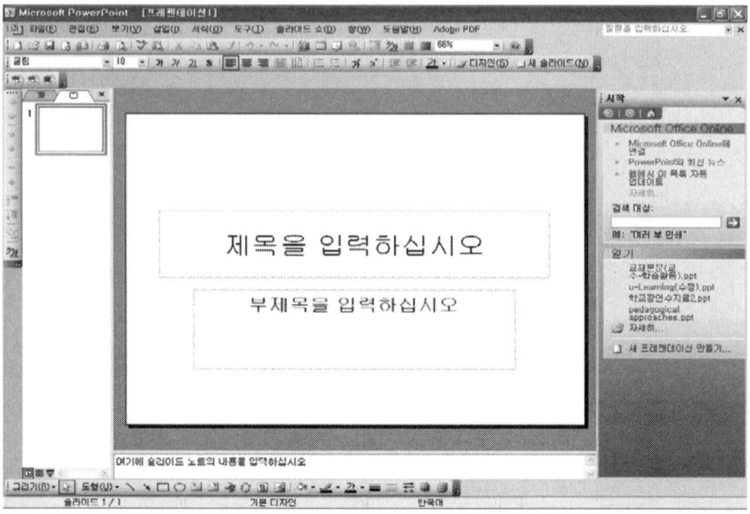

2. 파워포인트 종료하기

① [파일]메뉴의 [끝내기] 명령을 이용하여 실행된 파워포인트 프로그램을 닫는다.

② 파워포인트의 창의 오른쪽 끝에 있는 [닫기] ☒ 버튼을 클릭하여 종료한다.

③ 〈Ctrl + Q〉 또는 〈Alt + X〉를 사용하여 종료한다.

④ 파워포인트 종료시 저장되지 않은 내용이 있으면 오른쪽과 같은 메시지 창이 나타난다. 저장을 하고 종료하려면 [예(Y)], 그렇지 않으면 [아니오(N)], 다시 작업 화면으로 돌아가려면 [취소] 단추를 클릭한다.

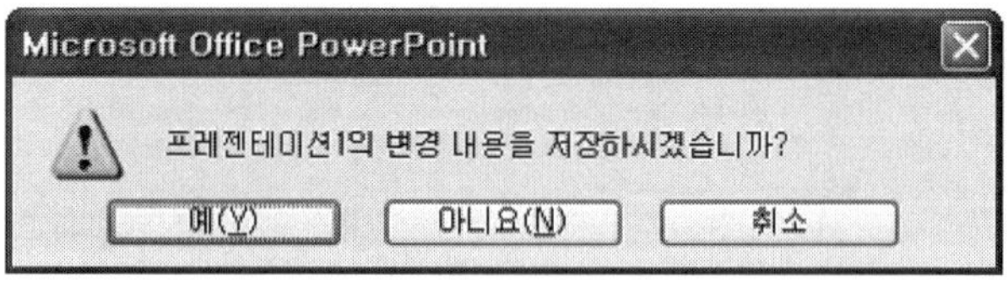

04_파워포인트 2003 화면 구성

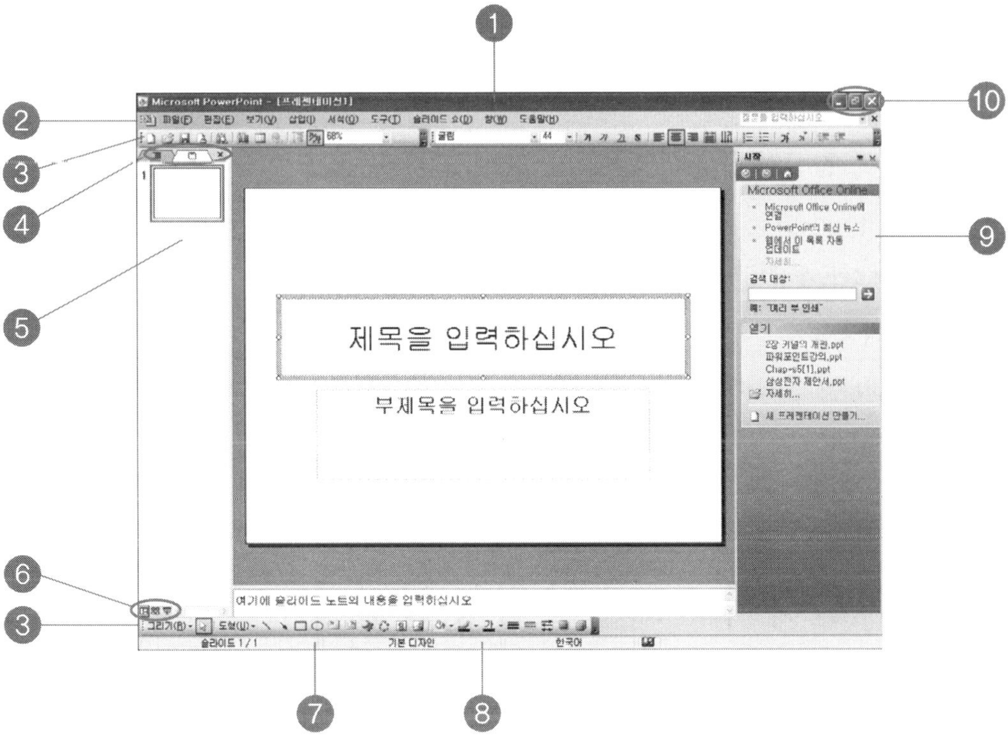

❶ **제목표시줄** : 현재 작업 중인 프레젠테이션이 파일 이름과 파워포인트 창을 제어하는 창 조절 버튼으로 구성되어 있다.

❷ **메뉴표시줄** : 파워포인트에서 작업할 때 사용할 수 있는 각종 기능을 메뉴 형태로 제공한다.

❸ **도구 모음** : 자주 사용하는 명령을 아이콘으로 구성한 것으로 마우스로 아이콘을 클릭해서 빠르게 명령을 실행할 수 있다.

❹ 개요/슬라이드 탭 : [개요] 탭 : 슬라이드의 텍스트 개체 틀에 입력한 텍스트만 표시한다. [개요] 탭에서 텍스트에 관련된 여러 작업을 수행할 수 있다.

❺ 슬라이드 노트 창 :

- 각 슬라이드에 대한 추가적인 내용을 입력할 때 사용하는 영역이다.
- 슬라이드 노트를 사용하여 청중과 공유할 수 있는 연설자 노트를 만들 수 있다.

❻ **보기버튼** : 파워포인트 창의 왼쪽 하단에 있는 보기 버튼을 이용하여 여러 형식으로 슬라이드를 표시할 수 있다.

❼ **상태표시줄** : 현재의 작업 내용, 키보드 눌림 상태 등 현재의 작업 상태를 사용자에게 알려준다.

❽ **슬라이드 창** : 슬라이드의 전체적인 모양이 표시되는 곳으로 슬라이드의 작성 및 편집이 이루어진다.

❾ **작업창** : 프레젠테이션을 작성하면서 가장 빈번하게 사용하는 몇 가지 명령을 실행하고 각종 옵션을 설정할 수 있도록 도와주는 창이다.

❿ **창조절버튼** : 슬라이드 창을 최소화하여 작업 표시줄에 나타나게 하거나, 최대화 또는 이전 크기로 돌아가게 하며 프로그램을 종료할 때 사용한다.

05_슬라이드 크기와 방향 설정

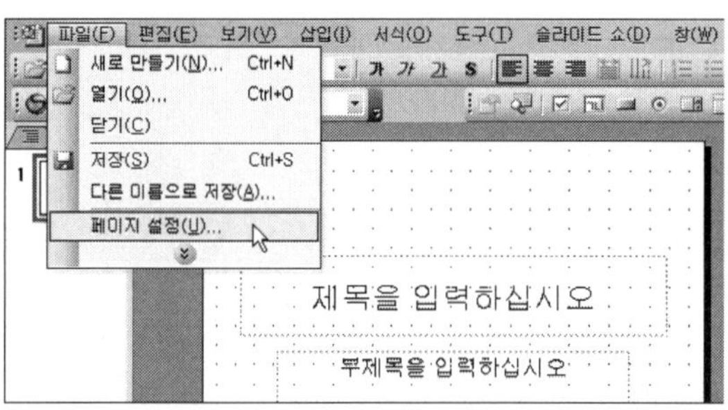

① 새 프레젠테이션에서 [파일]-[페이지 설정] 메뉴를 선택한다.

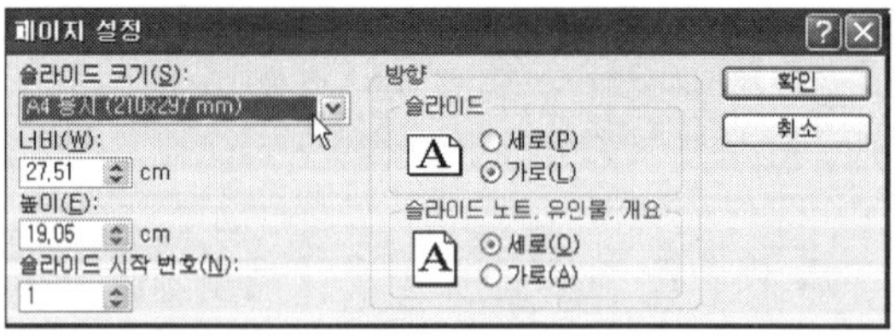

② [페이지 설정] 대화상자에서 슬라이드 크기를 “A4 용지 (210×297mm)”로 선택한 다음 [확인] 버튼을 누른다. 슬라이드의 방향은 가로 방향을 그대로 사용한다.

③ 슬라이드의 크기가 변경된 것을 확인할 수 있다.

06_슬라이드 불러오기

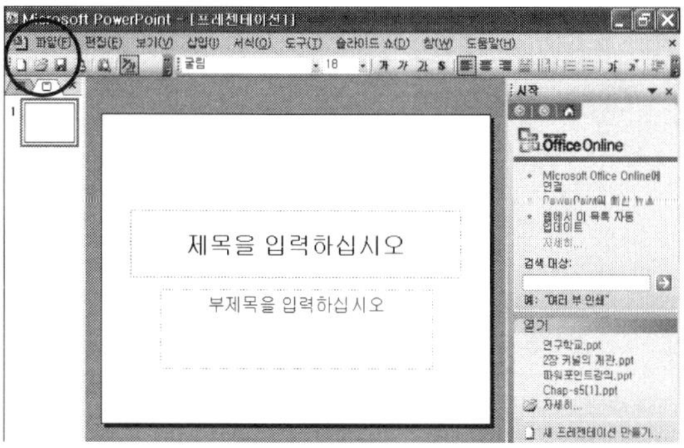

① 파워포인트를 실행한 후 [열기]버튼(📂)이나 [파일] 메뉴에서 [열기]를 클릭한다.

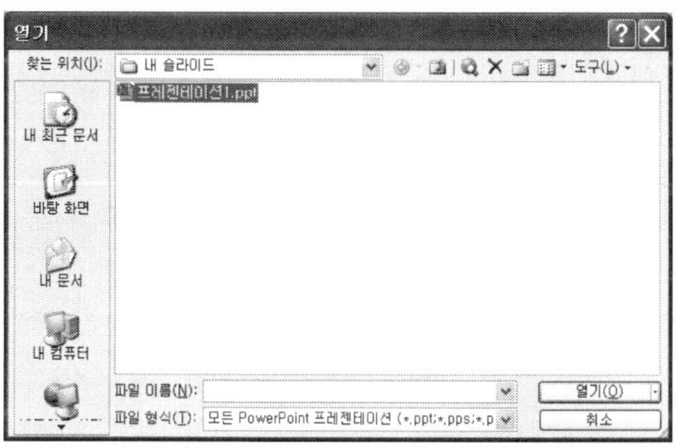

② [열기] 대화 상자가 나타나면 불러올 파일을 선택한 후 [열기] 버튼을 클릭한다.

07_슬라이드 저장하기

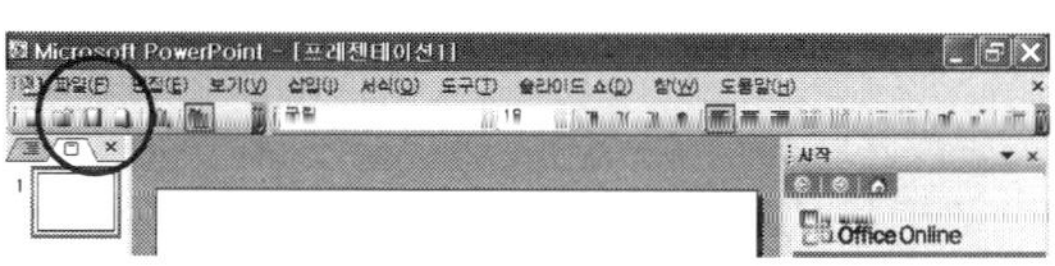

① 도구 모음의 [저장] 버튼(💾)이나 [파일] 메뉴에서 [저장]을 클릭한다.

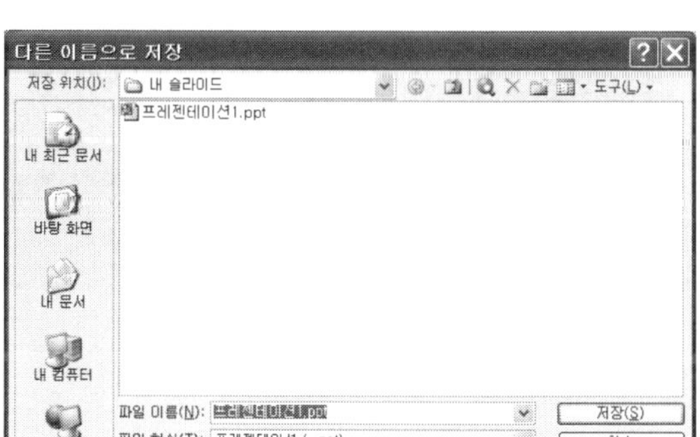

② [다른 이름으로 저장]이라는 대화 상자가 열리면 [저장위치]의 목록 상자에서 (▼)를 클릭하여 저장할 위치를 정하고 파일 이름을 입력한 다음 [저장] 단추를 클릭한다. 파워포인트의

파일 확장자는 [파일이름.ppt]의 형태로 저장된다.

③ 제목 표시줄에 저장한 파일 이름이 나타난다.

08_내용 구성 마법사로 프리젠테이션 쉽게 만들기

① [파일]-[새로 만들기]-[내용 구성 마법사]를 선택한다.

② 만들고자 하는 프리젠테이션의 내용을 선택한다.

③ 화면, 웹 등의 프리젠테이션 스타일을 지정한다.

④ 프리젠테이션 제목과 바닥글 등의 옵션을 지정한다.

⑤ 마침 버튼을 누르면 지정한 내용의 프리젠테이션이 만들어진다.

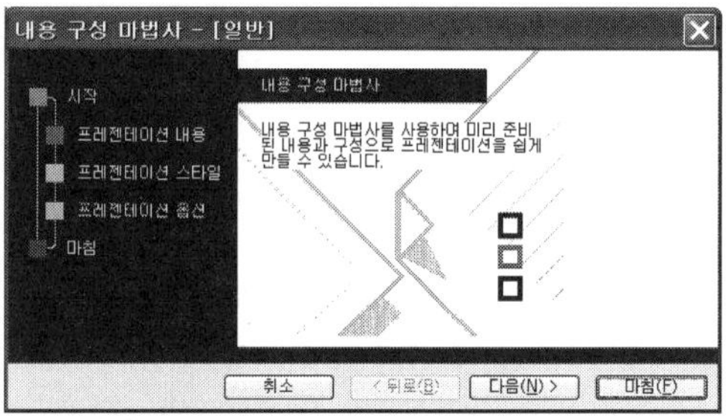

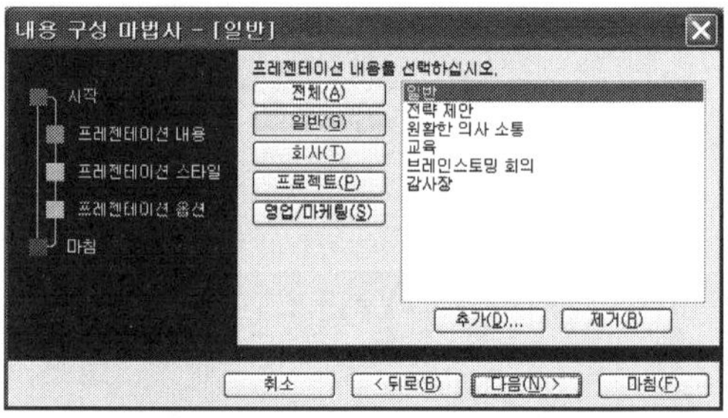

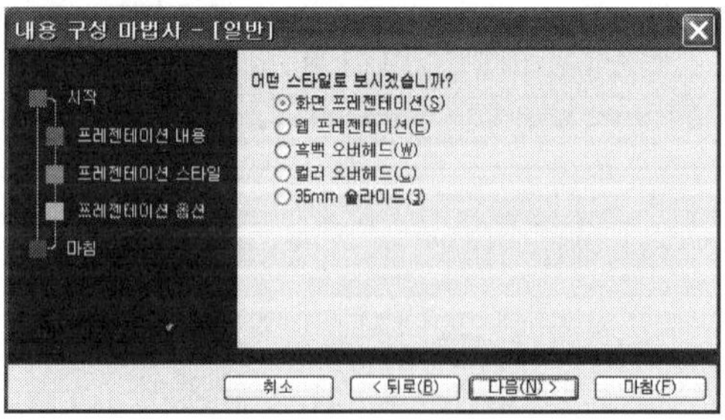

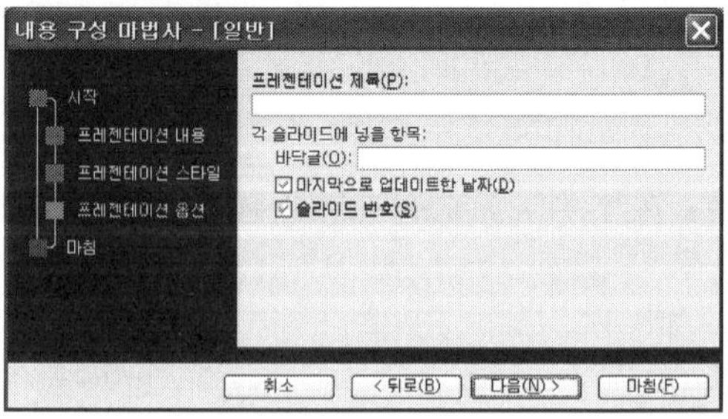

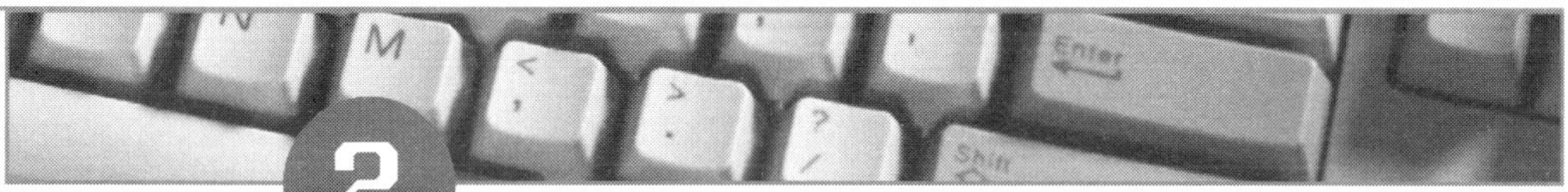

chapter4 **2**

슬라이드 작성하기

01_텍스트를 이용하여 슬라이드 작성하기

1. 텍스트 상자 만들어 입력하기

① 작업창의 슬라이드 레이아웃 중에서 [빈화면]을 선택한다.

② 도구 모음의 [텍스트 상자] 버튼(가) 이나 [삽입]메뉴의 [텍스트 상자]-[가 가로]를 클릭한다.

2. 텍스트 크기와 글꼴 변경하기

① 텍스트 상자의 텍스트를 드래그 하여 블록을 씌우고 [서식]메뉴의 글꼴을 클릭한다.

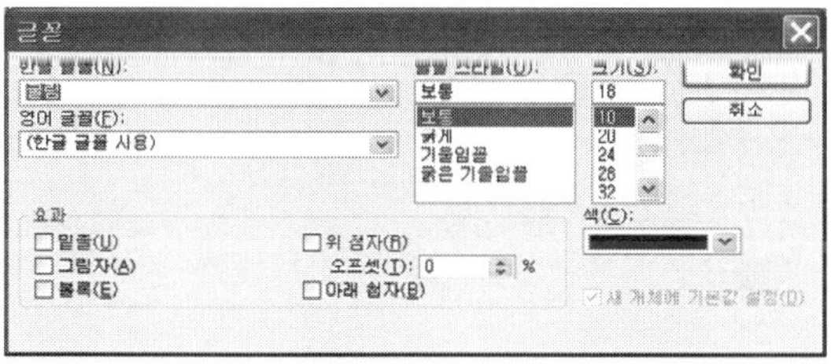

② 글꼴 대화 상자가 나오면 원하는 글꼴과 글꼴 스타일, 크기 등을 선택하고 [확인] 단추를 클릭한다.

3) 텍스트 상자 꾸미기

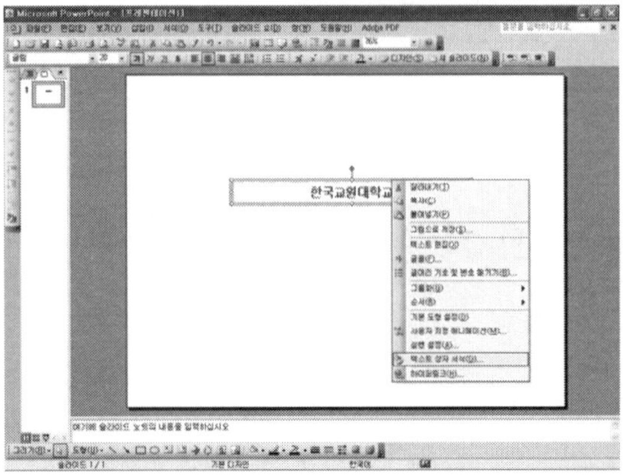

① 텍스트 상자를 클릭한 후 오른쪽 마우스를 눌러 텍스트 상자 서식을 클릭한다. 또는 더블클릭 한다.

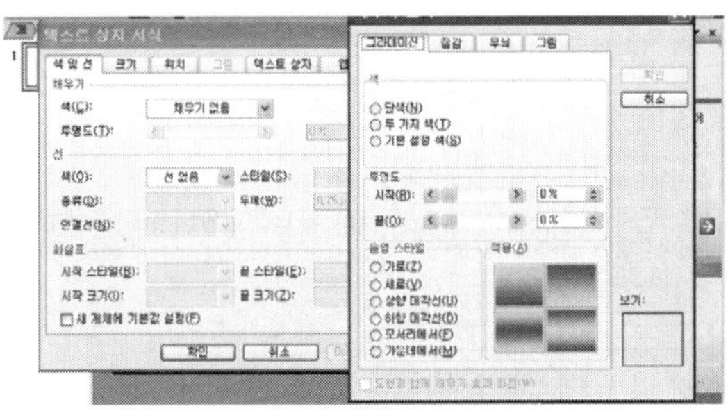

② 텍스트 상자 서식에서 텍스트 상자의 색 및 선, 크기, 위치 등을 원하는 대로 꾸밀 수 있다.

02_도형을 이용하여 슬라이드 작성하기

1. 그리기 도구 모음 이해하기

그리기(R)	선택한 도형을 변경하거나 이동한다.		클립아트를 삽입한다.
	슬라이드에 작성한 개체를 선택한다.		그림을 삽입한다.
도형(U)	다양한 모양의 도형을 그린다.		선택한 개체에 색을 채운다.
	직선을 그린다.		선택한 선의 색을 바꾼다.

	화살표를 그린다.		글자의 색을 바꾼다.
	사각형을 그린다.		선의 스타일을 바꾼다.
	원을 그린다.		선의 대시 스타일을 바꾼다.
	가로로 텍스트를 입력한다.		선이나 화살표의 스타일을 바꾼다.
	세로로 텍스트를 입력한다.		그림자 효과를 설정한다.
	워드아트를 삽입한다.		3차원 효과를 설정한다.
	다이어그램이나 조직도를 삽입한다.		

2. 도형 그리기

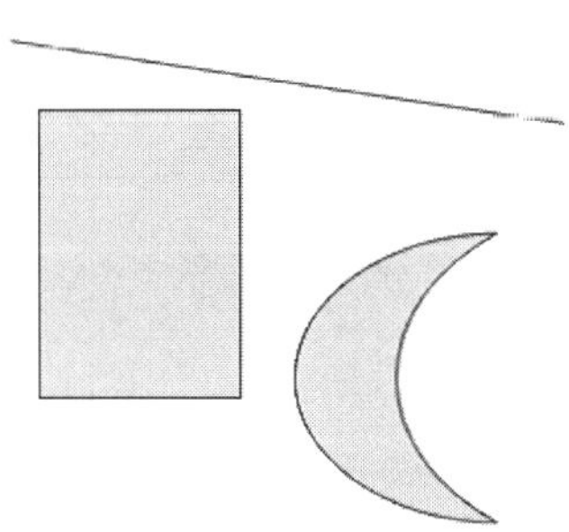

① [빈 화면] 슬라이드를 만들고, [그리기 도구 모음]에서 [선] 을 선택한 후 슬라이드에서 드래그 하여 선을 그린다.

② [그리기 도구 모음]에서 [직사각형] 을 선택하고, 드래그해서 직사각형을 그린다.

③ [그리기 도구 모음]에서 [도형]-[기본도형]에서 '달' 을 선택하고 드래그 한다.

3. 도형 다루기

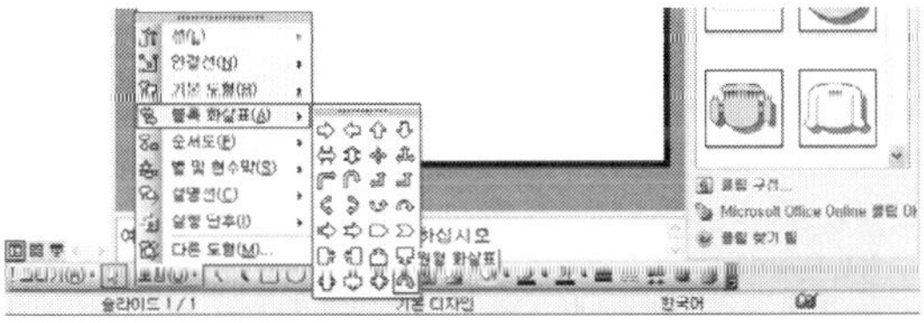

① [그리기 도구 모음]-[도형]-[블록화살표]에서 '원형 화살표' 를 선택한다.

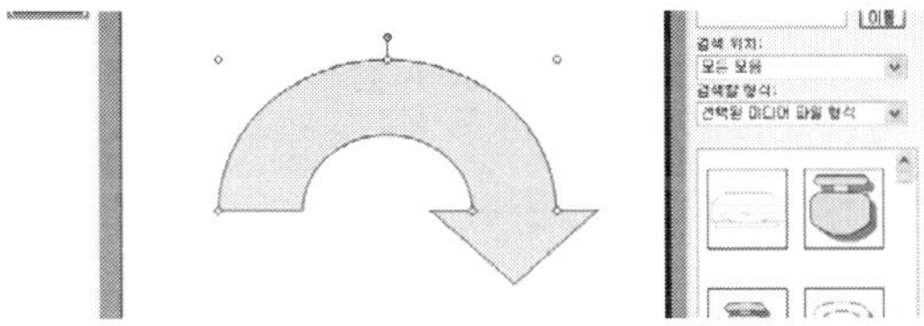

② 마우스로 드래그 하여 원형 화살표를 그린다.

③ 그려진 도형(원형 화살표)를 살펴보면 8개의 조절점과 하나의 노란색, 초록색 조절점이 나타난다.

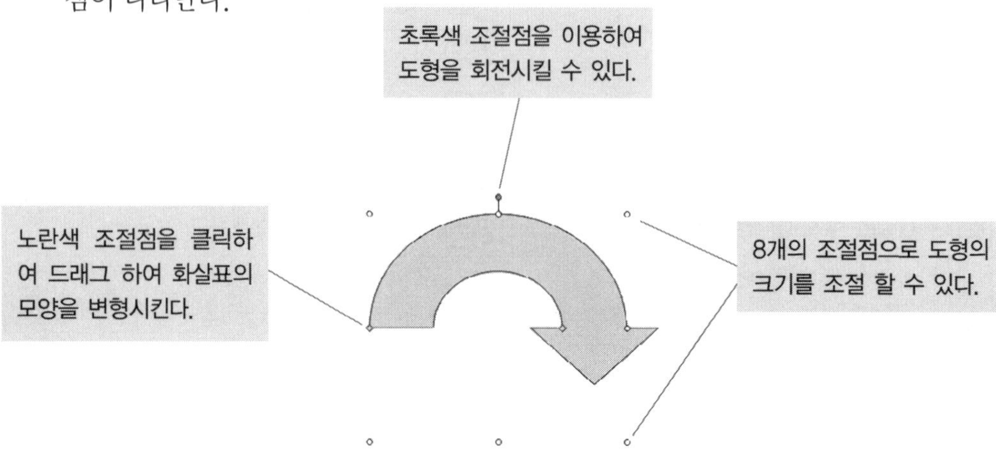

④ 도형을 더블 클릭하거나 위와 같이 활성화된 상태에서 오른쪽 마우스를 눌러 [도형 서식]을 실행시킨다. 도형 서식에서 도형의 색 및 선, 크기, 위치 등을 바꿀 수 있다.

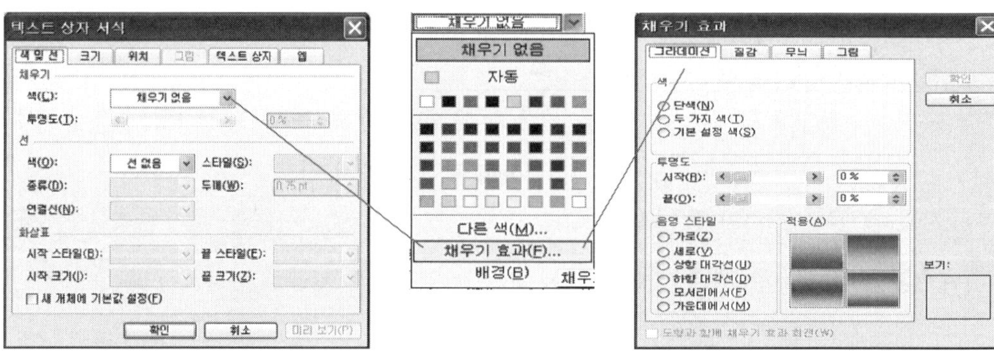

4. 3차원 스타일

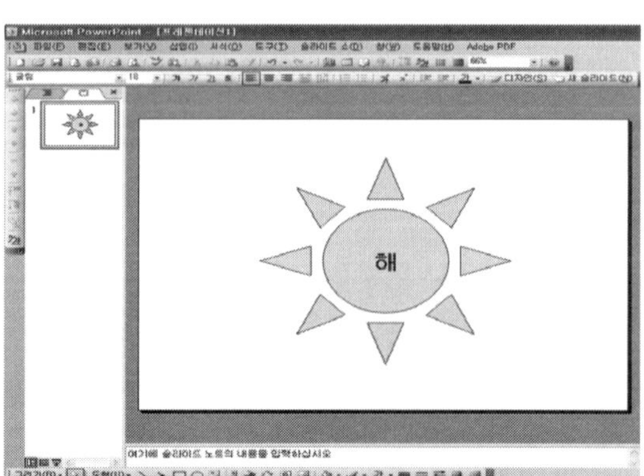

① 슬라이드를 만든다. 개체 틀들은 모두 삭제한다.

② 그리기 도구 모음에서 [도형]을 클릭한 다음 [기본도형]-[해]를 선택하여 해 도형을 그린다.

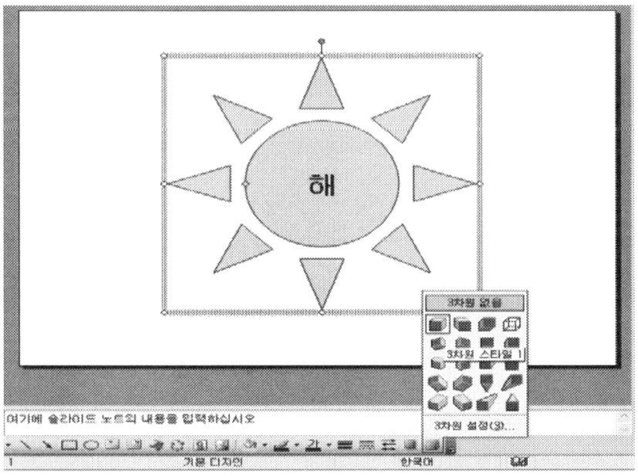

③ 도형이 그려지면 텍스트를 입력하고 텍스트의 글꼴 서식과 도형의 채우기 색 등을 변경하여 서식을 지정하여 보자. 텍스트 입력은 [텍스트 상자] 아이콘을 한번 클릭하고 해 모양의 도형을 클릭하고 난 뒤에 입력하면 된다.

④ 해 도형이 선택되어 있는 상태에서 (3차원 스타일) 아이콘을 클릭한 다음 원하는 3차원 스타일을 선택한다.

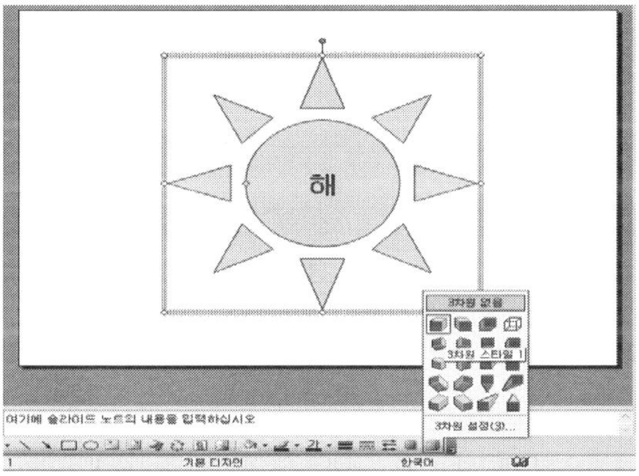

⑤ 도형의 모양에 3차원 스타일이 추가되어 입체적인 모양으로 변경이 된다. 이번에는 (3차원 스타일) 아이콘을 클릭한 다음 [3차원 설정]을 선택한다.

⑥ 3차원 설정 도구 모음이 표시되면 (아래로 기울이기) 아이콘과 (왼쪽으로 기울이기) 아이콘을 여러 번 클릭하여 개체의 기울기를 조정하여 보자. 개체가 여러 가지 방향으로 움직이는 것을 확인할 수 있다.

⑦ 이번에는 다른 모양의 도형을 하나 더 가져와서 해 모양의 도형과 겹치게 놓아 보자.

5. 순서 바꾸기

① 앞 슬라이드에서 해 모양의 개체를 클릭한 다음 [그리기]-[순서]-[맨 앞으로 가져오기] 메뉴를 선택한다.

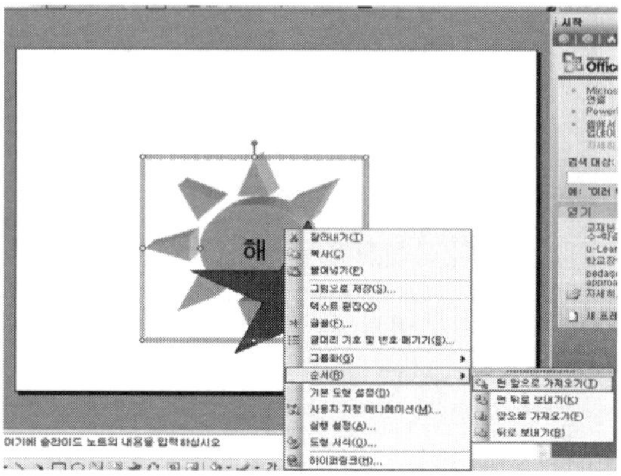

② 위와 같이 그림 개체가 한 단계 앞으로 이동하여 다른 개체의 위에 놓이게 된다.

6. 회전 및 대칭

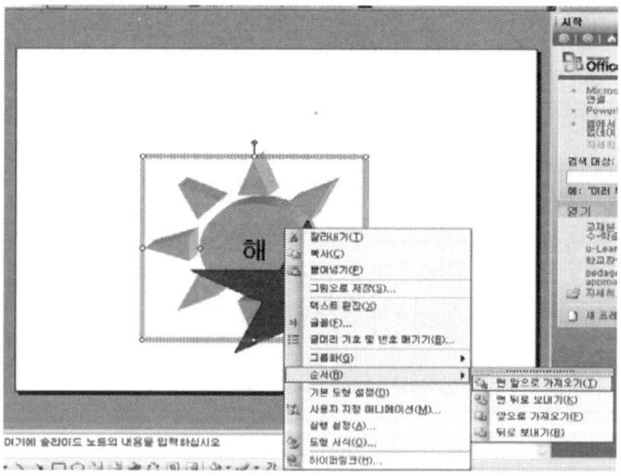

① 슬라이드로 이동한 다음 해 모양의 도형의 테두리를 클릭하여 전체를 선택한다. 그리고 [그리기]-[회전 또는 대칭]-[사용자 정의 회전] 메뉴를 선택한다.

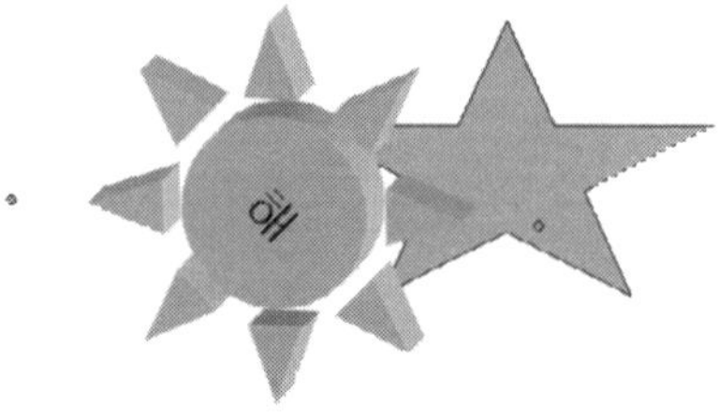

② 개체의 모서리마다 초록색 회전 핸들이 표시된다.

③ 4개의 회전 핸들 중 하나에서 마우스 왼쪽 버튼을 누른 채 원하는 방향으로 드래그 하여 개체를 회전시켜 보자.

7. 그룹 설정

그룹은 두 개 이상의 개체들을 하나로 묶는 것을 말한다. 슬라이드를 편집할 때 그룹으로 묶어서 작업할 때가 많다. 여기서는 그룹으로 묶는 방법을 알아본다.

① 마우스의 왼쪽 버튼을 누른 채 드래그 하여 두 개의 도형이 점선 상자 안에 포함 되도록 한다.

참고

개체 하나를 클릭한 다음 ctrl키를 누른 상태에서 다른 개체를 차례로 클릭하여 여러 가지 개체를 한꺼번에 선택할 수도 있다.

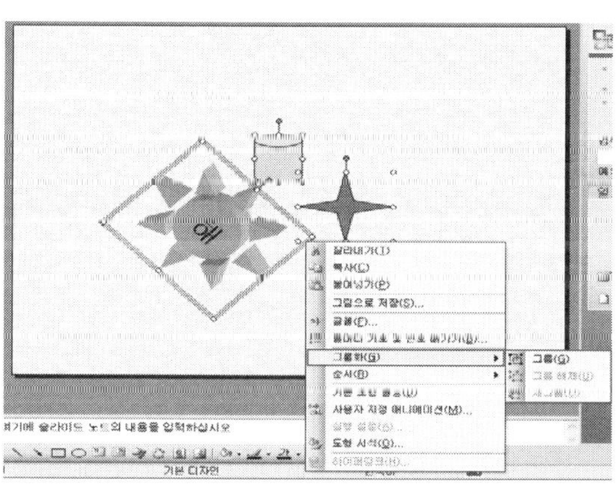

② 그러면 점선 사각형 안에 들어가는 개체들은 한꺼번에 선택이 된다. 두 개체가 선택되어 있는 상태에서 마우스 오른쪽 버튼을 클릭하여 [그룹화]-[그룹] 메뉴를 선택한다.

③ 그룹을 해제하고 싶으면 [그룹해제]를 선택하면 된다.

chapter4 3 서식 지정하기

| 01_글꼴 서식 |

글꼴 서식에는 글꼴의 종류와 크기를 비롯하여 굵게, 기울임꼴, 밑줄, 그림자와 같은 글꼴 스타일, 글꼴 색 등이 포함된다.

① 아래와 같이 슬라이드를 작성해 본다.

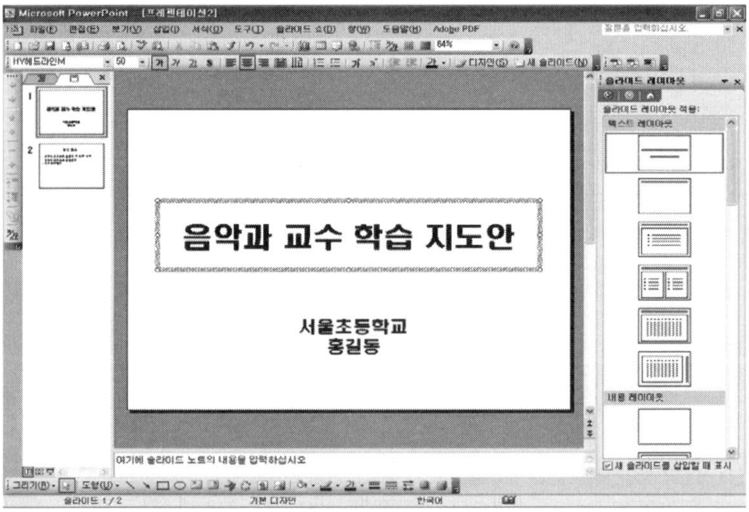

② 제목 슬라이드에서 제목 개체 틀의 테두리를 클릭하여 틀 전체를 선택한 다음 테두리 부분에 마우스를 올리고 개체 틀을 이동하여 보자. 또 키보드의 상하좌우 키를 이용하여 개체 틀을 원하는 곳으로 이동하여 보자.

③ 슬라이드를 클릭하여 상단의 개체 틀을 선택한다. 개체 틀이 선택된 상태에서 서식 도구 모음을 이용하여 글꼴과 크기를 지정하고 가(굵게) 아이콘을 클릭한다. 여기

서는 글꼴은 "HY헤드라인M"을, 글자 크기는 50포인트로 하였다.

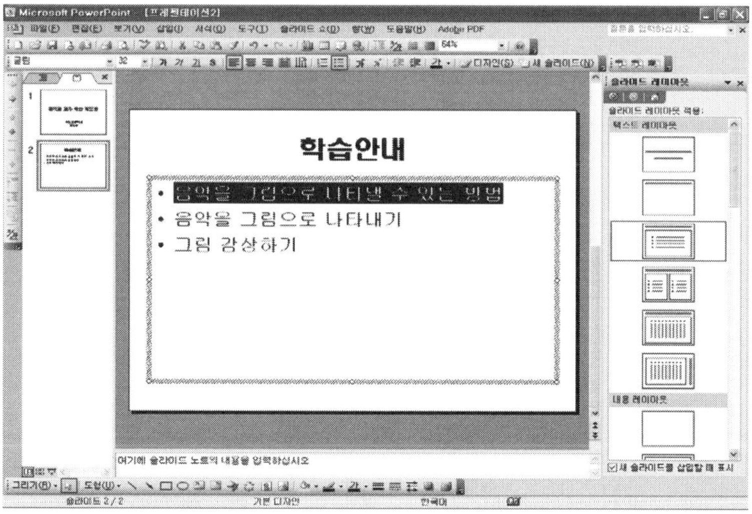

④ "학습 안내" 아래에 있는 부제목 개체 틀을 클릭한 다음 그림과 같이 마우스로 드래그 하여 블록으로 지정한다. 그런 다음 글꼴과 크기, 굵기 등 글꼴 스타일을 지정한다.

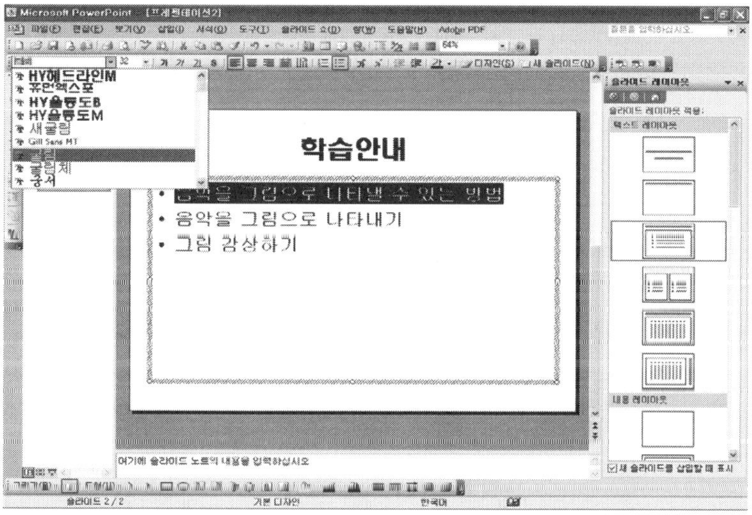

⑤ 이번에는 [글꼴] 대화상자를 이용하는 방법을 알아보자. 2번 슬라이드에서 하단의 부제목 개체 틀의 테두리를 클릭하고 [서식]-[글꼴] 메뉴를 선택한다.

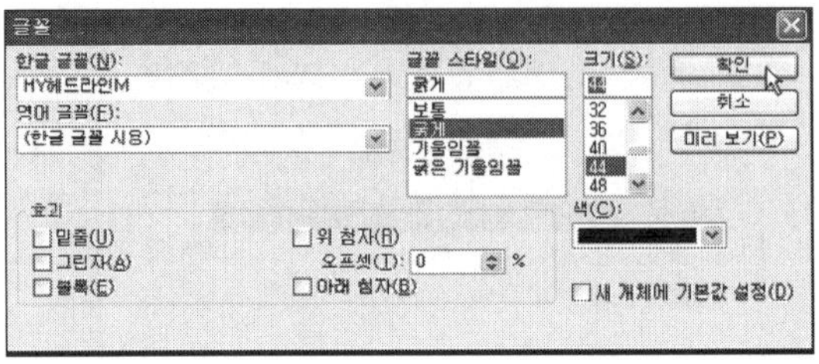

⑥ [글꼴] 대화상자가 표시되면 한글 글꼴과 글꼴 스타일, 크기 등을 지정하고 [확인] 버튼을 누른다.

⑦ 제목 텍스트의 글꼴 서식이 변경된다. 계속해서 제목 개체 틀이 선택되어 있는 상태에서 가 (글꼴 색) 아이콘의 화살표를 누르고 [다른 색]을 클릭한다.

⑧ [색] 대화상자가 표시되면 [표준] 탭에서 원하는 글꼴 색을 선택하고 [확인] 버튼을 클릭한다. [색] 대화상자를 이용하면 글꼴 색 목록에 없는 다른 색을 사용할 수 있다.

02_단락 서식

글자를 입력하고 Enter 키를 누른 위치까지를 단락이라고 한다. 단락 단위로 적용하는 서식에는 텍스트 맞춤과 줄 간격, 글머리 기호와 번호 매기기 등이 있다.

① [삽입]-[새 슬라이드]를 선택하여 슬라이드를 하나 삽입하여 보자.

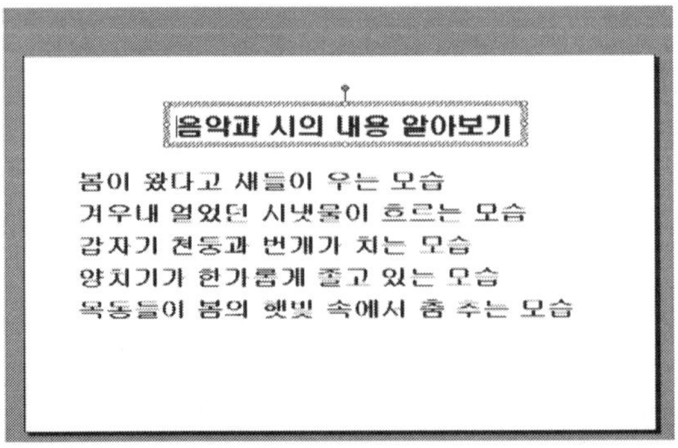

② 다음 그림과 같이 내용을 입력하여 보고 글꼴 서식 도구를 이용하여 개체 틀 속의 내용 서식을 수정한다.

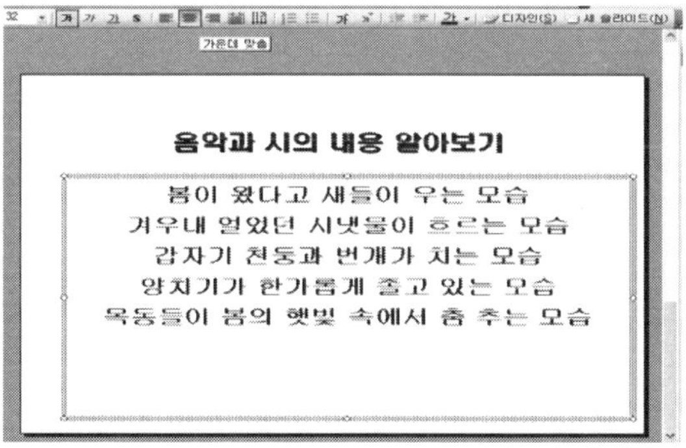

③ 슬라이드에서 하단의 개체 틀의 테두리를 클릭한 다음 서식 도구 모음에서 (가운데 맞춤) 아이콘을 클릭한다. 그러면 개체 틀의 내용들이 가운데로 맞춰 배치된다.

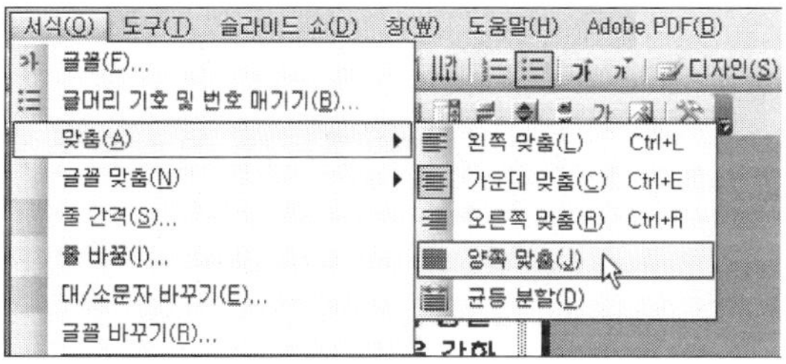

④ 개체 틀의 테두리가 선택된 상태에서 [서식]-[맞춤]-[양쪽 맞춤] 메뉴를 선택한다. 개체 틀에 있는 단락의 맞춤 방식이 양쪽 맞춤으로 변경된다. 양쪽 맞춤은 왼쪽과 오른쪽 끝을 가지런하게 배치하는 방법이다.

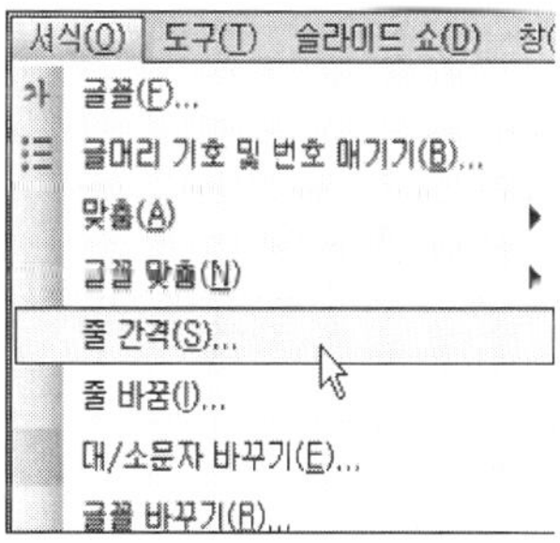

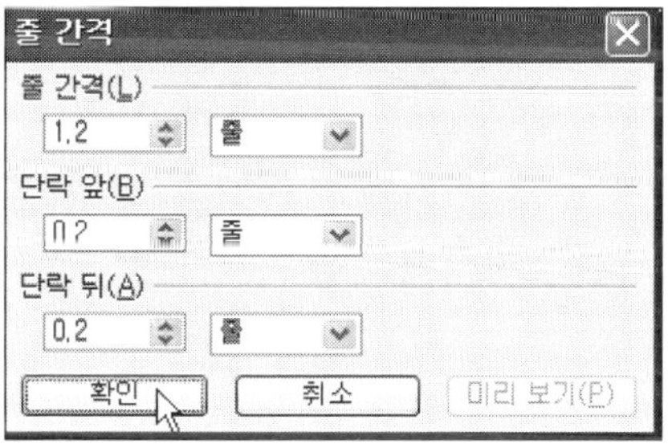

⑤ 개체 틀을 선택한 상태에서 [서식]-[줄 간격] 메뉴를 선택한다. [줄 간격] 대화상자에서 줄 간격을 "1.2", 단락 뒤를 "0.2"로 변경한 다음 [확인] 버튼을 클릭한다.

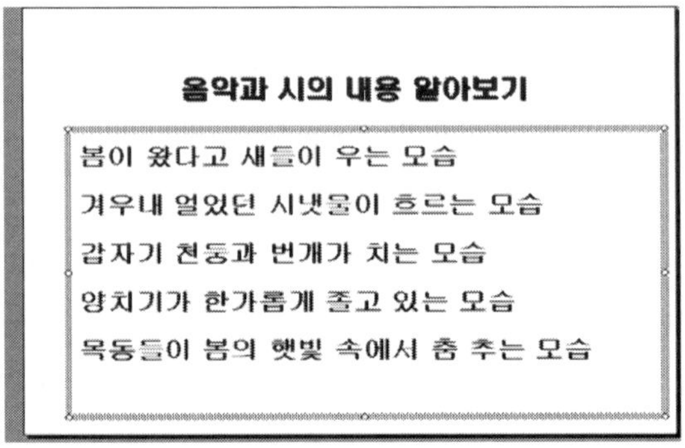

⑥ 위 그림과 같이 줄과 줄 사이의 간격과 단락 뒤의 간격이 조정된다. 줄 간격과 단락 간격이 변경됨에 따라 개체 틀 크기에 맞게 글꼴 크기가 변경된다.

03_글머리 기호 번호 매기기

글머리 기호가 항목을 보기 좋게 구분하기 위하여 사용한다면, 번호 매기기는 순서가 중요시되는 단락에 차례대로 일련번호를 표시할 때 사용한다.

① 3번 슬라이드에서 텍스트 개체 틀이 선택된 상태에서 (번호 매기기) 아이콘을 클릭한다. 그러면 위 그림과 같이 글머리 기호 자리에 일련번호가 입력된 것을 확인할 수 있다.

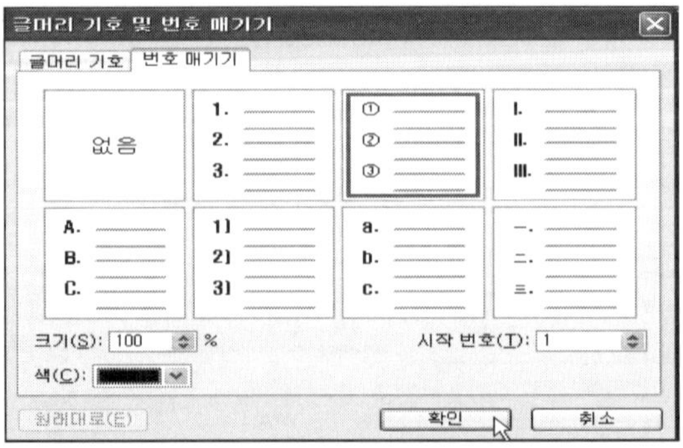

② 이번에는 다른 번호를 사용하기 위하여 [글머리 기호 및 번호 매기기] 대화상자의 [번호 매기기] 탭을 이용하여 번호의 형태를 선택하고 크기와 색을 지정한 다음 [확인] 버튼을 클릭한다.

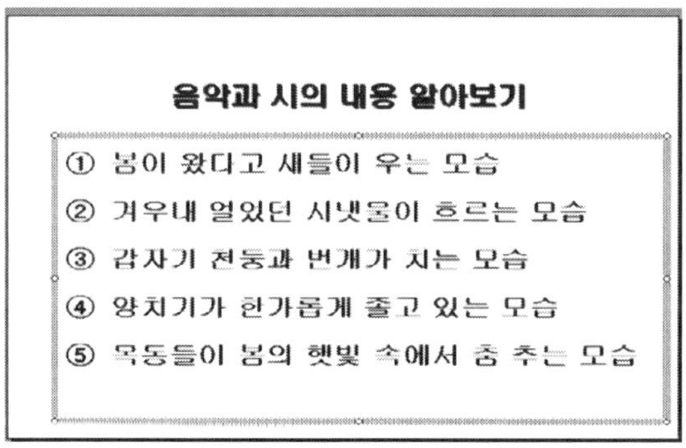

③ 그러면 위 그림과 같이 텍스트 개체 틀에서 단락에 선택한 형태의 번호가 매겨져 있는 것을 확인할 수 있다.

04_글머리 기호 수정

글머리 기호는 단락의 시작 위치에 표시된다. 주로 항목과 항목을 보기 좋게 구분하기 위하여 글머리 기호를 사용한다. 기본적으로 텍스트 개체 틀의 각 단락은 글머리 기호를 표시하도록 설정되어 있다.

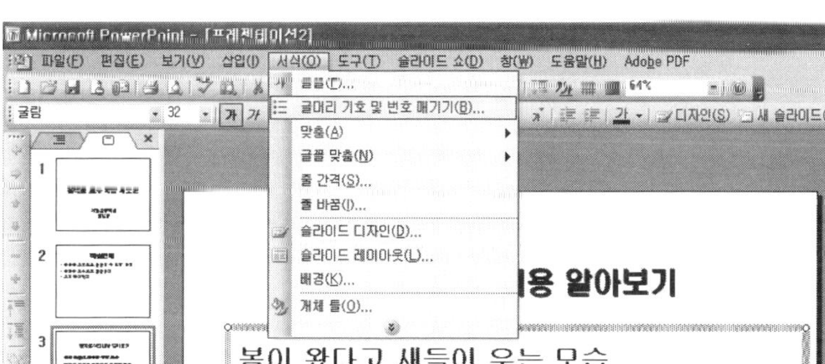

① 글머리 기호를 수정하기 위하여 [서식]-[글머리 기호 및 번호 매기기] 메뉴를 클릭한다.

② [글머리 기호 및 번호 매기기] 대화상자가 표시되면 [글머리 기호] 탭에서 새로운 글머리 기호를 지정한 다음 [확인] 버튼을 클릭한다.

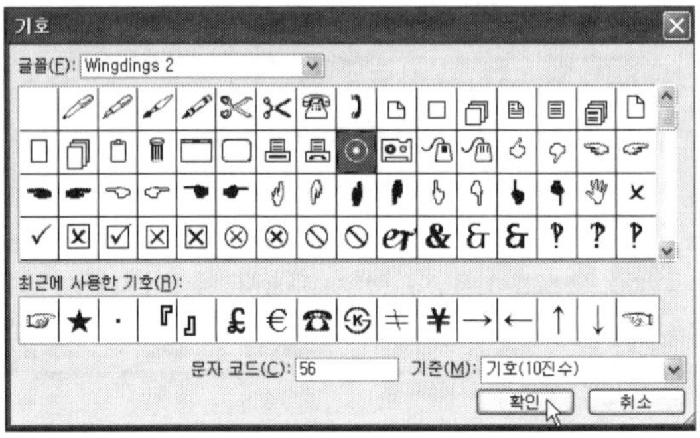

③ 이번에는 [글머리 기호 및 번호 매기기] 대화상자에서 새로운 글머리기호를 사용하기 위하여 [사용자 지정] 버튼을 클릭한다. 그러면 위 그림과 같은 대화상자가 표시된다. [글꼴]에서 "Wingdings 2"를 선택한 다음 원하는 글머리 기호를 선택하면 된다.

chapter4 4

슬라이드에 개체 삽입하기

01_클립아트 삽입하기

① [삽입]메뉴에서 [그림]-[클립아트]를 클릭한다. 또는 그리기 도구 모음의 클립아트 삽입 버튼 을 클릭한다.

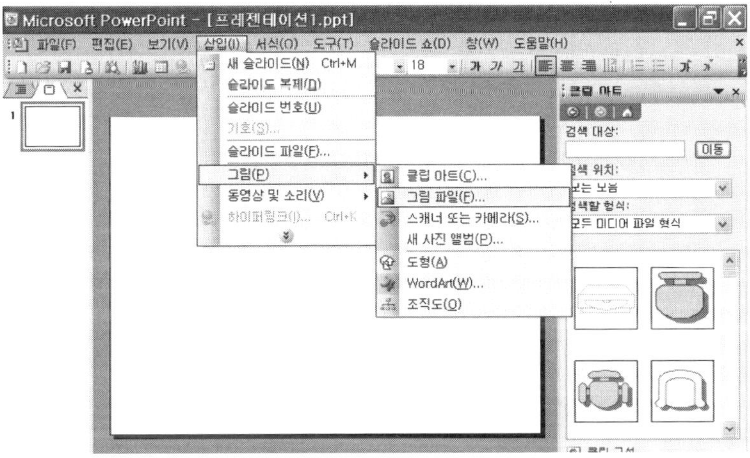

② 검색대상에 삽입하고자 하는 클립아트의 이름을 입력한다. 또는 검색위치의 선택한 모음을 클릭하여 삽입한다.

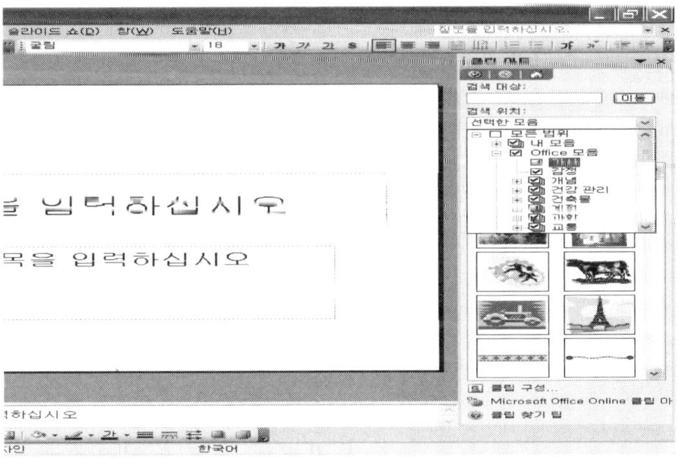

| 02_그림 삽입하기 |

① [삽입]메뉴에서 [그림]-[그림파일]를 클릭한다. 또는 그리기 도구 모음의 그림삽입 버튼 을 클릭한다.

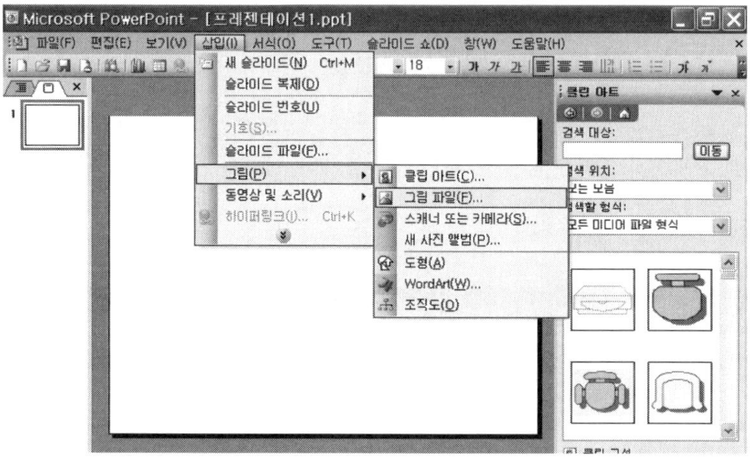

② [그림 삽입] 대화상자가 나오면 찾는위치를 지정하고 그림파일을 선택한 후 삽입(S) 을 클릭한다.

③ 그림이 슬라이드에 삽입되면 한 개의 초록색 조절점과 크기를 조절할 수 있는 8개의 조절점이 나타난다. 원하는 위치에 드래그 하여 그림을 위치시킬 수도 있다.

03_WordArt 삽입하기

① [삽입]메뉴에서 [그림]-[WordArt]를 클릭한다. 또는 그리기 도구 모음의 워드아트 삽입 버튼 을 클릭한다.

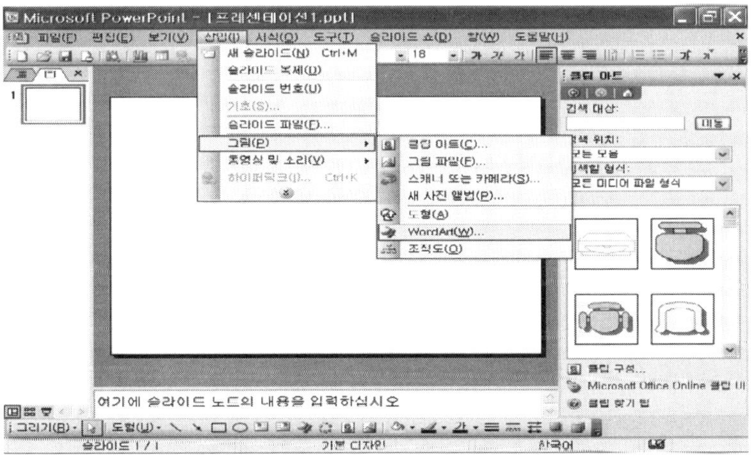

② [WordArt 갤러리] 대화상자가 나오면 [WordArt 스타일]을 선택한 후 확인을 클릭한다.

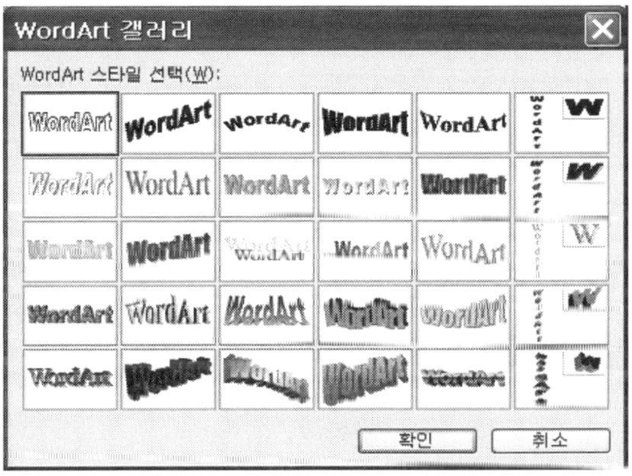

③ [WordArt 텍스트 편집] 대화 상자가 나오면 글꼴과 크기를 정한 후 텍스트를 입력하고 확인을 누른다. 오른쪽 그림과 같이 워드아트가 삽입되었다.

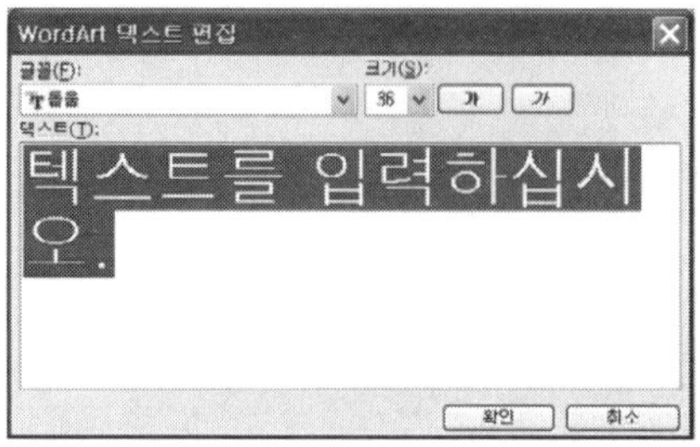

04_동영상 삽입하기

① [삽입]메뉴에서 [동영상 및 소리]-[동영상 파일]를 클릭한다.

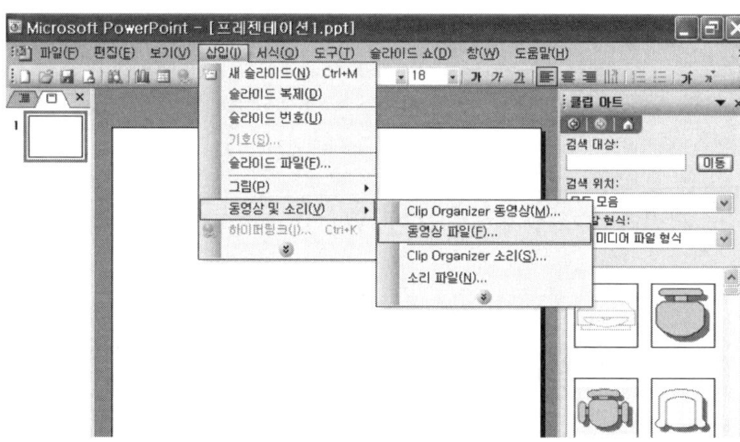

② [동영상 삽입] 대화 상자에서 동영상 파일을 찾아 확인을 누른다.

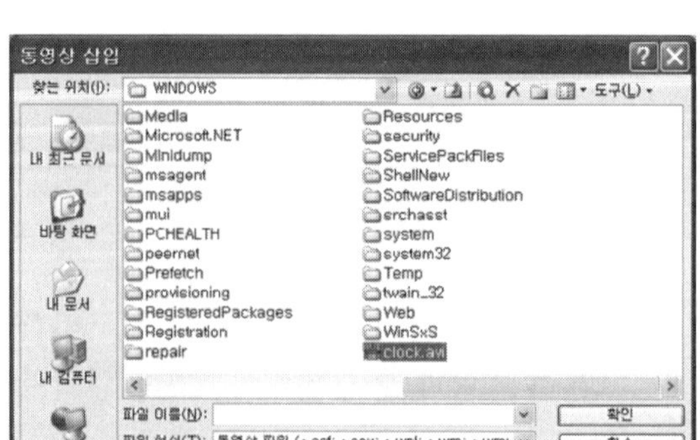

③ 동영상이 슬라이드에 삽입되면서 오른쪽과 같은 메시지가 나온다. 슬라이드 쇼 실행시 자동실행을 원하면 [예]를, 그렇지 않으면 [아니오]를 클릭한다.

④ 동영상 개체를 선택한 후 마우스 오른쪽 버튼 메뉴에서 [동영상 개체 편집]을 클릭한다.

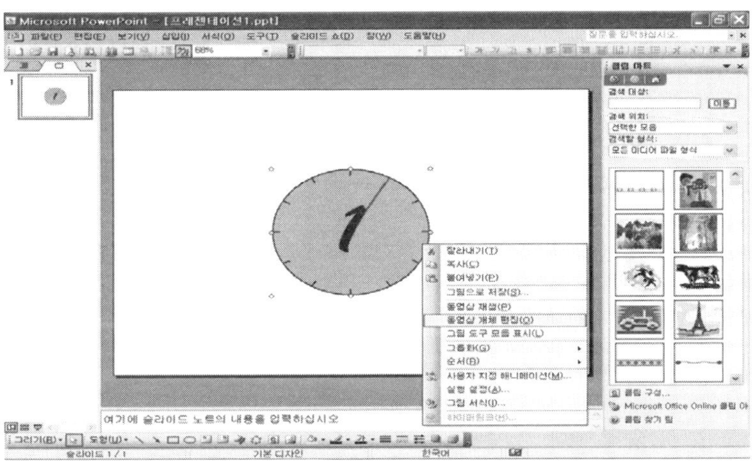

⑤ [동영상 옵션]이라는 대화상자에서 각각의 동영상 옵션을 선택하거나 선택, 또는 해제 하여 동영상의 반복재생이나 되감기, 숨김, 확대 등을 조절할 수 있다.

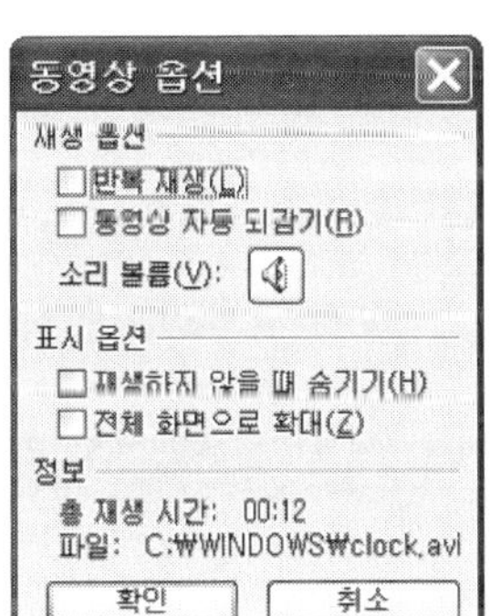

| 05_소리 삽입하기 |

① [삽입]메뉴에서 [동영상 및 소리]-[소리 파일]를 클릭한다.

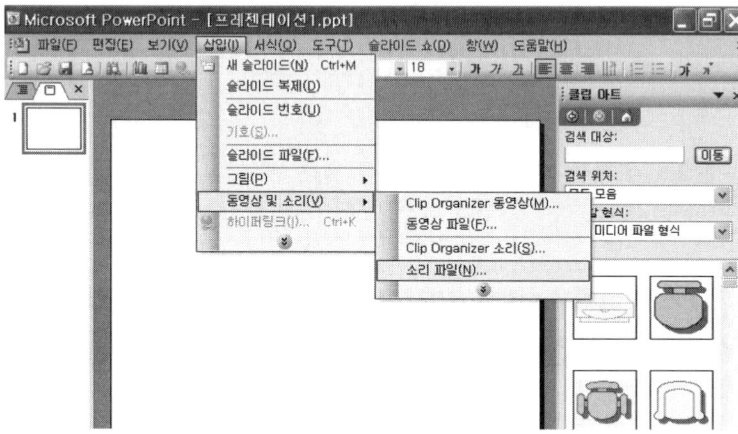

② [소리 삽입] 대화 상자에서 소리 파일을 찾아 확인을 누른다.

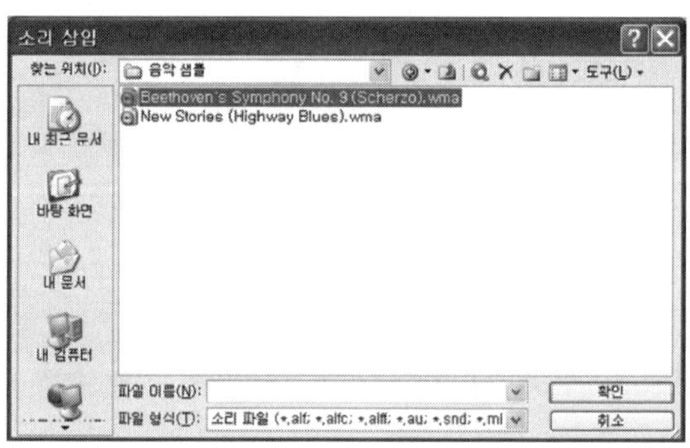

③ 소리가 슬라이드에 삽입되면서 오른쪽과 같은 메시지가 나온다. 슬라이드 쇼 실행 시 자동실행을 원하면 [예]를, 그렇지 않으면 [아니오]를 클릭한다.

④ 삽입된 소리 아이콘을 마우스 오른쪽 버튼으로 클릭하여 [소리 개체 편집] 메뉴를 선택하면 소리의 반복이나 볼륨, 표시 옵션 등을 조절할 수 있다.

- **반복재생** : 소리를 반복해서 재생한다.
- **소리 볼륨** : 소리의 볼륨을 조절한다.
- **슬라이드 쇼 동안 소리 아이콘 숨기기** : 쇼 보기에서 소리 아이콘을 표시하지 않도록 설정

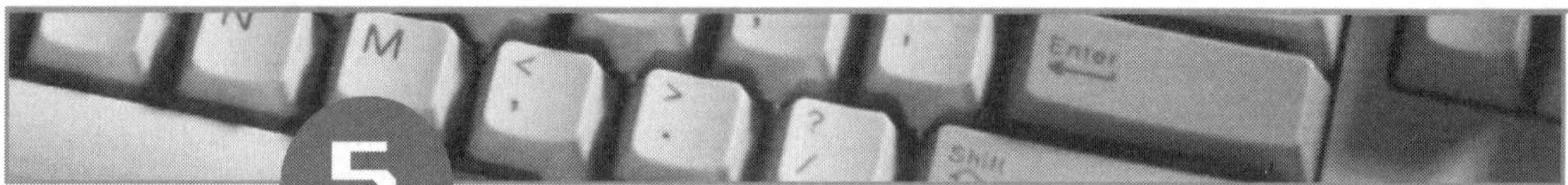

chapter4 **5**

표 및 차트 만들기

01_슬라이드에 표 삽입하기

1. 메뉴 이용하여 표 삽입하기

표를 사용하면 숫자나 문자 데이터의 흐름을 자세하고 명확하게 보여줄 수 있다. 워드 프로세서와 마찬가지로 행과 열의 개수를 입력하여 표를 만들 수 있다.

① 표를 넣을 슬라이드를 선택한 후 주 메뉴의 [삽입]-[표] 를 클릭한다.

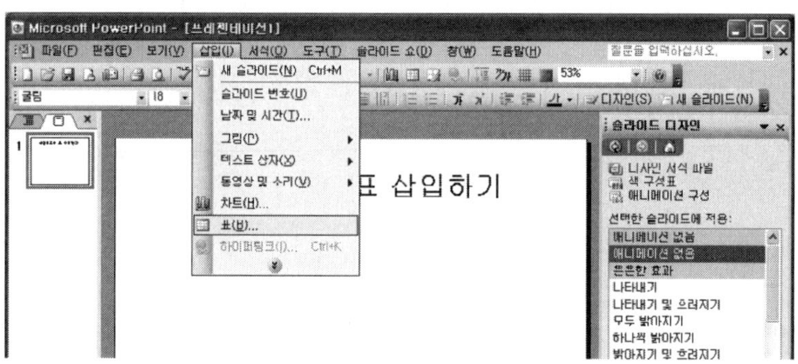

② [표 삽입] 대화상자가 나타나면 열의 개수와 행의 개수를 입력한 후 [확인]을 클릭한다.

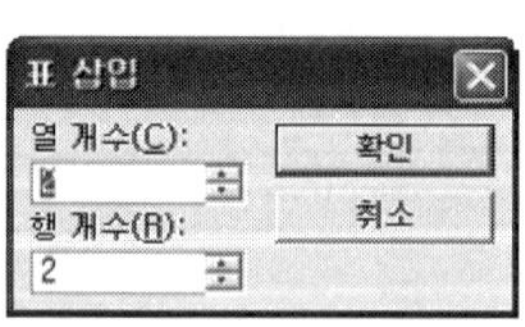

③ 2행 2열의 표가 삽입된다.

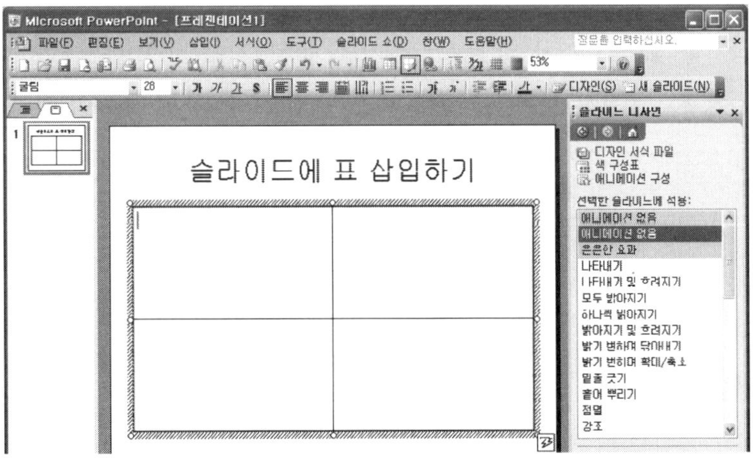

2. 표준 도구모음 활용하기

표준 도구 모음에서 표 삽입 버튼을 클릭하고 마우스로 원하는 행과 열의 범위만큼 드래그 한다.

| 02_표 수정하기 |

1. 표 그리기

이미 만들어진 표를 수정해야 할 필요가 있을 때 표를 새로 만들지 않고 선을 추가하거나 삭제해서 원하는 모양의 표를 만들 수 있다.

① 6행 5열의 표를 삽입한다.

② [표 및 테두리] 도구 모음에서 [표 그리기] 버튼을 클릭한다.

③ 마우스 포인터가 연필모양으로 바뀌고 추가해서 그릴 부분에서 마우스를 드래그한다.

④ 분할이 끝나면 [표 그리기] 버튼을 클릭하여 그리기 기능을 선택 해제한다.

2. 표 지우기

① 표를 삽입한 상태에서 [표 및 테두리] 도구모음의 [지우개] 아이콘을 선택한다.

② 마우스 커서가 지우개 모양으로 바뀌고 지울 선을 마우스로 드래그 한다.

3. 셀 병합과 분할

표는 셀이라 불리는 단위로 이루어져 있고 셀 병합 혹은 셀 분할 등을 통해 표의 모양을 변화시킬 수 있다.

① 셀 병합은 병합할 셀을 마우스로 선택한 후 [셀 병합] 아이콘을 클릭하거나 마우스 오른쪽 버튼을 클릭하여 나온 메뉴에서 [셀 병합]을 선택한다.

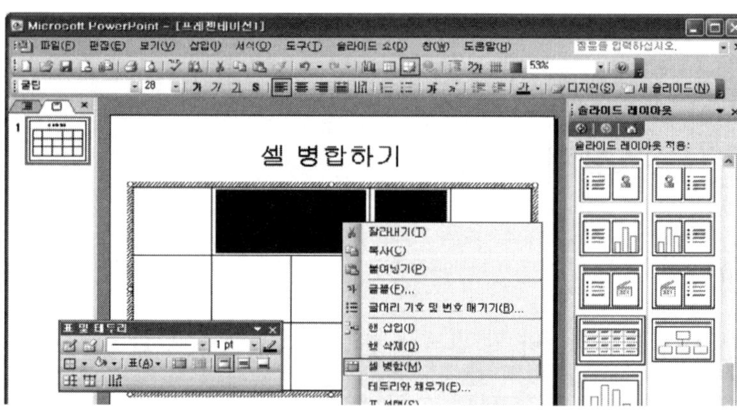

② 셀 분할은 분할하고자 하는 셀에 마우스 커서를 위치시키고 [표 및 테두리] 도구모음의 [셀 분할]아이콘을 클릭한다.

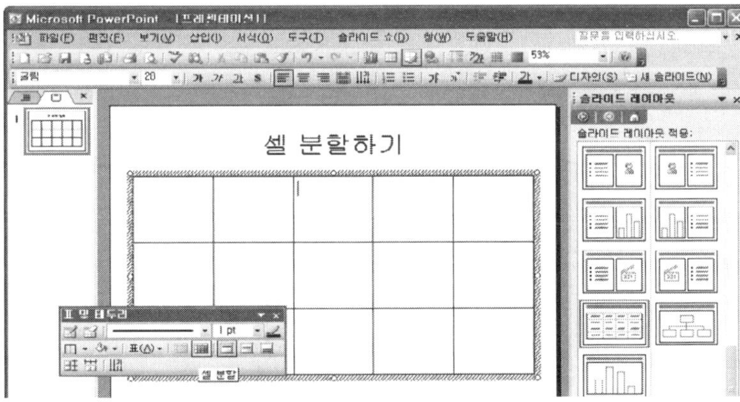

4. 표의 크기 맞추기

표를 만들다 보면 각 셀들의 크기가 달라지는 경우가 있는데 표의 행 높이와 열 너비를 똑같이 만들어 주려면 [표 및 테두리] 도구 상자의 아이콘을 이용하면 된다.

맞추고 싶은 부분을 마우스로 블록을 설정한 다음 아이콘을 클릭하면 설정된 부분만 행과 열을 맞출 수 있다.

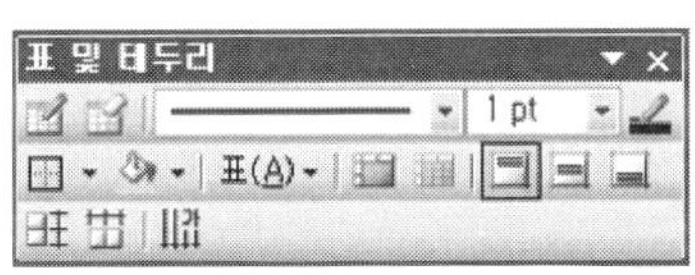

03_표의 서식 설정하기

1. 표의 테두리 설정

표의 테두리 설정은 [표 및 테두리] 도구모음에서 설정하거나 마우스 오른쪽 버튼을 클릭하여 나타나는 [테두리와 채우기] 메뉴를 사용하여 설정한다.

① 메뉴 사용하기

표 서식 대화상자에서 테두리와 색, 선두께를 설정할 수 있다.

- 테두리를 설정할 셀을 선택한다.
- 마우스 오른쪽 버튼을 클릭하여 나타나는 메뉴에서 [테두리와 채우기] 메뉴를 선택한다.
- 표 서식 대화상자에서 테두리를 눈으로 확인하면서 설정할 수 있다.

② 표 및 테두리 도구모음 사용하기

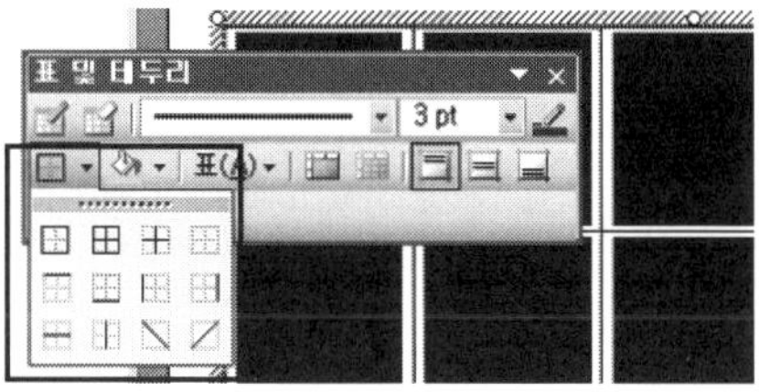

- 테두리를 설정할 셀을 선택한다.
- 테두리의 두께와 색을 선택한다.
- 버튼을 클릭하여 설정하고자 하는 테두리를 선택한다.

2. 표에 색 채우기

[표 및 테두리] 도구모음의 [채우기 색]아이콘 을 활용하면 표의 각 셀에 여러 가지 색깔을 채울 수 있다.

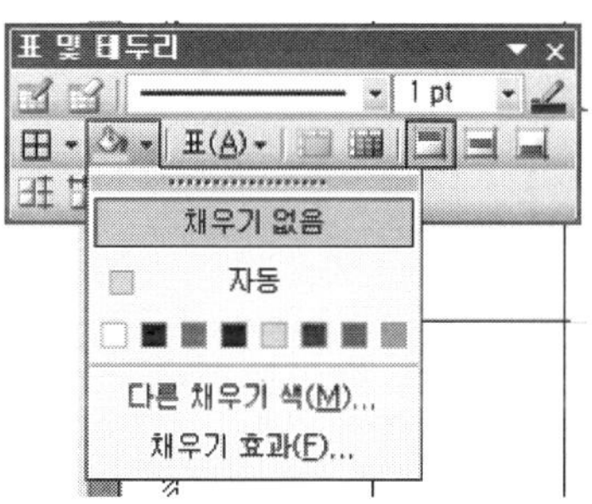

① 색을 채울 셀을 마우스로 선택한다.

② [표 및 테두리] 도구모음의 채우기 색 아이콘을 클릭하여 원하는 색깔을 선택한다.

04_차트 삽입하기

슬라이드에 차트를 삽입하는 방법은 여러 가지가 있다.

① [표준] 도구 모음에 있는 차트 삽입 버튼 를 클릭한다.

② 주 메뉴의 [삽입]-[차트]를 선택한다.

③ 슬라이드 레이아웃 작업창에서 여러 가지 내용이 포함된 레이아웃을 선택하여 그 속에 포함되어 있는 차트 버튼을 클릭한다.

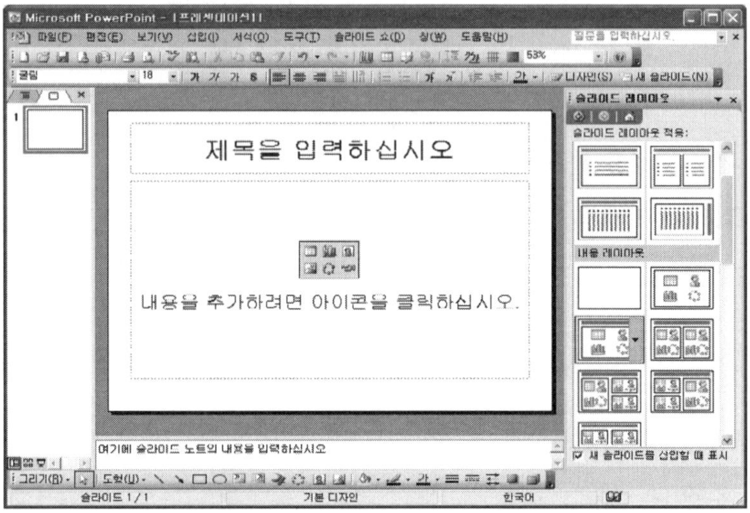

| 05_차트 수정하기 |

차트를 삽입하면 색상이 다른 세 개의 세로 막대형 그래프가 나타난다. 이것은 세 가지 항목을 비교할 목적으로 삽입된 것인데 작성하려는 차트에 맞게 항목이나 데이터를 수정하면 된다.

① 제목을 "연도별 학생 수" 라고 입력한 후 내용 상자에서 차트 삽입 버튼 을 클릭한다.

② 기본적인 데이터시트 창과 차트 편집 창이 나타나면 1행은 남겨둔 채 2행 머리글에서 3행 머리글까지 드래그 하여 2행과 3행을 선택한다.

③ 마우스 오른쪽 버튼을 클릭하고 [삭제]를 클릭한다.

④ 한 개의 항목만 남으면서 차트의 내용도 바뀐다.

⑤ 각 행과 열의 내용을 다음과 같이 입력한다.

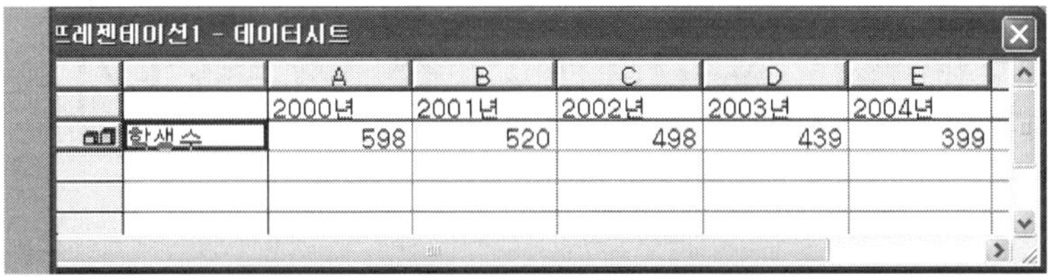

참고

데이터를 입력한 후 Enter 키를 누르면 아래 셀로, Tab 키를 누르면 오른쪽 셀로 이동한다. 마우스로 각 셀을 선택해도 된다.

⑥ 항목을 입력하면 차트의 내용도 따라서 바뀐다.

⑦ [데이터시트] 창을 닫는다.

⑧ [데이터시트] 창이 사라지고 차트 편집 창만 남는다.

⑨ 차트 영역의 바깥을 클릭한다.

⑩ 차트 편집이 끝나고 슬라이드 편집 창으로 돌아온다.

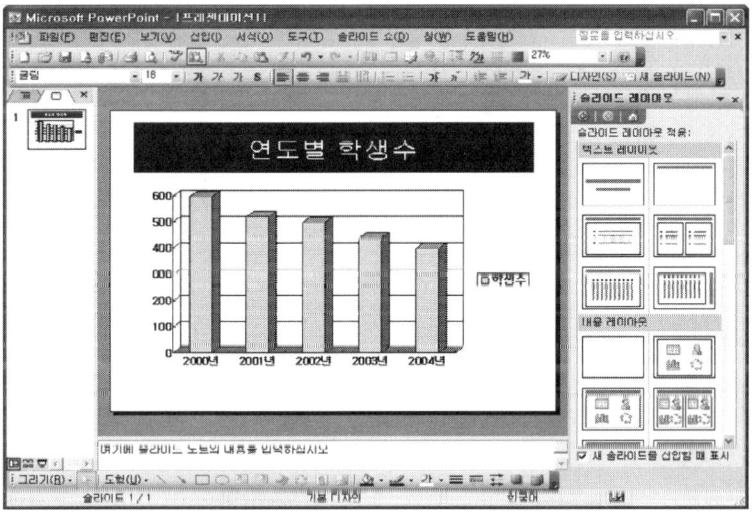

chapter4 6 슬라이드 쇼 연출하기

01_각각의 개체에 움직임 넣기

1. 애니메이션 구성 적용하기

① 새 슬라이드를 작성하거나 저장된 슬라이드를 불러온다.

② 슬라이드에 애니메이션 효과를 설정하기 위해 [슬라이드 쇼]메뉴의 [애니메이션 구성]을 클릭한다.

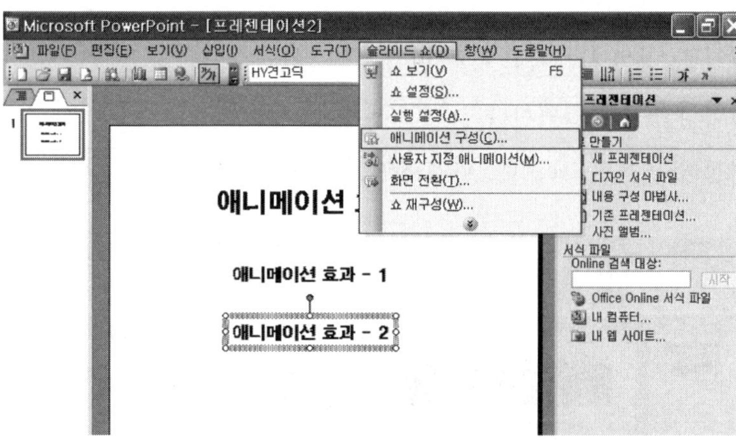

③ 애니메이션 구성 작업창에서 애니메이션 효과를 선택한다. 선택된 애니메이션 효과가 슬라이드에서 바로 나타난다.

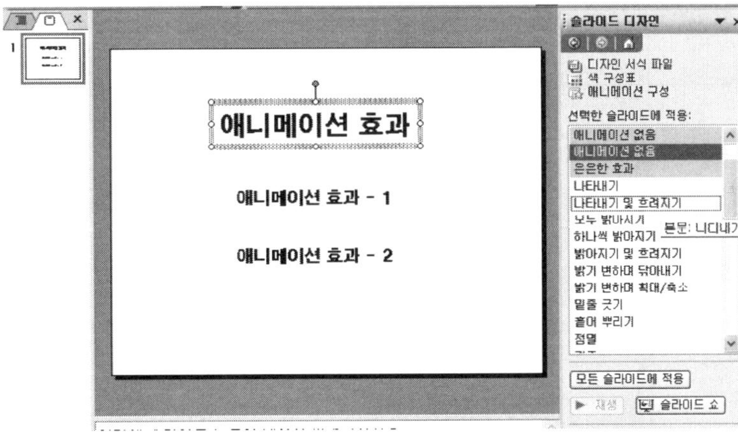

2. 사용자 지정 애니메이션 적용하기

① 새 슬라이드를 작성하거나 저장된 슬라이드를 불러온다.

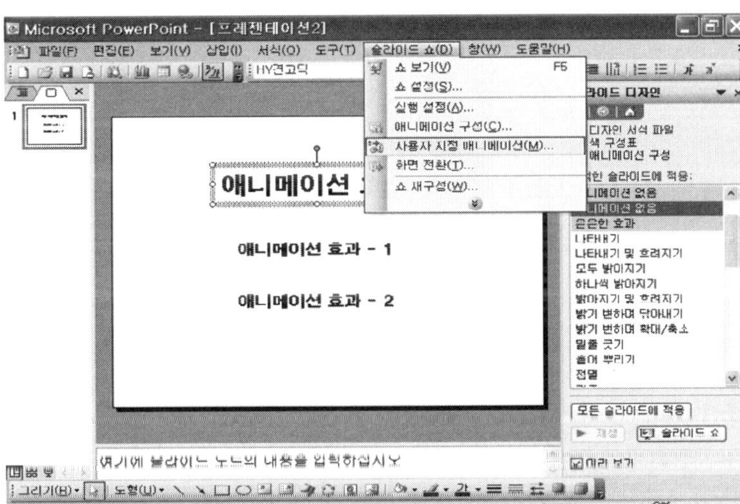

② 슬라이드 구성요소, 즉 텍스트나 도형 등을 선택한 후 [슬라이드 쇼]-[사용자 지정 애니메이션]을 클릭한다. 또는 마우스 오른쪽 버튼을 클릭한 후 [사용자 지정 애니메이션]을 선택한다.

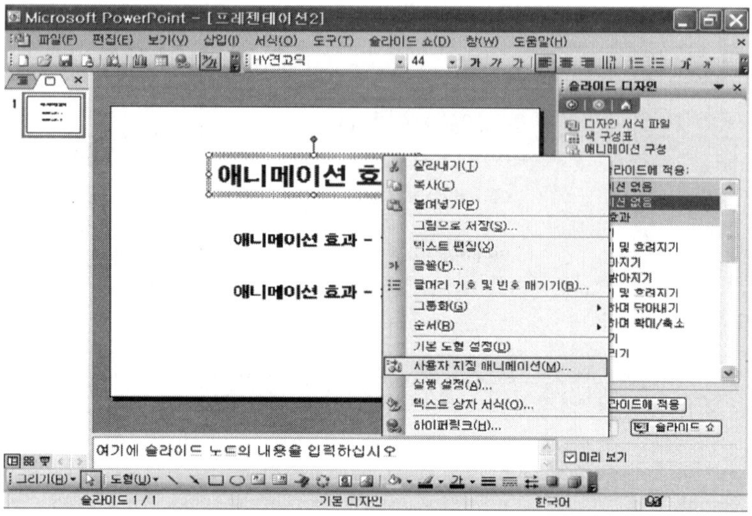

③ 사용자 지정 애니메이션 작업창에서 [효과적용]을 클릭하고 원하는 애니메이션 효과를 연출해 본다. 바로 화면에 나타나서 확인할 수 있다.

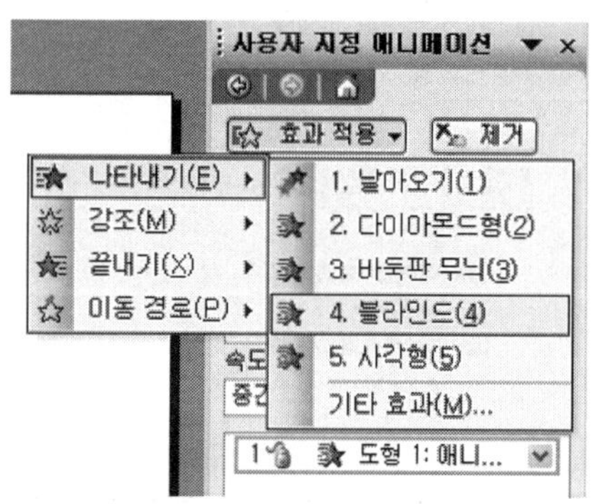

④ 슬라이드 창에 숫자가 붙는데 이것은 애니메이션 적용 순서를 나타낸다.

⑤ 작업창에 있는 시작, 방향, 속도 등을 달리하여 애니메이션 효과를 적용하여 본다.

3. 애니메이션 효과 순서 바꾸기

다음 슬라이드에서 제목 텍스트인 '새 슬라이드'의 애니메이션 효과를 가장 나중에 주고자 한다면 조절할 텍스트나 작업창의 애니메이션 효과를 선택하고 [순서 조정] 화살표를 이용하여 순서를 조정한다.

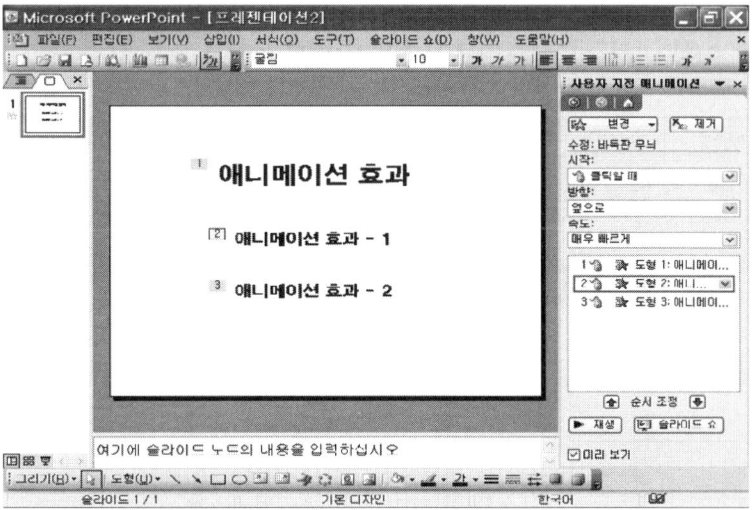

4. 사용자 지정 애니메이션 효과

① 애니메이션 효과를 주고자 하는 도형이나 텍스트를 선택한다.

② [슬라이드쇼] 메뉴에서 [사용자 지정 애니메이션]을 선택한다.

③ 사용자 지정 애니메이션 작업창에서 [효과 적용]-[이동 경로]-[사용자 지정 경로 그리기]-[자유형]을 클릭한다.

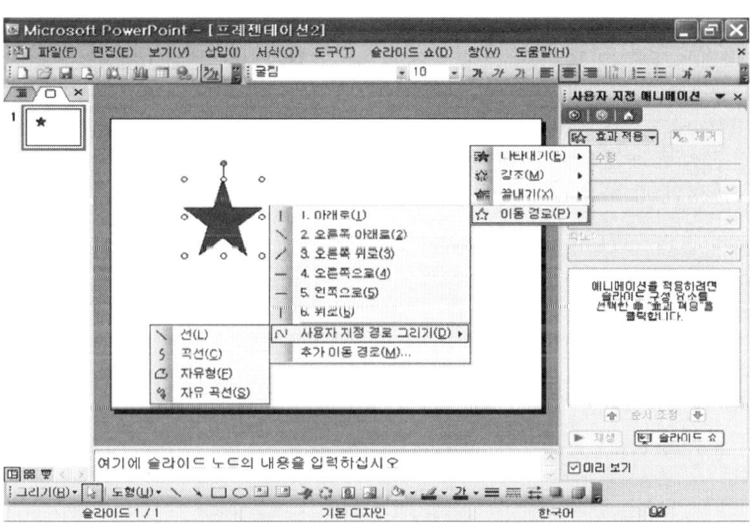

④ + 모양이 나타나면 효과를 주고자 하는 도형이나 텍스트에 클릭하여 연필로 이동 경로를 마음대로 표시한 후 엔터를 쳐서 확인해 본다.

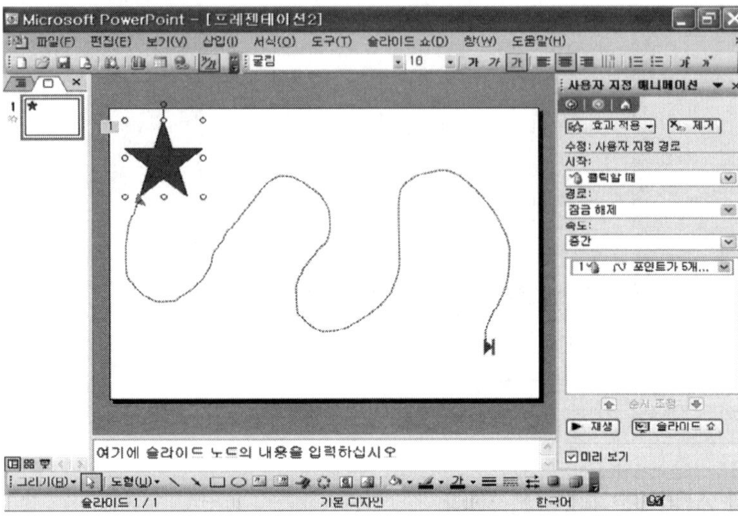

5. 애니메이션 효과옵션 및 타이밍

① 사용자 지정 애니메이션 창에서 애니메이션이 설정된 개체 항목으로 이동한다.

② 마우스 오른쪽 버튼을 누르면 효과옵션과 타이밍 효과 메뉴가 나온다.

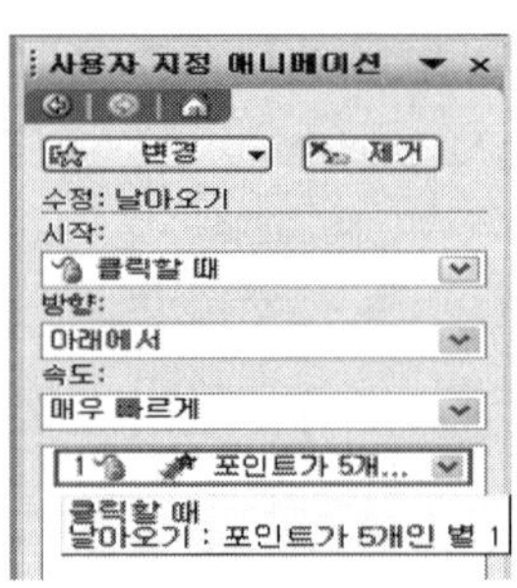

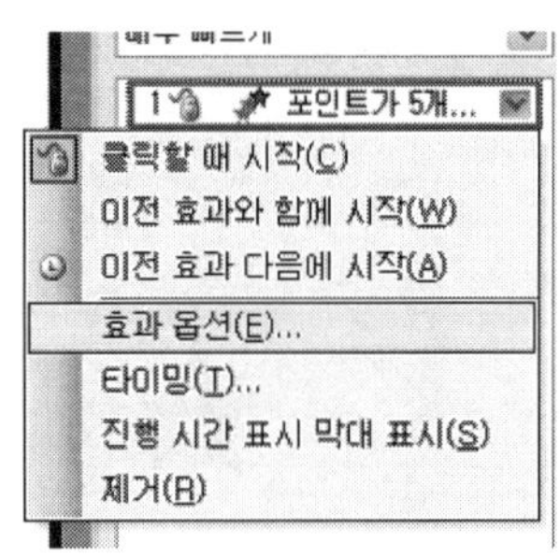

③ 효과 옵션은 애니메이션의 방향과 소리 등을 추가할 수 있다.

④ 타이밍 효과에서는 자동전환 효과를 줄 수 있다.

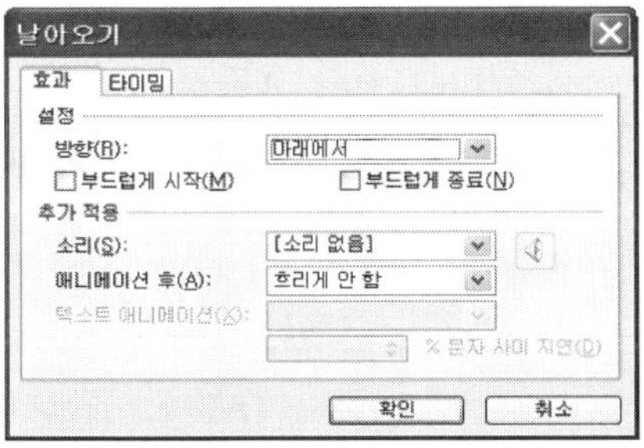

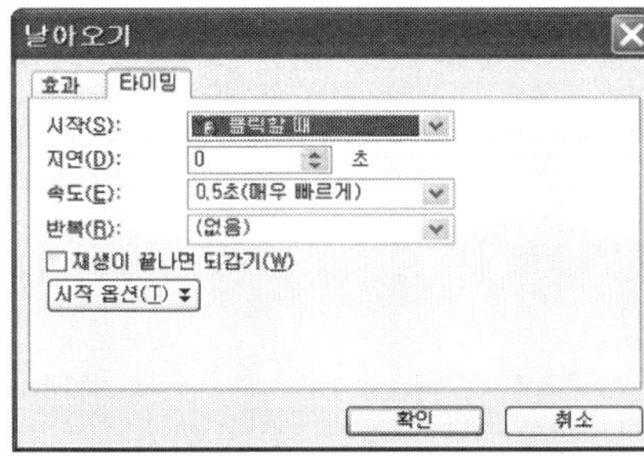

02_화면 전환 효과

1. 모든 슬라이드에 같은 화면 전환 효과 사용하기

① 에듀넷(http://www.edunet4u.net)에 접속하여 임의의 ICT활용 교수학습과정안을 다운로드 한다. 파일을 열어 슬라이드 창에서 슬라이드를 선택하고 [슬라이드쇼] 메뉴에서 [화면 전환]을 클릭한다.

모든 슬라이드에 같은 화면 전환 효과를 주기 때문에 어떤 슬라이드를 선택해도 상관없다.

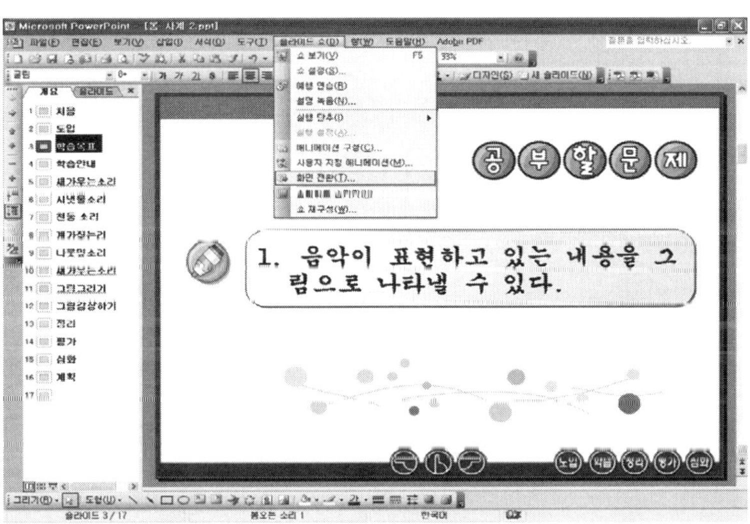

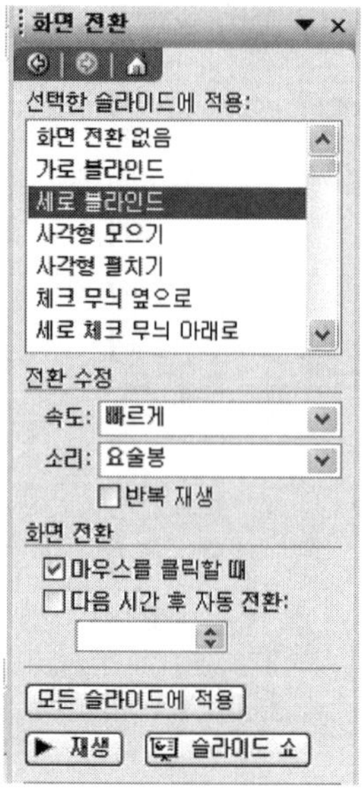

② 화면 전환 작업창에서 원하는 전환 효과를 설정하고 [모든 슬라이드에 적용]을 클릭하면 설정한 내용이 모든 슬라이드에 적용된다.

③ 작업창에서 [다음 시간 후 자동 전환]을 체크하고, 시간을 설정하면 설정한 시간마다 슬라이드가 자동으로 전환된다.

④ [마우스를 클릭할 때]를 체크하면 슬라이드 쇼를 실행할 때 마우스를 클릭해야 다음 슬라이드로 전환된다.

2. 슬라이드 각각에 다른 화면 전환 효과 주기

① 슬라이드 창에서 화면 전환을 추가할 슬라이드를 선택하고 [슬라이드쇼] 메뉴에서 [화면 전환]을 클릭한다.

② 화면 전환 작업창에서 원하는 전환 효과를 설정한다.

③ 또 다른 슬라이드를 선택하고 작업창 목록에서 원하는 화면 전환 효과를 클릭한다.

03_슬라이드 쇼 보기 (F5)

① 주메뉴 [슬라이드 쇼] - [쇼 보기] 메뉴를 선택하거나 F5 키를 누른다.

② 그리기 메뉴 위의 [보기] 버튼 중 [슬라이드 쇼보기] 버튼을 클릭한다.

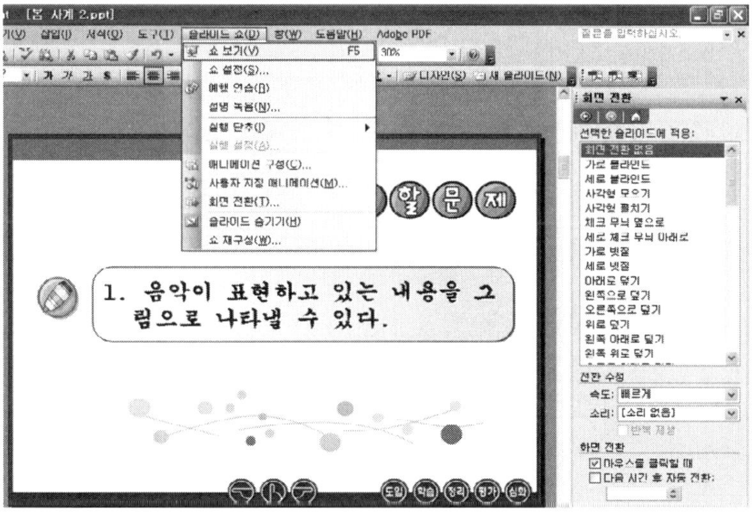

| 04_하이퍼링크 설정하기 |

① 슬라이드에 다음과 같이 입력한 후에 해당 홈페이지로 이동할 수 있도록 하이퍼링크를 설정해 보자.

② [국립중앙박물관]을 선택한 다음 마우스 오른쪽 버튼 클릭하여 [하이퍼링크]를 선택한다.

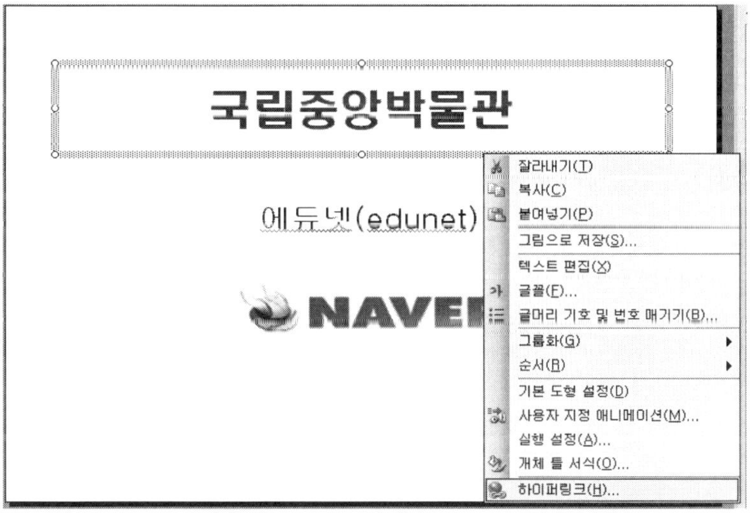

③ [하이퍼링크 삽입] 창에서 주소란에 국립중앙박물관의 인터넷 주소 (http://museum.go.kr) 을 입력한다.

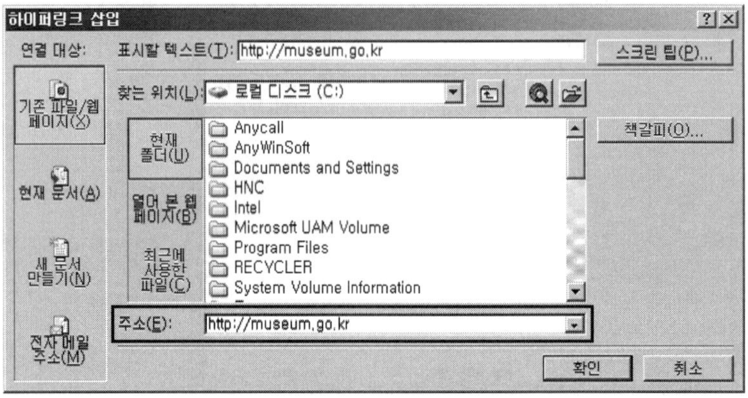

④ 주소를 입력하고 쇼 보기(F5)를 실행시키면 링크표시가 나타난다.

따라해보기 슬라이드 작성 조건 변경하기

《조건》

1. 슬라이드 출력 크기는 A4 Paper로 설정

2. 슬라이드 번호와 바닥글을 작성(1번 슬라이드는 생략)

바닥글 내용 : 한국교원대학교

출력형태

슬라이드1	슬라이드2	슬라이드3	슬라이드4	슬라이드5	슬라이드6
제목슬라이드	빈화면	2단 텍스트	표	차트	조직도

따라하기

1. 파워포인트 실행하기

2. 새 프레젠테이션 만들기

   파워포인트를 실행한 후 메뉴에서 [파일]-[새로 만들기]를 선택한다.

3. 첫 번째 슬라이드에는 제목 슬라이드를 삽입한다.

   슬라이드 번호와 바닥글을 생략하기 위해, 반드시 '제목 슬라이드'로 지정해야 한다.

4. 페이지 설정

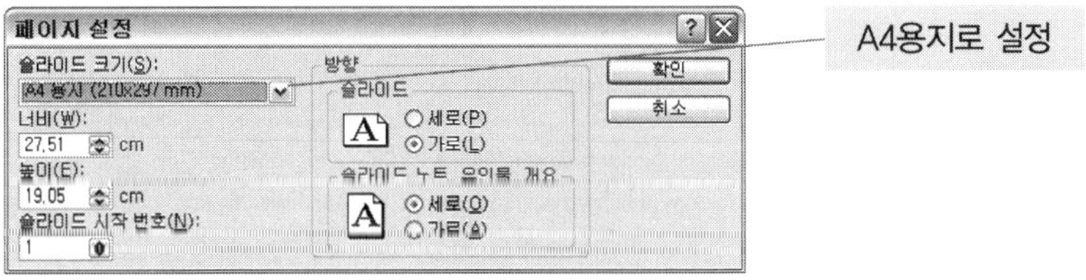

5. 새 슬라이드 추가하기

① [삽입] – [새 슬라이드] 메뉴를 클릭한 후 빈 화면 슬라이드를 선택한다.

② 같은 방법으로 슬라이드 3~6까지 작성하여 다음과 같이 6개의 슬라이드를 완성한다.

보기

슬라이드1	슬라이드2	슬라이드3	슬라이드4	슬라이드5	슬라이드6
제목슬라이드	빈화면	2단 텍스트	표	차트	조직도

6. 머리글 및 바닥글, 쪽 번호 입력하기

[보기]-[머리글 및 바닥글] 메뉴를 클릭하여 다음과 같이 설정한다.

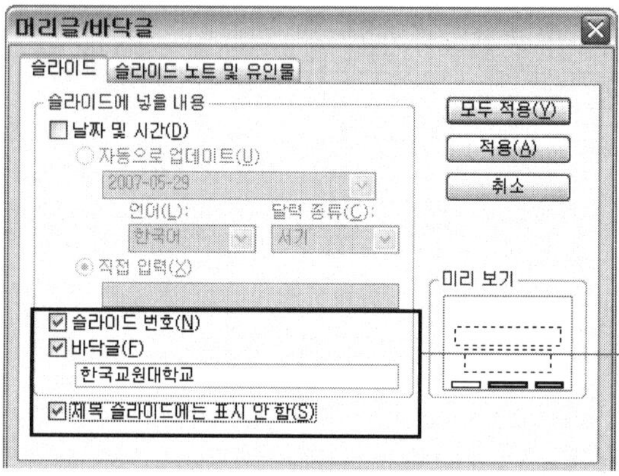

- [슬라이드 번호] 체크
- 바닥글 '한국교원대학교' 입력
- [제목 슬라이드에는 표시안함] 체크

7. 저장하기

[파일]-[저장] 메뉴를 클릭하거나, [Ctrl] + [S] 를 눌러 파일을 저장한다.

따라해보기 기본 도형 작성

《조건》

1. 슬라이드 제목은 도형을 이용해서 작성(질감-캔버스, 글꼴-등근휴먼헤드라인, 40pt, 굵게, 가운데)
2. 슬라이드와 같이 도형(그림자 스타일 6)을 이용하여 목차를 작성한다. (글꼴 -굴림, 30pt, 굵게)
3. 클립아트 : 임의의 클립아트 삽입
4. 제목 애니메이션 : 날아오기
5. 개체 색상 : 임의의 색상

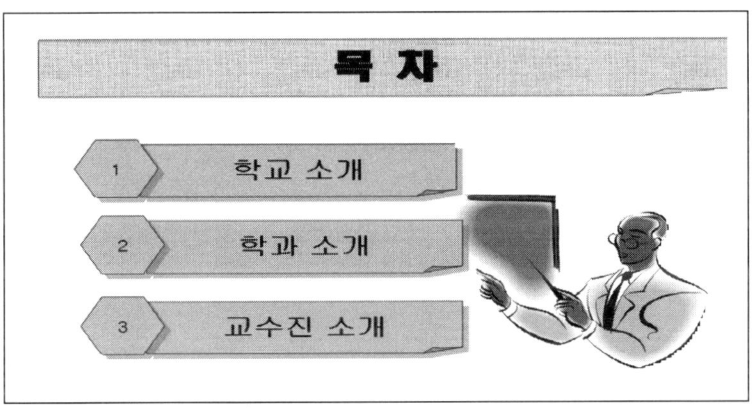

따라하기

1 슬라이드 제목 꾸미기

① [그리기 도구 모음]의 도형-[기본도형]에서 [모서리가 접힌 도형]을 클릭하고 슬라이드 제목 위치에 적당한 크기로 삽입한다.

② 슬라이드 도형 모양이 다를 경우에는 조절점을 드래그하여 세부적인 모양을 변경한다.

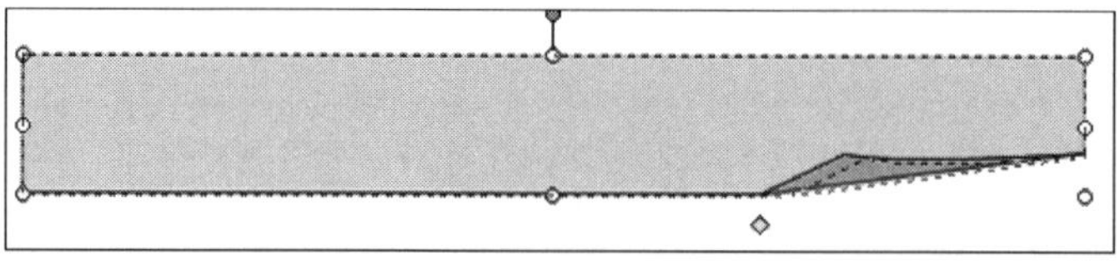

③ [그리기 도구모음]의 [색채우기]-[채우기 효과] 를 클릭하고 다음과 같이 설정한다.

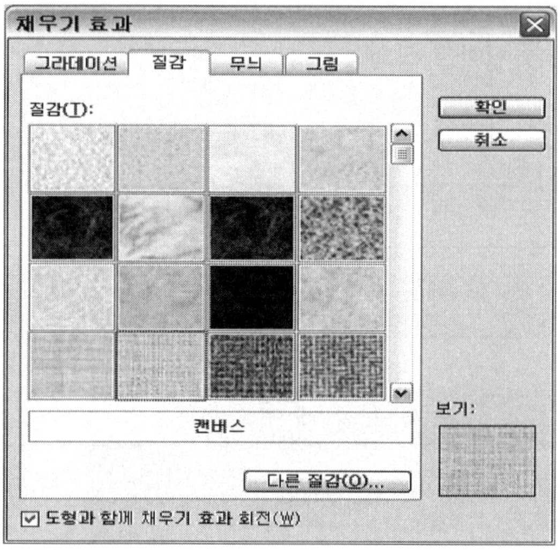

2. 문자열 입력과 서식 작성하기

① 제목 도형을 선택하고 '목차' 라고 입력한다.

② [서식 도구 모음]에서 [둥근 휴먼헤드라인, 40pt, 굵게, 가운데]

3. 애니메이션 효과 지정하기

제목 도형을 선택하고 [슬라이드 쇼]-[사용자 애니메이션]를 선택한다.

오른쪽 [사용자 지정 애니메이션 창]에서 [효과적용]-[나타내기]-[날아오기]를 선택한다.

4. 도형 작성하기

① [그리기 도구모음]의 도형-[기본도형]에서 [모서리가 접힌 사각형]과 [육각형]을 선택하여 슬라이드에 겹쳐 그린다. 임의의 색상을 선택하여 적용한다.

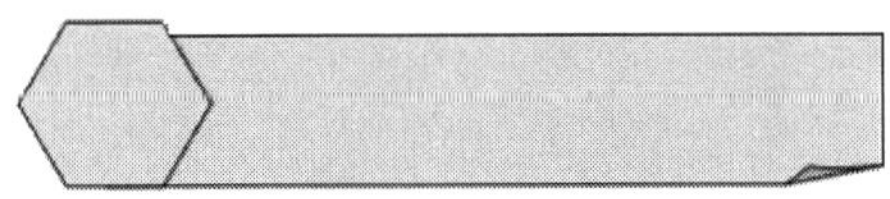

② 도형에 번호와 목차 내용을 입력한 후, 두 개의 도형을 선택하여 그리기-[그룹]으로 묶어준다.

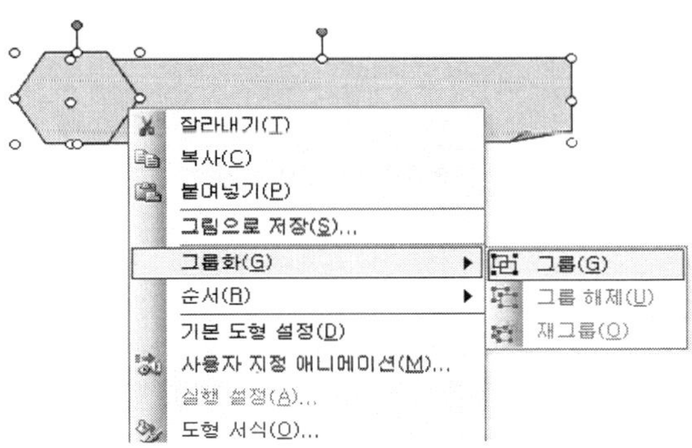

③ [그리기 도구모음]의 [그림자]를 클릭하여 '그림자 스타일 6' 을 지정한다.

④ [Ctrl]을 누른 상태에서 도형을 선택하여 아래로 드래그 하여 복사한다.

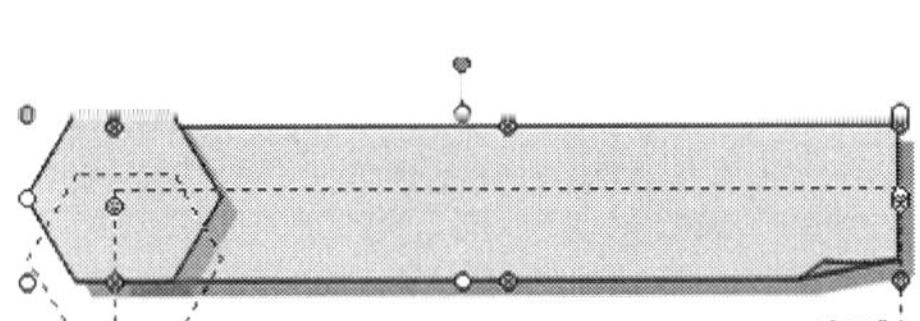

⑤ [서식]-[그림]-[클립아트]를 선택하여 임의의 클립아트를 입력한다.

따라해보기 워드아트 삽입하기

《조건》

1. 부제목 : 워드아트로 작성(글꼴 – 휴먼옛체, 35pt)

출력형태

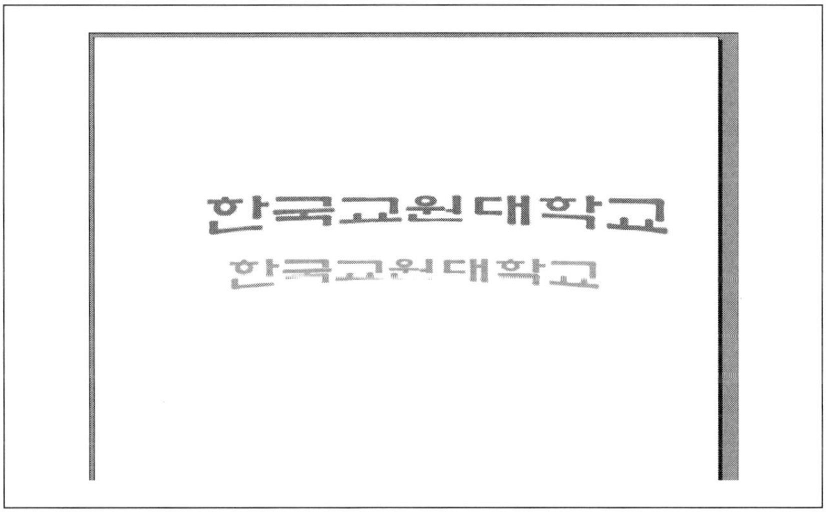

따라하기

1. 워드아트 삽입하기

① [그리기 도구모음]에서 [워드아트]를 선택하거나 메뉴의 [삽입]-[그림]-[Word Art]를 선택한다.

② 워드아트 갤러리에서 [출력형태]와 유사한 형태의 것을 선택하여 입력한다.

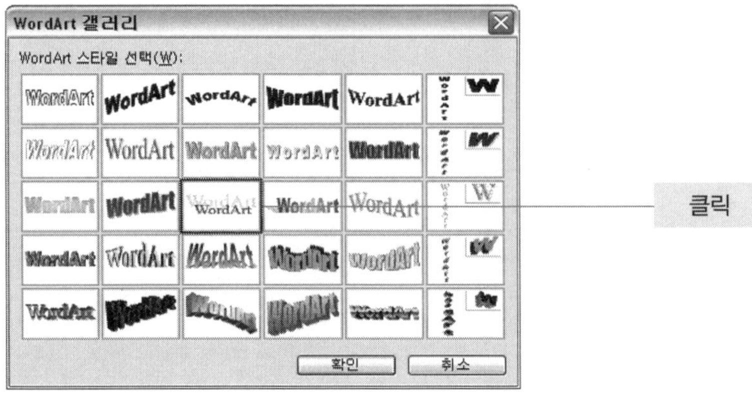

③ 텍스트를 입력하고 글꼴과 크기를 변경한다.

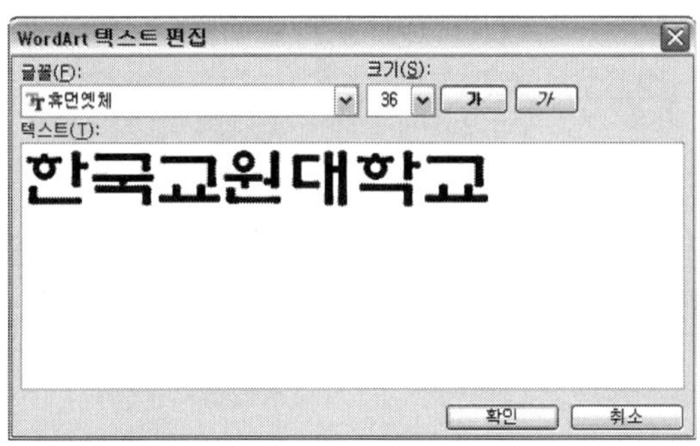

④ 워드아트가 슬라이드에 나타나면 크기와 위치를 적당히 조절한다.

2. 워드아트 도형 바꾸기

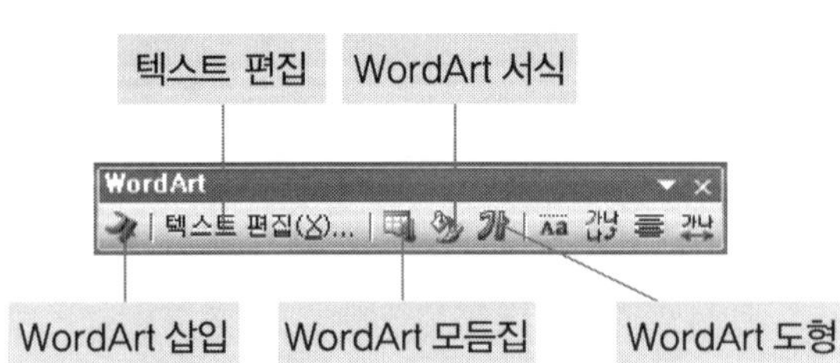

① 워드아트 도구모음을 사용하여 출력형태와 동일한 모양으로 변경한다.

② 워드아트 도구모음에서 [WordArt 도형]을 선택한 후 [아래쪽 수축]을 선택한 후 조절점을 활용하여 〈출력형태〉와 같이 크기를 조절한다.

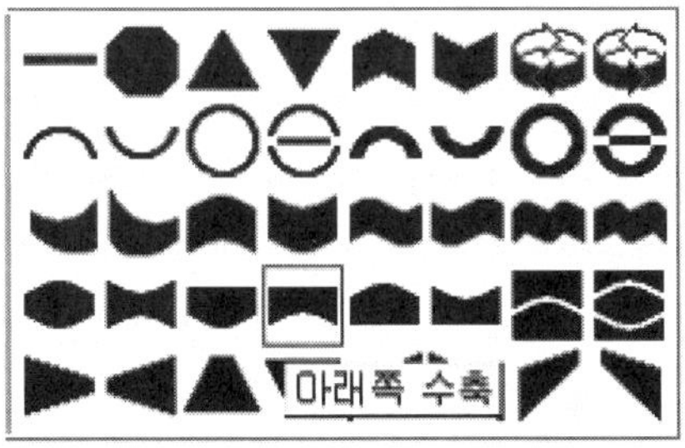

3. 워드아트 색깔 및 그림자 수정하기

① 워드아트 도구모음에서 [WordArt 서식]을 선택하여 글자의 색깔을 변경한다.

② [그림자 설정] 도구 모음에서 [그림자를 위로 이동]을 클릭하여 〈출력형태〉와 유사하게 변경한다.

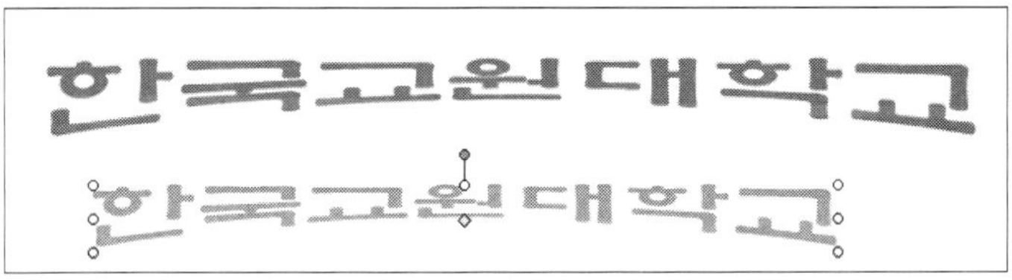

따라해보기 하이퍼링크 삽입하기

《조건》

(1) 3번 도형에 '슬라이드3' 로 링크되는 하이퍼링크를 지정한다.

(2) 4번 도형에 '한국교원대학교' 로 링크되는 하이퍼링크를 지정한다.

(3) '다음' 으로 링크되는 실행 단추를 삽입한다.

출력형태

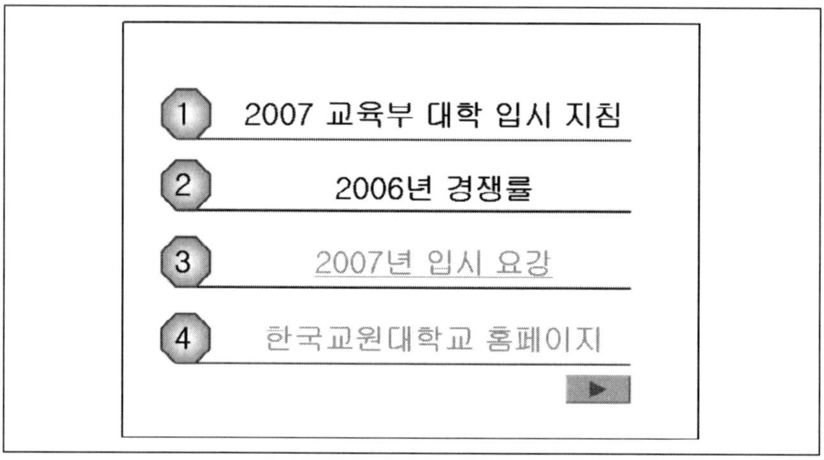

따라하기

1. 하이퍼링크 지정하기

① 먼저 목차 도형을 만들어 텍스트를 입력한다.

② 도형에 입력된 텍스트를 블록 지정하고 [삽입]-[하이퍼링크]를 선택한다.

③ [하이퍼링크 삽입] 대화 상자에서 [현재 문서]를 선택하고, '슬라이드3' 로 하이퍼링크를 지정한다.

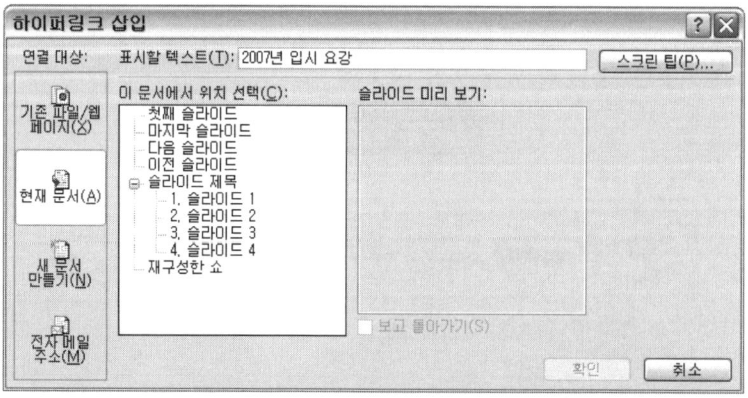

④ '한국교원대학교' 를 블록 지정하고, [하이퍼링크 삽입] 대화상자의 [주소] 란에 한국교원대학교의 인터넷 주소(URL) http://www.knue.ac.kr 를 입력한다.

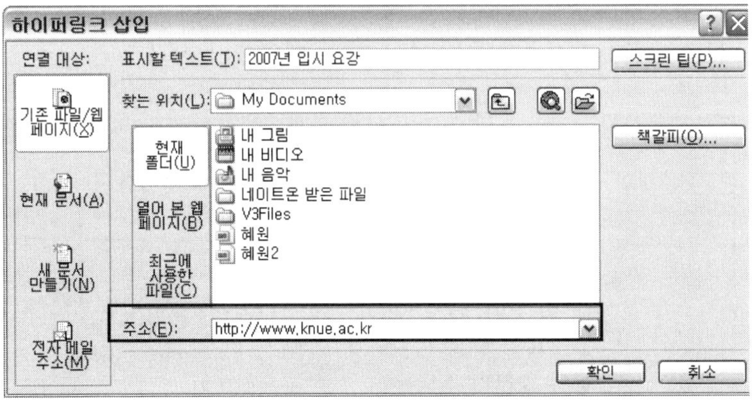

2. 실행 단추 삽입하기

① [그리기 도구 모음] 의 [도형]-[실행 단추]에서 [다음]을 선택하여 〈출력형태〉에 맞게 그려준다.

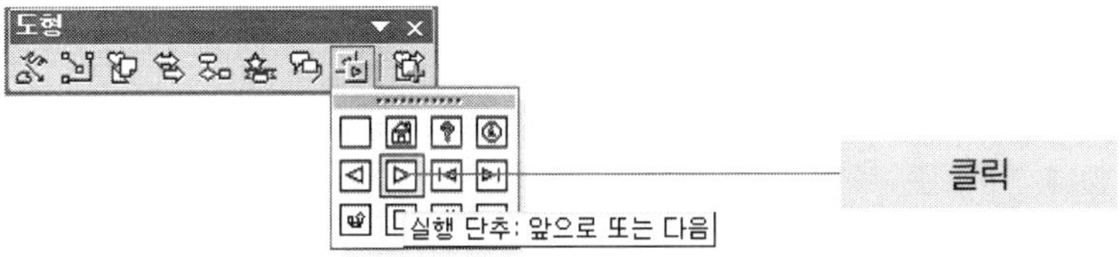

② [실행 설정]에서 하이퍼링크 대상을 확인한다.

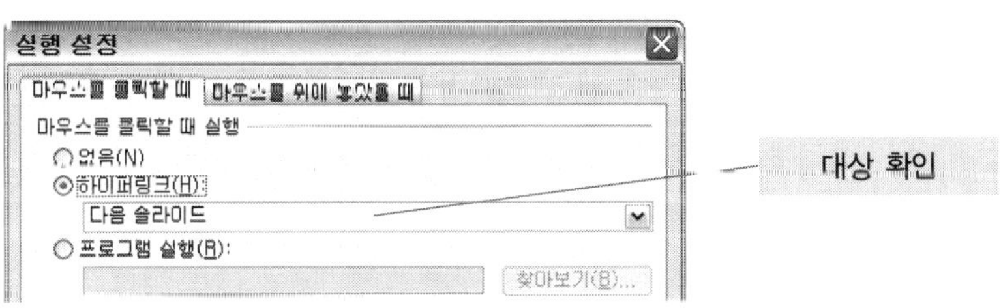

3. 하이퍼링크 확인하기

[슬라이드 쇼]-[쇼 보기] 또는 [F5] 를 눌러 실행시킨 후 '2007 입시 요강' 위에 마우스를 가져가면 마우스의 포인터 모양이 손 모양으로 바뀌며, 클릭하면 '슬라이드 3' 로 이동한다.

따라해보기 2단 텍스트 입력하기

《조건》

(1) 텍스트 상자 : 글머리 기호 사용(① 💣 ② ➢)하여 적용하기

출력형태

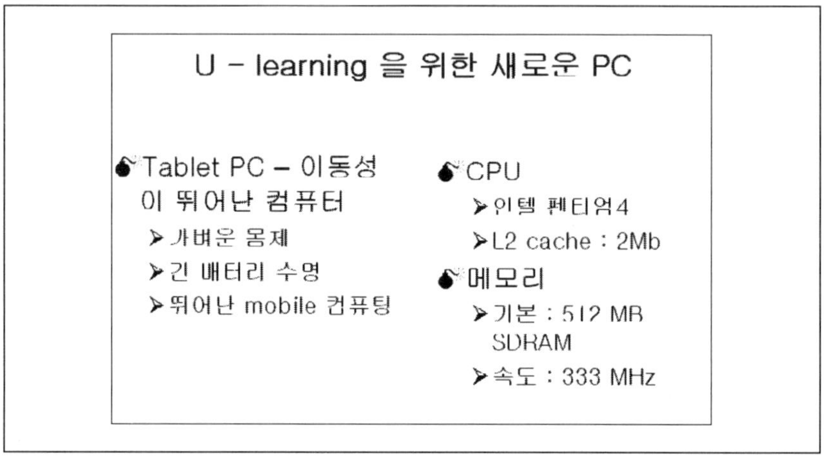

따라하기

1. 텍스트 입력하기

① [새로운 슬라이드] 대화상자에서 [2단 텍스트] 슬라이드를 선택한다.

2. 한 수준 내리기/ 올리기

① 텍스트 상자에 있는 모든 내용을 입력한다.

② [TAB]과 [Shift] +[TAB]을 이용하여 텍스트 수준을 변경할 수 있다.

보기

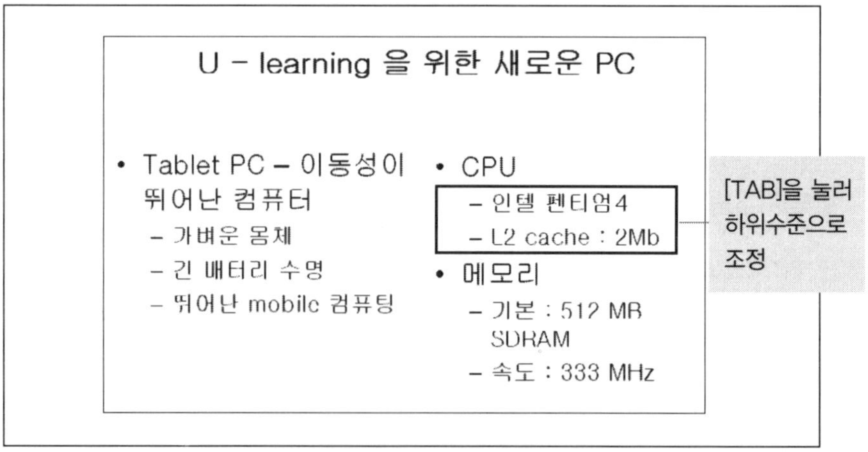

※블록을 지정한 후 [TAB]과 [Shift]+[TAB]를 이용하여 수준을 변경할 수 있다.

- [TAB] : 하위 수준으로 변경
- [Shift]+[TAB] : 상위 수준으로 변경

3. 글머리 기호 바꾸기

① 글머리 기호를 바꿀 행을 클릭하여 커서를 이동시킨다.

② [서식]-[글머리 기호 및 번호 매기기]를 선택하고, 대화상자에서 [사용자 지정]을 클릭한다.

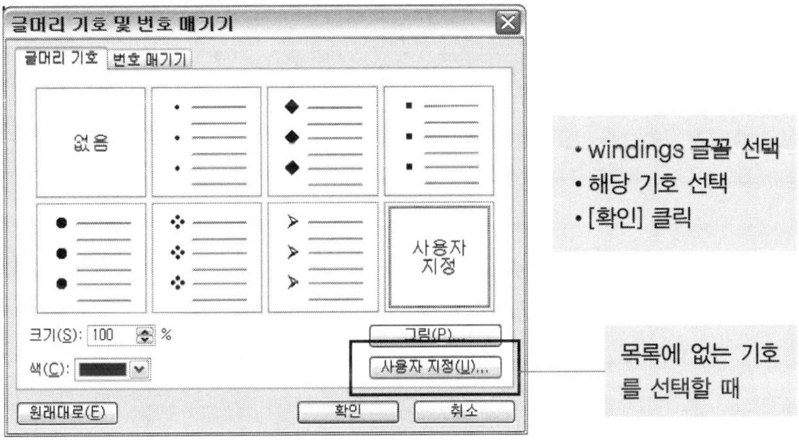

※Windings 글꼴 이외에 Webdings 글꼴도 많은 기호들이 포함되어 있다.

③ 바꾸자 하는 기호( )를 선택하고, 하위 수준에는 다른 기호(➤)를 선택한다.

4. 서식 복사 및 적용하기

① 왼쪽 텍스트 상자를 선택한 후 [서식 복사]를 클릭한다.

② 오른쪽 상자를 클릭하면 왼쪽 텍스트 상자의 모든 서식이 오른쪽 텍스트 상자에 복사된다.

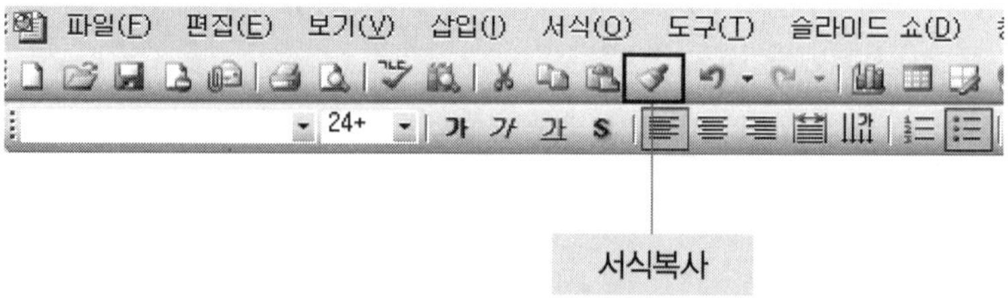
파일(F) 편집(E) 보기(V) 삽입(I) 서식(O) 도구(T) 슬라이드 쇼(D)
24+
서식복사

③ 적용하기

보기

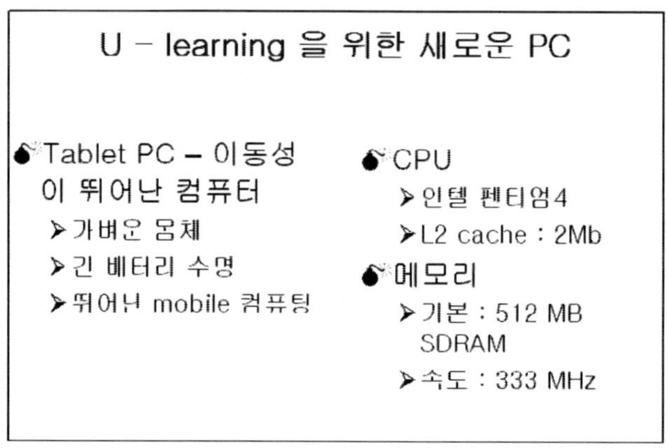
U – learning 을 위한 새로운 PC
Tablet PC – 이동성 이 뛰어난 컴퓨터
가벼운 몸체
긴 베터리 수명
뛰어난 mobile 컴퓨팅
CPU
인텔 펜티엄4
L2 cache : 2Mb
메모리
기본 : 512 MB SDRAM
속도 : 333 MHz

따라해보기 표 작성하기

《조건》

(1) 표 전체 : 글꼴 - 굴림, 표 제목 굵게(상단, 왼쪽) -24pt, 내용-20pt

(2) 표의 상단 열 제목 : 임의 그라데이션(2가지 색)

(3) 표의 왼쪽 행 제목 : 질감 - '모래'

(4) 텍스트 : 가운데 맞춤, 숫자 : 오른쪽 맞춤

출력형태

구분			2003년	2004년	2005년	2006년
세출	논문		344	252	267	367
	학술지 (1대학)		264	345	235	674
			(123)	(23)	(57)	(150)
통과	논문		150	120	140	178
	학술지	1대학	32	21	34	54
		2대학	53	15	42	32
		3대학	67	76	43	52

따라하기

1. 슬라이드 선택하기

[새 슬라이드]에서 아무것도 없는 빈 슬라이드를 선택하여 삽입한다. 다음 [삽입]-[표]를 선택한다.

2. 행, 열 개수 지정하기

표 삽입 창에서 열, 행 개수를 지정한다.

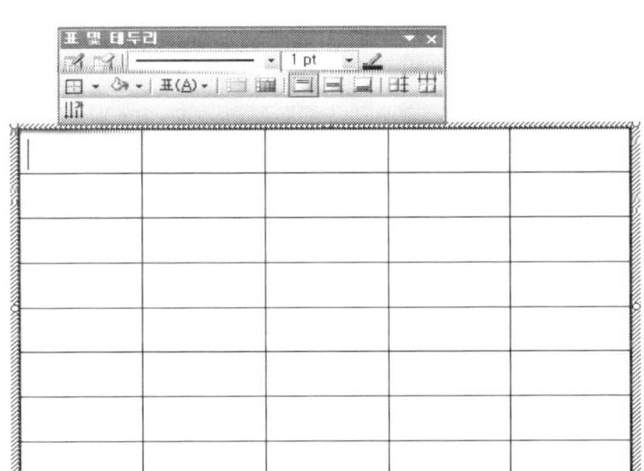

3. 셀 간격 조절하기

① 표의 조절점을 드래그하여 표 전체 크기를 조절한다.

② 열과 열 사이의 경계선을 마우스로 드래그하여 셀 간격을 조절한다.

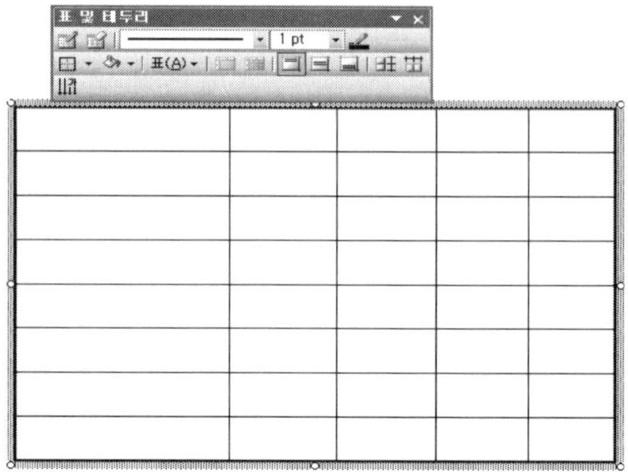

4. 셀 나누기

[표 및 테두리] 도구상자의 선 그리기를 이용하여 해당하는 부분에 셀을 나눈다.

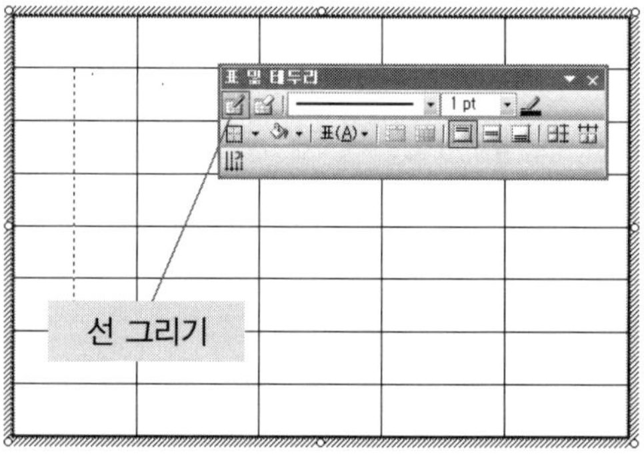

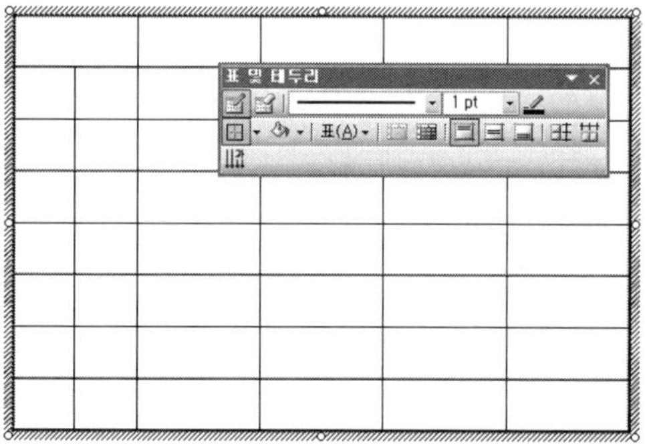

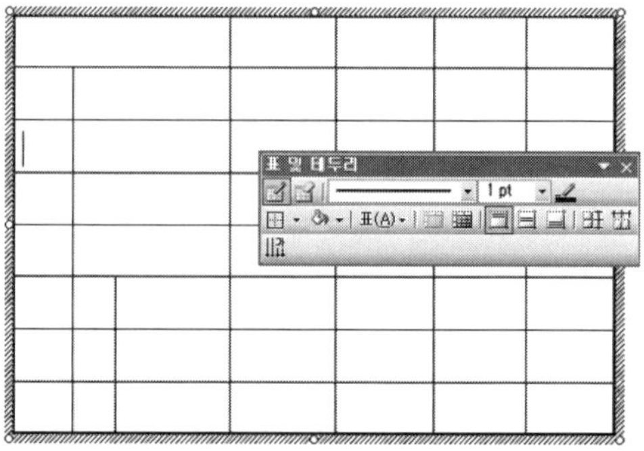

5. 셀 합치기

합치려는 셀을 블록으로 지정하고 [표 및 테두리]의 [셀 병합] 을 클릭한다.

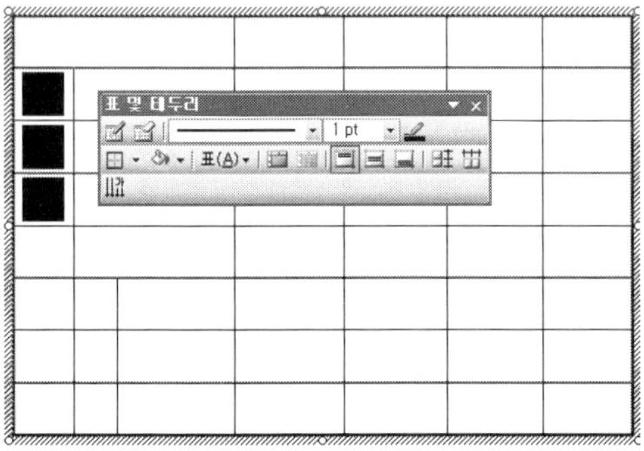

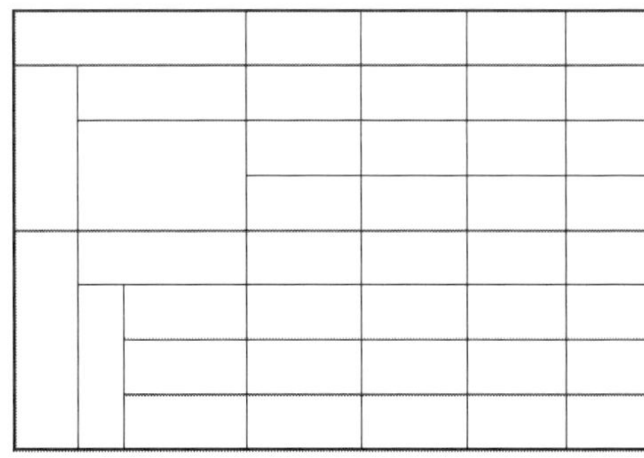

6. 표 안에 텍스트 입력하기

① 표 안에 내용을 입력하고, 세로로 문자열을 표시할 때는 [텍스트 방향 변경]을 누른 후 입력한다.

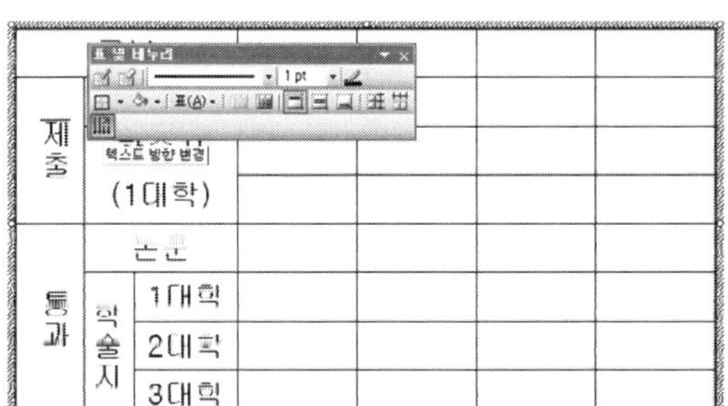

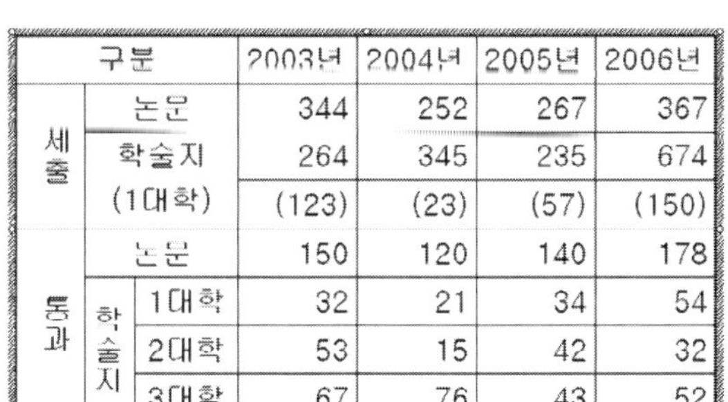

구분			2003년	2004년	2005년	2006년
세출	논문		344	252	267	367
	학술지		264	345	235	674
	(1대학)		(123)	(23)	(57)	(150)
통과	논문		150	120	140	178
	학술지	1대학	32	21	34	54
		2대학	53	15	42	32
		3대학	67	76	43	52

② 표를 선택하고 [서식 도구모음]의 [가운데 맞춤]과 [오른쪽 맞춤]을 클릭하여 텍스트의 수평, 수직 가운데 정렬을 한다.

7. 표 안 제목 서식 지정하기

표 제목의 텍스트를 블록 지정하여 글꼴 속성을 굵게 지정한다.

8. 표 안 색 채우기

① 제목 부분을 블록 지정한 후 [테두리와 채우기]를 선택한다.

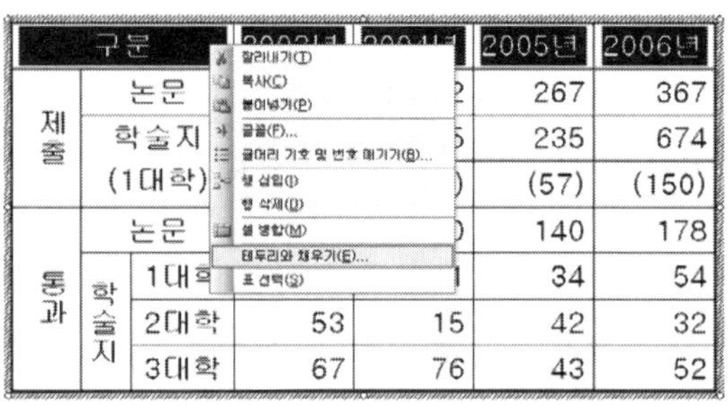

② 상단 제목은 [표 서식] – [채우기]의 채우기 효과를 이용하여 임의의 그라데이션(2가지색)을 지정하고, 왼쪽 제목은 '모래' 질감 효과를 지정한다.

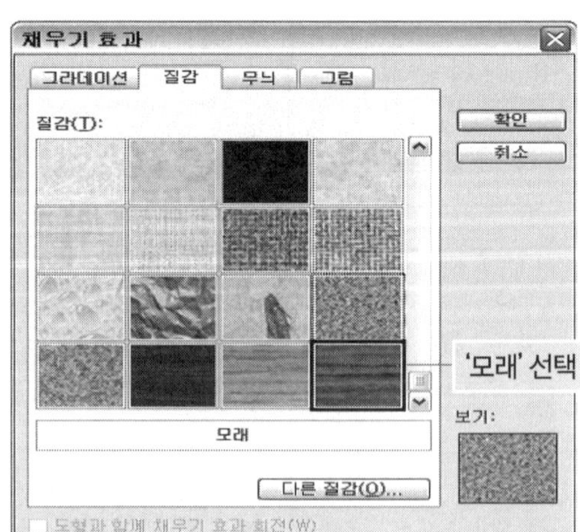

따라해보기 차트 작성하기

《조건》

(1) 차트 유형 : 3차원 효과의 묶은 가로 막대형

(2) 차트 전체 : 바탕체, 굵게

(3) 차트 제목 : 바탕체, 16pt, 굵게

(4) 차트 영역 : 노랑

(5) 범례 표시 하지 않음

(6) 하단의 표 작성

출력형태

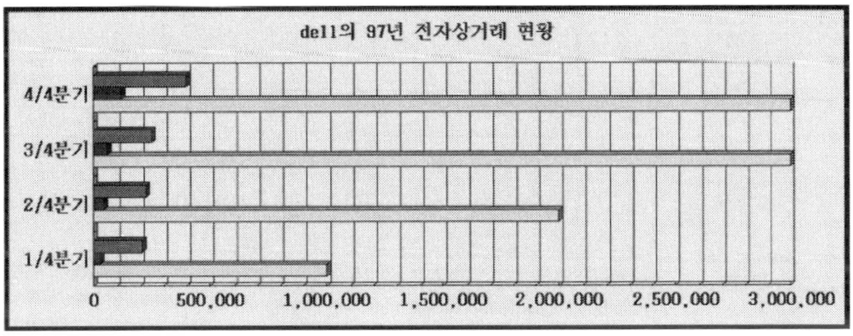

	1/4분기	2/4분기	3/4분기	4/4분기
일일매출	1,000,000	2,000,000	3,000,000	3,000,000
주당기술지원건수	30,000	45,000	60,000	120,000
주당방문객수	210,000	225,000	250,000	400,000

<델(Dell)의 97년 전자상거래 현황>

따라하기

1. 슬라이드 선택하기

① [새 슬라이드] 입력한 후 [입력] [차트]를 선택하여 입력한다.

② 차트 영역의 크기를 줄이고 차트 작성을 위한 표를 작성한다.

보기

	1/4분기	2/4분기	3/4분기	4/4분기
일일매출	1,000,000	2,000,000	3,000,000	3,000,000
일일기술지원건수	30,000	45,000	60,000	120,000
주당방문객수	210,000	225,000	250,000	400,000

2. 차트 만들기

① 표의 데이터를 블록 지정한 뒤 복사한다.

② 차트를 더블 클릭하고 [데이터 시트] 대화상자의 내용을 모두 삭제한 다음 복사한 표의 내용을 붙여넣기 한다.

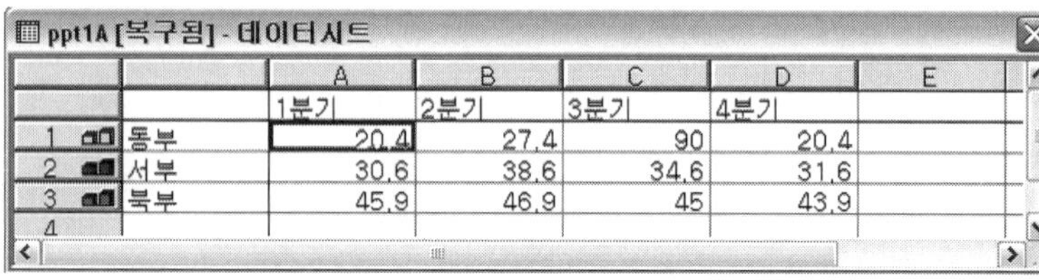
ppt1A [복구됨] - 데이터시트

		A	B	C	D	E
		1분기	2분기	3분기	4분기	
1	동부	20.4	27.4	90	20.4	
2	서부	30.6	38.6	34.6	31.6	
3	북부	45.9	46.9	45	43.9	
4						

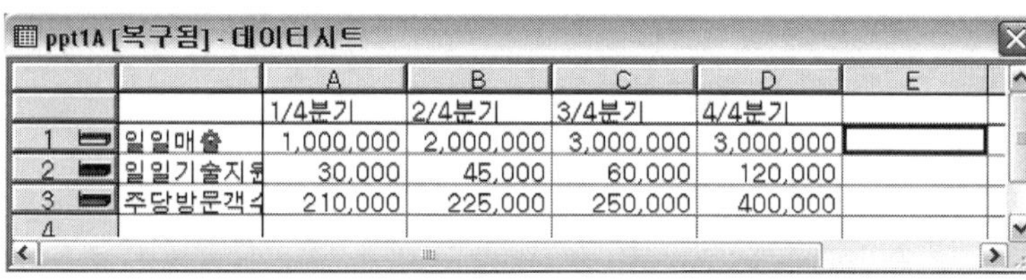
ppt1A [복구됨] - 데이터시트

		A	B	C	D	E
		1/4분기	2/4분기	3/4분기	4/4분기	
1	일일매출	1,000,000	2,000,000	3,000,000	3,000,000	
2	일일기술지원	30,000	45,000	60,000	120,000	
3	주당방문객수	210,000	225,000	250,000	400,000	
4						

③ 차트 영역을 클릭하고 [차트] – [차트 종류]에서 3차원 효과의 묶은 가로 막대형 차트를 선택한다.

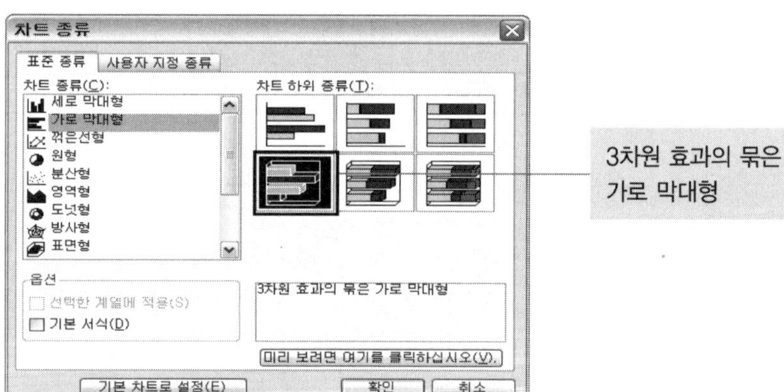

④ 차트가 작성되면 원하는 영역을 클릭하여 수정할 수 있다.

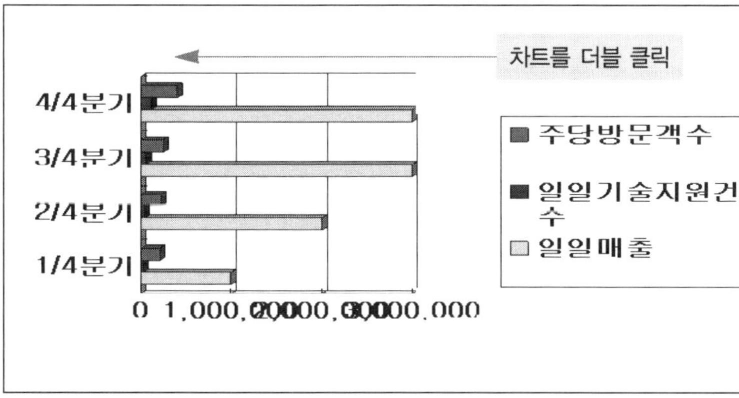

3. 차트 꾸미기

① 차트를 더블 클릭한 후 메뉴에서 [차트] - [차트 옵션]을 선택하거나 차트를 선택한 후 오른쪽 마우스 버튼을 클릭하여 차트 옵션을 선택한다.

② 차트의 제목과 눈금선, 범례를 다음과 같이 지정한다.

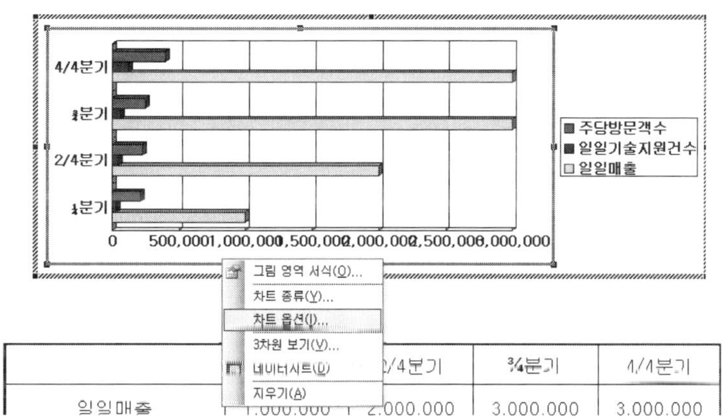

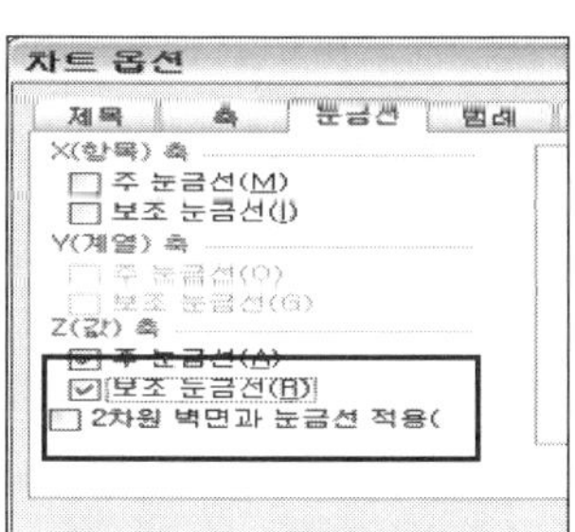

[눈금선]탭

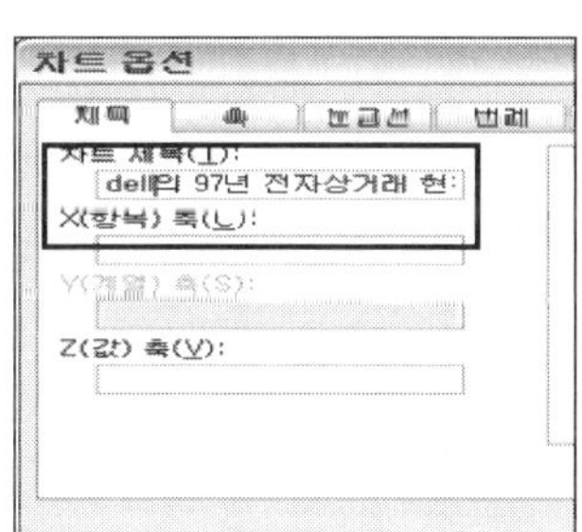

[제목]탭

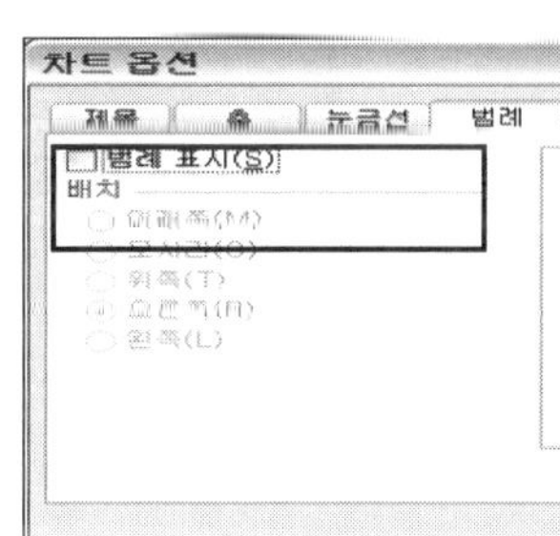

[범례]탭

③ 차트 영역을 더블클릭한 후, 차트 영역을 노란색으로 채운다.

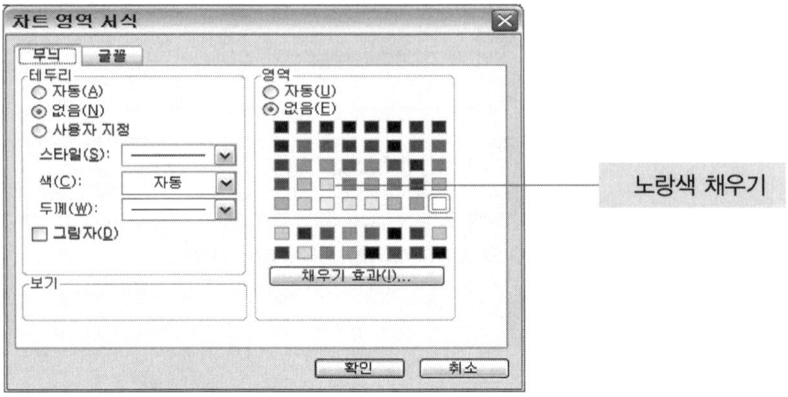

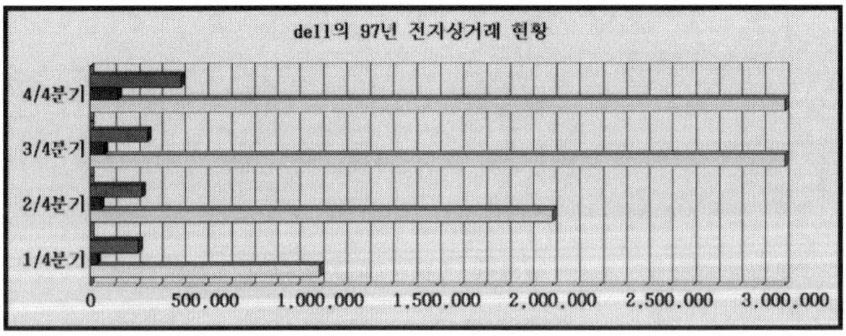

5 Chapter

엑셀의 교육에의 활용

chapter5 **1**

엑셀이란?

01_엑셀(Excel)이란

1. 엑셀의 특징

현재 시중에 나와 있는 스프레드시트로는 LOTUS 1-2-3이나 Quatro Pro, 훈민시트, 오픈오피스 등이 있지만, 현재 Microsoft사의 Excel이 그 기능이나 편리성 면에서 세계에서 가장 널리 사용되고 있는 스프레드시트가 되었다. 다음은 엑셀의 대표적인 특징에 대해 정리한 내용이다.

- 엑셀은 Excellent(훌륭하다)라는 단어에서 유래
- 3차원 구조의 워크시트(Work Sheet)
- 윈도우의 특징인 WYSIWYG(What You See Is What You Get) 형태
- 마우스 중심의 편리한 작업
- 편리한 수식 계산 및 다양한 차트의 지원
- 다양한 개체 삽입 기능(그림, 클립아트 등)
- 독자적인 Application 작성 기능(Visual Basic, 매크로)
- 인터넷 데이터베이스 연결 기능
- 인터넷 문서 작성 기능 등

※스프레드시트: 일상 업무에 많이 발생되는 여러 가지 도표 형태의 양식으로 계산하는 사무업무를 자동으로 할 수 있는 표 계산 프로그램.

2 엑셀로 무엇을 할 수 있는가?

엑셀을 활용해서 할 수 있는 일들은 하나하나 나열할 수 없을 정도로 많다.

일반적으로 기업에서 각종세무 계산, 견적서, 보고서, 재정현황 파악 등의 용도로 학교에서는 성적관리, 학생관리 가정에서는 가계부, 차량관리, 신용카드 관리, 주소록 등의 용도로 넓게 활용되고 있다.

chapter5 **2** 엑셀의 화면구성 이해

01_엑셀 시작, 종료하기

1. 엑셀 시작하기

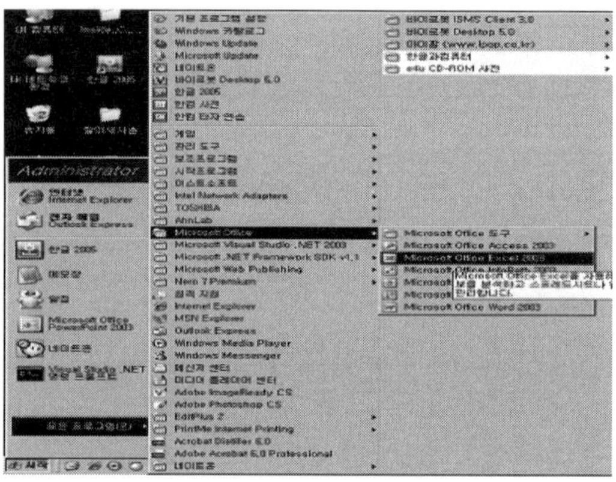

① 엑셀을 시작하려면 윈도의 작업표시줄에서 [시작]-[프로그램]-[Microsoft Office]-[Microsoft Office Excel 2003]

② 바탕화면의 바로가기 아이콘( ) 을 더블클릭

2. 엑셀 종료하기

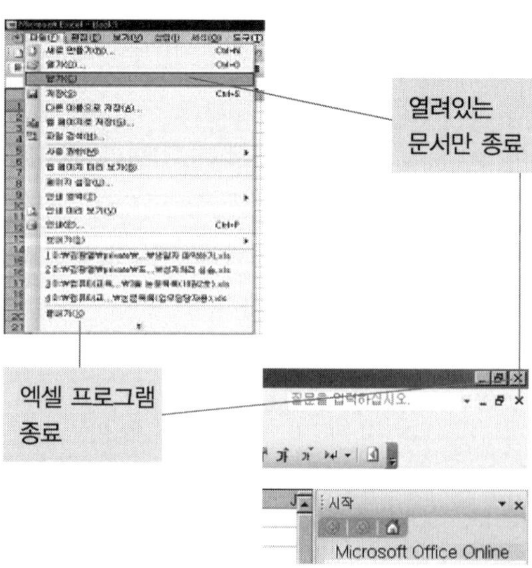

엑셀을 종료하는 방법은 일반적인 윈도우 프로그램과 동일하다.

① [파일] 메뉴에서 [끝내기(x)]를 선택하거나 제일 오른쪽 위의 [닫기] 단추 (☒) 이용

② [파일] 메뉴의 [닫기]라면 메뉴를 클릭하거나 현재 열려있는 창의 ☒을 누르면 엑셀이 종료되지 않고 열려있는 문서만 종료된다.

02_ 엑셀의 화면구성 살펴보기

엑셀의 화면은 일반 워드프로그램과는 다른 구성요소로 되어 편집 용지가 나타나는 것이 아니라 행과 열로 구분된 셀로 이루어진 아래와 같은 화면이 나타난다.

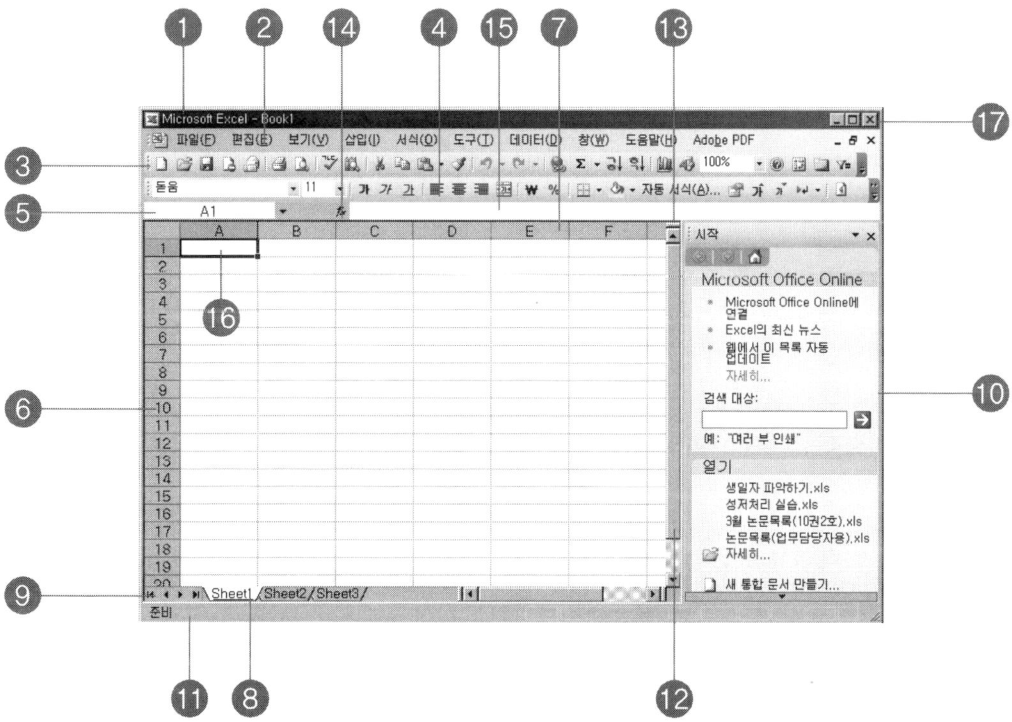

❶ 제목 표시줄 : 현재 작업 중인 문서의 제목이 표시된다.

❷ 메뉴표시줄 : 엑셀에서 사용할 수 있는 각 기능의 메뉴가 표시된다.

❸ 표준도구모음 : 엑셀에서 자주 사용하는 메뉴만을 아이콘으로 만든 것으로 추가로 도구 모음을 표시하려면 [보기-도구 모음]을 선택하여 표시할 도구 모음에 체크한다.

❹ 서식도구모음 : 글꼴, 표시형식 등 서식에 사용되는 메뉴를 아이콘을 나타낸 것이다.

❺ 이름상자 : 선택된 셀의 주소가 나타나거나, 사용 가능한 이름이 나타난다.

❻ 행 머리글 : 행 번호가 나타나며, 65,536개의 행으로 구성되어 있다.

❼ 열 머리글 : 열 번호가 나타나며, IV열까지 256개의 열로 구성되어 있다.

❽ 시트 탭 : 데이터가 들어있는 각 시트의 이름이 표시된다.

❾ 시트 탭 이동단추 : 여러 시트로 작업할 경우 시트가 시트 탭에 모두 표시되지 않는 경우가 발생한다. 이 때 시트탭 이동 단추를 이용해서 해당 시트로 이동할 수 있다.

❿ 작업창 : 통합문서를 쉽게 관리, 검색할 수 있다.

⓫ 상태표시줄 : 현재 사용자의 키보드의 상태 등을 보여주는 부분으로, 셀의 범위를 지정하면 자동합계 기능이 있다.

⓬ 스크롤 바 : 워크시트의 내용이 많아서 화면에 모두 표시되지 않을 때 화면 스크롤(아래 위로 움직임)을 할 수 있다.

⓭ 틀고정 단추 : 틀 고정 단추는 시트 내의 특정 부분은 스크롤을 하더라도 사라지지 않고 계속 남아 있게 고정시킬 때 사용된다.

⓮ 함수 마법사 : 필요한 함수를 찾아 적용할 때 사용된다.

⓯ 수식 입력줄 : 현재 선택된 셀의 내용을 보여주고 이를 편집할 때 사용된다. 직접 데이터나 수식을 입력하여 적용할 수 있다.

⓰ 셀 : 현재 작업하고 있는 셀을 표시한다.

⓱ 창조절버튼 : 라이드 창을 최소화하여 작업 표시줄에 나타나게 하거나, 최대화 또는 이전 크기로 돌아가게 하며 프로그램을 종료할 때 사용한다.

03_엑셀에서 파일 관리

1. 작업한 파일 저장

① [파일]-[저장]을 선택하거나 도구모음에서 "저장"( ) 클릭

② "다른 이름으로 저장" 대화상자가 나타남

저장할 폴더와 파일명을 지정한 후 [저장] 버튼을 클릭

③ 파일을 저장할 때는 3단계 유의 사항

㉠ 원하는 폴더 지정하기

㉡ 파일 이름 지정

파일의 이름은 드라이브 문자, 서버 이름, 폴더 경로, 파일 이름 등을 포함한 파일의 전체 경로와 세 자로 된 파일 확장명을 합하여 218자까지 지정할 수 있으며, 파일 이름에 /, \. 〉, 〈, *, ?, " l, :, ; 등의 문자를 사용할 수 없다.

㉢ 모든 설정이 끝났으면 [저장] 버튼을 클릭

㉣ 확장자를 지정하지 않으면 자동으로 '*.xls'로 설정

2. 자동 저장 기능 활용하기

사용자가 저장을 하지 않더라도 엑셀에서 일정간격으로 자동으로 저장하는 기능으로 [도구]-[옵션]-[저장]을 선택하면 된다.

자동 저장 기능을 설정해두면 불의의 사태로 작성중인 문서의 내용을 잃어버리는 경우를 방지할 수 있다. 이 기능은 네트워크를 통한 공유 작업일 경우에는 사용하지 않는 것이 좋다.

3. 저장된 문서 열기

엑셀에서 저장된 문서를 여는 방법은 다양하지만 주로 메뉴와 도구모음을 이용하게 된다. [파일]-[열기]를 선택하면 "파일 열기 대화상자"가 나타난다

열기 또는 저장하기 대화상자에는 아래와 같은 아이콘이 포함되어 있다.

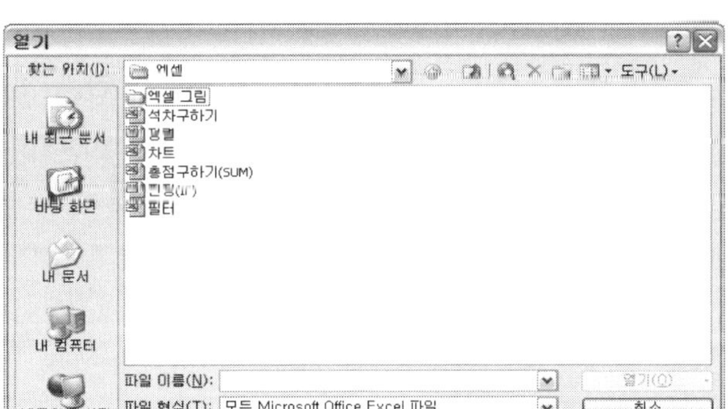

4. 엑셀에서의 마우스 포인터 모양

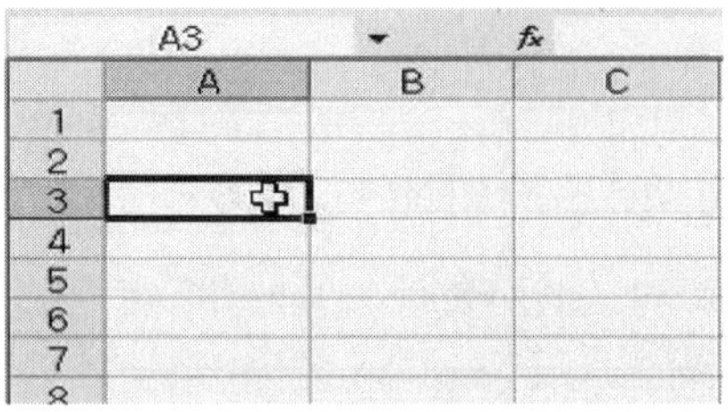

(1) 마우스를 임의의 셀에 가져가거나 셀을 선택할 때 나타나는 포인터(기본형)

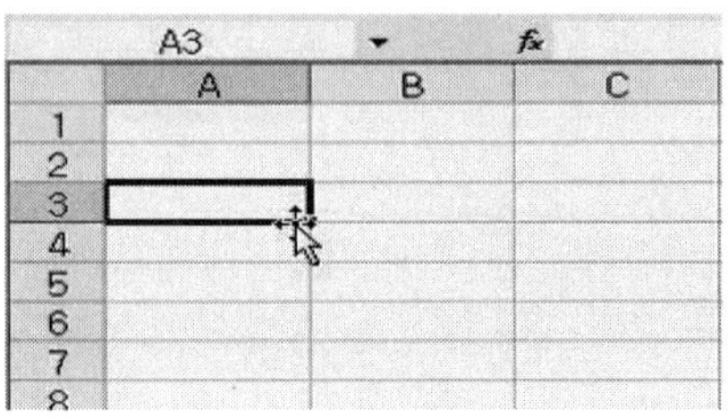

(2) 셀 포인터의 직사각형테두리에 위치시킨 다음 셀 포인트를 이동하려 할 때 나타나는 포인터

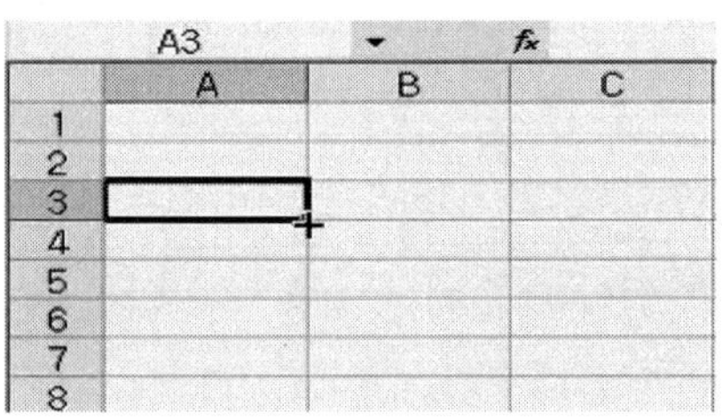

(3) 마우스를 채우기 핸들에 가져다 놓을 때 나타나는 포인터

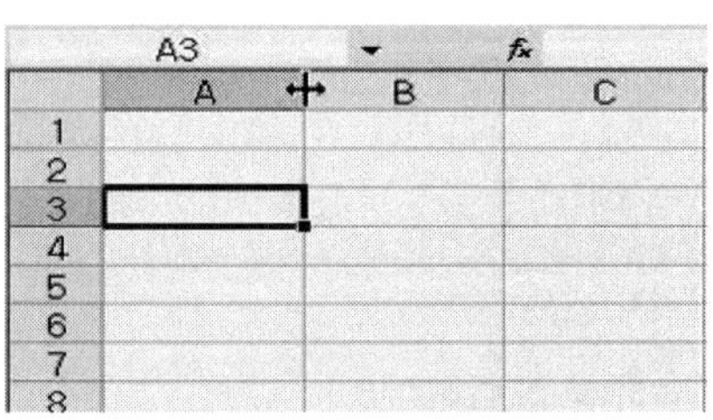

(4) 셀너비와 행높이 등 크기 조절할 때의 포인터 모양

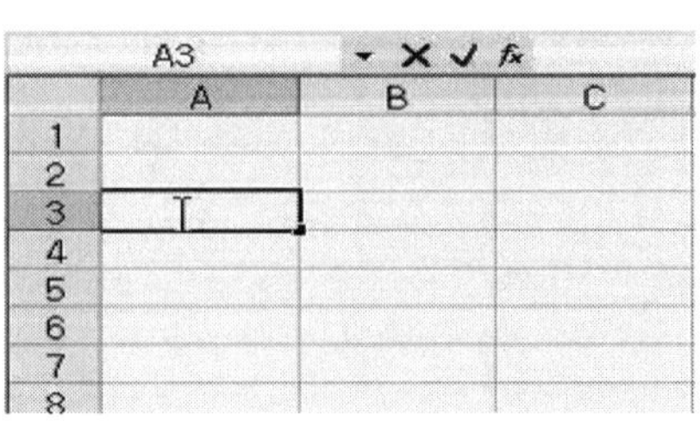

(5) 데이터 입력시에 또는 수정할 때 셀에서 더블클릭하면 나타나는 포인터

chapter5

3 데이터 편집

01_엑셀에서 입력 가능한 데이터의 종류

1. 문자자료 (텍스트)

① 셀의 왼쪽에 정렬

② 수치연산(계산)이 되지 않음

③ 입력된 자료의 길이가 셀보다 길 경우에 오른쪽 셀이 비어 있으면 빈 셀에 이어져서 표시

④ 엑셀에서 문자자료는 숫자, 공백, 숫자가 아닌 문자 등의 조합을 의미

예) 10AA109, 127AXY, 12-976, 208 4675

⑤ 숫치 자료를 문자자료로 사용하려면 작은따옴표(' ') 속에 넣어서 입력

2. 수치자료

숫자로 이루어진 자료로 셀의 오른쪽에 정렬되며 연산의 대상이 되며, 0에서 9까지의 숫자와 특수 문자(+, -, (,), . $, ₩, %, E, e)를 사용할 수 있으며, 그 외의 문자를 혼합할 경우에는 문자열로 간주한다.

3. 수식자료

수식은 =(또는 +)로 시작하며 =(또는 +)로 시작되는 일련의 식들을 수식 자료라고 한다. 수식은 수식의 시작을 알리는 =(또는 +)와 각종 연산자(+, -, *, /. ^ 등)로 구성된다.

4. 날짜 / 시간자료

날짜와 시간을 표시하는데 사용되는 자료로, 날짜와 시간은 별도의 자료 유형으로 구

분되지만 사실은 모두 숫자로 인식되어 계산에 참조될 수 있다.

날짜는 "–" 나 "/" 로, 시간은 ":" 로 구분하게 된다.

시간을 입력할 경우 기본적으로 오전(AM)으로 입력이 되는데, 오후 시간을 입력하기 위해서는 시간 뒤에 공백을 두고 p를 입력하면 된다. 엑셀에서는 자동 12시간제를 사용하므로 만약 날짜와 시간을 동시에 입력할 때는 날짜와 시간 뒤에 한 칸의 공백을 두면 된다.

① 셀에 "5/1"이라고 입력하면 05월 01로 입력된다. 수식 입력줄을 참고하면 2007-05-01로 입력된 것을 알 수 있다. 2006년 연도를 입력하려면 2006/5/1과 같이 2006을 붙여야 한다.

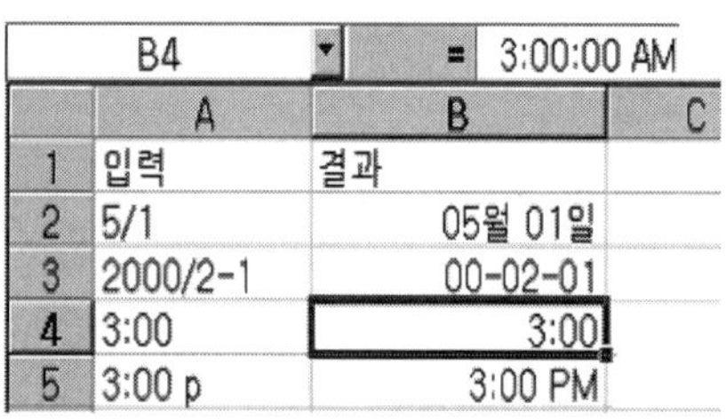

	A	B	C
1	입력	결과	
2	5/1	05월 01일	
3	2000/2-1	00-02-01	
4	3:00	3:00	
5	3:00 p	3:00 PM	

② 셀에 "3:00 p"를 입력하면 "3:00 PM"으로 입력되었다.

③ 날짜와 시간은 모두 숫자로 취급하여 1900년 1월 1일을 1로 지정하고 그 후의 날짜들에 계속 수가 증가하면서 적용이 된다.

④ 현재 날짜와 시간을 입력할 수 있는 단축키를 제공하는데, 오늘 날짜를 입력하려면 [Ctrl]+[;](세미콜론)을, 현재 시간을 입력하려면 [Ctrl]+[Shift]+[:](콜론)을 누르면 된다.

⑤ 날짜 형식을 다양하게 하려면 [서식]-[셀]-[표시형식]-[날짜]를 선택하면 다양한 형식을 지정할 수 있다. [Ctrl]+[;](세미콜론)과 [Ctrl]+[Shift]+[:](콜론)을 같은 셀에 연속 입력하면 현재 날짜와 시간이 같은 셀에 나타난다.

5. 논리자료

논리자료는 함수식을 이용할 때 사용되는 것으로 참과 거짓 두 가지의 값을 가진다. 컴퓨터에서는 0값을 참으로, 1값을 거짓으로 사용한다.

6. 메모자료

셀에 참고용으로 남겨두는 자료로서 수식의 계산에는 전혀 영향을 미치지 않고 단지 사용자가 참조하기 위해서 남겨두는 것이다. 메모가 입력된 셀은 오른쪽 위에 빨갛게 표시가 된다.

02_데이터 입력하기

1. 데이터 입력

일반적으로 커서가 놓여 있는 곳에 데이터를 입력할 수 있으며, 입력이 끝났으면 셀을 벗어나야만 입력이 완료(Enter 키를 치면 셀의 아래로 이동, (TAB)키를 치면 셀의 옆으로 이동, 방향키를 치면 원하는 방향으로 이동)

2. 여러 셀에 같은 데이터 동시에 입력하기

(1) Ctrl(또는 shift)키를 이용해서 여러 셀을 동시에 선택한다.

(2) 범위를 선택했으면 입력할 데이터를 입력한다.

(3) 타이핑이 끝났으면 [Ctrl]+[Enter]키를 친다.

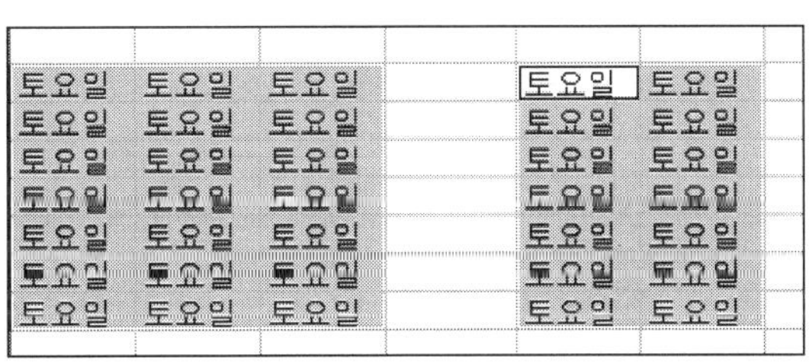

3. 특수문자 삽입하기

(1) 메뉴를 이용해 특수문자 입력

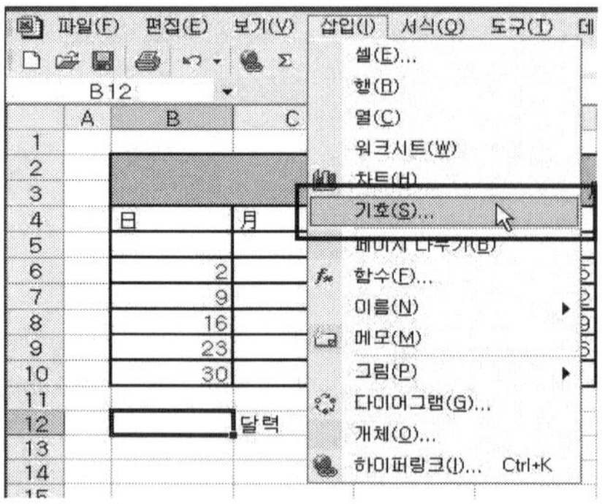

• 메뉴표시줄-[삽입]-[기호] 선택

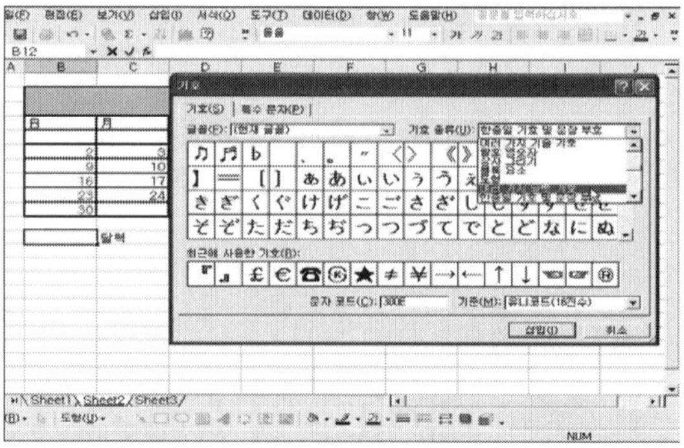

• 대화상자에서 특수문자 선택 후 삽입 클릭

(2) 한글자음을 이용해 특수 문자 입력

한글 자음을 입력 후 [한자]키를 누르면 특수문자 목록이 나타난다. 해당 번호를 선택한다.

4. 한자 입력하기

먼저 한글을 입력한 후 키보드에서 "한자"키를 누르면 한글/한자 변환 대화상자가 나타나고, 원하는 한자를 선택하면 된다.

(1) 한자로 변환할 글자를 입력한다.

(2) 키보드 [한자]키를 누른다. [한자]키가 없는 경우 오른쪽 [Ctrl]키를 누른다.

(3) 화면에 한글/한자 전환창이 나타나면 변환할 한자를 선택한다.

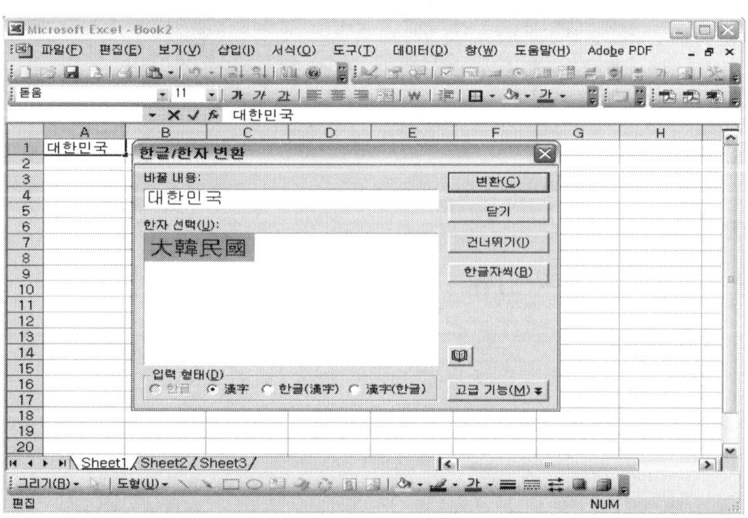

5. 날짜와 시간 입력하기

(1) 기본적으로 윈도우 제어판의 [지역별 설정] 항목의 영향을 받는다.

(2) 기본적으로 날짜는 '-'나 '/'로, 시간은 ':'으로 구분된다.

(3) 엑셀에서도 이러한 구분자를 이용해서 쉽게 날짜와 시간을 입력할 수 있다.

① 셀에 "4/16"이라고 입력한 뒤 Enter 키를 누른다.

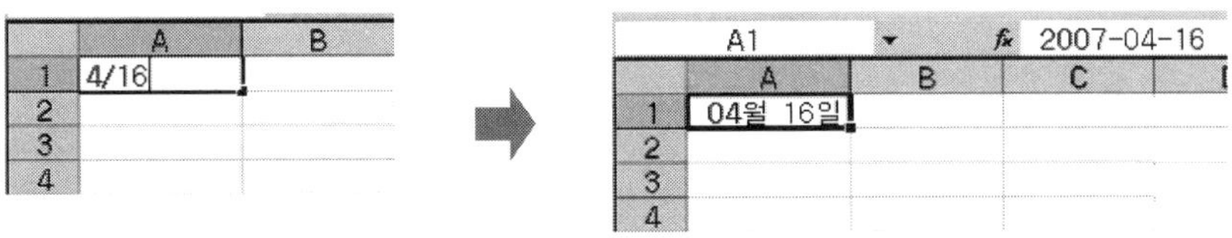

② 04월 16일로 변경되었다. 수식 입력줄을 참조하면 2007-04-16으로 바뀐 것을 볼 수 있다.

③ 셀에 "3:00 p"를 입력한다. 시간을 입력할 경우 기본적으로 오전(AM)으로 입력되는데 오후 시간을 입력하기 위해서는 시간뒤에 공백을 두고 p를 입력하면 된다.

6. 자동 채우기(채우기 핸들 Filling Handle) 활용하기

자동 채우기 기능은 엑셀에서만 사용할 수 있는 대단히 뛰어난 기능이다. 채우기는 인접한 셀로 내용을 복사하거나 날짜처럼 연속된 데이터를 쉽게 채우기 위해 사용한다. 자동 채우기는 셀의 오른쪽 아래에 있는 '채우기 핸들'을 드래그 하면 된다.

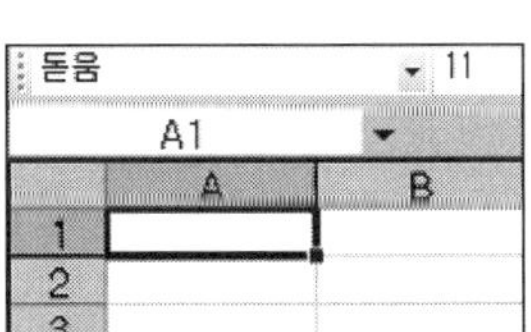

셀을 클릭하거나 범위를 지정하면 우측 하단에 작은 점이 생기는데 이것을 '채우기 핸들'이라고 한다. 채우기 핸들의 사용법은 이 점위에 마우스 포인트를 올려 놓으면 십자가 모양으로 바뀌며 이 상태에서 드래그하면 된다.

(1) 데이터 채우기와 지우기

연속된 셀로 같은 값의 데이터를 채우거나 다시 지우는 것이다.

채우기를 하는 중에는 풍선상자(스크린 팁 : 조그만 상자)가 나타나서 채워지는 데이터를 미리 볼 수 있다.

① A1셀에 2를 입력한다.

② A1셀의 채우기 핸들을 마우스로 클릭 한 상태에서 A6 셀까지 드래그 한다.

③ A1부터 A6셀까지(A1:A6) 같은 데이터 2가 입력되었다. 마지막 셀에서 다시 반대 방향으로 채우기 핸들을 끌어주면 채워졌던 데이터가 지워지게 된다.

(2) 채우기 핸들로 수치 증감시키기

① B1셀에 6을 입력한 후 채우기 핸들을 마우스로 클릭한 상태에서 [Ctrl]키를 누른다. 채우기 핸들의 오른쪽 위에 +표시가 나타난다.

② Ctrl키를 누른 상태 B5셀까지 드래그 한다.

③ 1씩 증가된 수치가 채워진다.

(3) 사용자가 원하는 수치만큼 증감시키면서 채우기를 할 때

① C1셀과 C2셀에 각각 5와 7을 입력한다.

② C1:C2셀의 범위를 선택한 후 C2셀에서 채우기 핸들을 마우스로 클릭한 상태에서 C5셀까지 드래그 한다.

③ 2 만큼(5과 7의 차이) 증가한 데이터가 채워진다.

(4) 채우기 핸들 더블클릭 이용한 채우기

① D1셀과 D2셀에 각각 5와 1을 입력한다.

② D1:D2셀의 범위를 선택한 후 D2셀에서 채우기 핸들을 마우스로 더블클릭 한다.

③ 4 만큼(5과 1의 차이) 감소한 데이터가 채워진다.

사용자가 정의한 대로 증감하는 자동 채우기의 예

	A	B	C	D
1	2	6	5	5
2	2	7	7	1
3	2	8	9	-3
4	2	9	11	-7
5	2	10	13	-11
6	2	11	15	-15

(4) 문자 채우기

채우기 기능은 숫자에만 해당되는 것이 아니라 문자와 날짜 등에서도 사용할 수 있다.

문자 데이터를 입력한 상태에서 전체 범위를 선택한 후 채우기의 예

① A1:D1셀에 각각 "1월, 갑, 자, 1사분기"를 입력한다.

② A1:D1셀의 범위를 선택한다. D1셀에서 채우기 핸들을 마우스로 클릭한 상태에서 9행까지 드래그 한다.

③ 문자데이터가 자동으로 채워졌다.

A1 = 1월

	A	B	C	D
1	1월	갑	자	1사분기
2	2월	을	축	2사분기
3	3월	병	인	3사분기
4	4월	정	묘	4사분기
5	5월	무	진	1사분기
6	6월	기	사	2사분기
7	7월	경	오	3사분기
8	8월	신	미	4사분기
9	9월	임	신	1사분기
10				

이 목록은 사용자 정의 목록에 정의된 항목에 대해서만 적용되는데, 사용자 정의 목록은 [도구]-[옵션]을 선택한 다음 사용자 정의 목록 탭에서 변경하거나 추가할 수 있다.

(5) 자동 채우기 옵션( )을 이용한 채우기

① A1 셀에 "8/19"를 입력하고, 채우기 핸들을 마우스로 클릭한 상태에서 A9셀까지 드래그 한다.

② 마우스를 떼면 자동 채우기 옵션( )이 나타난다. 을 클릭하고, [월 단위 채

우기]를 선택한다.

③ 년과 일에는 변화가 없고, 연도가 증가하면서 채워졌다. [평일 채우기]를 하면 채우기 한 데이터에서 토, 일요일을 제외한 날짜만 채우기가 된다.

(6) 채우기 핸들로 계산식 채우기

① E3 셀에 "=SUM(B3:D3)"을 입력하여 합계를 구한다. E3셀 채우기 핸들을 마우스로 클릭한 상태에서 E5셀까지 드래그 한다.

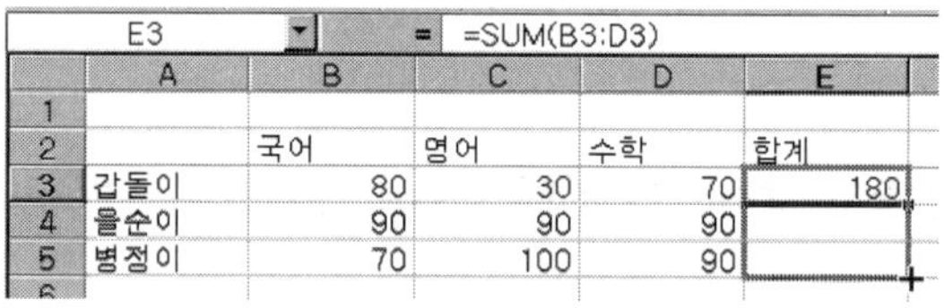
E3 = =SUM(B3:D3)

	A	B	C	D	E
1					
2		국어	영어	수학	합계
3	갑돌이	80	30	70	180
4	을순이	90	90	90	
5	병정이	70	100	90	

② 나머지 학생의 성적 합계도 자동으로 채워진다.

※ 더블클릭을 통한 채우기

만약 사람 수가 10000명이라고 가정하면, 채우기 핸들을 만들어 놓고 더블클릭하면 마지막 항목까지 순식간에 계산식이 채워진다.

7. 메모 활용하기

메모는 여러 사람이 네트워크로 공동 사용을 할 때 더 효율적인 기능으로, 셀에 부가적인 정보를 남길 때 사용하게 된다.

(1) 메모를 남길 셀을 마우스 오른쪽 버튼으로 클릭하고 단축메뉴가 나타나면 [메모 삽입]을 선택한다.

(2) 메모의 내용을 입력할 수 있는 상자가 나타난다. 키보드로 메모를 입력하고 임의의 셀을 선택하면 메모 삽입이 완성된다.

(3) 메모가 삽입된 셀에는 우측 상단에 빨간색 점이 표시되게 된다. 메모를 보려면 해당 셀 위에 마우스 포인터를 가져가면 된다.

(4) 일단 메모를 삽입한 후에는 메모를 항상 보이도록 설정할 수도 있고, 다른 내용으로 편집을 하거나 삭제할 수 있다. 이 작업 역시 마우스 오른쪽 버튼을 클릭하여 단축 메뉴를 이용하면 된다.

- **메모 편집** : 입력된 메모의 내용을 수정
- **메모 삭제** : 메모를 삭제
- **메모 표시** : 마우스 포인터를 가져가지 않아도 항상 메모가 표시

03_데이터 수정 및 삭제

1. 데이터 수정

셀에 입력된 데이터 전체를 수정할 때는 데이터를 새로 입력하는 것처럼 셀을 선택한 후 데이터를 입력(이전 데이터는 자동으로 삭제)

2. 데이터의 부분적인 수정 방법

(1) 해당 셀을 더블클릭

수정하려는 데이터가 입력된 셀을 더블클릭하면 그 셀은 편집할 수 있는 상태로 변경된다. 키보드나 마우스를 이용해서 수정한다.

(2) 단축키 F2 이용

해당 셀을 선택한 후 F2키를 눌러도 편집할 수 있는 상태로 변경된다.

(3) 수식입력줄을 이용

셀과 수식 입력줄은 밀접하게 연관되어져 있다. 수식 입력줄에서 변경한 내용은 셀에도 그대로 적용된다.

3. 데이터 지우기

(1) 입력된 데이터를 지울 때는 셀을 선택한 다음 [편집-지우기-내용] 메뉴를 선택하면 된다.

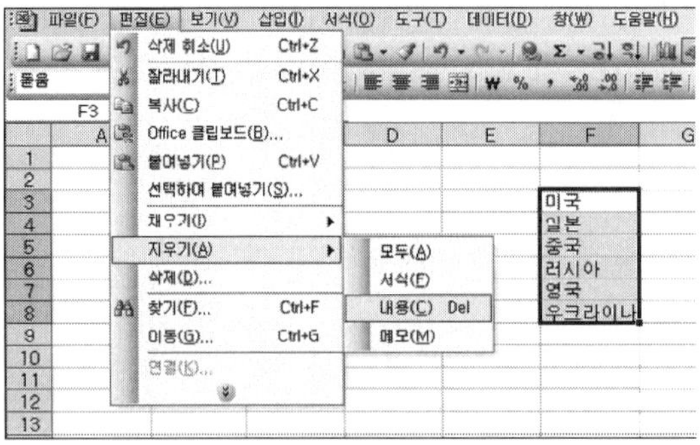

(2) 엑셀에서는 지우려는 내용이나 서식만을 선택해서 지울 수 있다.

(3) 내용 지우기를 사용하면 셀에 입력된 데이터만 지워지고 나머지 정보는 그대로 남아있다.

(4) 범위를 선택한 후 [del] 키를 눌러도 내용지우기와 같은 효과가 나타난다.

(5) 마우스 오른쪽 버튼을 누르면 나타나는 단축메뉴의 [내용지우기]를 선택하여 지울 수도 있다.

| 04_셀 범위 지정 |

1. 연속적인 셀 범위 지정하기

(1) 방법 1 : 셀 범위의 첫 번째 셀에서 마우스 왼쪽 버튼을 누른 채 마지막 셀까지 끈다.

(2) 방법 2 : 셀 범위의 첫 번째 셀을 선택하고 Shift키를 누른 채 마지막 셀을 선택한다.

(3) 방법 3 : Shift 를 누른 채 방향키(← → ↑ ↓)로 이동한다.

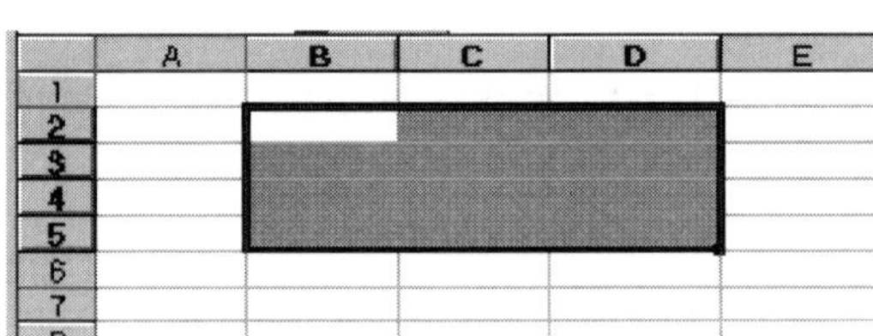

2. 비연속적인 셀 범위 지정하기

셀 범위의 첫 번째 셀을 선택하고 Ctrl 키를 누른 채 나머지 셀들을 선택한다.

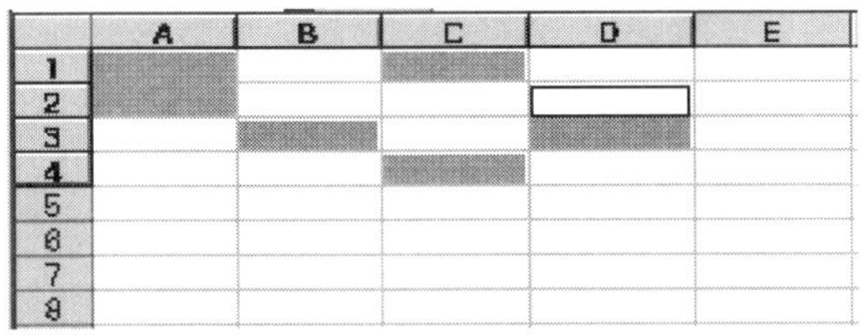

3. 행과 열 전체 선택하기

행 머리글 또는 열 머리글을 클릭하면 행 또는 열 전체가 선택된다.

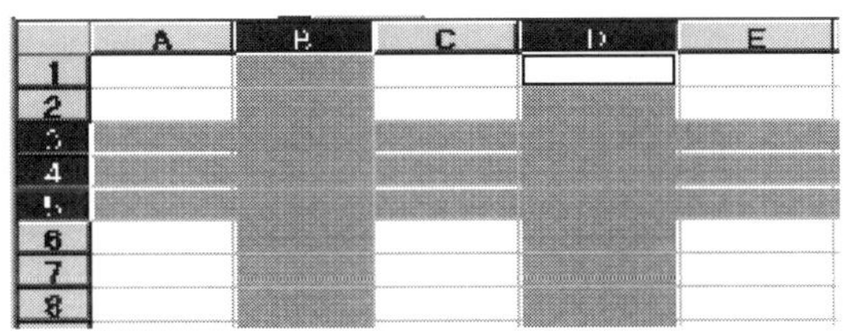

4. 워크시트 전체 선택하기

행 머리글과 열 머리글이 교차하는 부분을 마우스로 클릭한다.

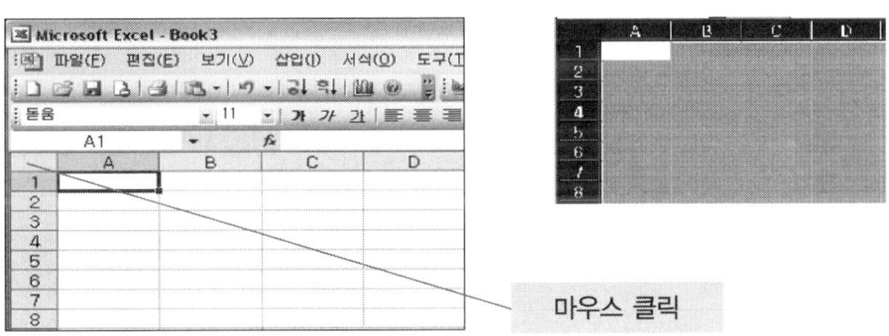

5. 셀 범위 지정 후 데이터 입력

(1) A1셀에서 C5셀까지 셀 범위를 지정한다.

(2) A1셀에 "국어"를 입력하고 Enter키를 누르면 다음 셀(A2)로 셀 포인터가 이동된다.

(3) 제일 마지막 행(A5)에서 데이터를 입력하고 Enter키를 누르면 다음 열의 첫 행(B1)으로 셀 포인터가 이동된다.

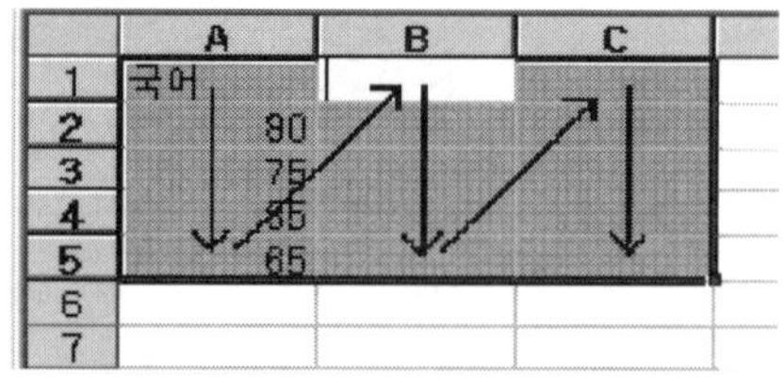

6. 셀 범위에 같은 데이터 입력

블록 지정을 활용하여 범위를 설정한 후 데이터를 입력하고 Enter+Ctrl를 누르면 같은 데이터가 입력된다.

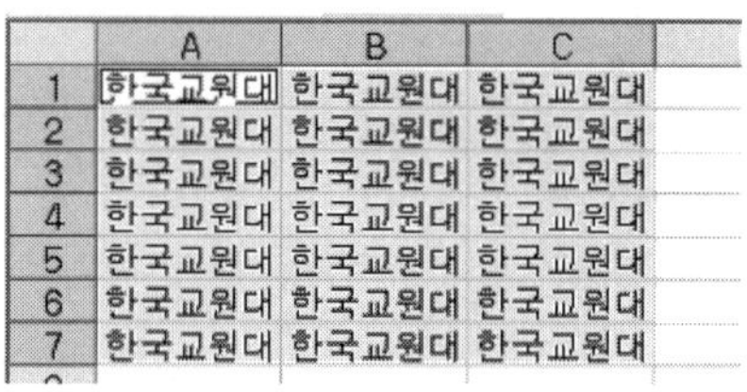

| 05_복사 및 이동 |

1. 복사 , 이동하기

(1) 메뉴를 이용한 복사와 이동

① 복사할 원본 데이터의 범위를 선택한다. 선택된 범위에 마우스 포인터를 위치시킨 후 마우스 오른쪽 버튼을 클릭한다. 단축메뉴가 나타나면 [복사]를 선택한다. [잘라내기]를 선택하면 이동이 된다.

② 복사된 데이터를 붙여넣을 셀을 마우스 오른쪽으로 클릭한다. 단축메뉴가 나타나면 [붙여넣기]를 선택한다.

(2) 마우스를 이용한 복사와 이동

메뉴를 통해서도 작업이 가능하지만, 마우스 드래그로 쉽게 복사나 이동을 할 수 있다.

① 복사할 부분의 범위를 선택한 후 선택된 범위의 가장 자리에 마우스 포인터를 가져

간다. 그러면 마우스 포인터가 화살표로 바뀐다.

② 데이터를 이동할 위치로 드래그 한다.

③ 마우스를 떼면 데이터가 이동된다.

④ 마우스를 이용한 복사

복사할 부분의 범위를 선택한 후 선택된 범위의 가장 자리에 마우스 포인터를 가져간다. 마우스 포인터가 화살표로 바뀌면 [Ctrl]키를 누른다. 마우스 포인터 옆에 + 표시가 생기는데, 이것은 데이터가 복사됨을 의미한다.

⑤ [Ctrl]키를 누른 상태로 복사하려는 위치로 드래그 한다. 데이터의 이동과 복사는 전체 데이터의 구조를 변경하거나, 같은 내용을 여러 번 사용할 때 유용하게 활용할 수 있다.

2. 선택하여 붙여넣기

(1) 선택하여 붙여넣기 활용

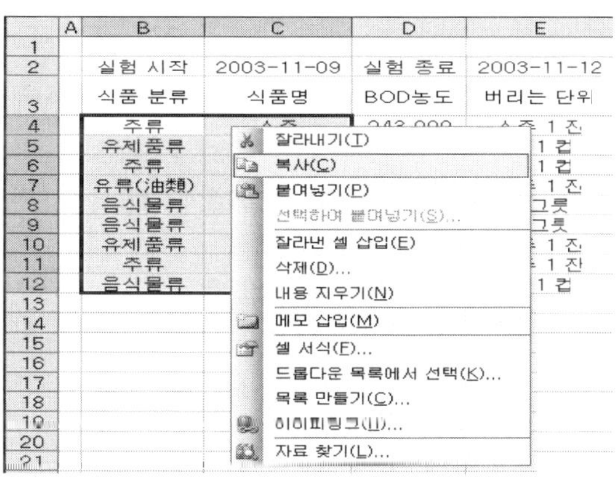

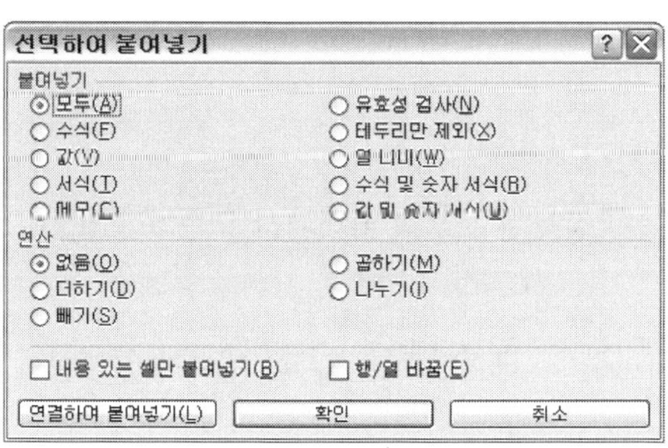

① 시트의 일부 내용을 복사한 후 임의의 셀에서 마우스 오른쪽을 클릭한다. 단축메뉴가 나타나면, [선택하여 붙여넣기]를 선택한다.

② [선택하여 붙여넣기] 대화상자가 나타난다.

- **모두** : 셀 내용과 서식을 모두 붙여넣기 한다.
- **수식** : 수식 입력줄에 입력한 수식만 붙여넣기 한다.
- **값** : 셀에 나타나는 값만 붙여넣기 한다. 이 경우 수식은 복사되지 않는다.
- **서식** : 셀 서식만 붙여넣기 한다.

- **메모** : 셀에 첨부된 메모만 붙여넣기 한다.
- **유효성 검사** : 복사한 셀의 데이터 유효성을 붙여넣기 할 영역에 포함해서 붙여넣기 한다. 유효성 규칙은 올바른 항목만 셀에 입력이 되었는지를 확인하는 유효성 검사에서 사용하게 되는 정보이다.
- **테두리만 제외** : 테두리를 제외한 복사된 셀에 적용된 셀 내용과 서식을 모두 붙여넣기 한다.
- **열 너비** : 한 열의 너비를 다른 열에 붙여넣기 한다.
- **연산** : 복사한 데이터에 적용할 산술 연산을 지정한다.
- **행 / 열 바꿈** : 복사한 데이터의 행과 열을 서로 바꾼다.
- **연결하여 붙여넣기** : 붙여넣은 데이터를 현재 워크시트에 연결한다. 예를 들어 파워포인트에서 작성한 프레젠테이션을 연결하여 붙여넣으면, 파워포인트의 원본이 변경되면 자동적으로 엑셀에 삽입된 프레젠테이션의 내용도 바뀌게 되는 기능이다.

(2) 선택하여 붙여넣기를 활용한 행 / 열 바꾸기

① 원본데이터의 범위를 선택하고 단축메뉴에서 [복사]를 선택한다.

② 붙여넣기 할 위치를 선택한 후 마우스 오른쪽 버튼을 클릭한다. 단축메뉴에서 [선택하여 붙여넣기]를 선택한다.

③ [선택하여 붙여넣기] 대화상자가 나타난다. 행 / 열 바꿈을 선택하고 [확인]을 클릭한다.

④ 데이터의 행과 열이 변경되어 붙여 넣어 졌다.

이 기능은 한번에 데이터의 구조를 변경하는 경우에 유용하게 사용할 수 있다.

(3) [선택하여 붙여넣기]의 연산기능 사용하기

성적표 데이터에서 국어 시험 문제 중 하나가 잘못된 것으로 밝혀져서 모두 5점씩을 감점해야 되는 상황이 벌어졌다.

① 임의의 셀에 “5”를 입력한 후 이를 복사한다. 국어점수를 5점씩 빼야하기 때문에

"5"를 입력한 것이다.

② 국어 점수가 입력된 셀의 범위를 선택한다. 선택된 범위 위에서 마우스 오른쪽 버튼을 클릭하고, 단축메뉴가 나타나면 [선택하여 붙여넣기]를 선택한다.

③ [선택하여 붙여넣기] 대화상자가 나타난다. 연산 항목의 "빼기"를 선택하고 [확인]을 클릭한다. 빼기를 선택하면 현재 메모리에 복사된 "5"가 빼진 값으로 다시 붙여넣어졌다.

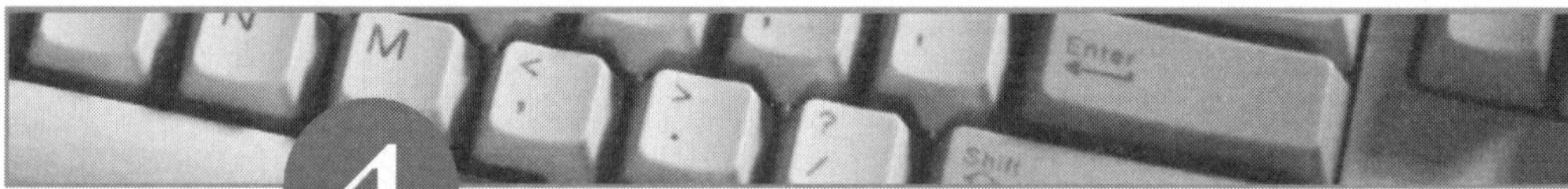

chapter5 4 워크시트 관리

| 01_워크시트 다루기 |

1. 워크시트 이름과 시트탭 색상 바꾸기

워크시트 이름은 사용자 이름으로 바꿀 수 있으며, 시트탭의 색상도 변경할 수 있다.

(1) 시트이름 바꾸기

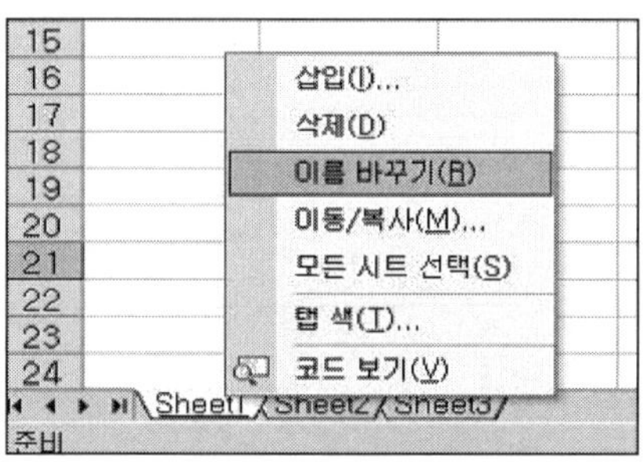

• Sheet1을 선택 후 오른쪽 메뉴선택

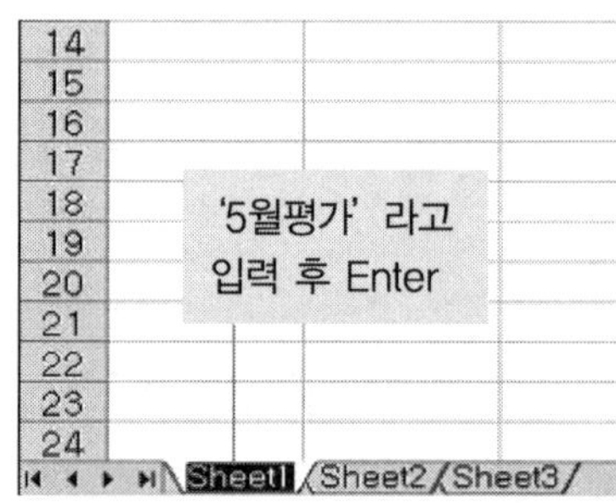

• 반전이 되면 이름을 바꾼다

시트탭 이름변경은 시트탭을 더블 클릭 하여도 된다.

(2) 시트탭 색 변경

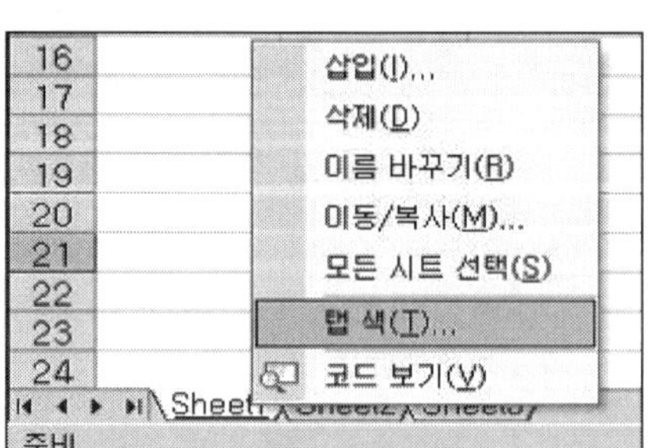

• Sheet1을 선택 후 오른쪽 메뉴선택

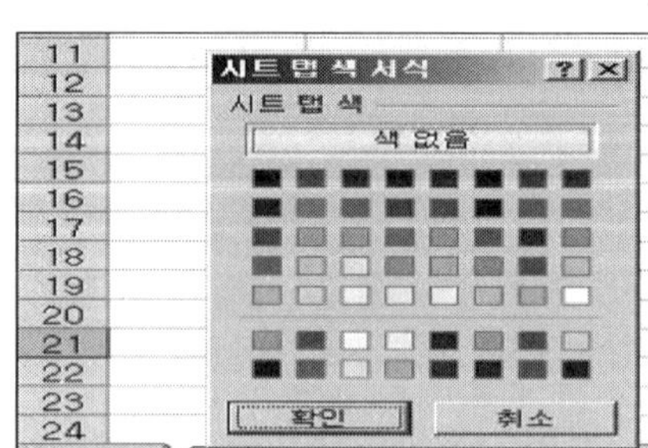

• 반전이 되면 색을 선택 후 확인 버튼 클릭

02_워크시트 삽입, 삭제하기와 이동, 복사하기

1. 시트 삽입

[삽입] - [워크시트]

2. 시트 삭제

필요 없는 시트를 선택하고 시트 탭에서 마우스 오른쪽 단추를 클릭하면 단축메뉴가 나타나고 여기에서 삭제를 클릭하면 바로 삭제된다. 시트에 내용이 있으면 삭제해도 되는가를 묻는 경고창이 나타난다.

3. 시트 이동/ 복사하기

이동하고자 하는 시트를 선택한 후 이동(복사) 하고자 하는 곳으로 드래그(ctrl 키를 누르고 드래그하면 복사)한다. 시트의 이동/복사는 현재 사용 중인 문서 내에서 뿐만 아니라 현재 열려 있는 문서로도 이동/복사할 수 있다. 이 경우 '대상 통합 문서' 에서 현재 열려 있는 문서를 선택하고 '확인' 을 선택하면 된다.

4. 여러 개의 시트 선택하기

기본적으로 엑셀은 현재 보이는 워크시트에서 작업을 하게 되지만, 엑셀의 기능을 활용하기 위해서 여러 개의 시트에서 동시에 작업을 할 수 있다. 이 경우 여러 개의 시트를 동시에 선택해 놓고 작업을 해야 되는데, 시트 탭에서 [shift]키나 [ctrl]키를 누른 상태에서 클릭하면 여러 개의 시트를 동시에 선택할 수 있다.

03_시트 숨기기와 숨기기 취소하기

① 숨기려는 시트 탭을 선택

② [서식] - [시트] - [숨기기]

③ 숨겨진 시트 탭을 다시 나타내려면 [서식] – [시트] – [숨기기 취소]

④ 선택한 시트 탭이 다시 나타난다. 한 번에 모든 시트 탭을 나타낼 수는 없다. 여러 시트 탭을 한 번에 숨길 수는 있지만, '숨기기 취소' 는 한 번에 한 개의 시트 탭만 나타낼 수 있다.

04_열 너비/ 행 높이 조절하기

① 열(행)번호 표시줄 경계선에 마우스 포인터를 맞추고 클릭하면, 현재 셀너비(행 높이)가 표시된다. 여기서 마우스를 드래그하면 원하는 만큼 넓이를 조절할 수 있다.

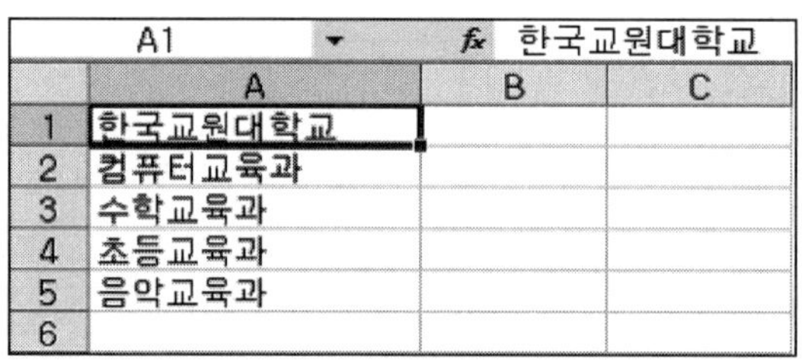

② 마우스를 더블클릭하면 가장 긴 데이터에 맞춰 자동으로 조절된다.

③ 열번호 선택 뒤 마우스 오른쪽 단추를 누르면 단축 메뉴가 나타난다. [열 너비]를 선택한 후 적당한 크기를 입력한다.

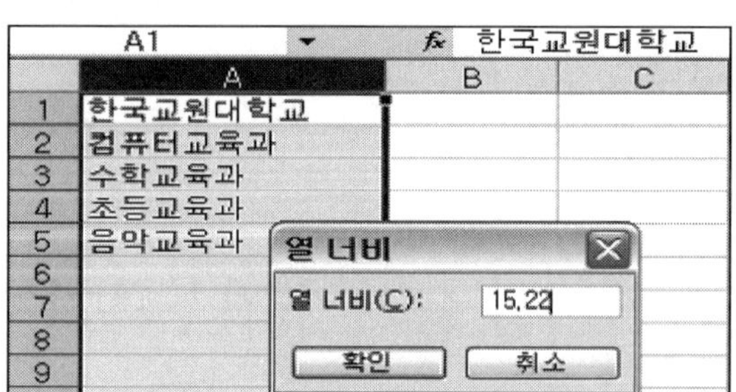

④ 「행 높이」도 마찬가지이며 여러 행을 동시에 같은 간격으로 조절할 때는 행번호를

연속 선택한 후 경계선에서 드래그하면 된다.

| 05_행/열 숨기기 |

워크시트의 행이나 열을 선택하여 숨길수 있다. 데이터를 이름순으로 정렬할 때 숨긴 행은 제외되고 정렬된다. 숨겨진 행을 다시 보이도록 하려면 [서식] - [행] - [숨기기 취소]를 선택하면 된다.

1. 셀 서식

(1) 서식 도구 모음을 이용하여 보다 쉽게 지정할 수 있다.

(2) [서식]-[자동 서식] 메뉴를 이용하면 보다 빠르게 지정할 수도 있다.

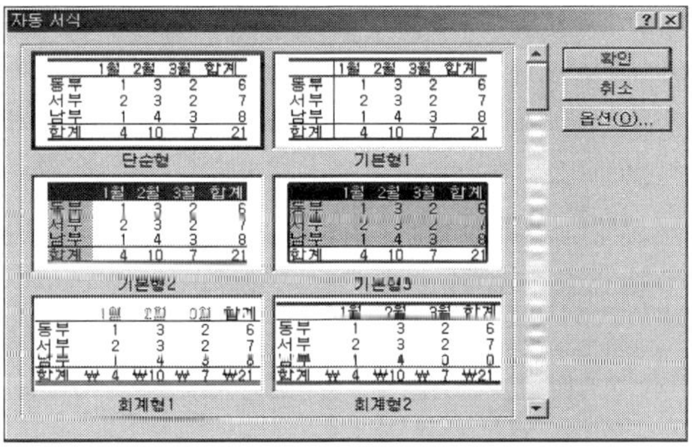

(3) [서식]-[셀] 메뉴를 선택하여 셀 서식 대화상자를 이용하면 다양한 종류의 서식을 지정할 수 있다.

① **표시형식** : 데이터가 표시되는 형식을 지정한다. "일반"을 선택하면 현재 표시된

형식이 무효가 된다.

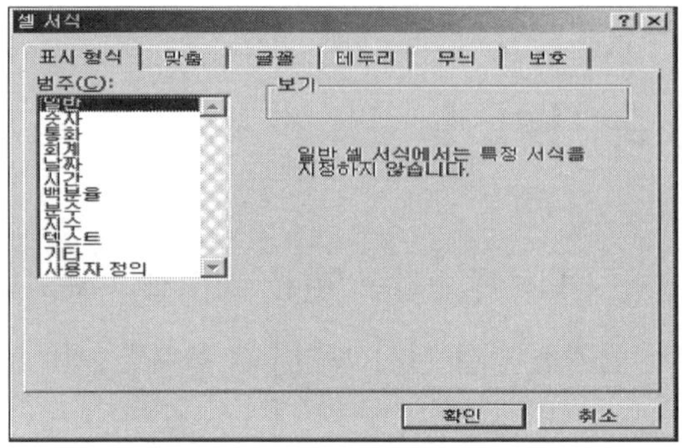

② **맞춤** : 데이터의 수평/수직 맞춤 형식을 지정하고 문자열 방향, 단어보호, 셀에 맞춤, 셀 병합 등을 지정한다.

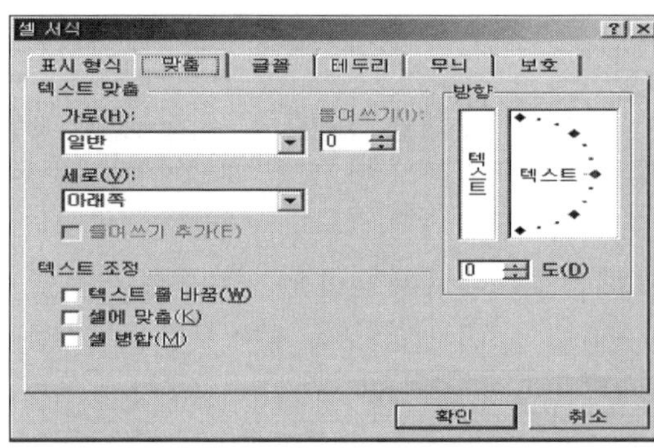

③ **글꼴** : 글꼴, 크기, 색 등 글꼴에 관한 사항을 지정한다. 밑줄 종류, 최소선, 첨자 등 서식 도구모음에서 지정할 수 없는 사항을 지정할 수 있다.

④ **테두리** : 괘선의 종류를 다양하게 지정한다. 괘선의 색, 유형을 선택한 다음 기본 설정 및 세부 설정 단추를 사용하여 괘선을 그린다.

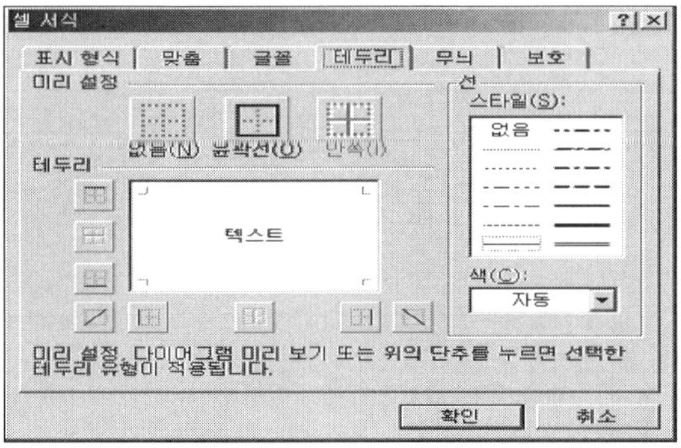

⑤ **무늬** : 셀 음영색, 무늬 종류 등을 지정한다.

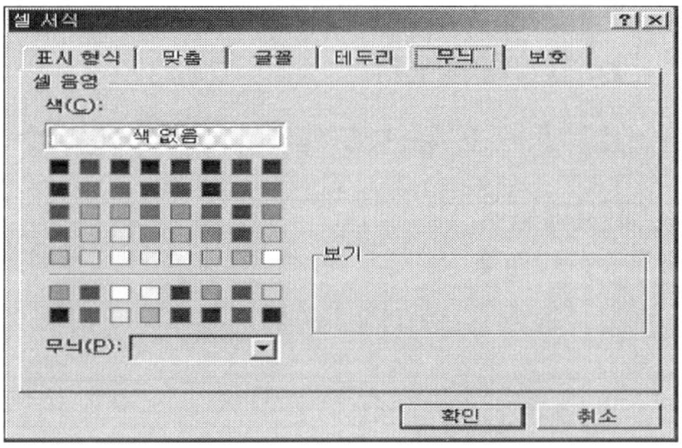

chapter5

5 수식과 함수

엑셀에서 사용하는 수식에는 크게 두 가지로 나눌 수 있다. 첫 번째 방법이 사칙연산 기호 (+, - , *, /, ^)를 이용한 방법이고, 두 번째 방법은 함수를 사용하는 방법이다.

| 01_수식 |

1. 수식이란

1) 워크시트에 입력된 데이터를 바탕으로 데이터를 계산, 분석하는 계산식이다.

2) 수식은 "=" 또는 "+"로 시작해야 된다.

3) 수식은 상수, 연산기호, 셀 주소 등으로 이루어지며 셀에는 수식의 결과가 표시되고 수식은 수식입력줄에 나타난다.

2. 연산자의 종류

1) 산술 연산자

연 산 자	의 미	예 제
+	더하기	=A1+B1
-	빼기	=A1-B1
*	곱하기	=A1*5
/	나누기	=A1/5
^	지수	=A1^2
%	백분율	=100%

2) 비교 연산자

연 산 자	의 미	예 제
=	같다	=A1=5
〉	크다	=A1〉B1
〈	작다	=A1〈10
〉=	크거나 같다	=A1〉=B1
〈=	작거나 같다	=A1〈=B1
〈〉	같지않다	=A1〈〉B1

3) 문자열 연산자

연산자	의 미	예 제
&	여러 개의 문자열을 결합하여 하나의 문자열을 만듦	="대한" & "민국"

4) 참조 연산자

연산자	의 미
콜론(:)	A1:C5은 A1 셀에서 C5 셀까지의 범위를 참조 대상으로 사용
콤마(,)	A1,C3,K5은 A1, C3, K5만 참조대상으로 사용
공백()	A1:C3 B1:D3은 두 영역의 교선인 B1:C3을 참조 대상으로 사용

3. 자동힙게

표준 도구모음의 Σ (자동합계)를 클릭하면 인접한 셀 범위의 수치 데이터를 참조 영역으로 지정하여 SUM 함수를 자동으로 입력해준다.

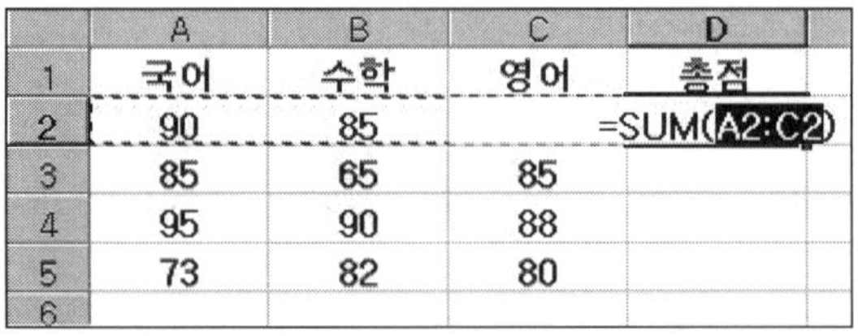

4. 채우기 핸들을 이용한 수식 복사

수식에 입력된 셀을 채우기 핸들을 이용하여 드래그하면 해당 수식을 복사할 수 있다. 수식이 복사된 셀에는 수식의 결과값이 나타난다.

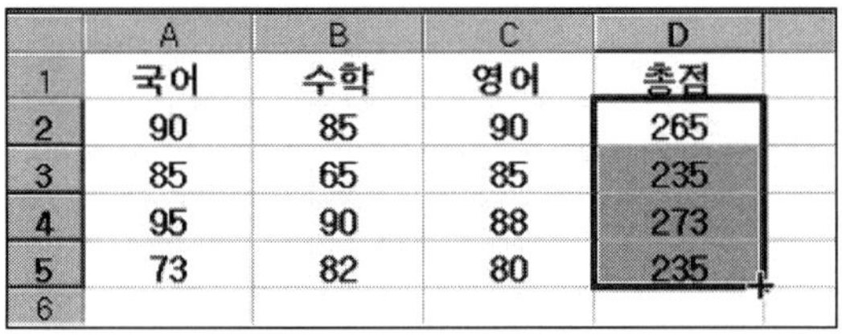

5. 셀 참조

1) 셀 참조란 수식에서 워크시트의 셀이나 셀 범위를 지정하여 지정한 곳의 값이나 데이터를 사용하는 것으로 참조된 셀의 내용이 변경되면 해당 셀을 참조하는 수식의 결과도 자동으로 변경된다. 어떤 방법으로 참조하느냐에 따라 상대참조와 절대참조 그리고 두 가지를 혼합한 혼합 참조가 있다.

2) 참조 방법

참조 방법	참조 대상
A1:C3	A1 셀에서 C3 셀까지
A1, B3, C5	A1 셀과 B3 셀과 C5 셀
2:5	2행부터 5행까지의 모든 셀
B:D	B열부터 D열까지의 모든 셀
A:IV	워크시트 전체

3) 상대참조

① 기본적으로 지정되는 참조 형식으로 수식을 복사할 때 셀이나 범위에 대한 참조 영역은 수식이 있는 셀의 상대적 위치를 기준으로 한다.

② 상대참조로 입력된 수식을 복사하면 자동으로 참조 범위가 변경된다.

③ 아래의 데이터를 입력하고 D2셀에 수식을 입력한 후 채우기 핸들을 이용하여 D5셀까지 드래그하여 총점을 구할 수 있다.

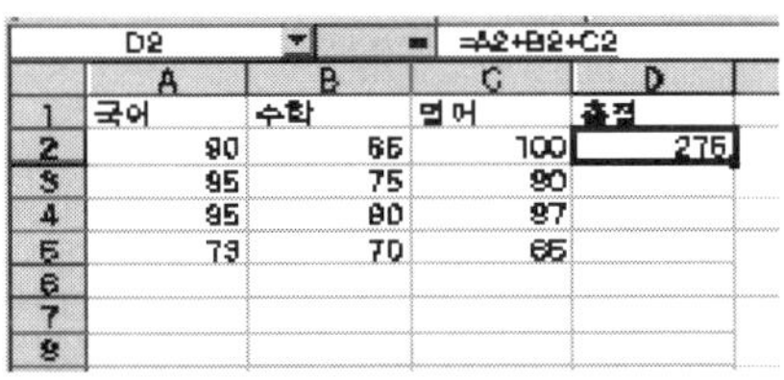

D2 =A2+B2+C2

	A	B	C	D
1	국어	수학	영어	총점
2	90	85	100	275
3	85	75	80	
4	95	90	87	
5	73	70	65	
6				
7				
8				

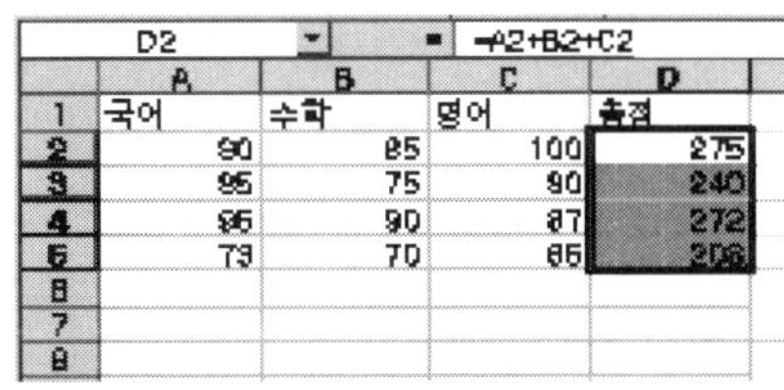

D2 =A2+B2+C2

	A	B	C	D
1	국어	수학	영어	총점
2	90	85	100	275
3	85	75	80	240
4	95	90	87	272
5	73	70	65	208
6				
7				
8				

④ 셀 포인터를 차례대로 D3, D4, D5셀로 이동해가며 수식을 확인하면 수식이 상대적으로 하나씩 증가되면서 구해지는 것을 알 수 있다.

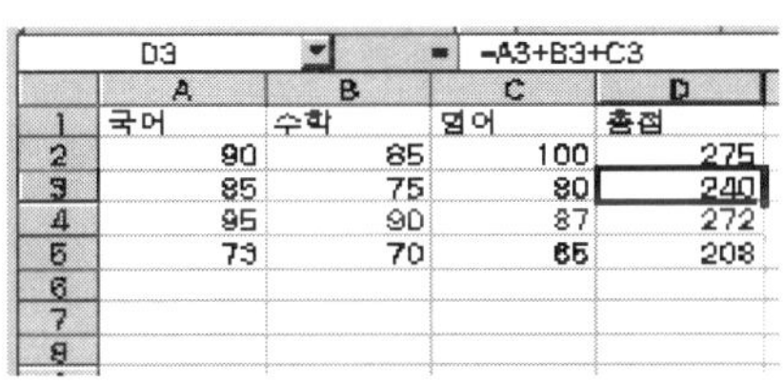

D3 =A3+B3+C3

	A	B	C	D
1	국어	수학	영어	총점
2	90	85	100	275
3	85	75	80	240
4	95	90	87	272
5	73	70	65	208
6				
7				
8				

4) 절대참조

가) 수식에서 특정 셀을 고정시키고자 할 경우 사용하는 방식으로 열 문자 또는 행 번호 앞에 "$"를 붙여 표시한다.

나) 수식을 다른 셀에 복사할 경우 참조가 바뀌지 않는다.

다) D2셀에 수식을 입력한 후 자동 채우기 핸들을 이용하여 D5셀까지 드래그한 후 D3, D4, D5셀에 복사된 수식을 확인해 보면 셀 참조가 바뀌지 않았음을 알 수 있다.

D2	=$B$2*$C$2		
A	**B**	**C**	**D**
상품	수량	단가	금액
노트	5	500	2500
연필	10	200	
볼펜	5	300	
지우개	7	100	

D2	=$B$2*$C$2		
A	**B**	**C**	**D**
상품	수량	단가	금액
노트	5	500	2500
연필	10	200	2500
볼펜	5	300	2500
지우개	7	100	2500

D4	=$B$2*$C$2		
A	**B**	**C**	**D**
상품	수량	단가	금액
노트	5	500	2500
연필	10	200	2500
볼펜	5	300	2500
지우개	7	100	2500

(1) 수식의 구성

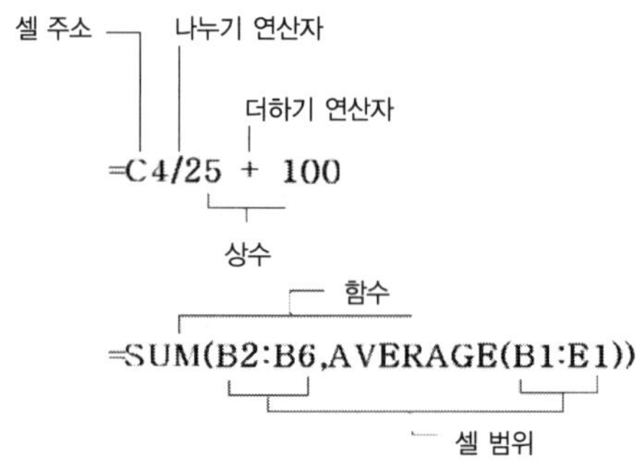

① 수식을 입력할 때는 반드시 맨 앞에 '=' (또는 '+' 를 입력한 후에 수식을 넣어야 만이 엑셀에서 수식임을 인식하게 된다.

② 입력한 수식은 셀에 표시되지 않고 결과값 만이 나타난다. 입력한 수식을 보려면 셀을 선택한 후 [수식 입력줄]을 보면 나타난다.

	A	B	C	D
1	**입력된 값**	**종류**	**수식**	**결과값**
2	10	숫자	=A2+A3+100	130
3	20	숫자	=(A2+A3)*2	60
4	30	숫자	=A5+A6+A7	#VALUE!
5	Microsoft	문자	**=A5&A6&A7**	Microsoft Excel 2003
6	Excel	문자	=A2/A3	0.5
7	2003	숫자	=A7/A8	#DIV/0!
8	0	Zero	=A4>B2	TRUE

③ D4셀 : 문자값은 사칙연산에 적용할 수 없다. #VALUE! 오류가 발생한다.

④ D5셀 : 문자값을 더하기 위해서는 '&' 기호를 사용한다. '&' 기호는 문자를 연결시켜 주는 역할을 담당한다.

⑤ D7셀 : 어떠한 값도 0으로 나눌 수 없다. '#DIV/0!' 오류 발생

⑥ D8셀 : 사칙연산 외에 부등식 사용이 가능하다. 결과 값이 참이므로 TRUE 출력

(2) 수식입력줄

수식입력줄이 선택되어 있거나 또는, 셀 안에서 편집하고 있을 때, 워크시트 함수와 이름을 수식에 삽입할 수 있다. 또는, 참조 영역을 수식에 삽입할 수 있다. 입력 영역에서 마우스를 누르거나 입력을 시작하면 수식입력줄이 선택된다.

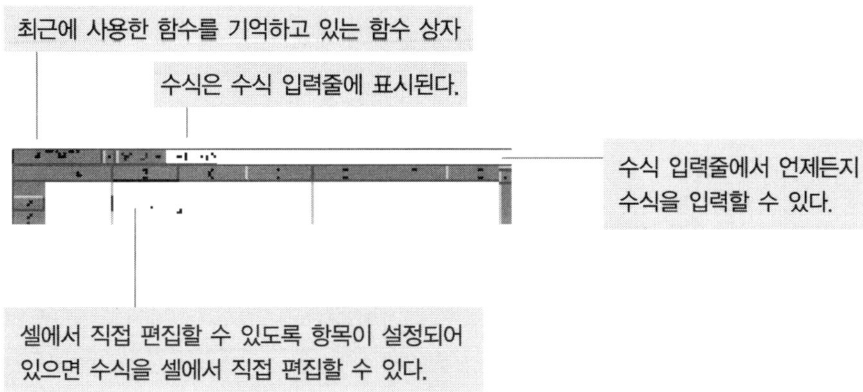

(3) 연산자의 종류

종 류	연 산 자
산술연산자	+, –, *, /, %, ^
비교연산자	–, 〈, 〉, 〈–, 〉–, 〈〉, 〉〈
문자열연산자	&
참조연산자	: , 공백

① 사용 예

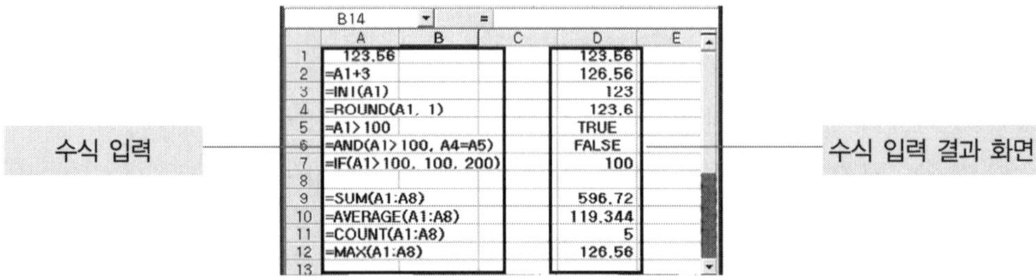

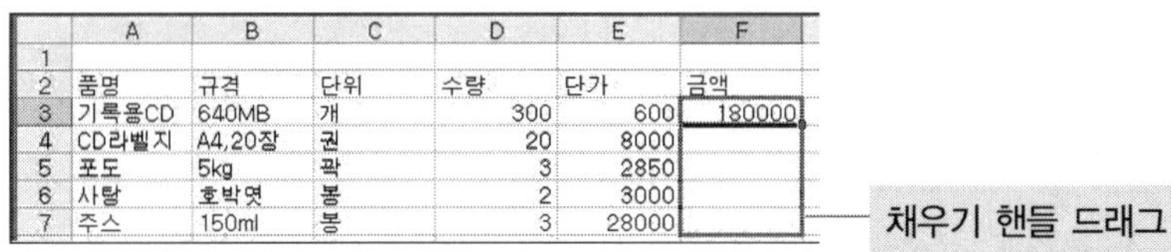

② “수식에 오류가 있습니다.” 메시지 출력의 경우

엑셀에서는 수식 입력에서 오류가 발생했을 경우 수식을 자동으로 고쳐주는 기능을 가지고 있다. 사용자가 실수로 참조셀 A1을 1A로 입력하는 경우 또는, 연산자를 두 번 입력했을 경우 등의 오류를 자동으로 고쳐준다.

| 02_함수 |

1. 함수란

1) 함수란 복잡한 계산을 간단하게 처리할 수 있도록 미리 수식으로 작성된 것을 뜻한다.

2) 지정한 인수를 사용하여 계산을 수행한다.

3) 인수는 콤마(,)로 구분되며 괄호로 둘러싸인 형태이다.

4) 입력 순서

등호 → 함수이름 → 괄호 → 인수 → 괄호

=SUM(A1, E3:F5)

2. 함수의 사용

1) 수식 입력줄을 이용하여 입력

① 수식을 입력할 셀에 등호(=)를 입력한다.(등호를 입력하면 이름 입력 상자가 함수 목록으로 바뀐다. 아래 SUM 표시 부분)

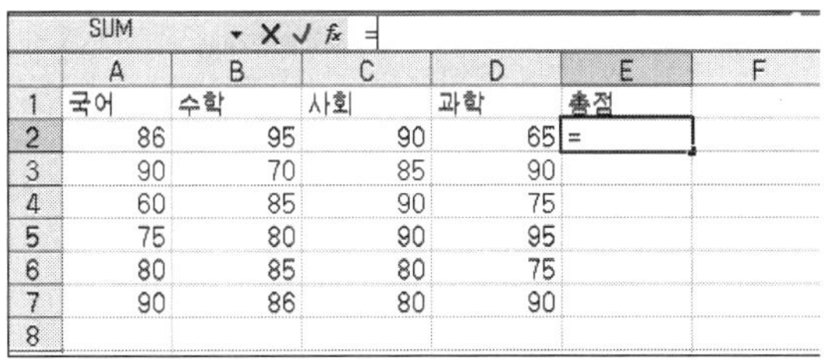

② 함수 목록에서 목록 단추를 눌러 함수를 선택한다.

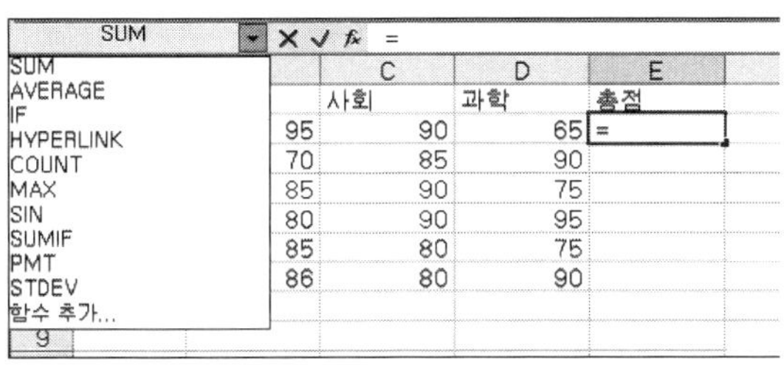

③ 인수 입력 대화상자에 참조할 셀 범위를 직접 입력하면서 그 값을 확인할 수 있고, 참조 아이콘(붉은 색 화살표)을 클릭하여 범위를 설정할 수도 있다. 참조 범위를 설정하고 확인을 클릭하면 결과 값이 나타난다

2) 함수마법사를 이용하여 입력

① [삽입]-[함수] 메뉴를 선택하거나 표준 도구모음의 fx 를 클릭하면 함수 마법사 대화상자가 나타난다.

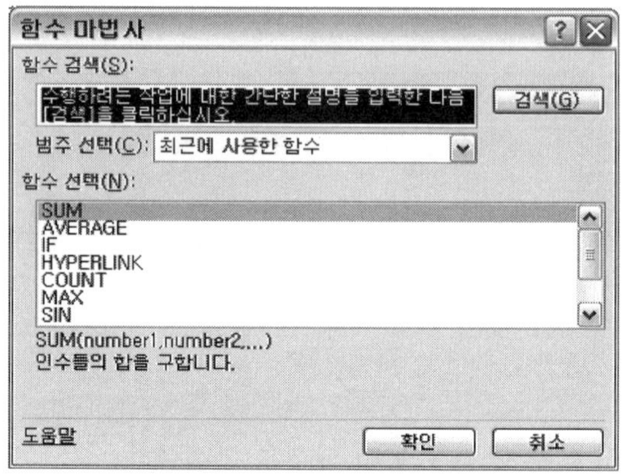

② [최근에 사용한 함수]를 선택하면 최근에 사용한 함수 이름이 나타나고, [모두]를 선택하면 함수가 알파벳순으로 나타난다.

③ [함수 범주]에서 [통계]를 선택하면 통계 함수에 포함된 함수가 나타난다.

④ [함수 범주]를 선택하고 [함수 이름]을 선택하고 확인을 클릭한다.

⑤ 인수 입력 대화상자에서 참조할 셀 범위를 입력한 후 확인을 클릭한다.

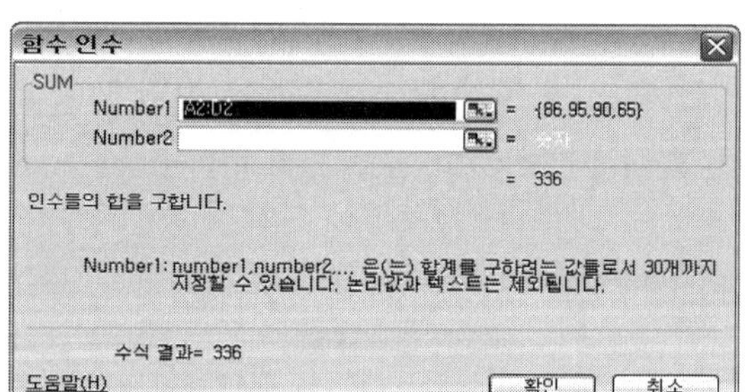

3. 많이 사용하는 함수

1) SUM 함수

수　식	설　명
=SUM(5,3,1)	인수들의 합을 계산(5+3+1=9)
=SUM(A1:B2)	A1, A2, B1, B2셀의 합을 계산
=SUM(A1, B1:C2)	A1, B1, B2, C1, C2셀의 합을 계산

2) AVERAGE 함수

수　식	설　명
=AVERAGE(5,3,1)	인수들의 평균을 계산
=AVERAGE(A1:B2)	A1, A2, B1, B2셀의 평균을 계산
=AVERAGE(A1,B1:C2)	A1, B1, B2, C1, C2셀의 평균을 계산

3) 순위 구하기(RANK 함수)

RANK함수는 순위를 구하는 함수이다.

RANK(number, ref, order)

- number : 순위를 구하려는 수
- ref : 순위를 비교할 수 있는 셀들의 범위로 숫자 목록의 배열, 참조 등
- order : 순위의 결정 방법을 정의하는 수로 생략하거나 '0'을 입력할 경우 자동으로 내림차순 순위로 결정되고, 0이 아닌 다른 값을 입력하면 오름차순으로 순위를 결정한다.

① 다음의 데이터를 이용하여 석차를 구하여 보자.

	A	B	C	D	E	F	G
1	5월말 학력고사						
2							
3		국어	수학	사회	과학	총점	석차
4	이순재	86	95	90	65	336	
5	강감찬	90	70	85	90	335	
6	이순신	60	85	90	75	310	
7	홍길동	75	80	90	95	340	
8	김하늘	90	70	85	75	320	
9	이재순	60	85	90	90	325	
10	나문수	75	80	90	70	315	
11	심봉사	80	85	80	60	305	
12	가나만	90	84	80	50	304	
13	나오미	90	78	85	90	343	
14	신해수	60	67	90	90	307	
15	강민매	75	58	90	80	303	
16	남상인	90	90	70	85	335	
17	허재문	60	97	85	90	332	
18	고민수	70	85	90	90	335	
19	최말동	85	65	90	85	325	
20	김지수	80	45	80	90	295	
21	한경희	55	70	85	80	290	
22	박주미	60	40	86	80	266	
23	성유라	90	86	70	85	331	
24	성세경	90	70	85	90	335	
25	김을동	60	85	45	90	280	

② H4셀에 마우스 포인터를 위치시키고 [삽입]-[함수] 메뉴를 선택하거나 표준 도구모음의 를 클릭한다.

③ 함수 마법사 대화상자에서 'RANK'를 선택하고 확인을 누른다.

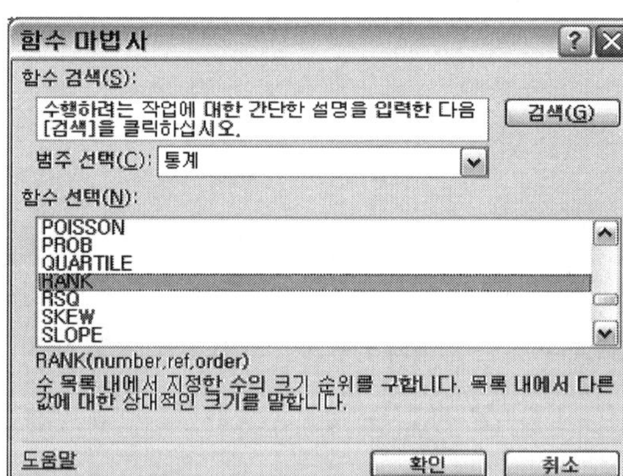

④ RANK 대화상자에서 Number에는 순위를 구하려는 수가 들어있는 셀 주소를 입력하고, Ref에는 비교 대상이 되는 범위를 절대 참조로 지정해야 한다. 만약 상대 참조로 지정하면 수식을 복사할 때 참조 영역이 변하여 결과 값이 틀리게 된다. 상대

참조를 절대 참조로 바꾸려면 F4 키를 누르면 된다. 석차는 내림차순으로 정렬해야 하므로 Order에는 "0"을 입력하거나 생략하면 된다.

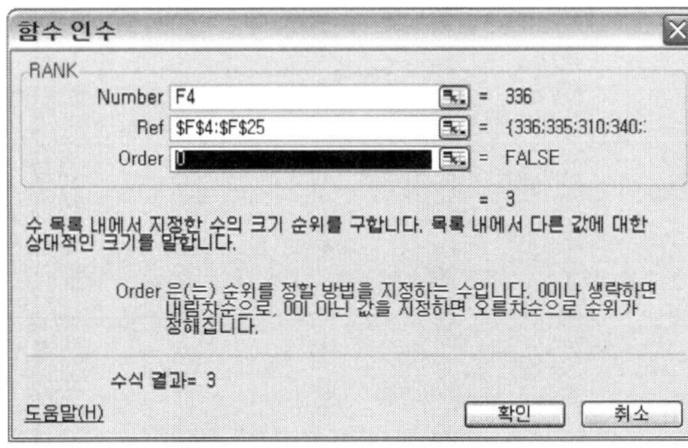

⑤ G3셀에는 '2' 표시되고 수식입력줄에는 '=RANK(F4,$F$4:$F$25,0)' 이 입력되어 있음을 확인할 수 있다.(동점은 동석차로 처리됨)

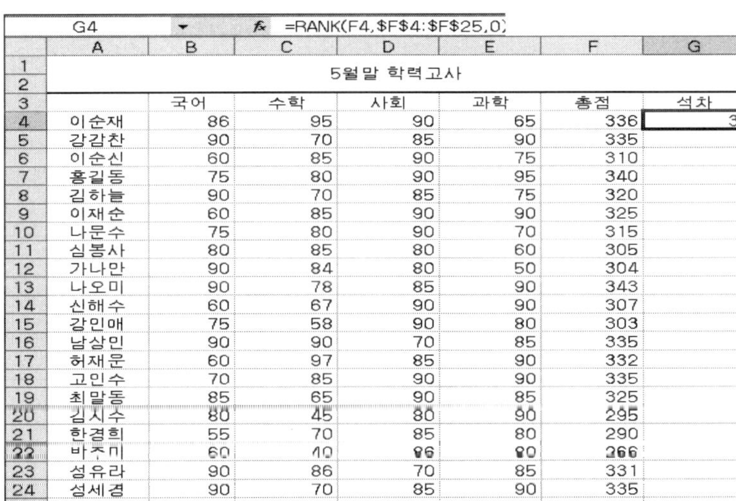

G4 =RANK(F4,$F$4:$F$25,0)

	A	B	C	D	E	F	G
1	5월말 학력고사						
2							
3		국어	수학	사회	과학	총점	석차
4	이순재	86	95	90	65	336	3
5	강감찬	90	70	85	90	335	
6	이순신	60	85	90	75	310	
7	홍길동	75	80	90	95	340	
8	김하늘	90	70	85	75	320	
9	이재순	60	85	90	90	325	
10	나문수	75	80	90	70	315	
11	심봉사	80	85	80	60	305	
12	가나만	90	84	80	50	304	
13	나오미	90	78	85	90	343	
14	신해수	60	67	90	90	307	
15	강민애	75	58	90	80	303	
16	남상민	90	90	70	85	335	
17	허재운	60	97	85	90	332	
18	고민수	70	85	90	90	335	
19	최말동	85	65	90	85	325	
20	김시수	80	45	80	90	295	
21	한경희	55	70	85	80	290	
22	바주미	60	40	86	80	266	
23	성유라	90	86	70	85	331	
24	성세경	90	70	85	90	335	
25	김을둥	60	85	45	90	280	

⑥ 나머지 값은 채우기 핸들을 이용하여 G14셀까지 드래그한다.

G4 =RANK(F4,$F$4:$F$25,0)

	A	B	C	D	E	F	G
1	5월말 학력고사						
2							
3		국어	수학	사회	과학	총점	석차
4	이순재	86	95	90	65	336	3
5	강감찬	90	70	85	90	335	4
6	이순신	60	85	90	75	310	14
7	홍길동	75	80	90	95	340	2
8	김하늘	90	70	85	75	320	12
9	이재순	60	85	90	90	325	10
10	나문수	75	80	90	70	315	13
11	심봉사	80	85	80	60	305	16
12	가나만	90	84	80	50	304	17
13	나오미	90	78	85	90	343	1
14	신해수	60	67	90	90	307	15
15	강인애	75	58	90	80	303	18
16	남상인	90	90	70	85	335	4
17	허재운	60	97	85	90	332	8
18	고인수	70	85	90	90	335	4
19	최말동	85	65	90	85	325	10
20	김지수	80	45	80	90	295	19
21	한경희	55	70	85	80	290	20
22	박주미	60	40	86	80	266	22
23	성유라	90	86	70	85	331	9
24	성세경	90	70	85	90	335	4
25	김을동	60	85	45	90	280	21
26							

※ 절대주소와 상대주소 단축키(F4)

엑셀에서는 주소를 참조할 때 상대참조(B2)와 절대참조($B$2)의 2가지 방법을 나누어서 사용한다. 상대참조란 셀이나 범위에 대한 참조영역을 수식이 있는 셀의 상대위치를 기준으로 하는 방식이고, 절대참조는 절대적인 위치를 기준으로 하는 방식으로서 쉽게 생각해서, 상대참조로 된 수식을 복사하면 붙여 넣은 수식의 참조는 자동으로 고쳐져서 수식의 원래 상대 위치와는 다른 셀을 새롭게 참조하게 되지만, 절대 참조는 복사해서 붙여넣기 하더라도 항상 고정된 셀만 절대적으로 참조하는 것이다. 이외에 혼합참조($B2, B$2와 같이 열이나 행 중 한쪽만 절대적으로 고정시키는 경우에 사용)도 있지만 거의 사용되지 않음

4) IF 함수

① 조건을 판단하여 참이면 참일 때의 결과 값을 표시하고, 거짓이면 거짓일 때의 결과 값을 표시한다.

=IF(인수1, 인수2, 인수3)

- 인수1 : 논리식
- 인수2 : 논리식이 참일 때의 값(함수를 이용할 수 있다.)
- 인수3 : 논리식이 거짓일 때의 값(함수를 이용할 수 있다.)

(예) 평균 값(G5셀)이 90점 이상이면 비고란에 "우수"라고 기록되도록 하려면,

=IF(G5>=90, "우수", " ")으로 함수를 사용하면 된다.

주의할 점은 문자열의 경우 반드시 인용부호("")로 묶어 주어야 한다.

② 아래의 데이터를 이용하여 평균이 '60점' 이상이면 '합격', '60점' 미만이면 '불합격' 이 표시되도록 해보자.

	A	B	C	D	E	F	G	H
1	5월말 학력고사							
2								
3		국어	수학	사회	과학	총점	평균	판정
4	이순재	86	95	90	65	336	134,4	
5	강감찬	90	70	85	90	335	134	
6	이순신	60	85	90	75	310	124	
7	홍길동	75	80	90	95	340	136	
8	김하늘	90	70	85	75	320	128	
9	이재순	60	85	90	90	325	130	
10	나문수	75	80	90	70	315	126	
11	심봉사	80	85	80	60	305	122	
12	가나안	90	84	80	50	304	121,6	
13	나오미	90	78	85	90	343	137,2	
14	신해수	60	67	90	90	307	122,8	
15	강인매	75	58	90	80	303	121,2	
16	남상인	90	90	70	85	335	134	
17	허재운	60	97	85	90	332	132,8	
18	고인[illegible]	70	[illegible]	[illegible]	[illegible]	[illegible]	104	
19	최말동	85	65	90	85	325	130	
20	김지수	80	45	80	90	295	118	
21	한경희	55	70	85	80	290	116	
22	박[illegible]미	[illegible]	40	[illegible]	[illegible]	[illegible]	100,4	
23	성유라	90	86	70	85	331	132,4	
24	심세성	90	70	85	90	335	134	
25	김을동	60	85	45	90	280	112	
26								

③ H4 셀에 마우스 포인터를 위치시키고 [삽입]-[함수] 메뉴를 선택하거나 표준 도구 모음의 f_x 를 클릭한다.

④ 함수 마법사 대화상자에서 'IF' 를 선택하고 확인을 누른다.

⑤ Logical test에는 조건식을 입력하고, Value_if_true에는 조건식이 참일 때의 결과 값을, Value_if_false에는 조건식이 거짓일 때의 결과 값을 입력한다.

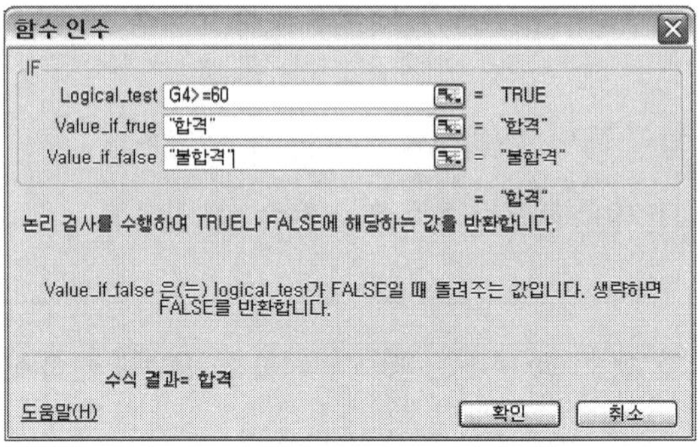

⑥ H5셀에는 '합격' 이 표시되고 수식입력줄에는 '=IF(G5>=60, "합격", "불합격")' 이 입력되어 있음을 확인할 수 있다.

	A	B	C	D	E	F	G	H
1	5월말 학력고사							
2								
3		국어	수학	사회	과학	총점	평균	판정
4	이순재	86	95	90	65	336	134.4	합격
5	강감찬	90	70	85	90	335	134	
6	이순신	60	85	90	75	310	124	
7	홍길동	75	80	90	95	340	136	
8	김하늘	90	70	85	75	320	128	
9	이재순	60	85	90	90	325	130	
10	나문수	75	80	90	70	315	126	

5) 다중 조건 함수(다중IF)

함수 이름의 의미 그대로 만약 어떤 조건을 만족할 경우의 출력값과 조건을 만족하지 않을 경우의 출력값이 IF조건문을 중복 사용하여 사용하는 함수이다. 즉, IF함수 내에 또 다른 IF문을 가지고 조건을 비교하여 결과값을 출력하는 함수이다.

6) 셀 개수 세기(COUNT, COUNTA, COUNTBLANK 함수)

엑셀에서는 숫자값을 포함하는 셀들의 수를 구하거나 문자값을 포함한 셀들의 수를 구할 수 있으며, 또한 인수들 중 빈 셀들의 수를 구할 수 있다.

- COUNT(Value1, Value2, ...)

  숫자나 날짜는 계산이 되지만, 빈 셀, 논리값, 문자값, 오류값이나 숫자로 바꿀 수 없는 텍스트는 계산되지 않는다.

- COUNTA(Value1, Value2, ...)

  COUNT에서 계산되는 값은 물론 공백 문자값을 포함하여 논리값, 텍스트, 오류값을 계산할 수 있으나, 빈 셀은 계산되지 않는다.

- COUNTBALK(Value1, Value2, ...)

  인수들 중 빈 셀의 수를 계산한다. 단, 0(zero)값을 가진 셀은 포함되지 않는다.

반올림, 올림, 내림 (ROUND , ROUNDUP , ROUNDDOWN)

=ROUND(값,자리수) 값을 자리수에서 반올림하여라.

(값이 양수이면 소수이하, 음수이면 소수이상 자리수에서 반올림함)

=ROUND(A2,1)

A2값을 소수 둘째 자리에서 반올림하여 첫째 자리까지 만들어라(뒤의 1은 소수이하 자리수임)

=ROUNDUP(DSTDEVP(A2:A4), -1)

A2부터 A4의 표준편차를 구한 뒤 일의 자리에서 올림(뒤의 -1은 소수이상 자리수임)

COUNTIF : 조건에 맞은 셀의 개수 구하기

=COUNTIF(범위, 조건)

=COUNTIF($B$2:$B$15,">=60") : B2에서 B15의 값 중 60이상인 셀의 개수를 구하라.

=COUNTIF($B$2:$B$15,"=김*") : B2에서 B15에서 중 성이 김씨인 사람의 셀의 개수를 구하라.

=COUNTIF($B$2:$B$15,$D$15) : B2에서 B15의 값 중 D15셀과 같은 값을 가진 셀의 개수를 구하라.

CHOOSE (번호에 해당하는 값 구하기)

=CHOOSE(A1,"봄","여름","가을","겨울")

A1의 값이 1이면 봄을 구하고 2면 여름, 3이면 가을, 4이면 겨울을 구하라.

날짜구하기 함수들 (TODAY , NOW , DATE , YEAR , MONTH , DAY)

- 오늘 날짜 구하기 : =TODAY() --(년 월 일)--괄호는 비어있음
- 현재의 날짜, 시간 구하기 : =NOW() --괄호는 비어있음
- 오늘 날짜에서 연도 구하기 : =YEAR(TODAY())
- 오늘 날짜에서 월 구하기 : =MONTH(TODAY())
- 오늘 날짜에서 일 구하기 : =DAY(TODAY())

4. 수식 복사하기

서식이나 셀 안의 내용을 복사하는 것과 마찬가지로 수식을 복사할 수도 있다. 계산된 결과 값이 복사되는 것이 아니라 복사한 셀에 맞추어 자동적으로 셀 참조가 이루어진다. 이러한 주소 방식을 [상대주소]방식이라 부른다.

① 아래 그림처럼 입력하고 D12, J7은 함수를 사용하여 구하시오.

상품별 월별실적(전반기)

디저털프라자 (단위: 백만원)

구분	1월	2월	3월	4월	5월	6월	평균
TV	345	756	321	452	223	45	357
냉장고	532	654	121	123	14	213	
세탁기	626	512	425	216	95	226	
오디오	3,254	123	235	965	63	645	
청소기	25	45	82	241	462	714	
월별합계	4,782						

② D12셀에 포인터를 위치시킨 후 [채우기 핸들]상태에서 오른쪽으로 드래그 하시오.

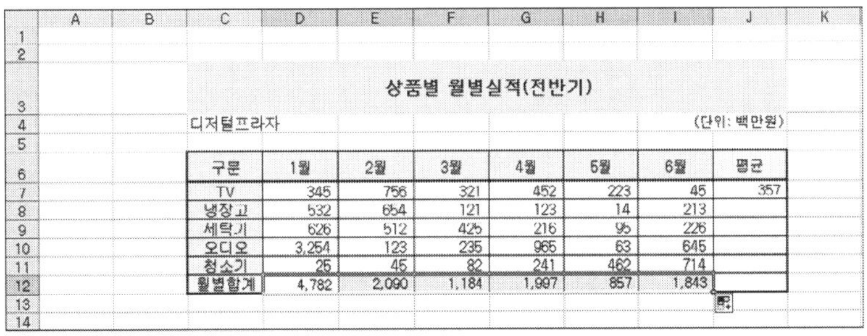

상품별 월별실적(전반기)

디지털프라자 (단위: 백만원)

구분	1월	2월	3월	4월	5월	6월	평균
TV	345	756	321	452	223	45	357
냉장고	532	654	121	123	14	213	
세탁기	626	512	425	216	95	226	
오디오	3,264	123	235	965	63	645	
청소기	25	45	82	241	462	714	
월별합계	4,782	2,090	1,184	1,997	857	1,843	

③ J7셀에 포인터를 위치시킨 후 [채우기 핸들]상태에서 아래쪽으로 드래그 하시오.

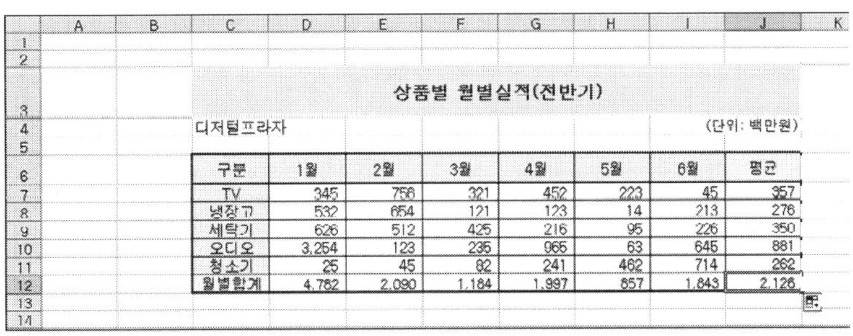

상품별 월별실적(전반기)

디지털프라자 (단위: 백만원)

구분	1월	2월	3월	4월	5월	6월	평균
TV	345	756	321	452	223	45	357
냉장고	532	654	121	123	14	213	276
세탁기	626	512	425	216	95	226	350
오디오	3,264	123	235	965	63	645	881
청소기	25	45	82	241	462	714	262
월별합계	4,782	2,090	1,184	1,997	857	1,843	2,126

④ 평균의 수식이 같이 식이 복사되었다. 채우기 핸들을 이용해서 값을 얻는 경우 수식 뿐만 아니라 서식까지 복사가 된다. 그 결과 G9셀 아래쪽의 선이 없어지게 된다.

이런 경우 의 오른쪽에 있는 을 클릭하면 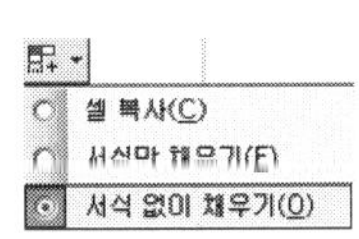 이 나타난다.

여기서 서식 없이 채우기를 선택하며 아래쪽의 선이 원상태를 유지한다.

chapter5 6 차트 작성

| 01_차트 작성 |

1. 다음 데이터를 입력하고 셀 포인터를 목록 내에 위치시킨 후 [삽입]-[차트] 또는 표준 도구모음의 ▦를 클릭한다.

	A	B	C	D	E	F	G
1	5월말 학력고사						
2							
3		국어	수학	사회	과학	총점	평균
4	이순재	86	95	90	65	336	84
5	강감찬	90	70	85	90	335	83.75
6	이순신	60	85	90	75	310	77.5
7	홍길동	75	80	90	95	340	85
8	김하늘	90	70	85	75	320	80
9	이재순	60	85	90	90	325	81.25
10	나문수	75	80	90	70	315	78.75
11	심봉사	80	85	80	60	305	76.25
12	가나만	90	84	80	50	304	76
13	나오미	90	78	85	90	343	85.75
14	신해수	60	67	90	90	307	76.75
15	강민애	75	58	90	80	303	75.75
16	남상민	90	90	70	85	335	83.75
17	허재운	60	97	85	90	332	83
18	고인수	70	85	90	90	335	83.75
19	최말동	85	65	90	85	325	81.25
20	김지수	80	45	80	90	295	73.75
21	한경희	55	70	85	80	290	72.5
22	박주미	60	40	86	80	266	66.5
23	성유라	90	86	70	85	331	82.75
24	성세경	90	70	85	90	335	83.75
25	김을동	60	85	45	90	280	70

2. 차트 종류를 선택하고 다음을 클릭한다.(4단계 중 1단계)

3. 데이터 범위와 계열 위치(평균만 사용)를 지정하고 다음을 클릭한다.(4단계 중 2단계)

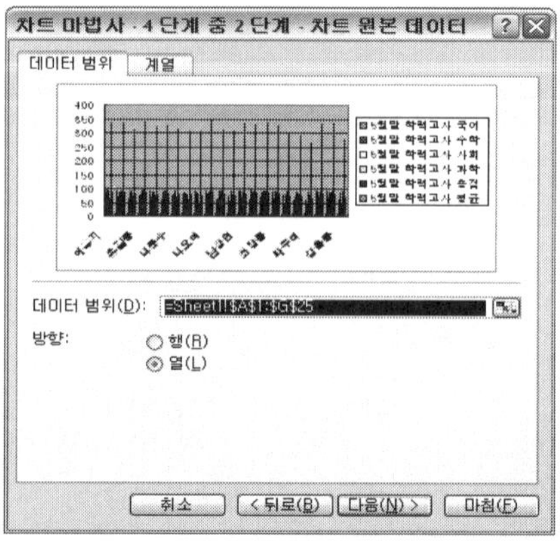

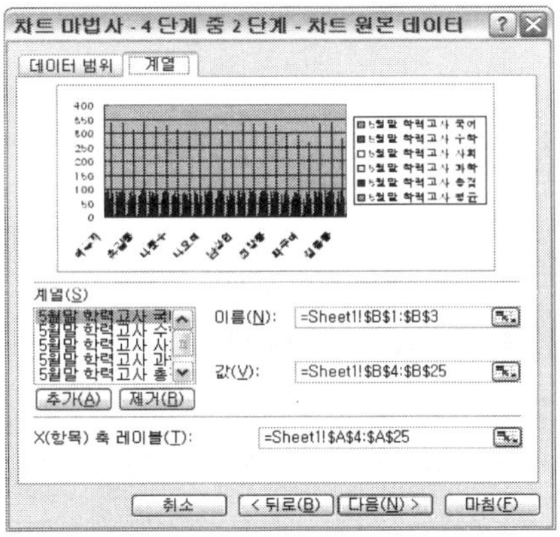

4. [제목] 탭에서 차드 제목, X축 제목, Y축 제목을 입력하고, [범례] 탭에서 범례 표시 위치를 선택하고, [데이터 레이블] 탭에서 "값 표시"를 선택하고 다음을 클릭한다.

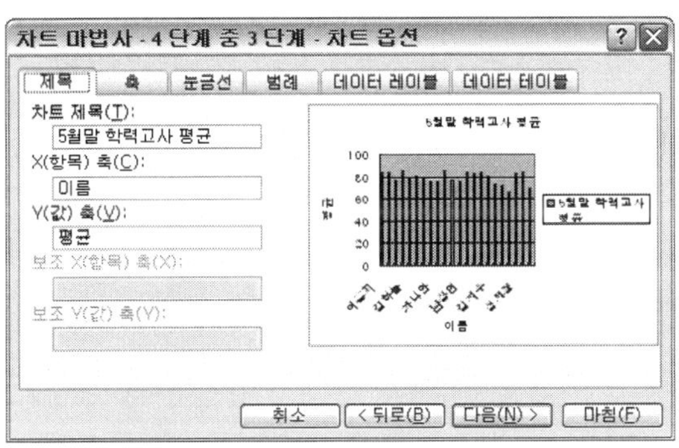

5. 차트 위치를 지정한 후 마침을 클릭하다

6. 워크시트에 차트가 삽입되는 것을 알 수 있다.

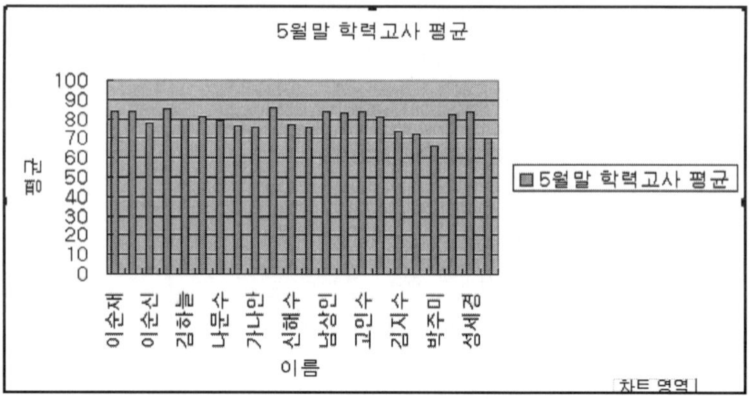

02_차트 편집

1. 차트 위치 변경

차트를 선택한 후 원하는 위치까지 마우스로 드래그한다.

2. 차트 크기 변경

차트를 선택한 후 조절점에서 마우스로 드래그한다.

3. 차트 제목 서식

차트 제목 부분에 마우스를 위치시킨 후 단축메뉴의 [차트 영역 서식]을 선택해서 무늬, 글꼴, 맞춤 등을 설정한다.

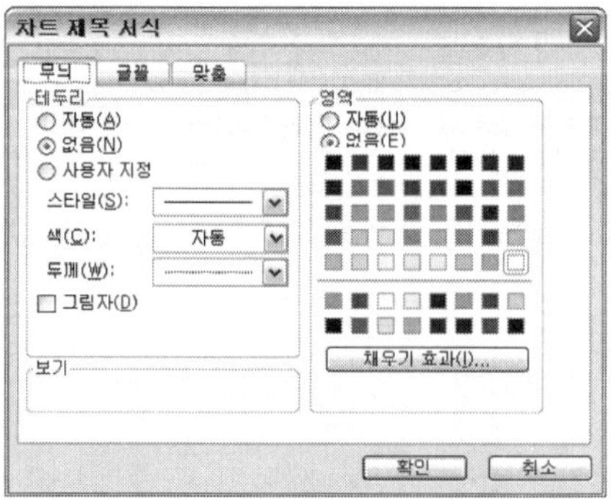

4. 차트 옵션

차트 영역에 마우스를 위치시킨 후 단축메뉴의 [차트 옵션]을 선택하여 제목, 축, 눈금선, 범례, 데이터 레이블, 데이터 테이블 등을 지정할 수 있다.

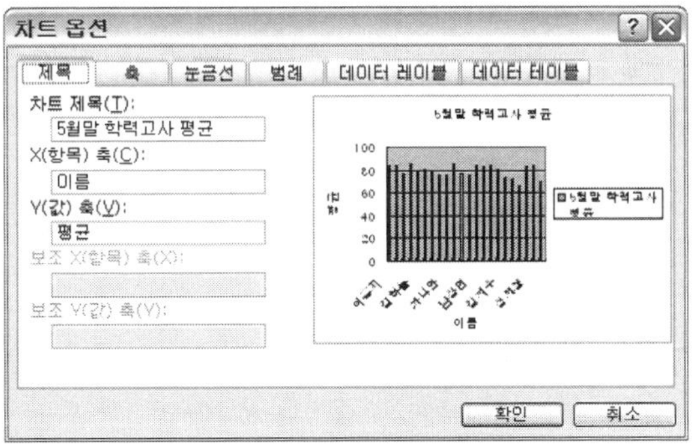

5. 차트 종류 변경

차트 영역에 마우스를 위치시킨 후 단축메뉴의 [차트 종류]를 선택하여 종류를 변경할 수 있다.

6. 차트 꾸미기

1) 차트 영역 서식 : 차트 영역에 마우스를 위치시킨 후 단축메뉴의 [차트 영역 서식]을 선택한다. 차트 영역의 괘선, 채우기 색 및 종류, 글자 속성 등을 설정한다.

2) 그림 영역 서식 : 그림 영역에 마우스를 위치시킨 후 단축메뉴의 [그림 영역 서식]을 선택한다.

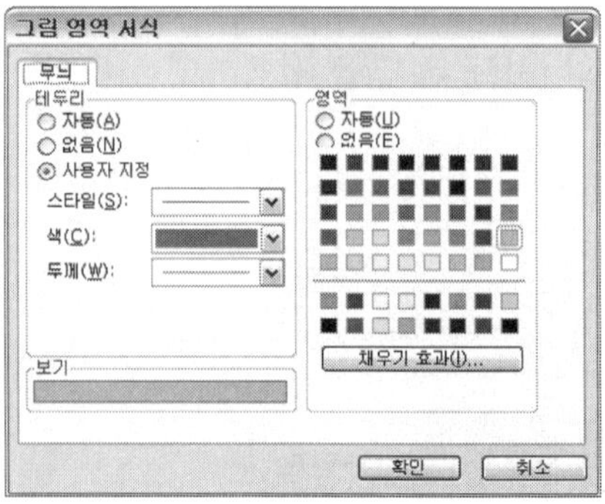

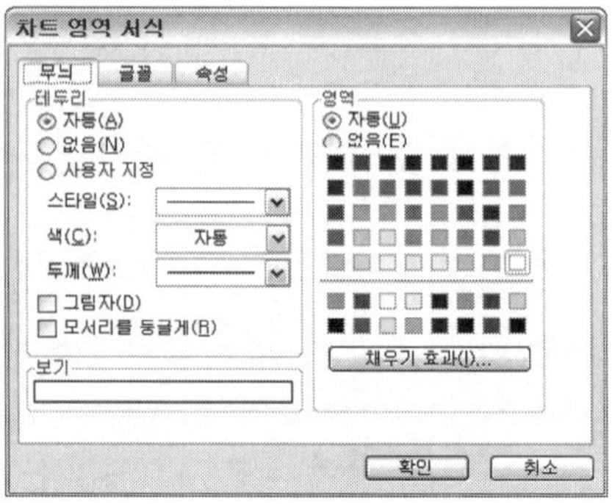

3) **데이터 계열 서식** : 데이터 계열에 마우스를 위치시킨 후 단축메뉴의 [데이터 계열 서식]을 선택한다.

4) **축 서식** : 축에 마우스를 위치시킨 후 단축메뉴의 [축 서식]을 선택한다.

5) **축 제목 서식** : 축 제목에 마우스를 위치시킨 후 단축메뉴의 [축 제목 서식]을 선택한다.

6) **범례 서식** : 범례에 마우스를 위치시킨 후 단축메뉴의 [범례 서식]을 선택한다.

7) **눈금선 서식** : 눈금선에 마우스를 위치시킨 후 단축메뉴의 [눈금선 서식]을 선택한다.

7. 차트 삭제

1) 차트를 선택한 상태에서 [편집]-[지우기]-[전체] 메뉴를 선택하면 차트 전체가 삭제된다.

2) 데이터 계열을 선택한 상태에서 [편집]-[지우기]-[데이터 계열] 메뉴를 선택하면 선택된 데이터 계열이 삭제된다.

3) 차트를 선택한 상태에서 [편집]-[지우기]-[서식] 메뉴를 선택하면 서식이 지워지고 기본 차트인 "묶은 세로막대형"으로 바뀐다.

chapter5 **7**

데이터베이스 기능

| 01_데이터 정렬 |

데이터를 특정 항목을 기준으로 재배열하고자 할 때 사용한다. 정렬 방법은 오름차순(1~9, A~Z)과 내림차순(9~1, Z~A)이 있다.

1. [데이터] 메뉴를 이용하여 정렬

1) 정렬할 목록 내에 셀 포인터를 놓고 [데이터]-[정렬] 메뉴를 선택한다. 또는 정렬할 범위를 선정한 후 [정렬] 메뉴를 선택한다.

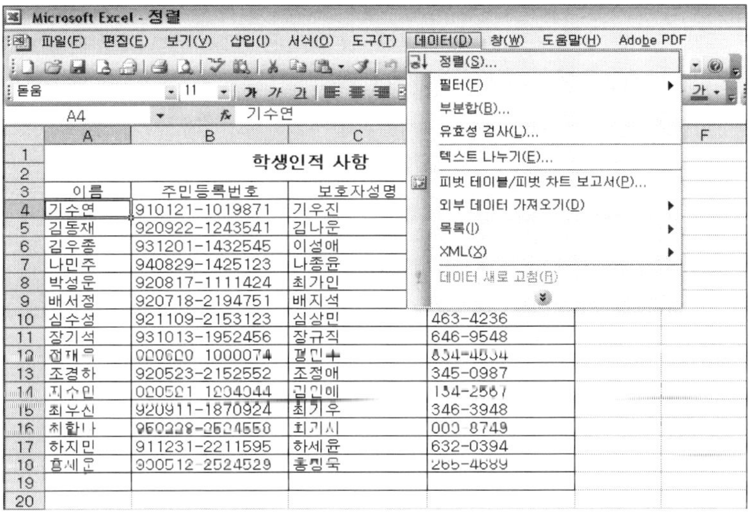

2) 자동으로 데이터 블록이 설정되면서 정렬 대화상자가 나타난다.

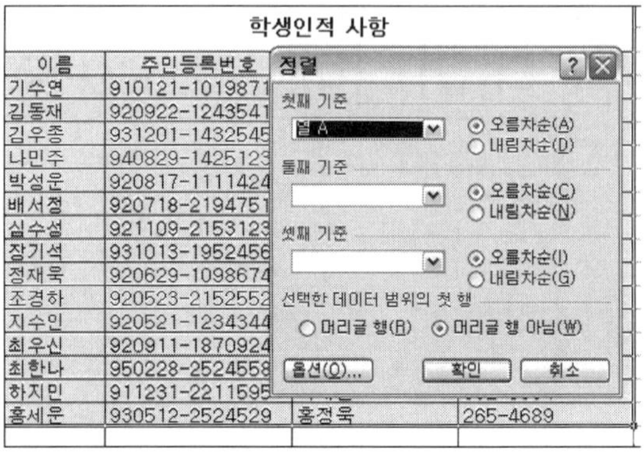

3) 목록의 첫 번째 행을 정렬의 대상에서 제외할 경우에는 머리글 행을 선택하고 그렇지 않을 경우에는 머리글행 아님을 선택한다. 그리고 첫째 기준으로 사용할 항목을 설정하고 오름차순 또는 내림차순을 선택하고 확인을 클릭한다.

4) 이름순으로 데이터가 정렬된다.

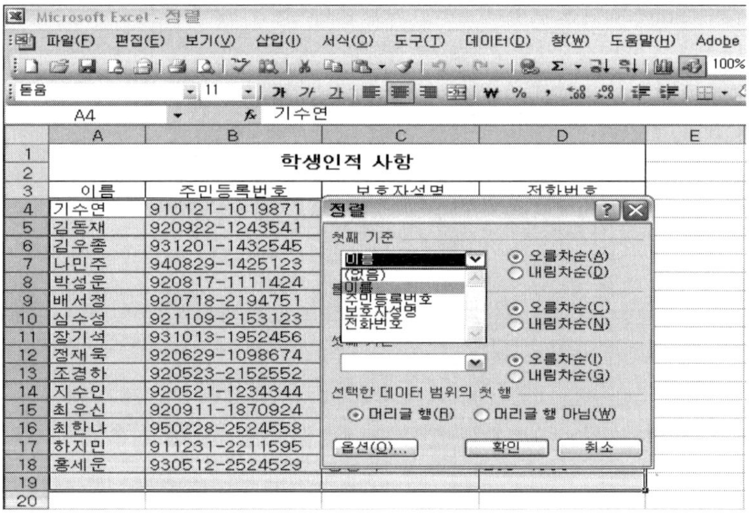

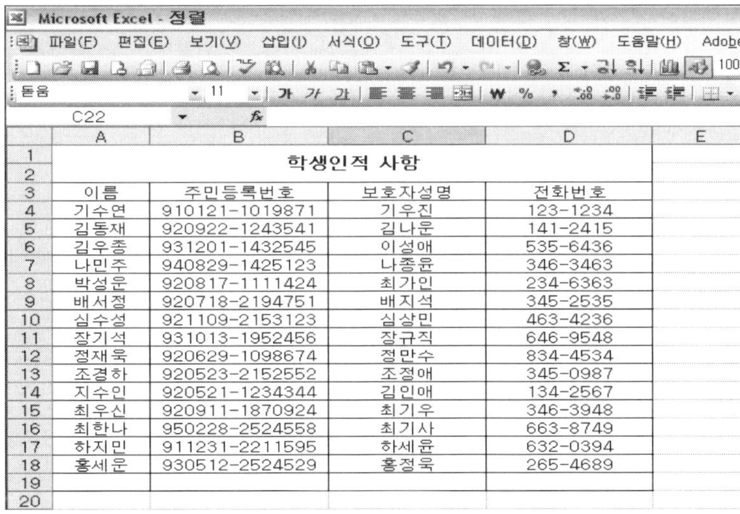

Microsoft Excel - 정렬

	A	B	C	D	E
1	학생인적 사항				
2					
3	이름	주민등록번호	보호자성명	전화번호	
4	기수연	910121-1019871	기우진	123-1234	
5	김동재	920922-1243541	김나운	141-2415	
6	김우종	931201-1432545	이성애	535-6436	
7	나민주	940829-1425123	나종윤	346-3463	
8	박성운	920817-1111424	최가인	234-6363	
9	배서정	920718-2194751	배지석	345-2535	
10	심수성	921109-2153123	심상민	463-4236	
11	장기석	931013-1952456	장규직	646-9548	
12	정재욱	920629-1098674	정만수	834-4534	
13	조경하	920523-2152552	조정애	345-0987	
14	지수인	920521-1234344	김인애	134-2567	
15	최우신	920911-1870924	최기우	346-3948	
16	최한나	950228-2524558	최기사	663-8749	
17	하지민	911231-2211595	하세윤	632-0394	
18	홍세운	930512-2524529	홍정욱	265-4689	
19					
20					

2. 표준도구모음을 이용하여 정렬

정렬할 항목에 셀 포인터를 두고 표준도구모음의 (오름차순) 또는 (내림차순)을 클릭한다.

3. 정렬 취소/반복

1) 데이터 정렬을 취소하려면 [편집]-[정렬 취소] 메뉴를 선택한다.

2) 취소했던 것을 다시 정렬하려면 [편집]-[정렬 반복] 메뉴를 선택한다.

02_필터

데이터 중 특정한 조건을 만족하는 데이터만 추출하고자 할 때 사용한다. 자동 필터와 고급 필터의 방법 중에서 자동 필터에 대해서만 연습한다.

1. A2셀에서 H12셀까지 범위를 설정한 후 [데이터]-[필터]-[자동 필터]를 선택한다.

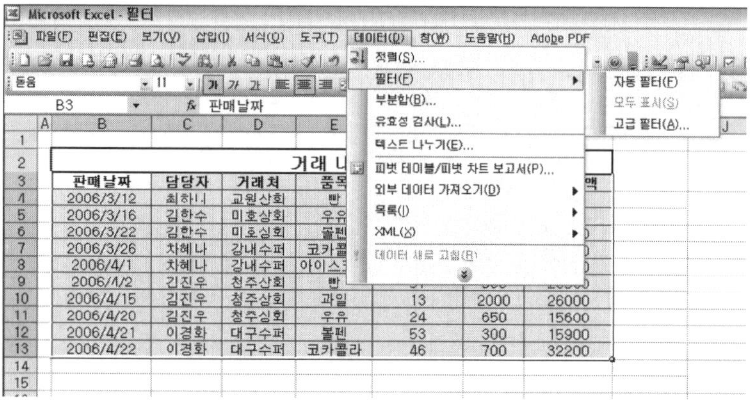

2. 항목 오른쪽에 목록 버튼( )이 표시된다.

3. 필터를 적용할 항목(품목)의 목록 버튼( )을 클릭하여 필터의 기준이 되는 셀 값(코카콜라)을 선택하면 선택한 기준에 해당하는 데이터만 표시된다.

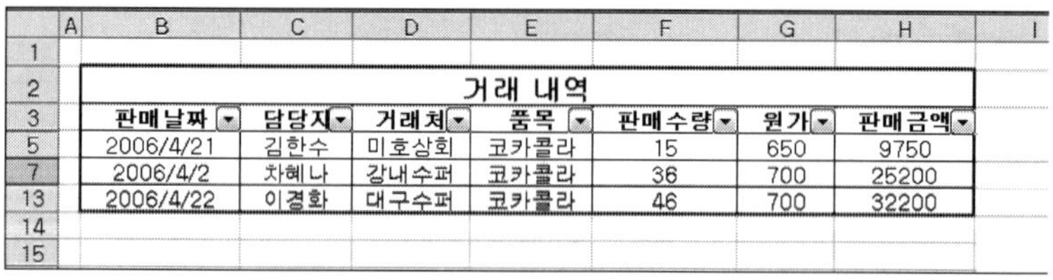

4. 필터가 적용된 항목의 목록 버튼을 클릭하여 "(모두)"를 선택하면 다시 전체 데이터가 표시된다.

5. 자동 필터를 해제하려면 [데이터]-[필터]-[자동 필터] 메뉴를 해제하면 된다.

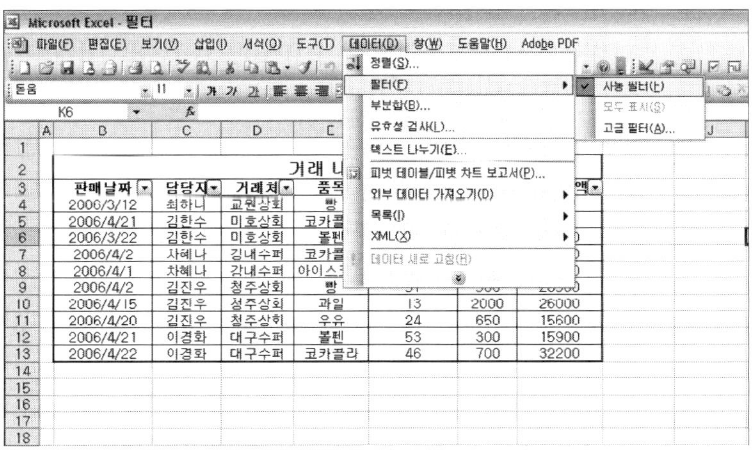

chapter5 8

인쇄하기

01_인쇄 미리 보기( )

(1) [파일] - [인쇄 미리 보기]를 선택하거나, 인쇄 미리 보기 아이콘( )을 선택한다. 미리 보기 초기 화면에서는 마우스 포인터가 돋보기 모양이다. 이때 원하는 특정 부분을 선택하면 그 부분이 확대되어 나타난다. 다시 한 번 아무 곳이나 선택하면 원래 화면 상태로 축소된다. (확대/축소 아이콘을 클릭해도 된다.)

(2) 나타난 미리 보기 화면에서 상단 도구모음을 활용하여 다양한 설정을 할 수 있다. [다음]과 [이전] 단추를 누르면 페이지 단위로 구분된 파일의 내용을 볼 수 있다.

(3) [인쇄] 단추는 설정된 서식대로 파일을 프린터로 출력할 때 사용한다. [닫기] 단추를 누르면 미리 보기 창을 닫고 이전 엑셀 시트 창으로 돌아간다.

워크시트 화면으로 돌아오면 인쇄될 쪽 구분선이 점선으로 나타난다.

(4) [설정] 단추를 누르면 [페이지 설정] 대화상자가 나타나며 용지 크기나 방향 설정과 머리글/바닥글 또는 여백 등의 다양한 페이지 설정에 관련된 사항을 선택할 수 있다. [파일] 메뉴에서 [페이지 설정]을 누른 효과와 동일하다.

(5) 미리 보기 대화상자에서 [여백] 단추를 누르면 페이지 설정에서 지정한 여백을 실제 화면에서 확인할 수 있다. 셀과 셀 사이의 간격 또는 머리글의 영역과 바닥글의 영역 또는 상하좌우 문서의 여백을 볼 수 있으며 수정도 가능하다.

(6) 폭을 변경하고 싶은 곳의 선 부분에 마우스를 놓으면 포인터 모양이 크기조절 모양으로 바뀐다. 이때 원하는 크기만큼 끌어서 놓는다.

(7) 미리 보기 대화상자에서 [페이지 나누기 보기] 단추를 누르면 파일의 모든 페이지를 한눈에 볼 수 있다. 각 페이지의 영역을 직접 수정할 수 있다. [보기] 메뉴에서 [페이지 나누기 보기]를 선택한 결과와 동일하다.

02_페이지 나누기 미리보기

(1) [보기] 메뉴에서 [페이지 나누기 미리보기]를 선택한다.
화면에 사용법에 대한 확인 대화상자가 나타나면 [확인] 단추를 누른다.

(2) 화면에 표시된 청색의 가로 세로 선이 페이지 나눔을 의미하는 선이다.

(3) 각 세로 선이나 가로 선에 마우스를 놓으면 좌우 또는 위아래 화살표 모양의 크기조절 포인터 상태로 바뀐다. 이때 원하는 방향으로 끌어서 놓으면 된다. 적당한 크기로 페이지 나눔을 설정한다.

(4) 설정을 끝낸 후 다시 시트 창으로 돌아가려면 [보기] 메뉴에서 [기본]을 선택한다.

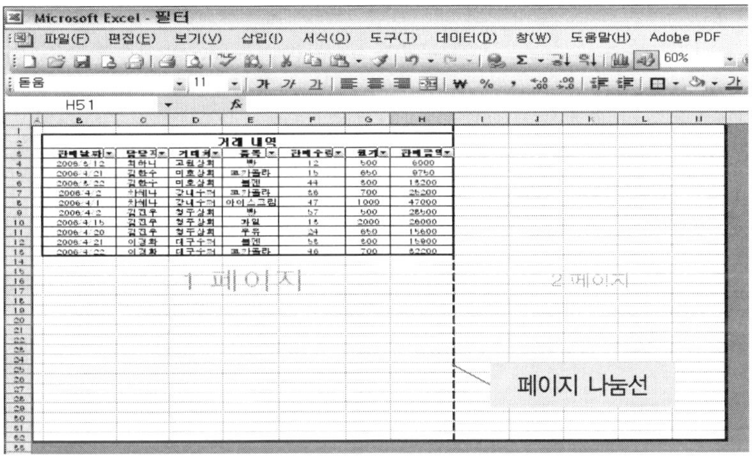

03_페이지 설정

(1) [파일] 메뉴에서 [페이지 설정]을 선택한다.

(2) [페이지] 탭에서는 프린터에 사용할 용지 크기, 품질, 출력할 배율, 용지 방향 등을 설정한다.

(3) [여백] 탭에서는 인쇄할 용지의 여백을 설정한다. 하단의 [페이지의 가운데에] 항목에서 가로와 세로를 모두 선택하면 인쇄할 시트 내용을 용지에 한 가운데를 기준으

로 출력한다.

(4) [머리글/바닥글] 탭을 누르면 출력할 시트 내용의 상단과 하단에 추가할 메시지를 입력할 수 있다. 이들을 설정하면 매 페이지마다 똑 같은 메시지가 용지의 상단에는 머리글이 하단에는 바닥글이 나타난다.

(5) [머리글 편집] 단추를 누르면 머리글을 입력 또는 수정할 수 있는 창이 나타난다.

(6) 왼쪽, 오른쪽, 가운데로 나누어서 입력할 수 있고 원하는 구역에 특정 문자열을 입력하거나 각 아이콘을 누르면 쪽번호, 페이지 번호, 날짜, 시간, 파일 이름, 시트 이름 등을 입력할 수 있다.

(7) 마우스를 각 아이콘에 위치시킨 후 잠시만 기다리면 어떤 기능을 수행하는지에 해당하는 팁이 나타난다.

(8) [바닥글 편집] 단추를 눌러서도 [머리글 편집]과 동일한 방법으로 사용한다. 단지 출력될 위치가 상단인지 하단인지가 다를 뿐이다.

(9) [시트] 탭을 눌러 실제 인쇄할 영역을 지정하거나 매 페이지마다 반복할 행이나 열을 설정할 수도 있다. [인쇄] 항목에서는 셀 눈금선을 인쇄할 것인지, 행/열 머리글을 인쇄할 것인지, 메모 상자의 내용을 인쇄한다면 어떤 방식으로 인쇄할 것인지 등을 설정할 수 있다.

04_머리글, 바닥글에 파일 경로와 그림 삽입

(1) 보기-머리글/바닥글 메뉴를 선택한다. 파일-페이지 설정 메뉴를 선택하여 머리글/바닥글 탭을 클릭해도 같은 결과를 얻을 수 있다.

(2) 머리글 편집 단추나 바닥글 편집 단추를 클릭한다.

(3) 왼쪽 구역, 가운데 구역, 오른쪽 구역 중에서 한 군데를 선택한다.

(4) 아이콘을 클릭하면 파일의 경로와 파일을 인쇄할 수 있다.

(5) 아이콘을 클릭하면 선택한 구역에 회사 로고 등의 이미지 파일을 삽입할 수 있다.

(6) 머리글에 파일 경로와 이미지를 삽입된 결과는 화면 미리 보기를 통해 확인할 수 있다.

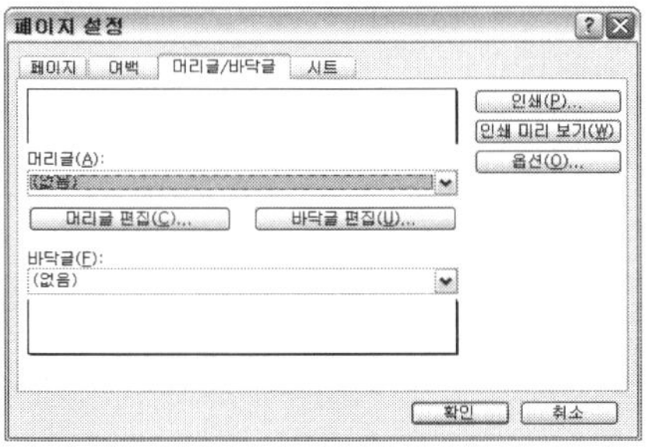

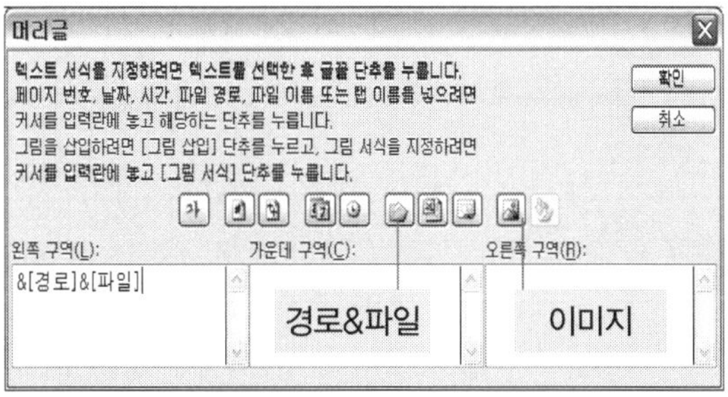

05_인쇄 영역 설정

(1) 문서 전체를 인쇄하지 않고 일부분만 출력하려면 인쇄할 부분을 범위 설정한다.

(2) [파일] 메뉴의 [인쇄 영역]에서 [인쇄 영역 설정]을 선택하여 인쇄할 내용을 설정할 수 있다. 또는 [페이지 설정]에서 [시트] 탭을 이용하여 설정할 수도 있다.

(3) [인쇄]를 이용하여 실제 프린터로 출력하면 이전에 설정한 범위의 데이터만 출력한다.

(4) 인쇄 영역을 해제하려면 [파일] 메뉴의 [인쇄 영역]에서 [인쇄 영역 취소]를 선택한다.

06_인쇄하기

(1) 프린터로 출력하려면 [파일] 메뉴에서 [인쇄]를 선택한다.

(2) [인쇄] 대화상자에서는 사용할 프린터 기종을 선택하고 [등록 정보] 단추를 누르면 더욱 자세한 프린터 정보를 선택할 수 있다.

(3) [인쇄 범위] 항목에서 범위를 설정하지 않으면 기본으로 모든 페이지를 인쇄한다. [인쇄 대상] 항목에서 원하는 대상을 선택하거나 [인쇄 매수] 등을 설정할 수 있다.

(4) 설정한 서식으로 인쇄를 시작하려면 [확인] 단추를 누른다. 인쇄를 실행할 때 엑셀 시트 창의 표준 도구모음에서 [인쇄] 아이콘을 눌러도 되지만 이때는 [인쇄] 대화상자가 나타나지 않고 바로 프린터로 인쇄한다.

따라해보기 데이터 입력

《조건》

(1) **글꼴 속성** : 돋움, 10pt

(2) 모든 데이터는 가로(균등분할), 세로(가운데) 맞춤으로 입력한다. 그 외 모든 데이터는 가로 · 세로 가운데 맞춤으로 입력한다.

(3) [E4][F4]의 데이터는 한 셀에 두 줄 입력 방식으로 입력할 것

(4) A열은 너비 '2' 로 나머지 열은 적당하게 조절

출력형태

■■ 2006학년도 성적

이름	주민등록번호	성별	1학기 종합점수	2학기 종합점수	학년총점
기영운	871014-1211312	남자	983 점	1000 점	1983 점
김상현	860919-1411321	남자	1050 점	968 점	2018 점
김우진	860715-1414329	남자	951 점	955 점	1906 점
나변금	870119-2422132	여자	789 점	1100 점	1889 점
박노식	870815-1312328	남자	1005 점	966 점	1971 점
박병규	870919-1411326	남자	900 점	945 점	1845 점
배유진	870919-2411327	여자	1168 점	981 점	2149 점
서정금	861008-1511327	남자	1078 점	1000 점	2078 점
한정우	860220-1711324	남자	1025 점	957 점	1982 점

따라하기

1. 전체 글꼴 속성을 적용하기 위해 행/열 머리글 교차 부분을 클릭하고 서식 도구 모음의 글꼴(돋움)과 글꼴 크기(10pt)를 지정한다.

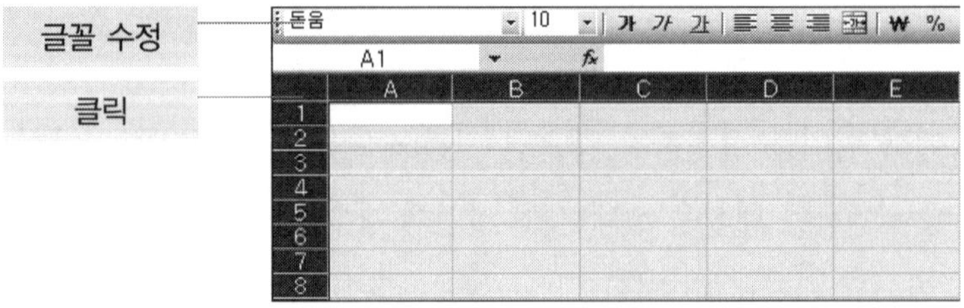

2. A열 머리글을 클릭하고 마우스 오른쪽 버튼을 클릭한 후 바로 가기 메뉴에서 [열 너

비] 메뉴를 선택한다.

3. [열 너비] 대화상자의 '열 너비' 란에 '2' 를 입력하고 확인 단추를 클릭한다.
4. 데이터를 입력할[B4:F13]영역을 블록으로 지정하고 데이터를 입력한다.
5. [E4]셀에서 한 셀에 두 줄 입력 방식을 적용하기 위해 "1학기"를 입력하고 [Alt]+[Enter]키를 누른 후 "종합 점수"를 입력한다.

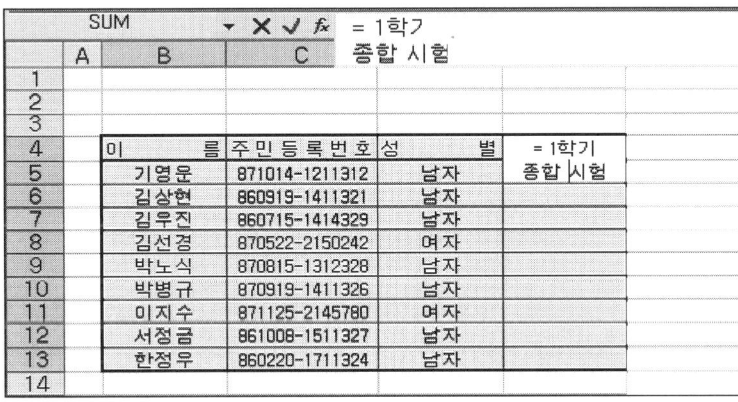

6. [B4:F4]영역을 블록으로 지정하고 [Ctrl]+[1]키를 누른다. [셀 서식] 대화 상자의 [맞춤] 탭에서 가로(균등분할), 세로(가운데)를 지정하고 〈확인〉단추를 클릭한다.
7. [B5:F13] 영역을 블록으로 지정하고 [Ctrl]+[1]키를 누른다. [셀 서식] 대화상자의 [맞춤] 탭에서 가로(가운데), 세로(가운데)를 지정하고 〈확인〉 단추를 클릭한다.
8. B열부터 F열까지 블록으로 지정하고 B열과 C열 머리글 사이를 마우스로 더블클릭하여 열 너비를 셀에 입력된 데이터에 맞게 조절한다.

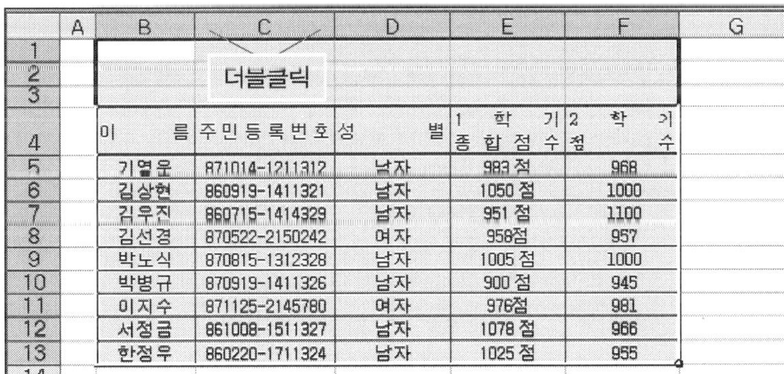

따라해보기 셀 서식

《조건》

(1) 전체 테두리 모양은 출력형태처럼 작성

(2) 전체 글꼴: 돋움 10pt, 글자는 가운데 정렬, 숫자는 오른쪽 정렬

(3) [B4]셀에 메모 삽입

(4) [E4:E12]영역에 사용자 정의로 "년"을 표시하기(예: 12년)

(5) 모든 금액 단위에 통화 스타일(₩) 적용할 것

출력형태

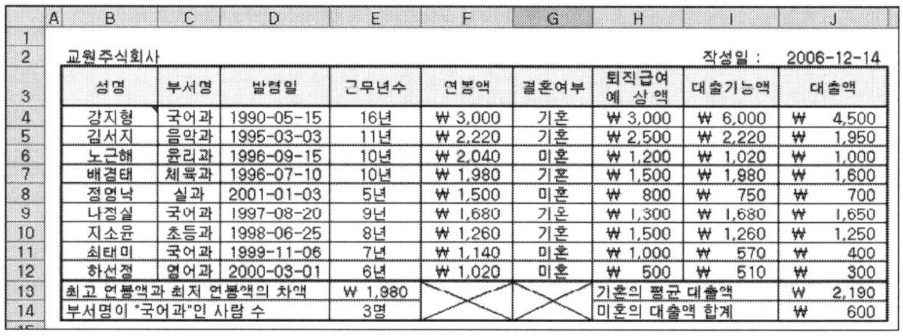

교원주식회사 작성일 : 2006-12-14

성명	부서명	발령일	근무년수	연봉액	결혼여부	퇴직급여 예 상 액	대출기능액	대출액
강지형	국어과	1990-05-15	16년	₩ 3,000	기혼	₩ 3,000	₩ 6,000	₩ 4,500
김서지	음악과	1995-03-03	11년	₩ 2,220	기혼	₩ 2,500	₩ 2,220	₩ 1,950
노근해	윤리과	1996-09-15	10년	₩ 2,040	미혼	₩ 1,200	₩ 1,020	₩ 1,000
배경태	체육과	1996-07-10	10년	₩ 1,980	기혼	₩ 1,500	₩ 1,980	₩ 1,600
정영낙	실과	2001-01-03	5년	₩ 1,500	미혼	₩ 800	₩ 750	₩ 700
나정실	국어과	1997-08-20	9년	₩ 1,680	기온	₩ 1,300	₩ 1,680	₩ 1,650
지소윤	초등과	1998-06-25	8년	₩ 1,260	기혼	₩ 1,500	₩ 1,260	₩ 1,250
최태미	국어과	1999-11-06	7년	₩ 1,140	미혼	₩ 1,000	₩ 570	₩ 400
하선정	영어과	2000-03-01	6년	₩ 1,020	미혼	₩ 500	₩ 510	₩ 300
최고 연봉액과 최저 연봉액의 차액			₩ 1,980			기혼의 평균 대출액		₩ 2,190
부서명이 "국어과"인 사람 수			3명			미혼의 대출액 합계		₩ 600

따라하기

1. 셀 눈금선 삭제

[도구]-[옵션] 메뉴를 선택하고 [옵션]대화 상자의 [화면표시]탭에서 눈금선을 클릭한 후 〈확인〉 단추를 클릭한다.

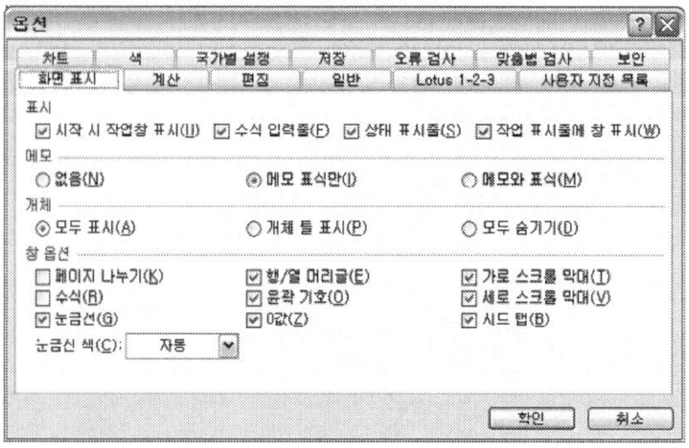

2. 테두리 지정 및 셀 병합

① [B3:J14]영역을 블록으로 지정하고 서식 도구모음의 '테두리( )' 아이콘의 '선택 단추' 를 클릭하여 '모든 테두리' 를 선택한다.

② [B3:J3]영역을 블록으로 지정하고 [Ctrl]키를 누른채 [B4:J12],[B13:J14]영역을 블록으로 지정한다.

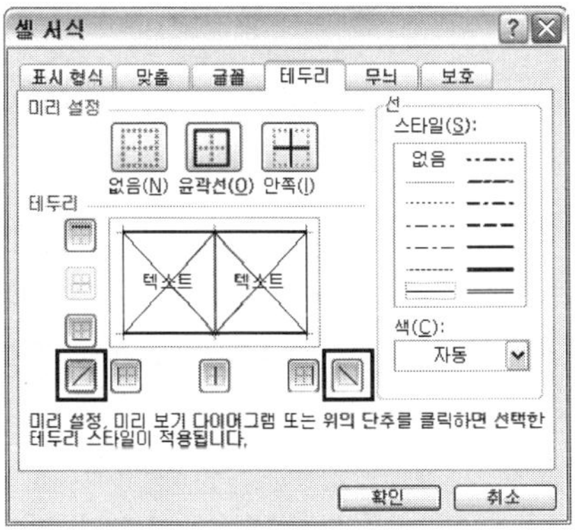

③ 블록이 지정된 상태에서 서식 도구모음의 [테두리]에서 '선택단추' 를 클릭하여 '굵은 상자 테두리' 를 클릭한다.

④ [F13:F14]와 [G13:G14]를 블록으로 지정하고, '셀 병합( )' 을 클릭한다.

⑤ [Ctrl]+[1]키를 눌러 [셀 서식]대화상자의 [테두리]탭에서 테두리(좌 · 우 대각선)을 지정하고 〈확인〉 단추를 클릭한다.

3. 메모삽입

① 메모가 삽입될 [B4]셀을 클릭하고 [Shift] +[F2]키를 누르거나 마우스 오른쪽 버튼을 클릭한다.

② "서울특별시" 를 입력하고 임의의 셀을 클릭한다.

③ 메모가 입력된 셀은 오른쪽 위에 빨간색의 표시가 나다난다.

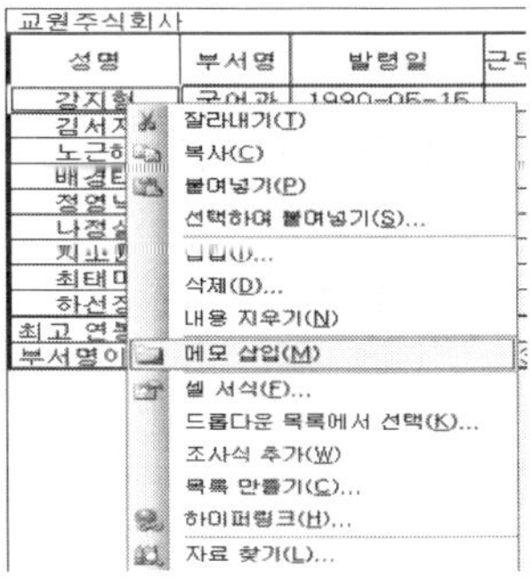

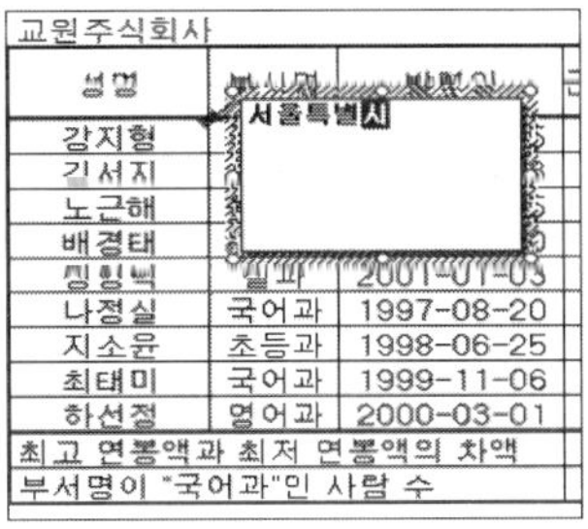

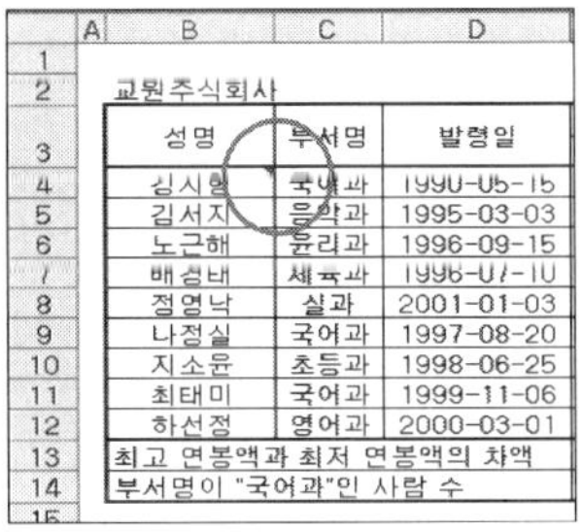

4. 색 지정

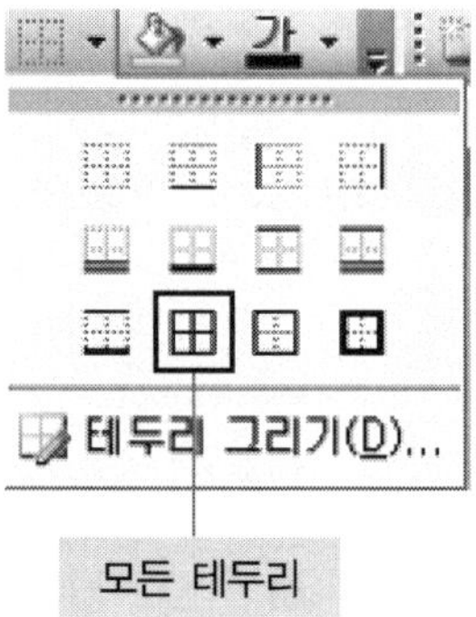

① [B3:J3]영역을 블록으로 지정한다.

② [Ctrl]+[1]키를 눌러 [셀 서식] 대화 상자의 [무늬]탭에서 '연노랑' 을 지정한다.

③ 또는 서식 도구모음의 채우기 색( )을 클릭한 후 '연노랑 '을 지정해도 된다.

5. 표시형식

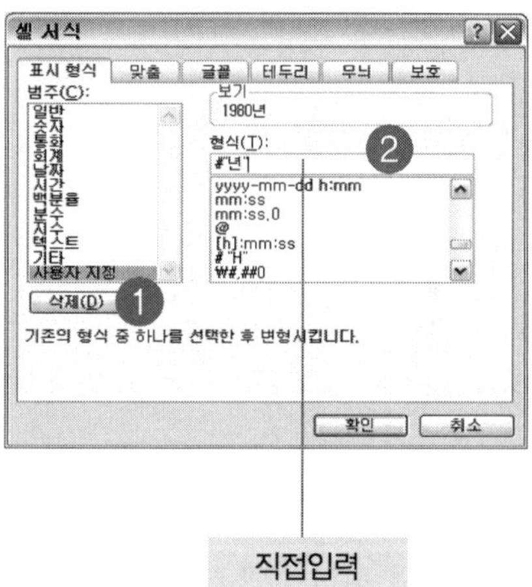

① [E4:E12]영역을 블록으로 지정하고 [셀 서식] 도구상자의 [표시 형식]탭에서 [범주]에서 '사용자 지정' 을 선택하고, [형식]에 # "년"을 입력한다.

② 금액이 입력되어 있는 [F3:F12], [H3:H12], [I3:I12], [J3:J14],[E13]영역을 블록으로 지정한 후 서식 도구모음의 '통화 스타일(₩)' 아이콘을 클릭한다.

교원주식회사 작성일 : 2006-12-14

성명	부서명	발령일	근무년수	연봉액	결혼여부	퇴직급여 예 상 액	대출가능액	대출액
강지형	국어과	1990-05-15	16년	₩ 3,000	기혼	₩ 3,000	₩ 6,000	₩ 4,500
김서지	음악과	1995-03-03	11년	₩ 2,220	기혼	₩ 2,500	₩ 2,220	₩ 1,950
노근해	윤리과	1996-09-15	10년	₩ 2,040	미혼	₩ 1,200	₩ 1,020	₩ 1,000
배결태	체육과	1996-07-10	10년	₩ 1,980	기혼	₩ 1,500	₩ 1,980	₩ 1,600
정영낙	실과	2001-01-03	5년	₩ 1,500	미혼	₩ 800	₩ 750	₩ 700
나징실	국어과	1997-08-20	9년	₩ 1,680	기혼	₩ 1,300	₩ 1,680	₩ 1,650
시소윤	초등과	1998-06-25	8년	₩ 1,260	기혼	₩ 1,500	₩ 1,260	₩ 1,250
최태미	국어과	1999-11-06	7년	₩ 1,140	미혼	₩ 1,000	₩ 570	₩ 400
한선정	영어과	2000-03-01	6년	₩ 1,020	미혼	₩ 500	₩ 510	₩ 300
최고 연봉액과 최저 연봉액의 차액			₩ 1,980			기혼의 평균 대출액		₩ 2,190
부서명이 "국어과"인 사람 수			3명			미혼의 대출액 합계		₩ 600

따라해보기 수학함수

《조건》

	A	B	C	D	E	F	G	H
1								
2			개강 과목	담당	수강료	평균수강료	등록 정원	
3			엑셀 활용	이근호	18,250	869.05	21	
4			워드프로세스	나운규	20,000	869.57	23	
5			엑세스활용	이지현	18,950	592.19	32	
6			플래시	심수정	21,500	1,433.33	15	
7			포토샵	김정은	21,500	1,433.33	15	
8				평균	20,040	1,039.49	21	
9								
10		문1)			문5)			
11		문2)			문6)			
12		문3)						
13		문4)						
14								

제시되어 있는 데이터를 주어진 함수를 이용하여 해당 값 구하기

문1 개강과목 전체 수강료의 합(SUM함수)

문2 수강료가 20,000원 이상인 과목의 등록 정원의 합(SUMIF함수)

문3 등록 정원 평균 수강료를 소수 둘째 자리에서 반올림하기(ROUND함수)

문4 '심수정' 의 평균수강료를 소수 둘째 자리에서 올림하기(ROUNDUP함수)

문5 '이근호' 의 평균수강료를 소수 셋째 자리에서 내림하기(ROUNDDOWN함수)

문6 평균수강료의 평균을 정수로 나타내기(INT함수)

따라하기

1. [C10]셀을 클릭하고 "SUM(number1,number2, ...)" 활용

number1, number2, ... 합계 값이나 합을 구할 인수(1개부터 30개까지 사용)

☞ "=sum(e3:c7)" 입력 후 [Enter] 값: 100,200

2. [C11]셀을 클릭하고 "SUMIF(range,criteria,sum_range)" 활용

range 조건을 적용시킬 셀 범위

criteria 숫자, 수식 또는 텍스트 형태로 된 찾을 조건이다.

예를 들어 criteria는 32, "32", ">32", "사과" 등으로 표시할 수 있다.

☞ "=sumif(e3:e7, ">=20,000",g3:g7)" 입력 후 [Enter] 값: 53

3. [C12]셀을 클릭하고 "ROUND(number,num_digits)"활용

Number: 반올림할 수, Num_digits 반올림할 Number의 자릿수

☞ "=round(f8,1)" 입력 후 [Enter] 값: 1,039.50

4. [C13]셀을 클릭하고 "ROUNDUP(number,num_digits)" 활용

Number: 올림할 수, Num_digits 올림할 Number의 자릿수

☞ "=roundup(f6,1)" 입력 후 [Enter] 값:1,433.40

5. [D10]셀을 클릭하고 "ROUNDDOWN(number,num_digits)" 활용

Number: 내림할 수, Num_digits 내림할 Number의 자릿수

☞ "=rounddown(f3,2)" 입력 후 [Enter] 값: 869.04

6. [D11]셀을 클릭하고 "INT(number)" 활용

Number: 정수로 내릴 실수

☞ "=int(f8) 입력 후 [Enter] 값: 1,039.00

	A	B	C	D	E	F	G	H
1								
2			개강 과목	담당	수강료	평균수강료	등록 정원	
3			엑셀 활용	이근호	18,250	869.05	21	
4			워드프로세스	나운규	20,000	869.57	23	
5			엑세스활용	이지현	18,950	592.19	32	
6			플래시	심수정	21,500	1,433.33	15	
7			포토샵	김정은	21,500	1,433.33	15	
8				평균	20,040	1,039.49	21	
9								
10		문1)	120,240		문5)	869.04		
11		문2)	53		문6)	1,039.00		
12		문3)	1,039.50					
13		문4)	1,433.40					

혼자 해 보기

'포토샵' 과목의 수강료를 등록 정원으로 나눈 나머지를 구하기(MOD함수)

☞ 정답 : 5

따라해보기 통계함수

《조건》

	A	B	C	D	E	F	G	H	I
1									
2			성명	국어	수학	영어	총점	비고	
3			김이애	92	85	96	273	장학생	
4			나상욱	96	90	72	258	장학생	
5			이창호	58	75	80	213		
6			김호희	95	60		155		
7			고인경	85	83	60	228		
8			이지현	95	74	78	247		
9			김수인	90	35	85	210		
10			정인경	88	95	68	251		
11									
12		문1)				문5)			
13		문2)				문6)			
14		문3)				문7)			
15		문4)				문8)			

문1 국어 과목의 평균 구하기(AVERAGE 함수)

문2 수학 과목이 85점 이상인 인원수(COUNTIF함수)

문3 총점을 기준으로 '이지현' 학생의 석차 구하기(RANK함수)

문4 영어 과목의 미응시자 수(COUNTBLANK함수)

문5 수학 과목의 최고 점수를 구하시오(Max 함수)

문6 국어 과목의 최저 점수를 구하시오.(Min 함수)

문7 총점에서 2번째로 큰 점수를 구하시오.(Large 함수)

문8 총점에서 3번째로 작은 점수를 구하시오.(Small 함수)

따라하기

1. [C12]셀을 클릭하고 수시 입력줄에 "=average(범위)"를 입력한다. 국어 과목의 범위는 D3:D10 이다. 즉, "=average(d3:d10)"을 입력한다.

2. [C13]셀을 클릭하고 "=countif(범위, 조건)"를 입력한다. 수학 과목의 범위는 e3:d10이며 조건은 ">=85" 이다. 즉, "=countif(e3:e10, ">=85")" 를 입력한다.

혼자 해보기(문3~8번은 직접 해보자)

① Rank(인수, 범위, 옵션) : 범위내에서 인수의 순위, 옵션(0 또는 생략하면 내림차순, 1은 오름차순 순위 산출)

② Countblank(범위) : 범위내의 공백의 수

③ Max(인수1, 인수2,...) : 인수의 최대 값

④ Min(인수1, 인수2,...) : 인수의 최소 값

⑤ Large(범위, n) : 범위내에서 n 번째 큰 값

⑥ Small(범위, n) : 범위내에서 n 번째 작은 값

	A	B	C	D	E	F	G	H
1								
2			성명	국어	수학	영어	총점	비고
3			김이애	92	85	96	273	장학생
4			나상욱	96	90	72	258	장학생
5			이창호	58	75	80	213	
6			김호희	95	60		155	
7			고인경	85	83	60	228	
8			이지현	95	74	78	247	
9			김수인	90	35	85	210	
10			정인경	88	95	68	251	
11								
12		문1)	87.375			문5)	95	
13		문2)	3			문6)	58	
14		문3)	4			문7)	258	
15		문4)	1			문8)	213	
16								

따라해보기 논리함수

《조건》

	A	B	C	D	E	F
1						
2			성명	국어	영어	총점
3			김기훈	95	98	193
4			김정민	96	72	168
5			송강호	82	62	144
6			최진실	76		76
7			이수영	95	63	158
8						
9		문1)				
10		문2)				

문1 '송강호' 학생의 국어 과목 점수가 영어 과목 점수보다 높으면 "국어", 그렇지 않으면 "영어"를 표시하시오(IF 함수)

문2 '김기훈' 학생의 국어 점수가 90점 이상이면 "A", 80점 이상이면 "B", 70점 이상이면 "C", 그렇지 않으면 "F"를 표시하시오(IF 함수)

따라하기

1. IF(조건, 실행1, 실행2)은 조건이 참이면 실행1을 조건이 거짓이면 실행2를 수행한다.

   조건은 '송강호' 학생의 국어점수(d5)가 영어점수(e5)보다 많은지를 비교하는 것이다. 즉, [C9]셀을 클릭하고 "=if(d5>e5, "국어", "영어")"를 입력하면 된다.

2. '김기훈' 학생의 국어점수가 조건에 맞는지를 확인하면 된다. [C3]셀을 선택하고 "=if(D3>=90,"A",if(D3>=80,"B",if(D3>=70,"C",F)))"를 입력하면 된다.

C10 fx =IF(D3>=90,"A",IF(D3>=80,"B",IF(D3>=70,"C","F")))

	A	B	C	D	E	F	G	H	I
1									
2			성명	국어	영어	총점			
3			김기훈	95	98	193			
4			김정민	96	72	168			
5			송강호	82	62	144			
6			최진실	76		76			
7			이수영	95	63	158			
8									
9		문1)	국어						
10		문2)	A						

혼자 해 보기

	A	B	C	D	E	F	G
1							
2			**성명**	**사회**	**과학**	**총점**	
3			김정일	85	96	181	
4			홍길동	97	65	162	
5			장녹수	97	80	177	
6			최무선	95	90	185	
7			이순신	67	87	154	
8							
9		문1)					
10		문2)					
11							
12							

문1) '이순신' 학생의 사회, 과학 점수 중 85점 이상인 과목이 있으면 '우수', 아니면 '보통'을 표시하시오. (IF, OR 함수)

문2) '김정일' 학생의 경우 두 과목 모두 90점 이상일 경우 '합격', 아니면 '불합격'을 표시하시오. (IF, AND 함수)

C9 = IF(OR(D7>=85,E7>=85),"우수","보통")

	A	B	C	D	E	F	G	H
1								
2			**성명**	**사회**	**과학**	**총점**		
3			김정일	85	96	181		
4			홍길동	97	65	162		
5			장녹수	97	80	177		
6			최무선	95	90	185		
7			이순신	67	87	154		
8								
9		문1)	우수					
10		문2)	불합격					

6 Chapter

멀티미디어의 교육적 활용

chapter6

1 멀티미디어

요즘 세계의 정보산업계에서 '멀티미디어'는 키워드이다. 방송이나 신문, 그리고 잡지 등 각종 대중 매체들은 연일 멀티미디어 관련 기사들을 홍수처럼 쏟아내고 있다. 우리 생활을 바꾸게 될 이 멀티미디어의 과거와 현재의 일반적인 개념과 활용실태 그리고 미래를 조심스럽게 살펴보며 설명해 나가고자 한다.

01_멀티미디어의 정의 및 특성

멀티미디어는 멀티와 미디어라는 두 단어의 합성어로 각각의 뜻은 다음과 같다. 멀티(Multi –)는 여러 가지라는 의미이고 미디어(media)는 medium의 복수형으로 매개물, 매체, 매개, 수단이란 의미이다.

즉 여러 가지 미디어를 하나로 통합했다는 의미를 갖는다. 멀티미디어 분야에서 사용되는 미디어의 개념은 문자, 그림, 소리, 애니메이션, 동영상과 같은 정보의 표현방법을 의미한다. 이처럼 단어의 의미로 보면 위의 요소들 중 두 가지 이상을 사용하여 정보를 표현하는 것이라고 할 수 있다. 그러나 이처럼 단순히 둘 이상의 미디어 요소만을 사용했다고 해서 멀티미디어라고 하지는 않는다. TV를 보고 멀티미디어가 아니라고 하는 이유도 여기에 있다.

멀티미디어의 특성

- 멀티미디어는 두 가지 이상의 미디어 사용
- 멀티미디어는 두 가지 이상의 미디어 동시 사용
- 미디어를 사용하기 위해서는 하나의 시스템 사용

• 사용자가 시스템과 대화 가능
• 시스템을 사용하여 정보 획득

보통 사람들이 멀티미디어 PC라는 물건 자체를 멀티미디어라고 이해하기도 한다. 멀티미디어 PC 에서 멀티미디어가 구현되고 사람이 이를 이용하고 있는 동안은 그러한 개념도 틀렸다고 볼 수 없을 것이다. 그러나 좀더 명확하게는 멀티미디어 PC는 그 구현 수단이며, 멀티미디어 PC 를 통해 제공되는 문자, 소리, 그림, 애니메이션, 동영상 등의 여러 가지 미디어를 이용하여 나오는 정보와 사람이 상호 작용하고 있는, 무형의 그것 자체가 멀티미디어라고 볼 수 있다. 그러므로 멀티미디어는 '두 가지 이상의 미디어를 동시에 하나의 시스템으로, 대화의 기능을 통해 정보를 표현하는 것' 이라고 볼 수 있다. 인간과 기기간의 효과적인 정보전달의 차원에서 멀티미디어를 이해하는 것이 바람직하다.

| 01_녹음을 위한 준비 과정 |

① [시작]-[제어판]-[사운드 및 오디오 장치]를 클릭하여 사운드 카드가 제대로 작동하는지 확인한다.

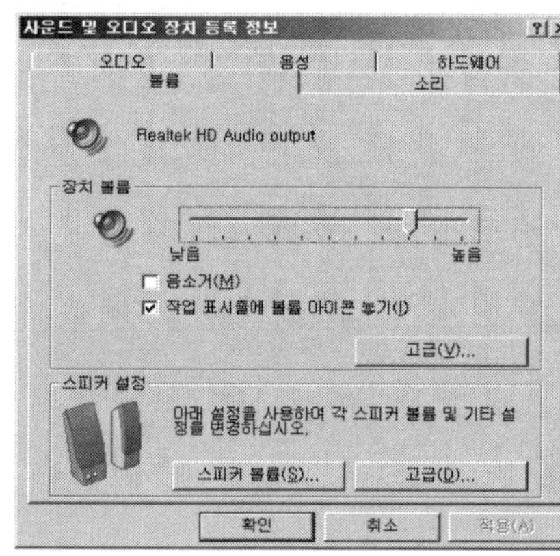

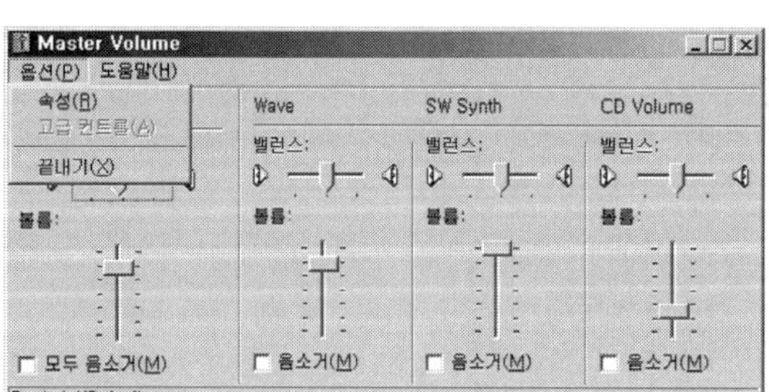

② 사운드 카드가 정상적으로 작동을 하면 바탕화면의 오른쪽 하단에 있는 트레이에서 스피커[ ] 모양의 아이콘을 더블 클릭한다. 더블 클릭하면 'Master Volume' 대화상자가 나타나며 상단 메뉴중 [옵션]-[속성]을 선택한다.

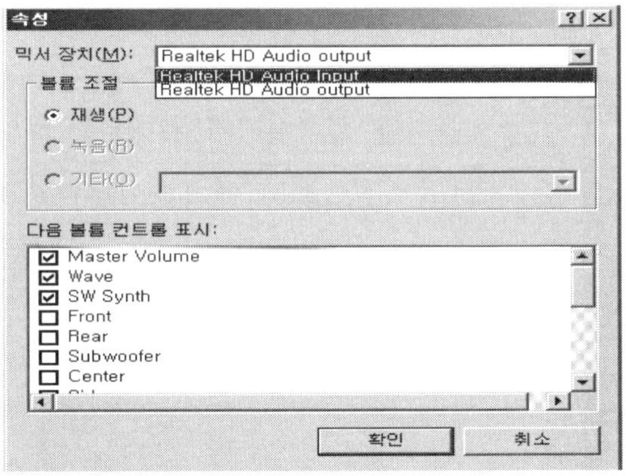

③ 속성창이 나타나면 믹서 장치를 'output' 에서 'input' 으로 변경하며 이렇게 변경을 하면 볼륨 조절이 '재생' 에시 '녹음' 으로 변경되는 것을 확인할 수 있다.

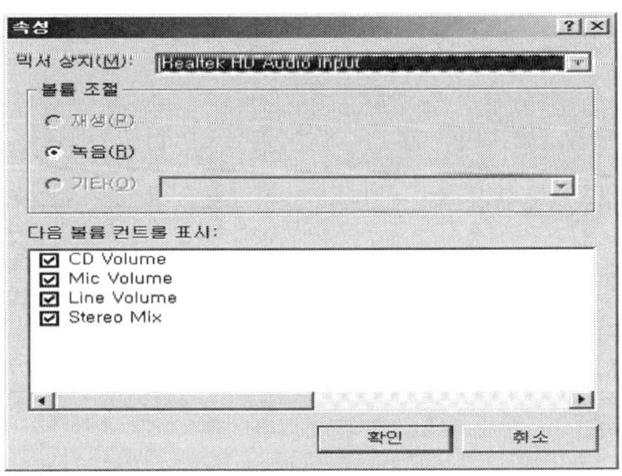

④ '볼륨 조절' 부분이 녹음으로 변경된 것을 확인한 후 아래 쪽에 있는 '다음 볼륨 컨트롤 표시' 를 확인해야 한다. 이 부분은 녹음할 수 있는 장치를 선택하는 곳으로 특별한 경우를 제외하고는 모든 볼륨 컨트롤을 체크하도록 한다.

주로 사용하는 볼륨 컨트롤은 'Mic Volume', 'Stereo Mix' 이다.

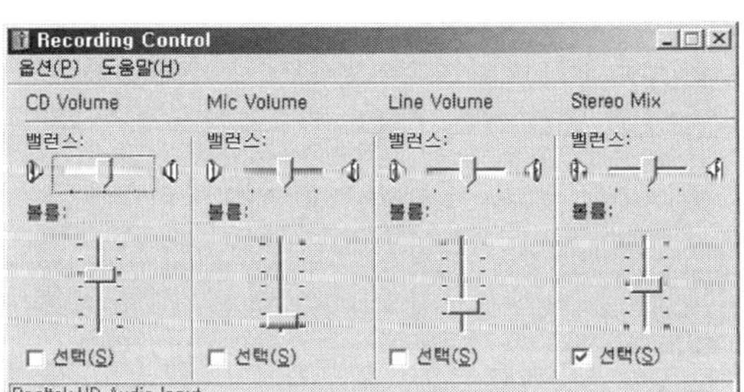

⑤ 위 '❹번' 의 과정에서 볼륨 컨트롤은 선택했다면 [확인] 버튼을 클릭한다. 그런 전 과정이 'Master Volume' 화면과 다른 'Recording Control' 이 나온다.

이 부분에서 마이크로 녹음을 하고 싶을 때는 'Mic Volume' 항목 밑에 있는 선택란을 체크하고 인터넷상에 있는 음악을 녹음하고 싶을 때는 'Stereo Mix' 부분을 선택하면 된다.

02_녹음기 활용

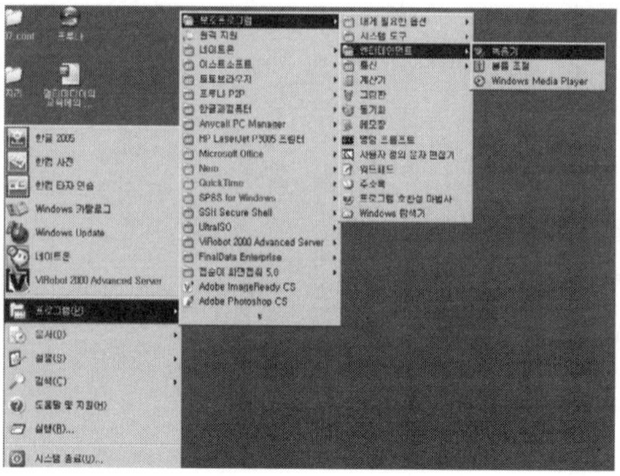

① 녹음기를 실행시키기 위해서는 [시작]-[프로그램]-[엔터테인먼트]를 차례대로 눌러 [녹음기] 메뉴를 클릭한다.

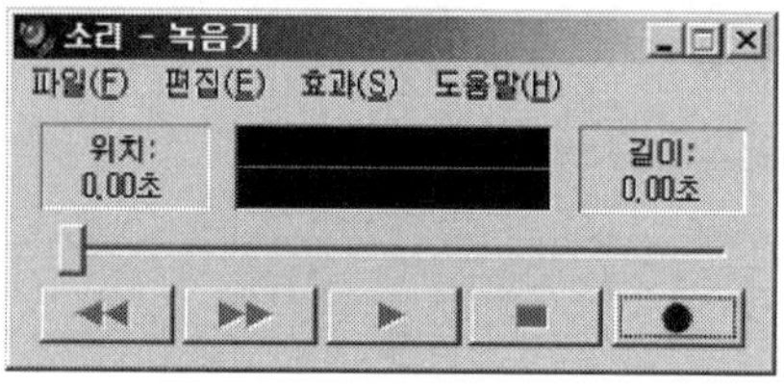

② 녹음 [●] 버튼을 누르면 녹음이 진행되고 원하는 녹음을 마쳤으면 정지 [■] 버튼을 눌러 녹음을 마친다. 녹음을 마친 후에는 재생 [▶] 버튼을 눌러 녹음이 되었는지 확인한다.

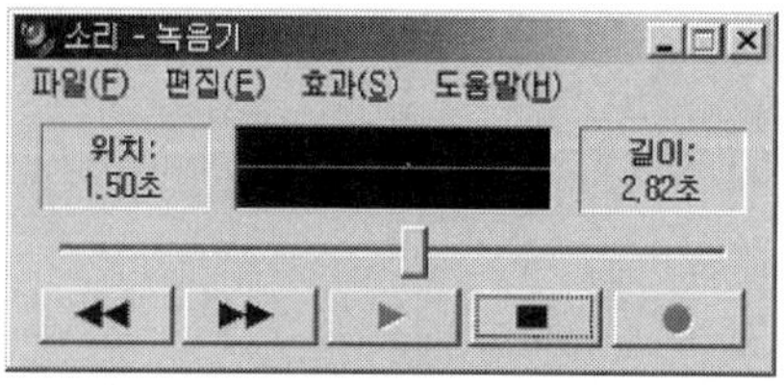

③ 옆 화면은 녹음을 한 후 녹음한 것을 확인해 보기 위해 [재생] 버튼을 누른 것이다.

TIP

목소리의 녹음을 위해서는 예전에는 마이크를 많이 사용했지만, 요즘에는 비교적 가격이 저렴한 헤드셋에도 마이크가 달려 있으므로 헤드셋을 활용하여 연습을 합시다.

03_Windows Movie Maker 활용하기

1. Windows Movie Maker

무비 메이커는 마이크로소프트 운영체제(WINDOWS ME부터)에 포함되어 있는 간이 동영상 편집기이다. 제법 전문적인 비디오 편집기에 비견할 만한 기능 즉, 클립 분할, 사진 찍기, 비디오 전환, 비디오 효과 등의 기능을 지니게 되어, 동영상 편집에 입문하고자 하는 사람들에게 권장할 만한 프로그램이 되었다.

무비 메이커는 마이크로소프트의 표준 스트리밍 파일 형식인 WMV 제작이 간편하고 빠르게 할 수 있다는 것이 큰 장점인 프로그램이다.

무비메이커는 현재 2.1버진까지 나와 있고 윈도우 XP 서비스팩 2를 설치하면 자동적으로 설치되는 프로그램이다. 따라서 본 교재를 따라 하려면 컴퓨터의 운영체제가 윈도우 XP 서비스팩 2인가를 꼭 확인하여야 한다.

2. 사용전 준비 사항

① 컴퓨터 본체에 IEEE1394(비디오캡쳐 장치)를 구입하여 설치해야 한다.

(컴퓨터 마더보드에 이미 장작된 것도 있음 - 그렇지 않은 경우는 구입하여 본체 내에 장착하여야 비디오를 캡쳐할 수 있음)

② 캠코더에 DV테입을 넣은 후, 전원을 off한 상태에서 다음과 같이 연결

- 캡코더 DV입력 단자에 IEEE1394 케이블 연결하기
- 컴퓨터 본체 뒷면의 동영상 캡쳐카드에 IEEE1394 케이블 연결하기

3. 프로그램 실행

윈도우 바탕화면 왼쪽 하단 [시작] → [프로그램] → [Windows Movie Maker 2] 클릭한다.

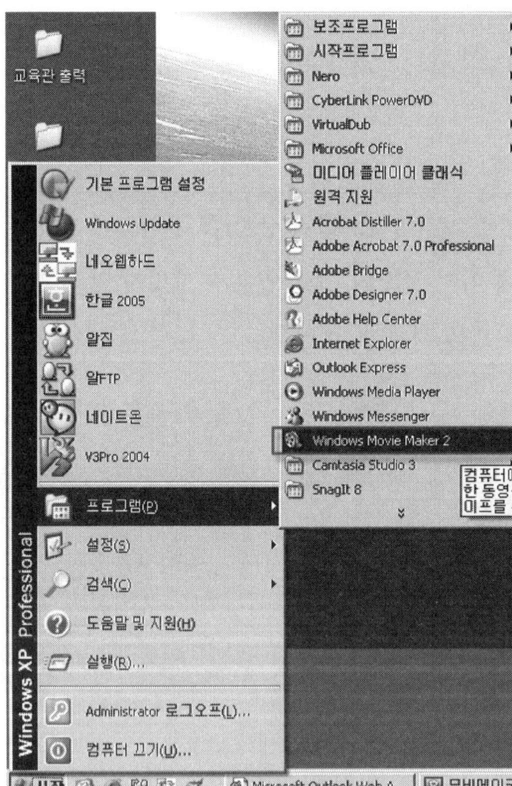

4. 화면 구성

화면 왼쪽에 [동영상 작업]이란 항목 아래 [1. 비디오 캡처]에서 [3. 동영상 완료]까지 일반적인 비디오 편집 작업의 순서대로 메뉴가 나와 있다.

가운데에는 캡처하였거나, 불러온 비디오 클립이 나열된다.

클립을 더블클릭하면 '미리보기' 창에서 보이게 된다. 미리보기 창의 아래쪽에는 비디오 컨트롤러 버튼과 함께 클립을 2개로 분할하는 단추와 정지 그림으로 담아내는 [사진 찍기] 단추가 있다.

클립을 끌어서 스토리 보드에 가져다 놓아 영상의 순서를 맞출 수 있고, 클립과 클립 사이에는 전환 효과와 영상 효과를 가미할 수 있다.

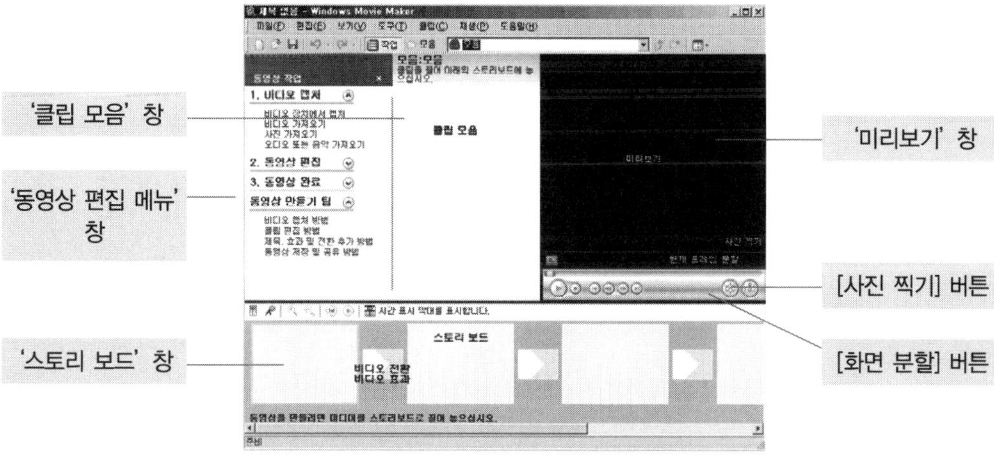

4. 활용하기

1) 비디오 캡처하기

가) 캡처 실행

[동영상 작업] 메뉴의 [1. 비디오 캡처] → [비디오 장치에서 캡처]를 실행한다.

나) 비디오 캡처 장치 선택

비디오 캡처 장치는 컴퓨터와 연결되어 있어야 하고, 전원이 켜져 있어야 한다. 물론 장치를 구동하는 드라이브 프로그램도 설치되어 있어야 한다.

비디오 장치가 연결이 되어 있지 않을 때의 메시지

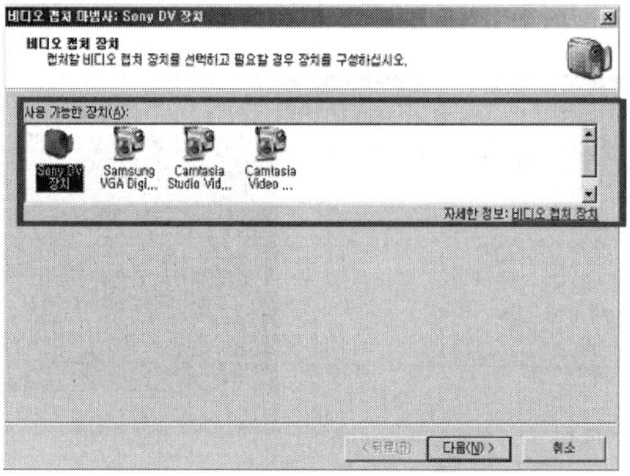

비디오 장치가 연결이 되어 있을 때의 화면

> **TIP**
>
> IEEE1394의 특징
> 1. 3.2Gbps의 초고속 전송이 가능하다.
> 2. 63개의 장비를 연결하여 먼 거리에서도 안정성 있게 전송한다.
> 3. 쌍방향 통신 기능이 뛰어나다.
> 4. 핫플러깅(hot-plugging) 지원으로 전원을 켠 상태에서도 자동 인식한다.

다) 저장 위치 선택

비디오 장치를 선택하고 [다음] 단추를 클릭하면, 다음과 같이 캡처한 비디오 파일을 저장할 이름과 위치를 정하게 된다.

- [1. 캡처한 비디오의~] 항목에서 파일 이름을 입력하고,
- [2. 캡처한 비디오의~] 항목에서 저장 위치를 선택한다.

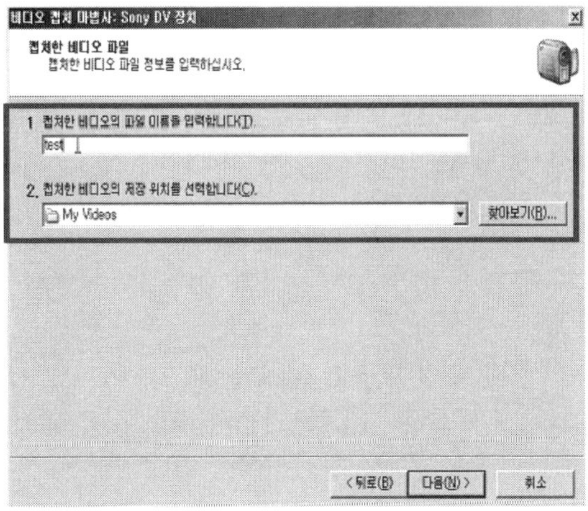

라) 비디오 설정

(1) [내 컴퓨터에서 최고 품질로 재생(권장)]이 기본 값으로 설정되어 있다. WMV 형식으로 만들 경우에 선택하여야 한다.

(2) [디지털 장치 형식(DV-AVI)]를 선택하면 비디오테이프의 원본 화질로 캡처를 한다. 이 때 분당 저장되는 MB가 크므로, 충분한 하드디스크의 용량이 남아있어야 한다. 설명과 같이 테이프로 다시 입력할 경우 선택한다.

(3) [기타 설정] 을 통해서 비트수와 화면크기를 다양하게 조절할 수 있다.

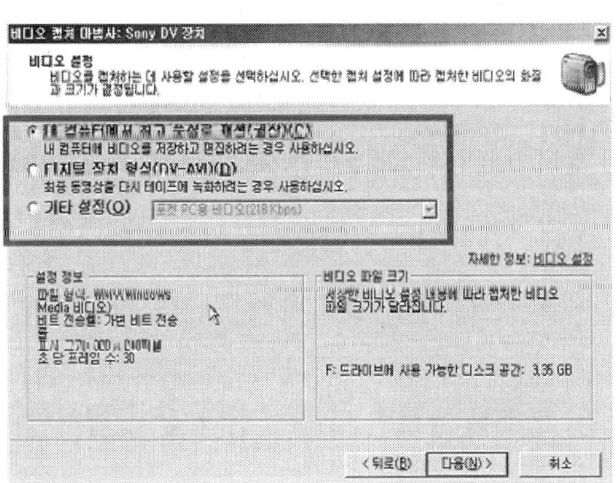

마) 캡처 방법

캠코더 조작과 관련한 설정 사항이다. 상황에 따라 선택하면 된다.

[캡처 중에 미리 보기 창 표시]는 체크해두는 것이 좋다.

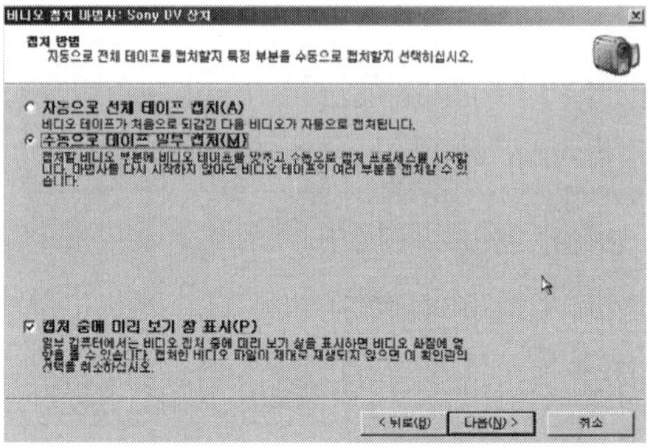

바) 비디오 캡처

DV 카메라 컨트롤 단추를 조작하여 캡처할 영상을 검색한 후 [캡처 시작] 단추를 누르면 캡처가 된다.

영상을 건너뛰고 캡처할 경우 [캡처 중지] 단추를 누르고, 영상을 검색한 후 다시 [캡처 시작] 단추를 누른다.

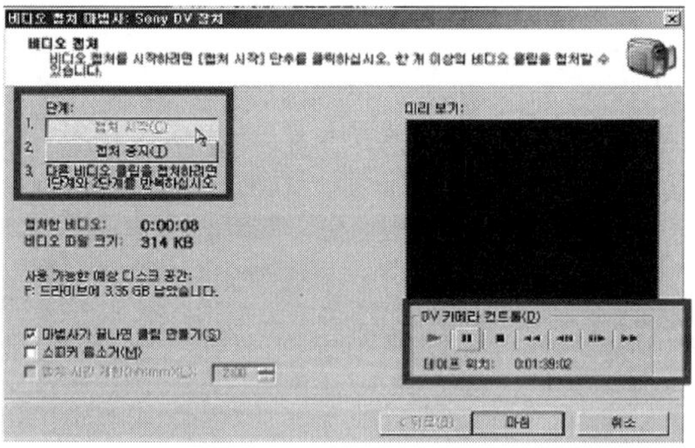

사) 캡처 완료

캡처가 완료되면 [마침] 단추를 누르면 다음 그림과 같이 캡처한 비디오 클립들이 나타난다.

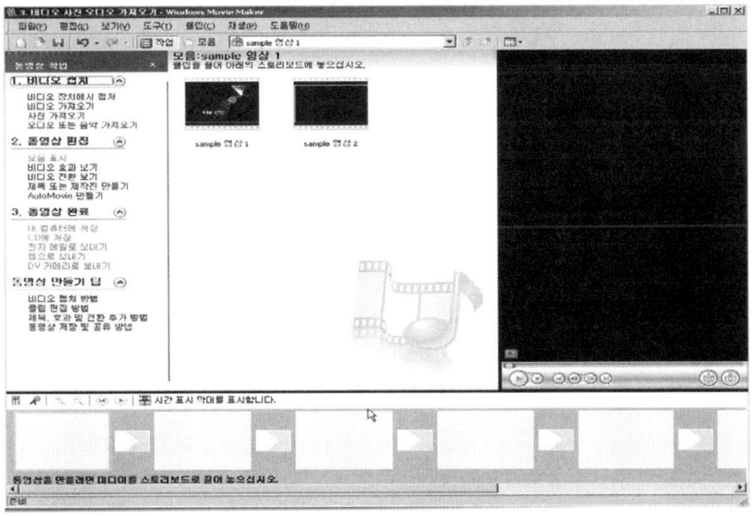

2) 비디오/ 사진/ 오디오 가져오기

가) 비디오 가져오기

① 디스크에 저장되어 있는 동영상을 가져오려면 [1. 비디오 캡처] → [비디오 가져오기]를 클릭한다.

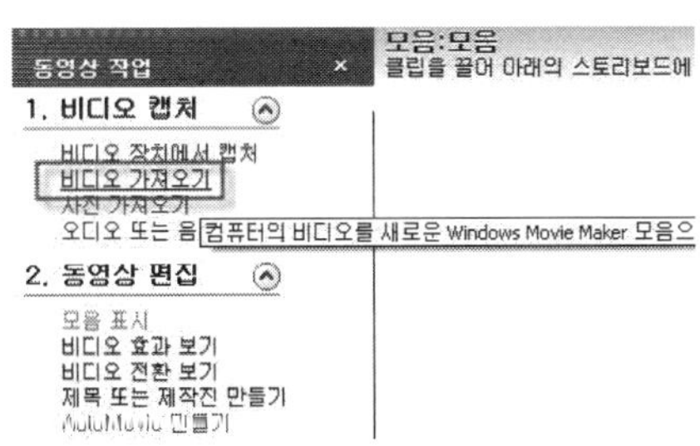

② 가져올 폴더를 찾아서 파일을 선택한다.

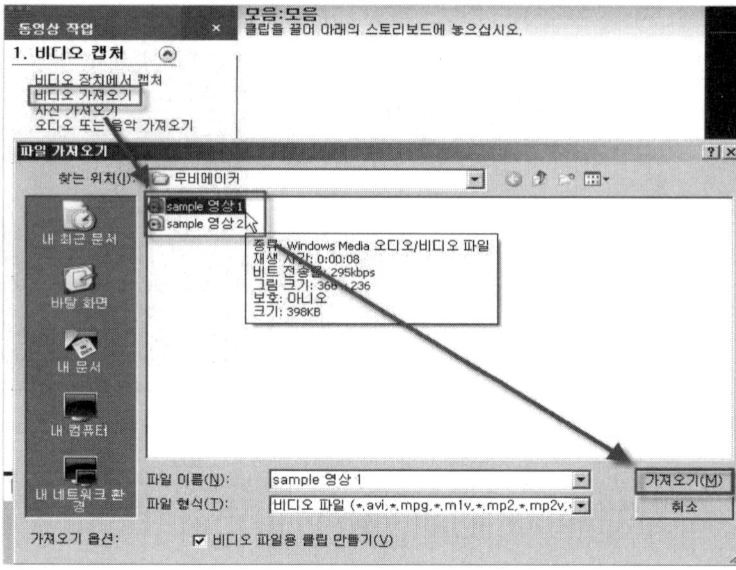

나) 사진 가져오기

① [동영상 작업] → [1. 비디오 캡처] → [사진 가져오기]를 실행한다.

② 가져올 폴더를 찾아서 파일을 지정한다.

여러 개의 사진을 가져오려면 Ctrl 혹은 Shift 키를 누르고 여러 개를 지정한다.

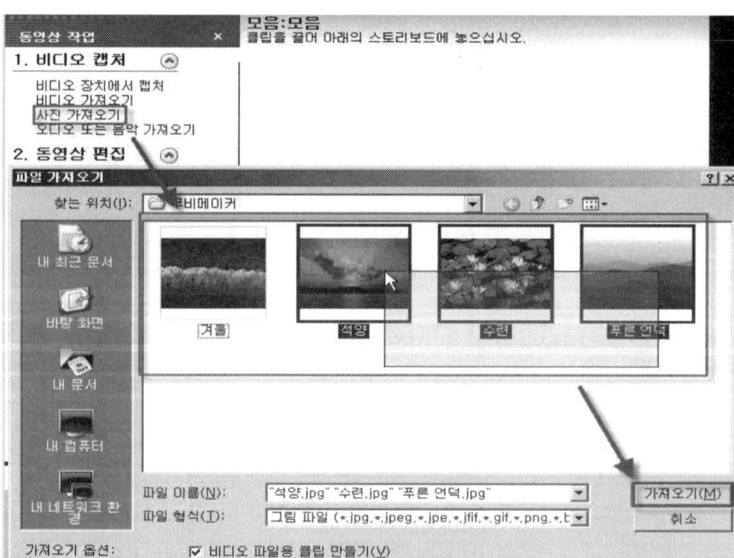

③ 그림을 가져온 모양이다.

다) 오디오 또는 음악 가져오기

① [동영상 작업] → [1. 비디오 캡처] → [오디오 또는 음악 가져오기]를 실행한다.

② 가져올 폴더를 찾아서 파일을 지정한다.

여러 개의 사진을 가져오려면 Ctrl 혹은 Shift 키를 누르고 여러 개를 지정한다.

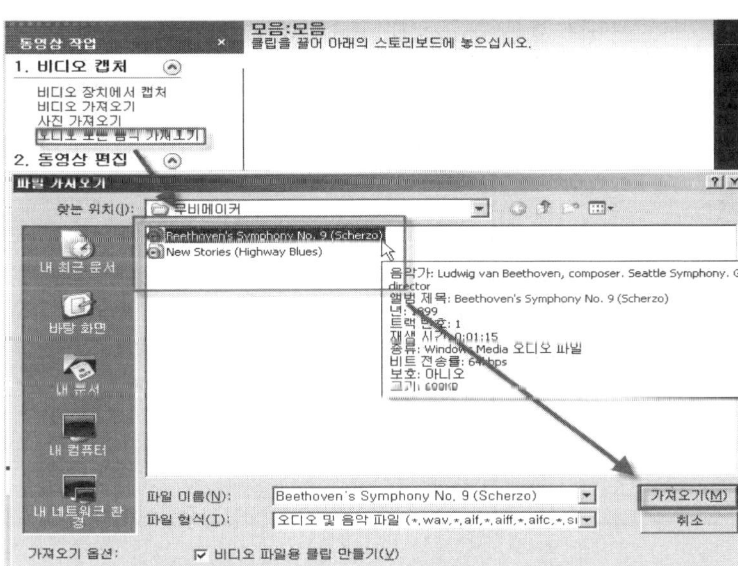

③ 오디오 파일을 가져온 모양이다.

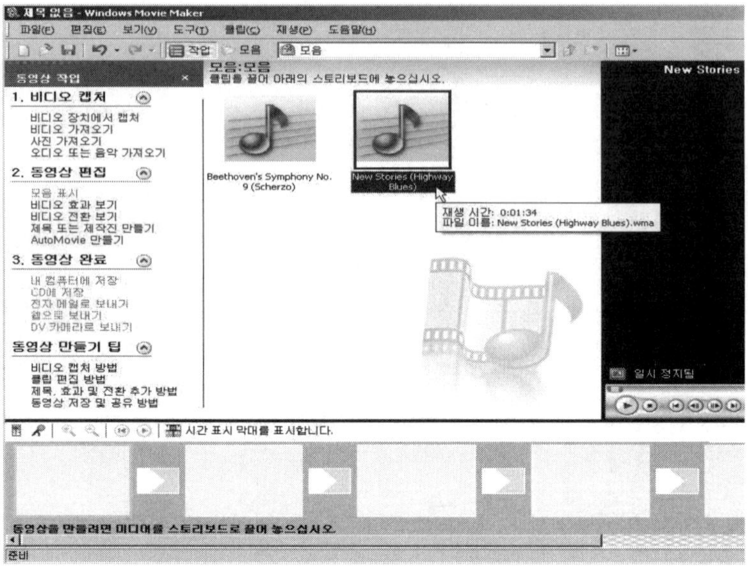

라) 클립 모음 / 작업 사이 전환하기

위와 같은 방법으로 가져온 클립들은 다음 그림과 같이 [모음] 단추를 누르거나 [모음] 옆의 펼침 목록을 누르면 비디오 중심으로 모아져 있음을 볼 수 있다.

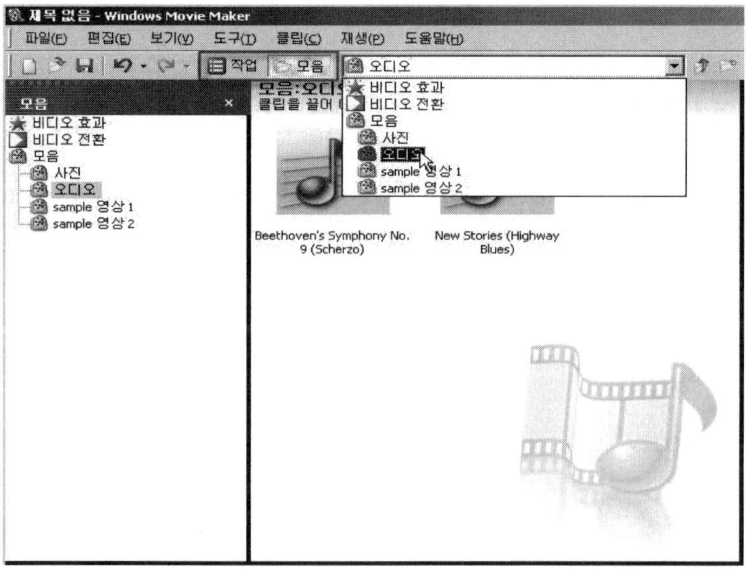

다시 이전 작업 환경으로 돌아가려면 [작업] 단추를 눌러주면 된다.

이 [작업]과 [모음] 단추는 여타의 다른 작업 상태에서도 누르면 기본적인 작업 진행 과정이나 클립 모음을 보여주는 화면으로 전환이 된다.

4) 편집 환경 살펴보기

가) 시간 표시 막대와 스토리 보드의 전환

사용자의 편의에 따라 스토리보드 형태와 시간 표시 막대 형태로 변형을 할 수 있다.

[시간 표시 막대를 표시한다]를 클릭하면 시간 막대(타임 라인) 형태로, [스토리보드를 표시한다]를 누르면 스토리 보드 형태로 바뀌게 된다.

① 스토리보드 형태

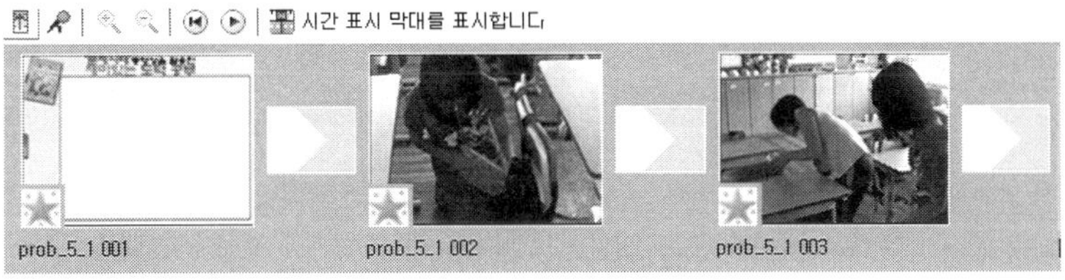

- 그림에서 보듯이 클립 단위로 첫 프레임 그림이 표시되어 있고, 클립의 왼쪽 아래에는 비디오 효과 적용 여부가 표시된다.
- 효과가 적용된 경우는 파랑색의 별이 표시되고, 적용되지 않은 경우는 회색으로 표시된다
- 비디오 효과는 중첩해서 적용할 수 있으며, 중첩된 경우는 별이 중첩된 횟수만큼 나타난다.
- 이 부분은 마우스 오른쪽 단추를 눌러 [비디오 효과] 메뉴를 통해 추가/삭제를 할 수 있다.
- 또한 클립과 클립 사이에 비디오 전환 효과가 적용된 경우는 적용된 효과가 그림으로 표시된다.

② 시간 표시 막대 형태

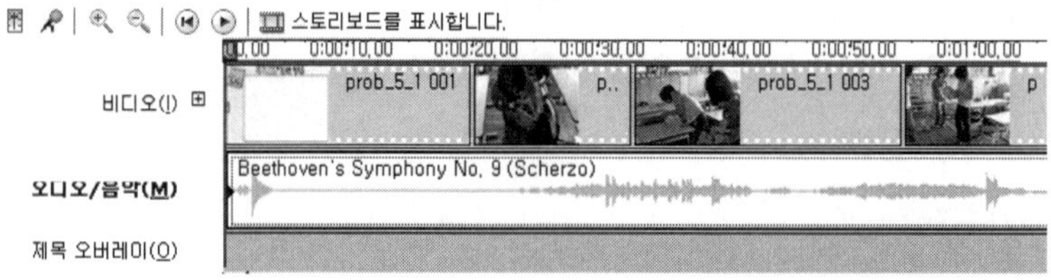

• 대부분의 동영상 편집기 모양이다. 이 형태에서는 세 가지 트랙 즉, 비디오와 오디오/음악 그리고 제목 오버레이가 표시된다.

• 스토리보드 형태에서는 비활성화 되어있던 시간 막대를 확대 또는 축소할 수 있는 아이콘이 활성화된다.

• 비디오와 사진 클립 위주로 큰 윤곽을 편집할 때는 스토리 보드 형태가 편리하고, 오디오/음악과 제목 오버레이를 포함한 전체적인 편집을 하려면 [시간 표시 막대] 형태가 편리하다.

나) 오디오 수준 조절과 더빙하기

① 오디오 수준 조절

슬라이드 바를 움직여 오디오 볼륨을 올리거나 낮출 수 있다.

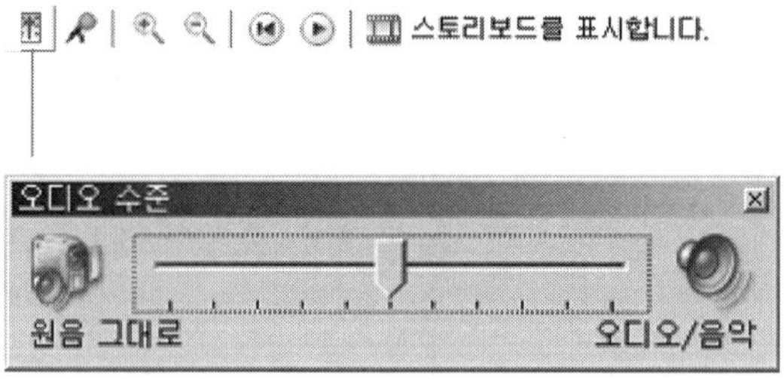

② 더빙하기

마이크를 통해서 음성을 녹음해 비디오에 추가할 수 있습니다. 준비가 되었다면 [내레이션 시작] 버튼을 눌러 녹음을 시작하고 녹음을 마칠 때는 [내레이션 정지] 버튼을 누릅니다. 녹음된 음성 파일은 '클립 모음' 창에 저장이 된다.

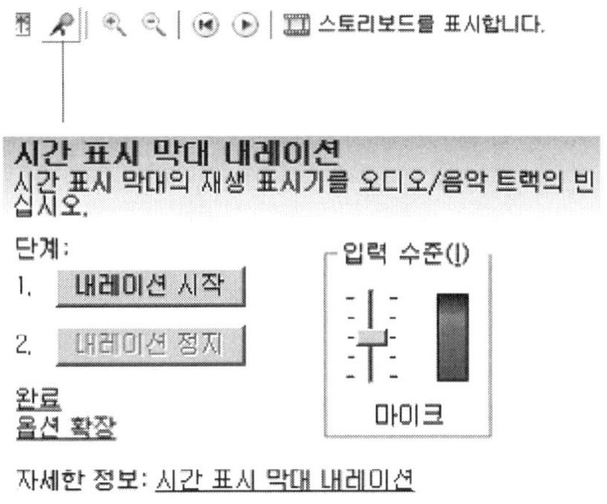

다) 프로젝트 파일

스토리 보드(혹은 시간 표시 막대)에 배치된 클립들의 형태를 그 모양 그대로 저장해두는 것이 프로젝트 파일이다.

[파일] 메뉴에서 [프로젝트 저장]을 누르면 현재 작업 중인 내용을 디스크에 저장할 수 있다.

이렇게 저장된 프로젝트는 [프로젝트 열기]를 통해 불러올 수 있다.

TIP

무비메이커의 프로젝트 파일은 .mswmm이다. 프로젝트 파일로 저장을 하지 않으면 완료된 동영상의 결과가 만족스럽지 못할 때 수정을 하기 어려워진다. 따라서 작업을 진행하면서 가끔식 [파일]-[프로젝트 저장] 버튼을 누르는 습관을 가지시길 바란다.

5) 비디오 편집하기 – 개관

가) 비디오 클립을 스토리보드에 가져다 놓는다.

[모음]을 눌러 클립을 보이게 한 후에 클립을 선택해서 스토리보드에 가져다 놓는다. 여러 개의 클립을 선택하여 한꺼번에 가져다 놓을 수도 있다.

나) 미리보기를 하면서 편집할 부분을 찾는다.

미리보기 아래의 재생 단추를 누르면 재생이 된다. 재생을 하면서 편집이 필요한 부분(삭제, 복사, 잘라내기, 전환 효과, 비디오 효과, 자막 처리 등을 적용할 부분)을 찾는다.

다) 분할한다.

일시 정지를 하고, 분할 단추를 눌러 현재 프레임을 두 개로 나눈다.

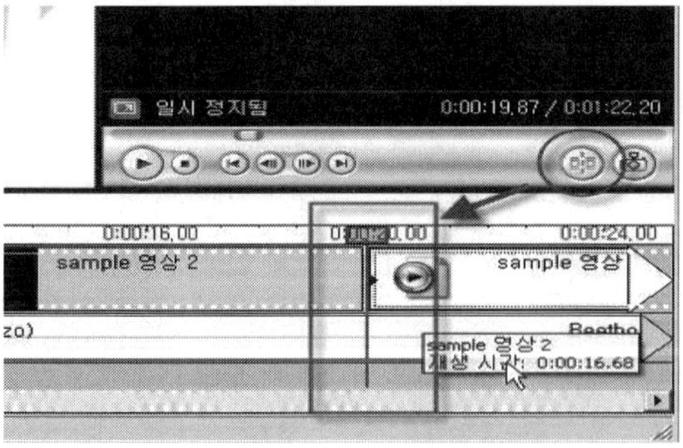

라) 편집을 한다.

나누어진 클립 중 하나를 선택하고, 마우스 오른쪽 단추를 눌러 삭제, 복사, 잘라내기 등의 작업을 할 수 있다. 또한 [작업]에나 [모음] 오른쪽의 펼침 목록에서 전환 효과, 비디오 효과를 적용할 수 있으며, 메뉴의 [도구 〉 제목과 제작진]을 실행해서 자막 처리를 한다.

마) 프로젝트를 저장한다.

편집 작업이 끝나면 프로젝트 파일로 저장을 한다.

바) 바로가기 키 목록

작 업	바로 가기 키
새 프로젝트 만들기	Ctrl+N
기존 프로젝트 열기	Ctrl+O
프로젝트 저장	Ctrl+S
새 이름으로 프로젝트 저장	F12
동영상 저장	Ctrl+P
비디오 캡처	Ctrl+R
기존 디지털 미디어 파일 가져오기	Ctrl+I
마지막 동작 취소	Ctrl+Z
마지막으로 취소한 동작 다시 실행	Ctrl+Y
잘라내기	Ctrl+X
복사	Ctrl+C
붙여넣기	Ctrl+V
삭제	Delete
전체 클립 선택	Ctrl+A
모음 또는 클립 이름 다시 지정	F2
스토리보드/시간 표시 막대 제거	Ctrl+Delete
스토리보드/시간 표시 막대 표시/숨기기	Ctrl+T

작 업	바로 가기 키
시간 표시 막대 확대	Page Down
시간 표시 막대 축소	Page Up
선택한 클립을 스토리보드/시간 표시 막대에 추가	Ctrl+D
전체 화면으로 비디오 재생	Alt+Enter
트리밍 시작 지점 설정	Ctrl+Shift+I
트리밍 끝 지점 설정	Ctrl+Shift+O
트리밍 지점 제거	Ctrl+Shift+Delete
클립 분할	Ctrl+L
인접한 클립 결합	Ctrl+M
왼쪽으로 클립 이동	Ctrl+Shift+B
오른쪽으로 클립 이동	Ctrl+Shift+N
클립 재생 또는 일시 정지	스페이스바
스토리보드/시간 표시 막대에서 재생 정지	Ctrl+K
스토리보드/시간 표시 막대에서 콘텐트 재생	Ctrl+W
스토리보드/시간 표시 막대에서 콘텐트 되감기	Ctrl+Q
뒤로	Ctrl+Alt+왼쪽 화살표
앞으로	Ctrl+Alt+오른쪽 화살표
이전 프레임	Alt+왼쪽 화살표
다음 프레임	Alt+오른쪽 화살표
도움말 항목 표시	F1
이전 항목 선택(시간 표시 막대 트랙, 스토리보드 또는 콘텐트 창에서)	왼쪽 화살표
다음 항목 선택(시간 표시 막대 트랙, 스토리보드 또는 콘텐트 창에서)	오른쪽 화살표
위에 있는 항목 선택(시간 표시 막대 트랙 또는 콘텐트 창에서)	위쪽 화살표
아래에 있는 항목 선택(시간 표시 막대 트랙 또는 콘텐트 창에서)	아래쪽 화살표

6) 비디오 편집하기- 비디오 효과 적용하기

가) 비디오 효과의 종류

비디오 클립에 옛 영화, 모자이크, 흑백 등의 효과를 적용할 수 있는 기능이다. 무비 메이커에 있는 비디오 효과는 다음과 같다. 이들 효과들은 클릭하면 미리보기를 해주므로 그 효과를 쉽게 짐작할 수 있다.

나) 비디오 효과 적용하기

① 스토리보드 형태에서

그림과 같이 적용하고자 하는 효과를 드래그 하여 스토리보드의 클립 위에서 놓는다. 효과가 적용되면 클립의 왼쪽 아래에 별 모양이 표시되는데 이 때 별의 개수는 효과의 개수이다.

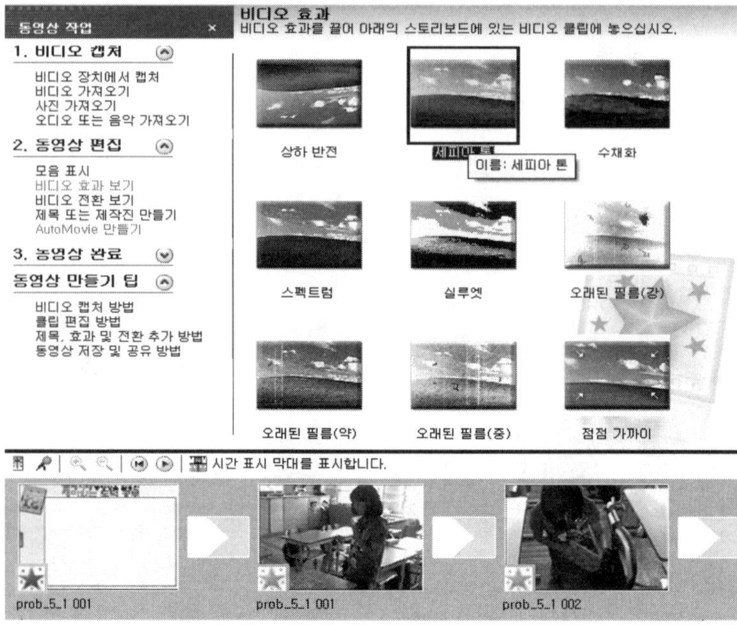

② 시간 표시 막대 형태에서

스토리보드 형태와 마찬가지로 효과를 드래그해서 시간 막대 상의 클립 위에 놓으면 된다. 시간 표시 막대의 돋보기를 눌러 시간 막대를 확대해보면 비디오 효과가 적용되었음이 별로 표시된다.

다) 비디오 효과 수정하기

① 적용된 효과를 삭제하거나 다른 효과로 변경하려면 별 표시 위에서 마우스 오른쪽 단추를 눌러 [비디오 효과(V)...] 메뉴를 실행한다.

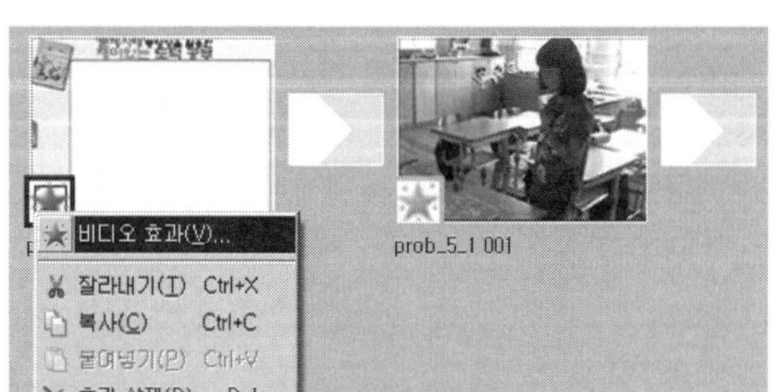

② 왼쪽의 비디오 효과 목록에서 선택하여 [추가 >>] 단추를 누르면 효과가 추가되고, '표시된 효과' 목록에서 선택하여 [<< 제거] 단추를 누르면 효과가 제거된다. 어느 효과를 우선으로 할 것인지는 오른쪽의 [표시된 효과:]에서 선택한 후 [위로 이동] 혹은 [아래로 이동] 단추를 누르면 설정할 수 있다.

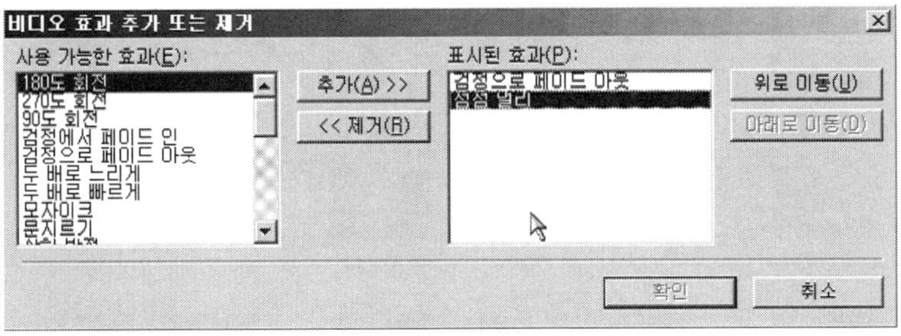

7) 비니오 편집하기- 비디오 선환 석용하기

가) 비디오 전환 효과의 종류

비디오 클립의 클립과 클립 사이에 전환 효과(Transition Effect)를 적용할 수 있는 기능이다. 전환 효과 보기에서는 특정 효과를 클릭하면 미리보기를 해주므로 그 효과를 쉽게 짐작할 수 있다.

무비 메이커2에는 다음과 같이 상당히 다양한 전환 효과들이 있다.

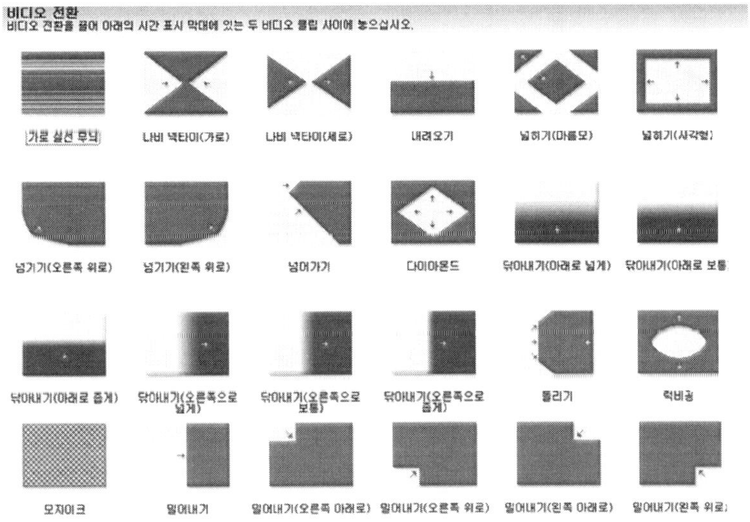

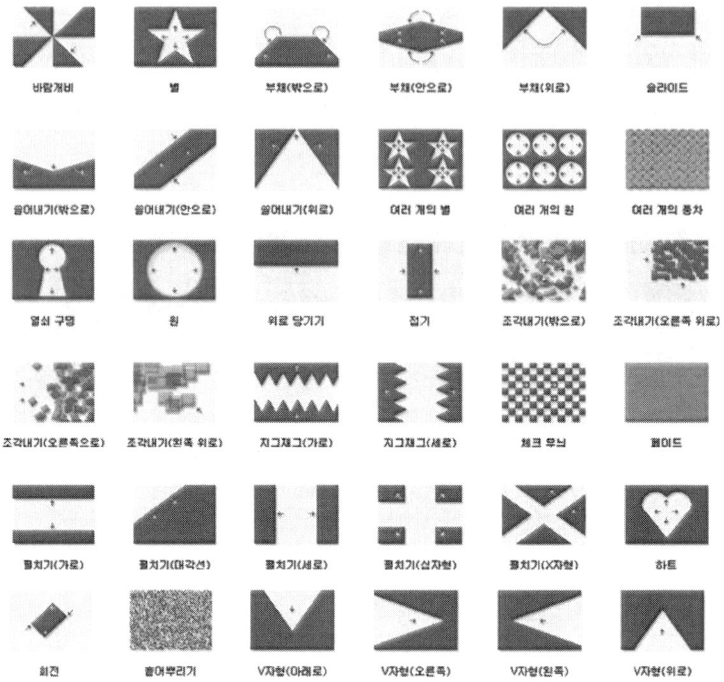

나) 비디오 전환 적용하기

① 스토리보드 형태에서

그림과 같이 적용하고자 하는 전환 효과를 드래그하여 스토리보드의 클립과 클립 사이에 놓는다. 효과가 적용되면 적용된 효과의 아이콘이 표시된다.

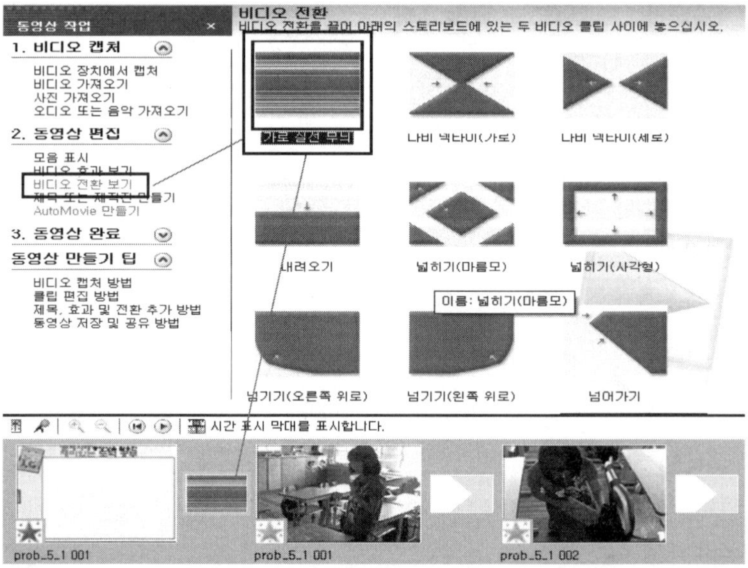

② 시간 표시 막대 형태에서

스토리보드 형태와 마찬가지로 효과를 드래그해서 시간 막대 상의 클립과 클립 사이에 놓으면 된다. 시간 표시 막대의 돋보기를 눌러 시간 막대를 확대해보면 아래 그림과 같이 [전환] 트랙에 효과가 적용되었음이 표시된다.

다) 비디오 전환 효과 삭제하기

적용된 효과를 삭제하려면 전환 효과 표시 위에서 마우스 오른쪽 단추를 눌러 [삭제] 메뉴를 실행하거나 전환 효과를 클릭하여 선택한 다음 Delete 키를 누르면 된다.

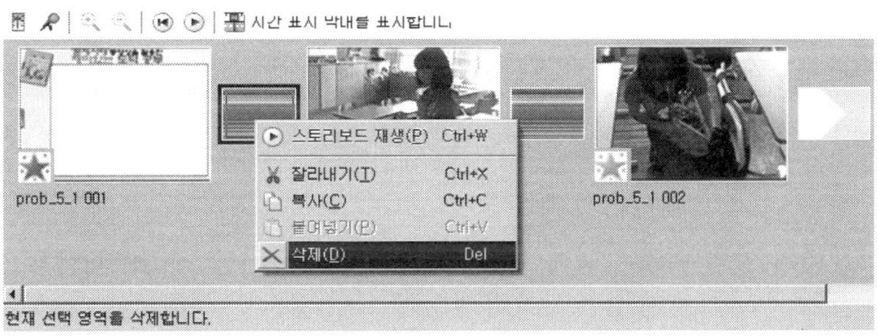

8) 비디오 편집하기- 자막 처리

가) 자막 넣기 실행

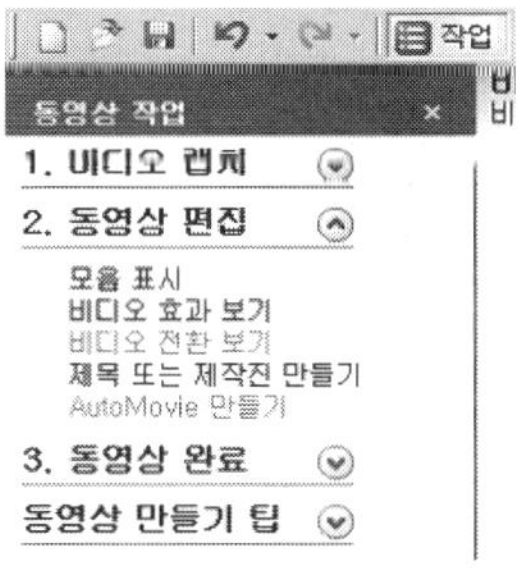

① 주 도구 아이콘 모음에 있는 [동영상 작업]을 선택한 후 [2. 동영상 편집] → [제목 또는 제작진 만들기]를 클릭한다.

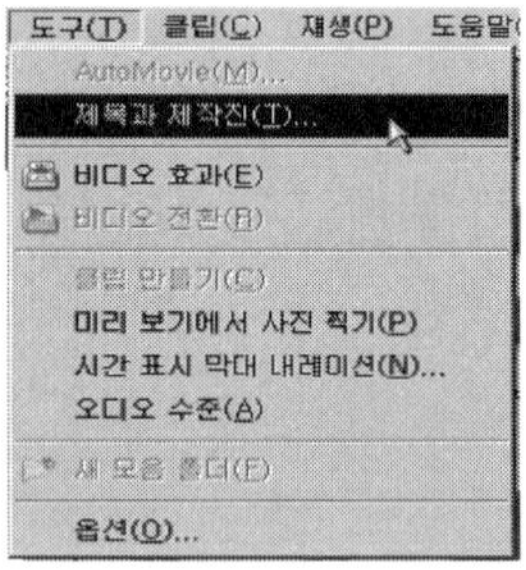

② 다른 방법으로는 메뉴의 [도구] → [제목과 제작진]을 실행한다.

나) 자막 입력의 방법

① 다음과 같은 대화 상자가 나온다.

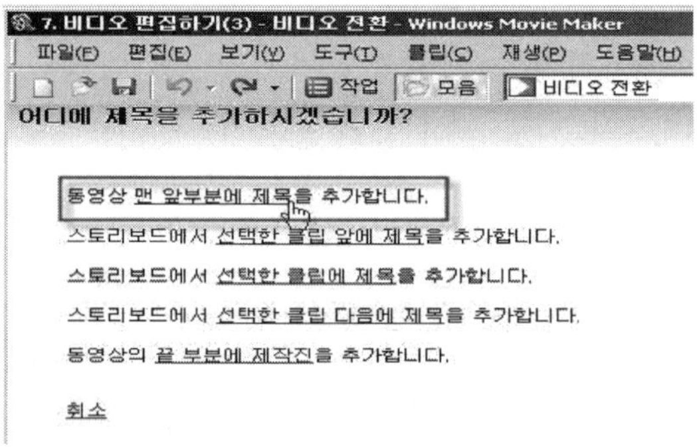

모두 5가지의 방법이 제시되며, 자막 넣기를 취소하려면 [취소]를 클릭하면 된다.

② [맨 앞부분에 제목을 추가]를 클릭한다.

여기에서는 '한국교원대학교' 이라고 입력한다.

입력하면 미리보기 창에 글꼴과 크기, 애니메이션, 속성 등이 표시된다.

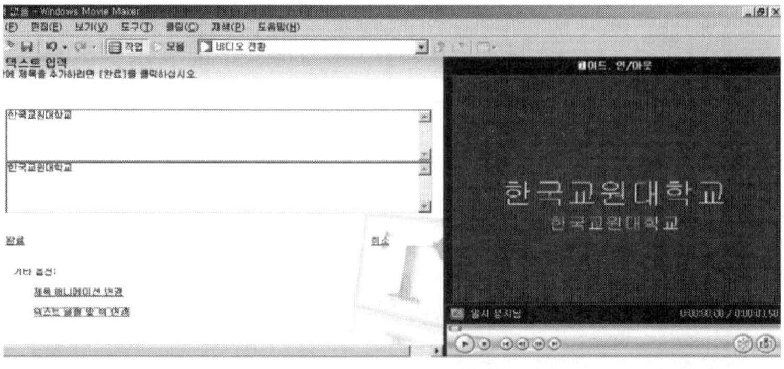

③ [제목 애니메이션 변경]을 클릭하면 자막이 움직이는 모습을 변경할 수 있다. [이름]과 [설명]을 보고 원하는 애니메이션을 선택하면 미리보기에 보여준다. [동영상에 제목 추가 완료]를 클릭하면 동영상에 적용된다.

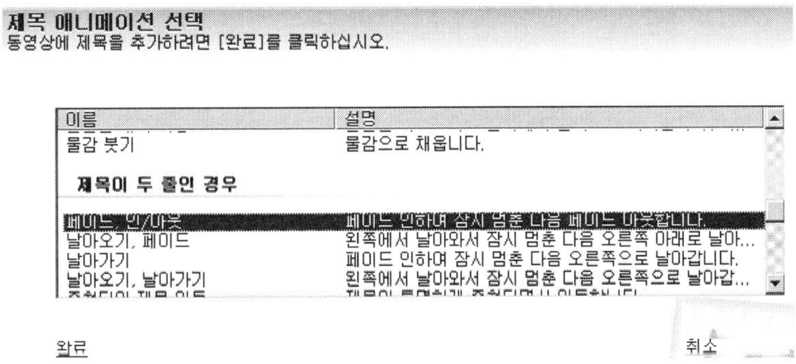

④ [텍스트 글꼴 및 색 변경]을 선택하면 글꼴, 크기, 색 등을 변경할 수 있다. 크기 아이콘을 눌러 글자를 크게 혹은 작게 할 수 있으며, 문단 정렬도 할 수 있다. 글꼴에 관한 속성을 원하는 대로 설정하였다면 [동영상에 제목 추가 완료]를 클릭하여 동영상에 적용시킨다.

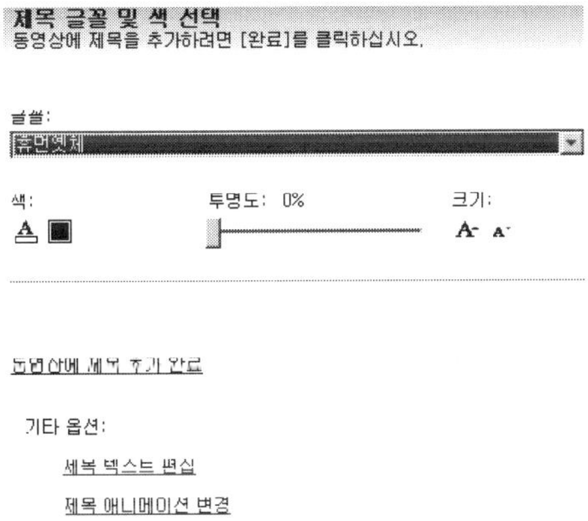

다) 자막 수정하기

입력된 자막을 수정하려면 [비디오] 트랙의 자막 표시 위에서 마우스 오른쪽 단추를 눌러 [제목 편집]을 실행하면 된다.

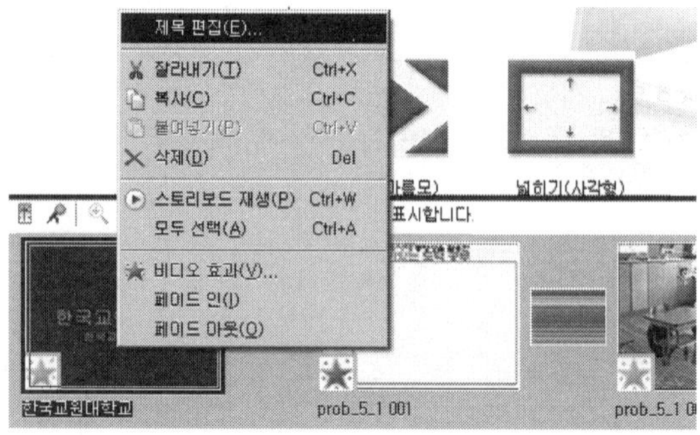

10) 비디오 완성

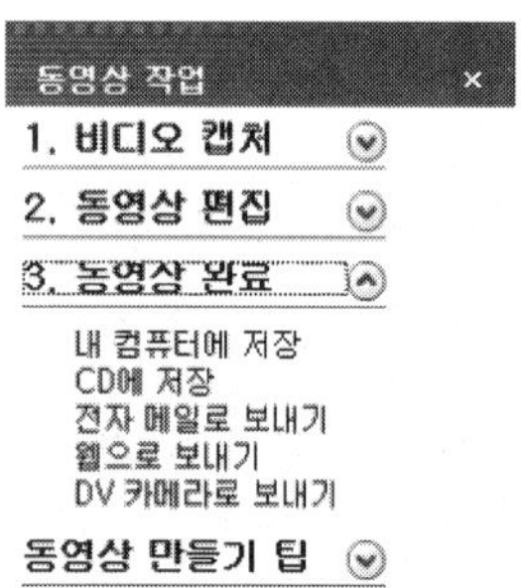

앞 과정에서 모든 편집이 끝났다면, 이제는 동영상을 완성하는 단계로 넘어가 보자. [동영상 작업] → [3. 동영상 완료]를 확장하면 다음과 같이 모두 5가지 방식으로 동영상을 완성할 수 있다. 여기에서는 이 중 주로 사용하는 [내 컴퓨터에 저장], [웹으로 보내기], [DV 카메라로 보내기]에 대해 알아본다.

가) 내 컴퓨터에 저장

일반적인 저장 형태로 내 컴퓨터에 저장해두고 감상하거나, 컴퓨터를 통해 오프라인으로 시청자에게 제공해주기 위한 목적으로 저장하는 방식이다. 비트 전송률은 1Mbps 내외, 해상도는 보통 640*480, 초당 프레임 수는 30으로 설정된다. 그러나 인터넷에 올려두기 위한 형식으로도 저장이 가능하다.

① 저장할 동영상 파일 이름을 입력하고 저장할 위치를 선정한다.

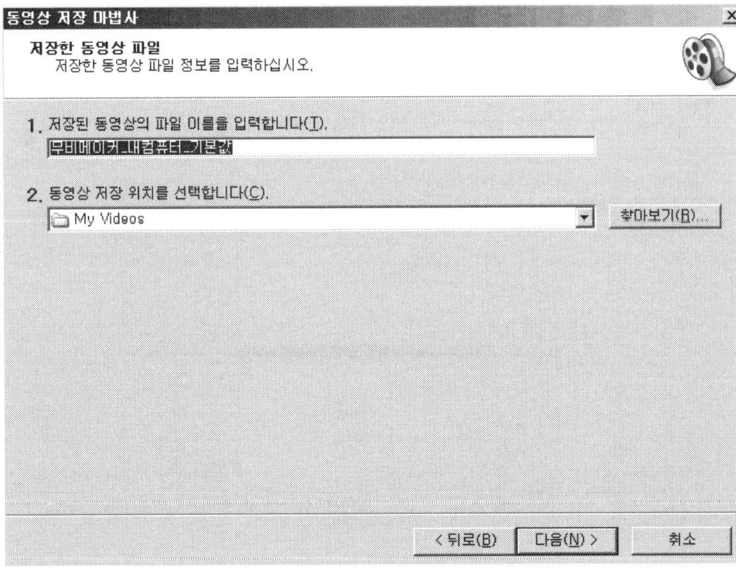

② 동영상 설정 화면이 나온다.

아래의 [설정정보]를 보면서 [내 컴퓨터에서 최고 품질로 재생(권장)을 선택하거나, 인터넷에 올려놓는 등 오프라인 목적만이 아닌 다른 목적이 있다면 [선택 확장...]을 클릭하여 사용자가 품질을 설정해줄 수 있다.

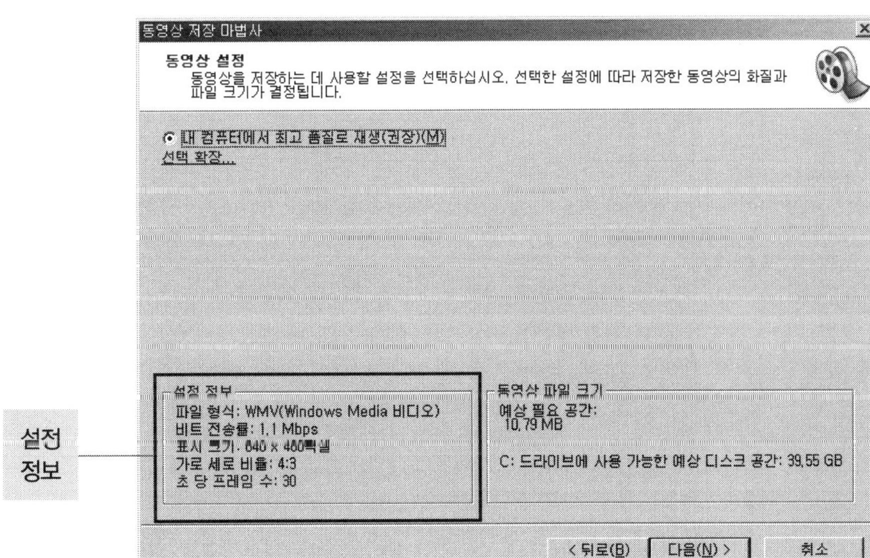

▼[선택 확장...]을 눌렀을 때

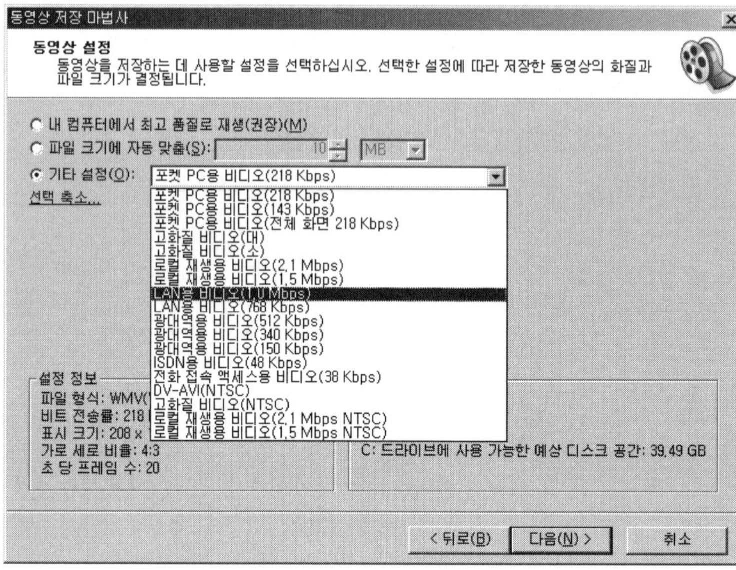

③ 설정해준 대로 렌더링을 한다.

설정 값에 따라, 영상의 길이에 따라, 시스템의 성능에 따라 렌더링 시간은 달라질 수 있다.

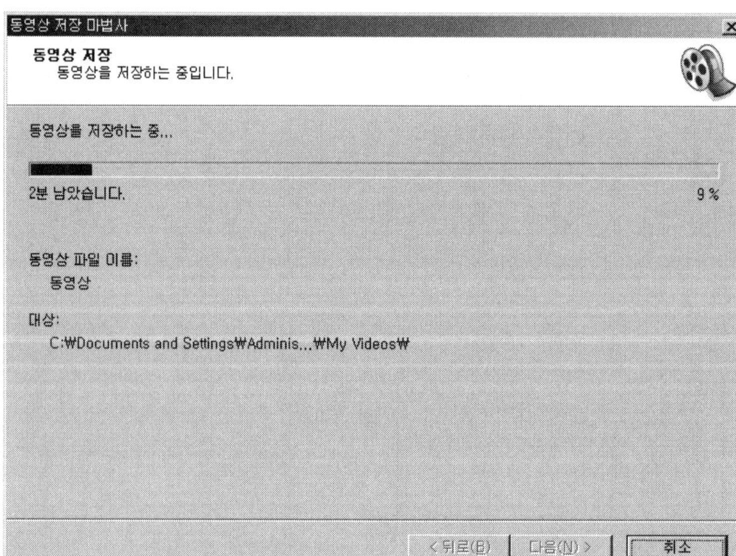

TIP

요즘들어 디지털 카메라로 동영상을 찍어 편집을 하고자 하는 분들이 많은 것 같습니다.
디카의 영상을 편집하기 위해선 코덱이 필요합니다. 디지털 카메라용 동영상은 대체적으로 m-jpg 코덱을 사용합니다.
확장자는 mpg, avi, mov로 다양하지만 대부분 m-jpg코덱을 많이 사용하는 편입니다.
이런 코덱은 정품으로 판매하고 있습니다.
하지만, 쉐어웨어나 트라이얼버젼등이 있으므로 어느 정도는 사용을 하실수가 있습니다.
만드는 회사로는 아래와 같은 회사들이 있습니다.
http://www.morgan-multimedia.com/
http://www.pegasusimaging.com/
http://www.mainconcept.com/

나) 웹으로 보내기

① [작업]에서 [웹으로 보내기]를 선택하거나 [파일] → [동영상 파일 저장] → [웹]을 실행하면 다음과 같이 파일 이름을 묻는다.

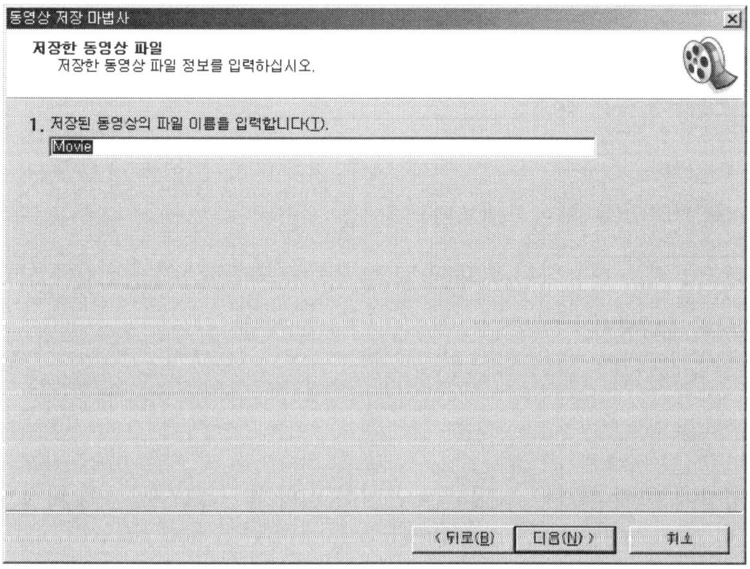

파일 이름을 입력하고, [다음] 단추를 누른다.

② 동영상 설정 문답 상자가 나온다. 안내문에도 나와 있지만 연결 속도(괄호 속의 전송률로 판단)를 높이면 화질이 좋아지지만, 파일의 용량이 커지며, 특히 웹에서는 끊김 현상이 자주 일어날 가능성이 있다.

• 전화 접속 모뎀(56Kbps)

대부분의 대상 이용자가 전화 접속 모뎀(약 56Kbps 속도)을 사용하여 웹에 연결하고 동영상을 볼 경우 선택한다.

• ISDN(64Kbps)

대부분의 대상 이용자가 ISDN(약 64Kbps 속도)을 사용하여 웹에 연결하고 동영상을 볼 경우 선택한다.

• DSL, 케이블 모뎀 이상(384Kbps)

대부분의 대상 이용자가 광대역 연결(약 384Kbps 이상의 속도)을 사용하여 웹에 연결하고 동영상을 볼 경우 선택한다.

• 파일 크기에 자동 맞춤

동영상 파일을 특정 크기에 맞출 경우 선택한다. 비디오 호스팅 공급자가 해당 서버로 전송되는 동영상의 파일 크기를 제한하는 경우 이 옵션을 사용하는 것이 좋다. 이 경우 허용하는 최대 파일 크기를 선택한다. 이 옵션은 [선택 확장]을 클릭하면 표시된다.

• 기타 설정

동영상에 대해 추가로 설정하는 옵션이 있다. 이 옵션은 [선택 확장]을 클릭하면 표시된다.

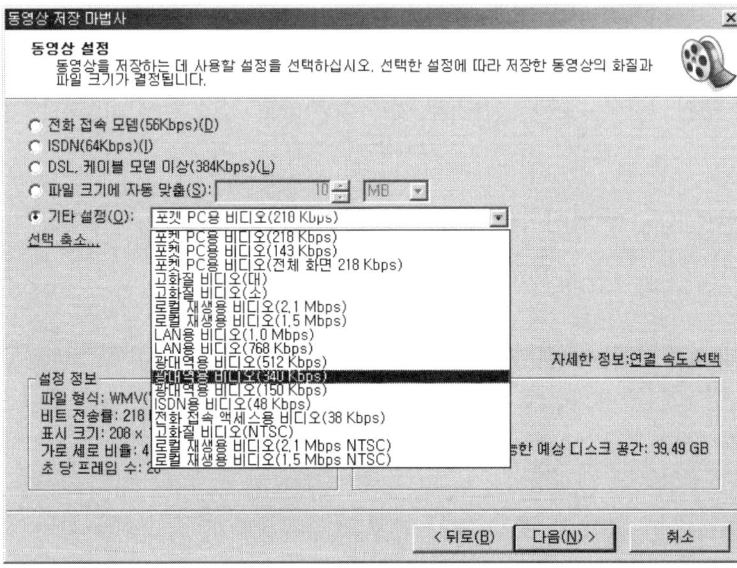

③ 동영상 저장 화면이다.

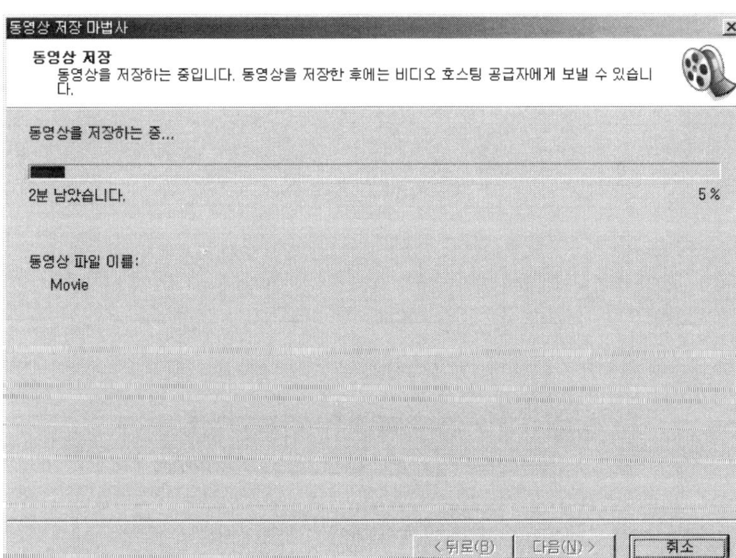

④ 저장된 파일을 FTP를 이용해서 서버에 전송하고, 웹페이지에서 링크해주면 된다.

다) DV 카메라로 보내기(테이프에 녹화하기)

편집한 영상을 DV 캠코더에 녹화하는 방법이다. 주로 [내 컴퓨터에 저장]을 많이 사용하지만, 저장 공간의 부족 또는 테이프로 영구 보존하고 싶을 경우 사용하는 방식이다.

① [작업]에서 [DV 카메라로 보내기]를 선택하거나 [파일] → [동영상 파일 저장] → [DV]을 실행하면 다음과 같은 대화 상자가 나온다.

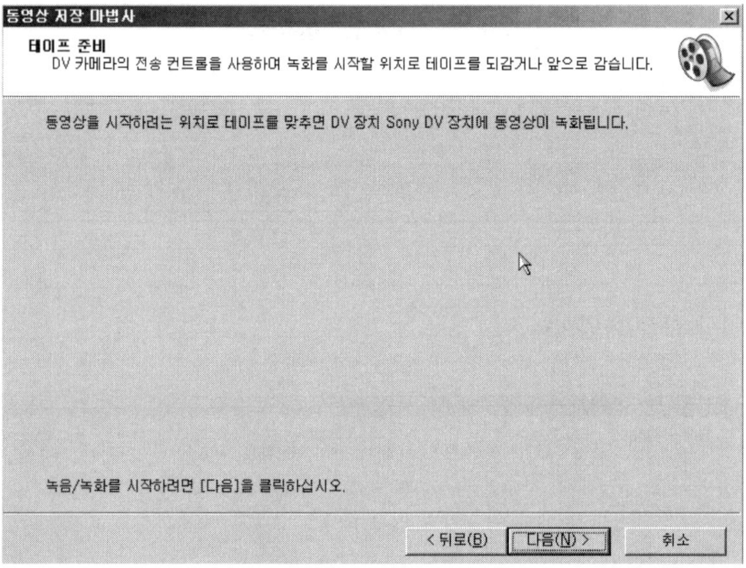

② 녹화된 내용이 있는 테이프의 경우 덮어 쓸 가능성이 있다는 경고 메시지가 나온다.

③ 테이프에 녹화할 내용을 렌더링 한다. 꽤 긴 시간이 소요될 수 있다. 다른 방식에 비해 더 많은 시간이 소요된다.

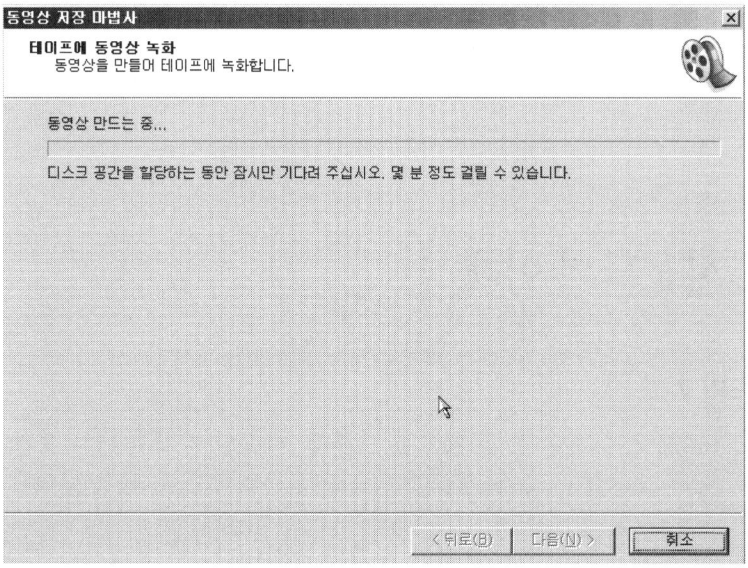

④ 렌더링이 완료되면 테이프에 녹화를 한다.

단, IEEE 1394 카드와 케이블로 캠코더와 PC가 연결되어 있어야 하고, 캠코더는 [재생] 모드로 켜져 있어야 한다.

chapter6 3 사운드 일반

01_사운드의 이해

1. 사운드의 개요

사운드란 귀로 들을 수 있는 모든 정보를 말한다. 사람이 가지고 있는 오감(시각, 청각, 촉각, 미각, 후각) 중 주로 사용되는 정보 전달의 수단은 시각과 청각이다. 이 오감 중에서 가장 많이 사용되는 정보 전달 수단이 시각과 청각이다. 시각 정보가 중심이 되는 경우는 책, 그림 등이 있고, 청각 정보가 중심이 되는 경우는 대화, 연설, 음악, 뉴스 등이 있다. 그리고 비디오와 애니메이션에는 이 두 가지 정보가 함께 사용되고 있다.

사운드는 음악이나 음성과 같이 단독으로 사용되기도 하지만, 멀티미디어 환경에서는 다른 정보를 전달할 때 보조적인 역할로 주로 사용된다. 사운드는 음악, 음성, 음향효과의 세 분야로 나눌 수 있다. 이 세 가지 중 음악과 음성(대화)은 단독으로 사용될 수 있지만, 멀티미디어 환경에서는 이 세 가지가 복합적으로 다른 미디어와 함께 사용되는 것이 일반적이다.

또 다른 측면에서 볼 때, 멀티미디어 정보에서 사운드를 사용하는 이유는 정보 전달 시 미디어의 상승 효과와 동기 유발에 있다. 예를 들어, 정보를 전달할 때 시각적 방식과 청각적 방식을 동시에 사용하여 정보를 전달하면 정보 전달 효과가 커지는 것으로 알려져 있다. 또한 사운드를 사용하게 되면 정보를 전달받는 사람의 동기나 흥미를 유발시켜 멀티미디어 정보를 효과적으로 전달할 수 있다.

2. 사운드의 종류

사운드는 일반적으로 음성(Voice), 음악(Music), 음향 효과(Sound Effect)의 세 가지로 분류할 수 있고, 컴퓨터에서 처리하는 방법에 따라서는 디지털 오디오(Digital Audio)와 미디(MIDI)로 분류할 수 있다.

(1) 일반적인 분류

① 음성(Voice)

음성은 정보를 전달하는 중요한 수단 가운데 하나이다. 컴퓨터에서 음성을 사용하면 텍스트(Text)만 사용하는 경우보다 정보를 더 빠르고, 이해하기 쉽고, 설득력 있게 전달할 수 있다. 컴퓨터에서 사용하는 음성은 디지털화된 음성과 합성된(Synthesized) 음성으로 나눌 수 있는데, 디지털화된 음성은 사람 음성에 가깝지만 많은 용량을 차지하고, 합성된 음성의 용량은 작지만 자연스럽지 않다. 우리가 SF 영화 같은데서 들을 수 있는 로봇 음성은 합성된 음성의 좋은 예이다.

② 음악(Music)

음악은 감상용으로 사용하는 경우도 있지만, 멀티미디어 정보를 전달하는데 부수적인 효과를 제공한다. 예를 들어, 분위기나 장면의 전환, 감정의 고조 등을 나타내는데 사용된다. 특히 텍스트 이미지와 같은 시각적인 정보를 전달할 때, 음성과 음향 효과를 같이 사용하면 효과가 더욱 커지게 된다.

③ 음향 효과(Sound Effect)

음향 효과는 단독으로 사용되기보다는 정보를 전달할 때 강조하거나 보조하는 수단으로 사용된다. 음향 효과는 자연적인(Natural) 것과 합성한(Synthetic) 것으로 나눌 수 있다. 자연적인 것은 일상적인 주변에서 일어나는 소리를 의미하고, 합성한 음향 효과는 인공적으로 만들어진 소리를 의미한다. 음향효과는 배경 효과로 사용되어 특정 장소나 상황을 좀 더 실감나게 전달할 수 있고(비오는 상황, 공사장, 지하철역 소음 등), 어떤 특정한 정보를 나타내기 위해 사용될 수 있다.(영화에서 전화 오는 소리나, 보이지 않는 상황에서의 그릇 깨지는 소리 등)

(2) 컴퓨터에서 처리하는 방법에 따른 분류

① 디지털 오디오(Digital Audio)

디지털 오디오는 아날로그 파형(Analog Wave)을 디지털 형태로 변환한 것으로 원음에 가깝게 재생하기 위해서는 많은 정보가 필요하다. 우리가 듣는 음악 CD의 수준으로 디지털 오디오를 만들려면 3분 정도의 음악을 위해 필요한 저장 공간은 약 30MB 정도이다. 디지털 오디오는 사람의 음성이 존재하거나, 디지털화된 소리를 처리할 수 있는 컴퓨터 환경이 지원될 때, 또는 연주하는 각각의 악기에 대한 제어를 할 수 없는 경우에 사용된다. 디지털화된 소리를 처리하기 위해서는 메모리나 하드디스크의 용량이 크고 CPU의 성능도 좋아야 한다.

지금까지는 음악(음원)을 저장하는 매체로 LP, 자기테이프, CD 등을 사용하여 왔다. 이 중 CD를 제외하고는 모두 아날로그 신호로 되어있어 보존에 대해 문제가 제기되어 왔다. 또한 통신을 통한 음악 자료의 전달이 문제가 되기 때문에 요즘 디지털 오디오(Digital Audio)에 대한 관심이 점점 높아지고 있다. 특히 네트워크가 발달하면서 디지털 오디오의 성장을 가져왔다. 현재 가장 인기있는 형식은 MP3이다. 그러나 MP3 와는 다른 형태의 규약들도 존재하고 이들은 각자 메이커의 특성을 대표하고 있는 실정이다.

② 미디(MIDI : Musical Instrument Digital Interface)

미디는 전자 악기와 컴퓨터 간에 정보를 전송하기 위해 만든 통신 프로토콜로서 음악을 표현하기 위해 사용된다. 미디는 음 자체에 대한 파형 정보를 가지고 있는 것이 아니라 음을 연주하는 방법과 연주 시기 등에 대한 정보를 가지고 있다. 음 자체에 대한 정보를 가지고 있지 않기 때문에 파일 크기는 작고, 음의 질은 실제 음에 대한 정보를 가지고 있는 음원의 영향을 받는다. 3분 정도의 미디 음악을 듣기 위해서는 약 8kb가 필요하다. 미디는 사람의 음성이 존재하지 않고, 연주할 각 악기에 대한 제어가 가능하고, 좋은 음원 모듈을 가지고 있을 경우에 이용된다. 특히 음악에 대해 어느 정도의 지식을 가진 사람은 미디 프로그램을 통해 손쉽게 음악을 작곡, 편곡할 수 있다.

02_Gold Wave 활용하기

1. 기본화면

(1) 화면 구성-사운드 윈도우

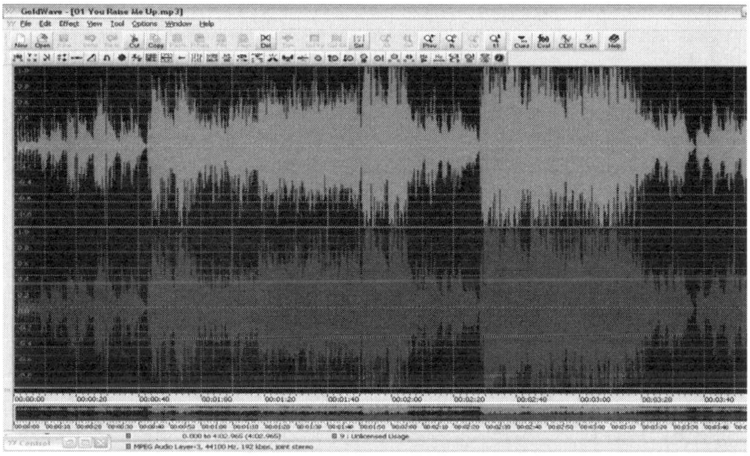

위의 그림은 GoldWave를 실행시킨 다음 사운드 파일을 불러온 경우이다. 메뉴바, 메인 툴 바, 효과 툴 바, 사운드 윈도우, 디바이스 컨트롤 윈도우, 상태 바로 구성되어 있음을 볼 수 있다.

맨 처음에 파일을 불러오면 채널이 두 개로 나뉘어진다. 초록색과 빨강색의 파형은 스테레오 사운드라는 것을 의미하며 좌우 스피커를 통해서 소리가 들린다.

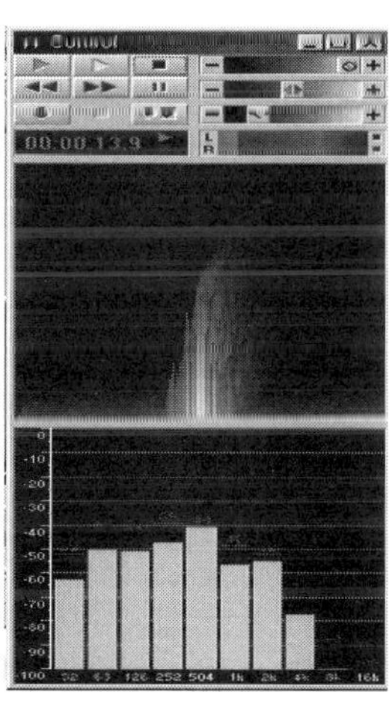

(2) 디바이스 콘트롤 윈도우

① 소리파일의 재생, 녹음, 되감기, 일시정지 등의 기능과 함께 조절기의 옵션( )에서 재생 및 녹음 방법을 설정할 수 있다.

② 오른쪽에 있는 기능은 위로부터 볼륨, 스피커 좌우 음량, 재생 속도 조절기이다.

Device Controls는 열려있는 파일의 재생 및 정지 등의 기능을 실행시키며, 이를 통해 현재 파일의 편집 상태를 직접 들을 수가 있다. 또한 recording 버튼을 누르면 CD나 인터넷 등에서 재생되는 음악을 즉석에서 웨이브 파일로 녹음시킬 수가 있다.

2. 기본적인 메뉴 구성

(1) 메뉴바와 툴바

(2) 단축 아이콘의 기능

① New : 새로운 화일을 만든다.

② Open : 파일을 불러온다.

③ Save : 저장한다.

④ Undo : 방금 전에 한 작업을 취소한다.

⑤ Copy : 선택된 부분을 복사한다.

⑥ Paste : 복사하거나 자른 부분을 붙여 넣는다.

⑦ PNew : 복사하거나 자른 부분을 새로운 화일로 만들어 붙여 넣는다.
메뉴>Edit 에 있는 paste at는 어떤 위치에 붙일 것인지 결정할 수 있다.

⑧ Mix : 소리 혼합하기, 복사하거나 잘라낸 부분을 현재 선택된 부분의 시작점을 기준점으로 섞는다.

⑨ Del : 선택영역이 삭제되고 길이가 줄어든다.(키보드의 delete키를 사용해도 됨

⑩ 1 : 1 : 0.001초 단위까지 확대해서 보여준다.

(3) 효과 도구의 기능

❶ 소리의 속도를 조절한다. 음성변조에 이용할 수 있다.

❷ 에코우 효과를 준다.

❸ 필터의 기능. 여기서 자주 쓰이는 기능은 Noise reduction인데 잡음 제거 기능이

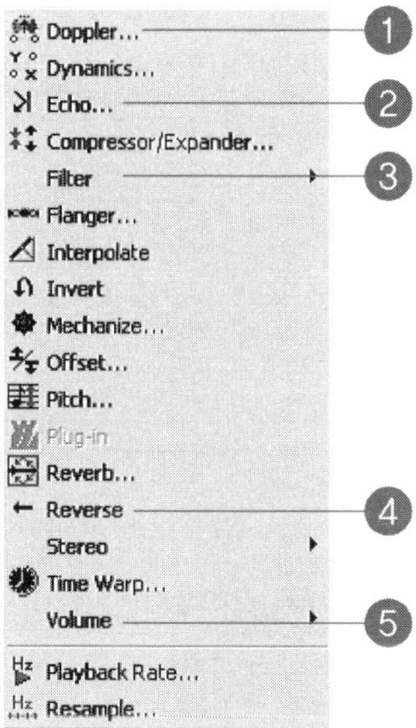

있다. 기본값으로 해놓고 ok를 눌러도 충분하다. 다른 기능들은 한번씩 해보시길…….

❹ 말소리를 뒤부터 플레이 해준다. "피가모자라…피가모자라…."

❺ 사운드의 볼륨을 조절해 주는 메뉴

나머지는 많이 본 기능, 한번씩 해보길 추천한다. 그리고 Change메뉴는 볼륨을 바꾸는 메뉴인데 %로 나타나기 때문에 예를 들어 200%면 두 배의 크기로 커진다. 작게 녹음된 음의 소리를 키울 때 사용한다.

3. GoldWave 활용

(1) 동영상에서 음성 추출하기

① 추출하고자 하는 동영상을 열기

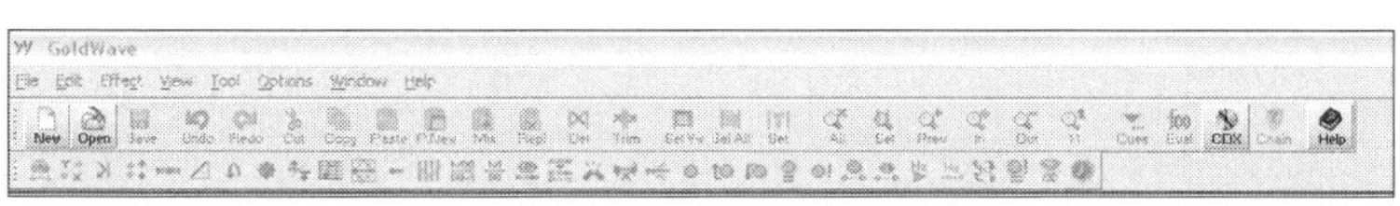

② 저장하기

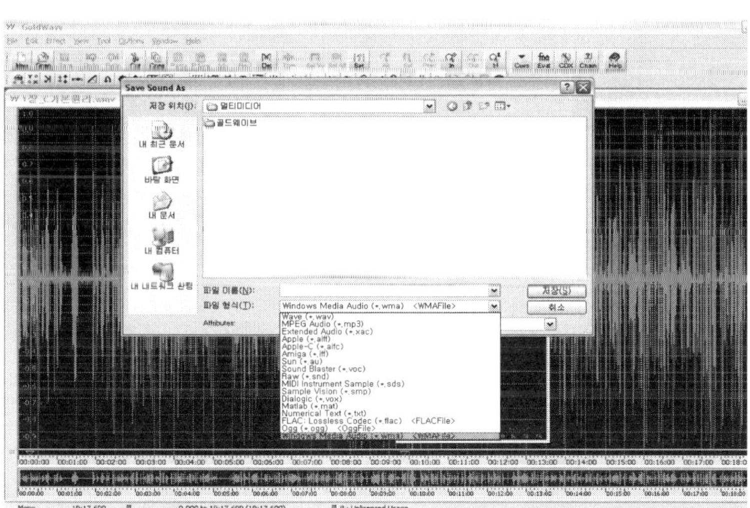

(2). 변환하기

변환하려면 연 파일의 코덱, 바꾸려고 하는 파일의 코덱이 모두 설치되어 있어야 한다.

예) wma를 ogg로 바꿀 경우 wma, ogg코덱이 모두 설치되어 있어야 한다.

(3) 편집하기

① 편집할 파일을 열고 [effect]-[volume]-[change volume]에서 조절한다.

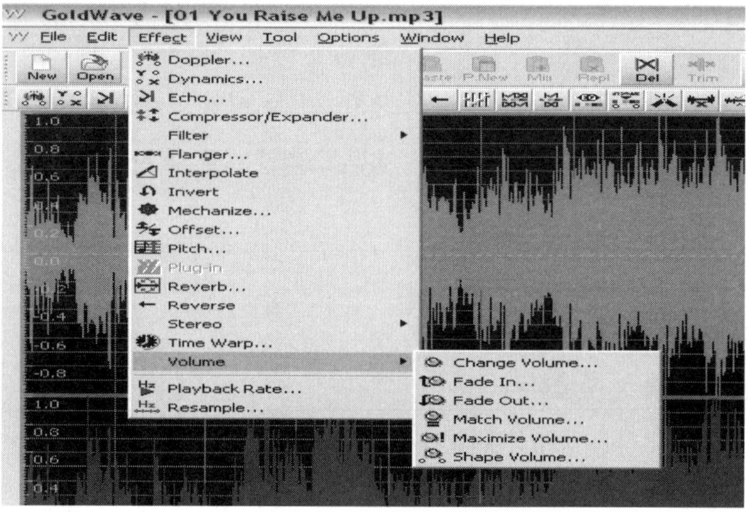

② [change volume]에서 음높이를 조절한다.

presets 영역에 높이고 싶은 만큼의 숫자를 입력한다. 예를 들어 10을 입력하면 10데시벨 만큼 높아지고 -5를 입력하면 5데시벨 만큼 낮아진다.

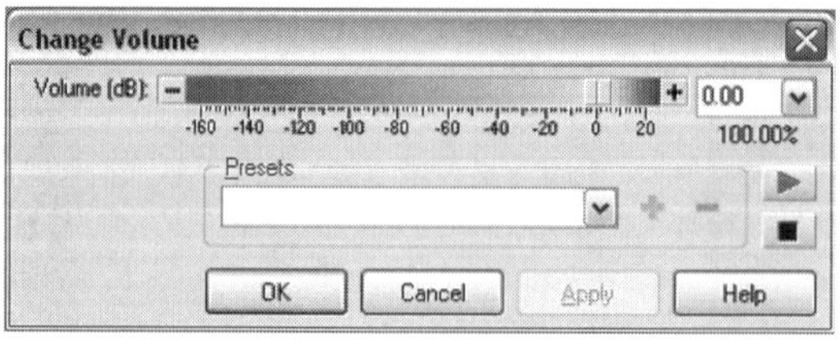

③ [File]-[Save as] 다른 이름으로 저장한다.

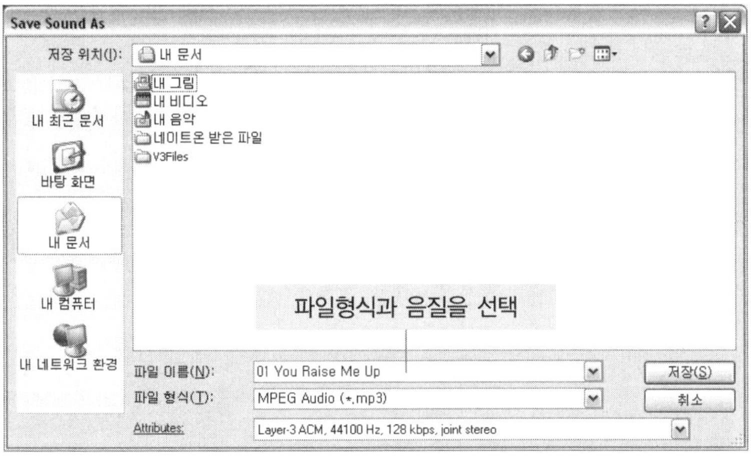

(4) 자르기

① 선택부분 저장하기

ⓐ 편집할 음악을 불러온다.

ⓑ 자르고 싶은 영역을 마우스를 이용하여 끌어서 선택한다.

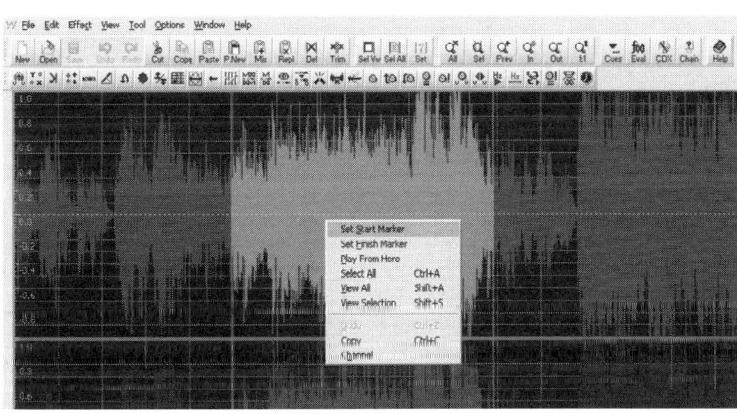

ⓒ [Set Start Maker][Set Finish Maker]를 이용해도 첫부분과 마지막 부분을 선택할 수 있다.

ⓓ 도구메뉴에서 [copy][P.New]를 차례로 누르면 새로운 음악파일이 생긴다.

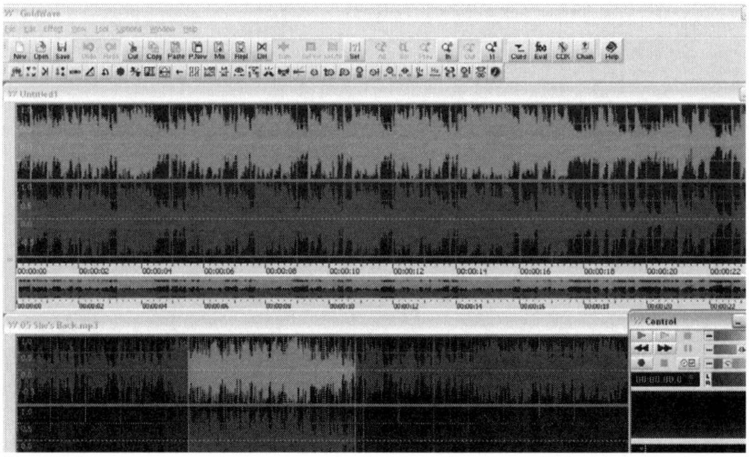

ⓔ [File]-[Save] 또는 [Save as]를 선택하여 저장한다.

②. 선택부분 제외하고 저장하기

반대로 선택한 부분을 제외하고 파일을 저장하기 위해서는 선택한 부분을 자르기하면 된다.

(5) 합치기

① 합치기할 파일을 불러오기 한다.

ⓐ 보기에서는 you raise me up.mp3 파일과 Desperado.mp3 파일을 불러왔다.

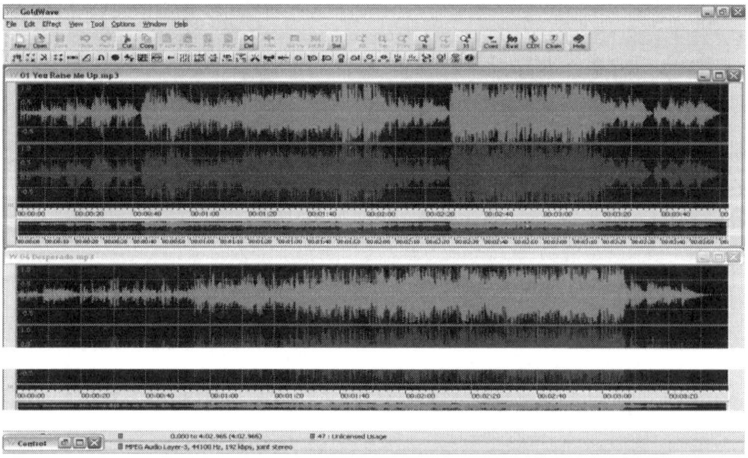

② [New] 버튼을 클릭하여 새로운 파일을 만든다.

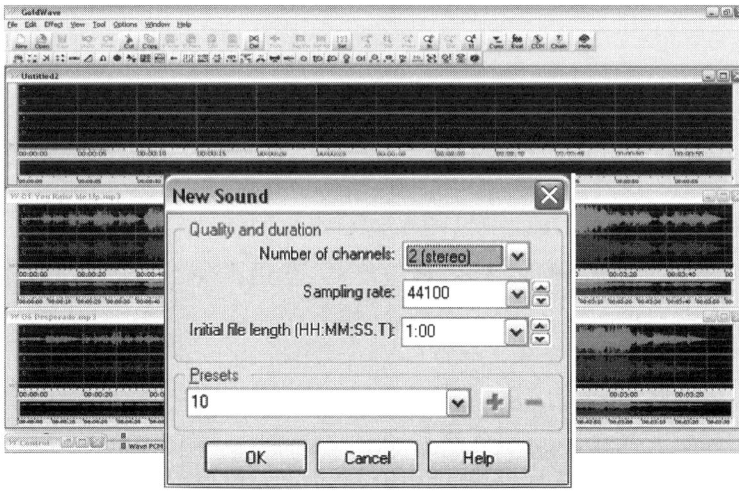

③ 각각의 파일에서 합치고자 하는 부분을 마우스로 선택하여 복사한 후 새 파일에 붙여 넣는다.

ⓐ 필요한 부분 복사하기

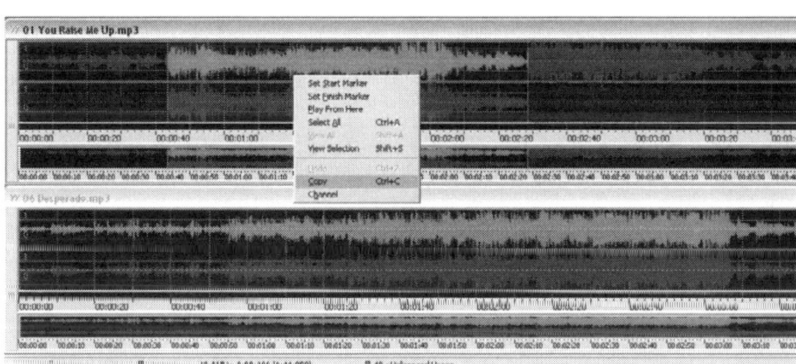

ⓑ 붙여넣기 : 원하는 위치를 선택한 후 [Ctrl] + V (붙여넣기)한다.

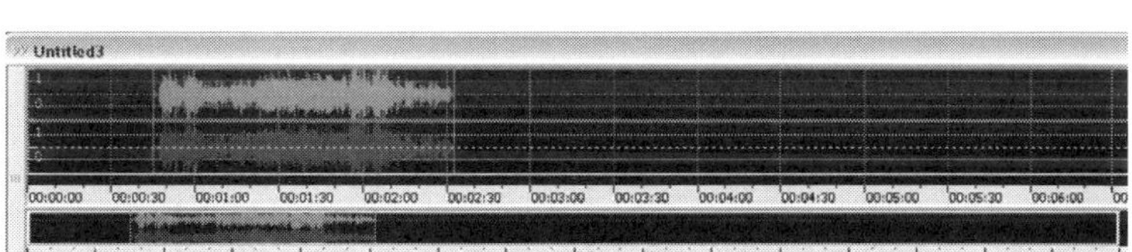

ⓒ 두 번째 파일도 마찬가지로 원하는 부분을 선택하여 원하는 위치에 붙여넣는다.

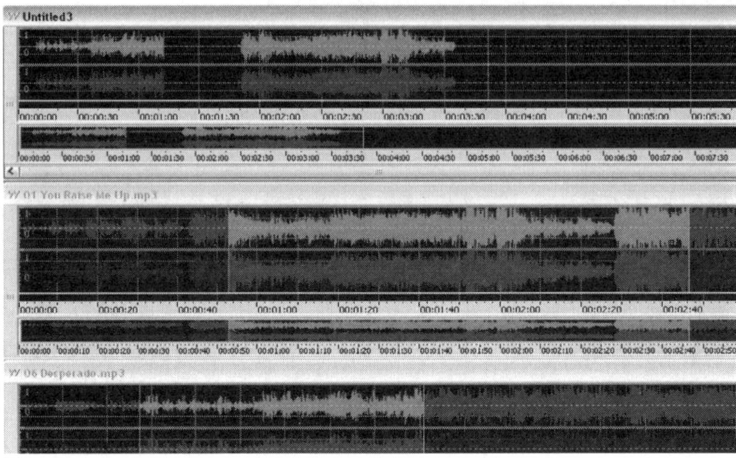

ⓓ 새로운 이름을 지정하여 저장한다.

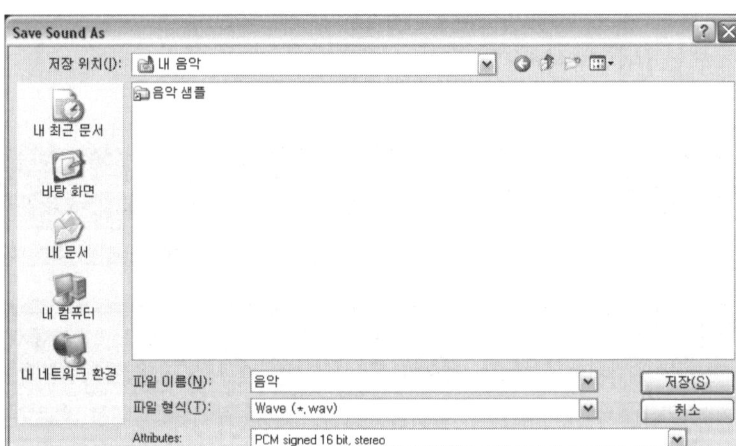

A COMPUTER OF APPLICATION EDUCATION

7 Chapter

홈페이지의 교육적 활용

chapter7 1 홈페이지의 개요 및 나모 웹에디터 2006의 특징

01_홈페이지의 개요

1. 홈페이지의 종류

홈페이지란 인터넷 상에 만들어 놓은 자신만의 공간으로, 홈페이지의 종류는 매우 다양하다. 자신의 소개와 함께 취미 및 관심 있는 분야에 대한 정보를 제공하는 개인 홈페이지, 업체에서 자사의 상품이나 회사의 이미지를 홍보하기 위한 기업용 홈페이지, 관공서나 국가 기관에서 관련 정보를 제공하는 국가기관 홈페이지, 인터넷을 통해 물건을 사고 팔 수 있는 상업용 홈페이지, 방송사나 신문사에서 운영하는 방송/신문 홈페이지, 가상공간에서 이루어지는 사이버 강좌 홈페이지, 이외에도 홈페이지에서 다룰 수 있는 정보의 종류와, 범위는 무한하다고 할 수 있다. 중요한 것은 자신의 홈페이지에서 어떤 정보를 제공할 것인지와 홈페이지를 만드는 목적이 무엇인지를 분명하게 파악하는 것이다.

2. 웹 콘텐츠 제작을 위한 준비물

(1) 인터넷을 할 수 있는 컴퓨터

웹 콘텐츠를 만들기 위해서는 당연히 컴퓨터가 있어야 한다. 586컴퓨터에 램이 64Mb 이상이라면 홈페이지를 만드는데 아무런 문제가 없다. 하지만, 꼭 필요한 것은 인터넷이 연결되어 있어야 한다는 것이다. 그래야 내가 만든 컨텐츠를 웹에 올릴 수도 있고 다른 사람이 만든 컨텐츠도 살펴볼 수 있는 것이다.

(2) 웹에 올릴 자료와 아이디어

웹 콘텐츠는 만드는 기술만 있다고 되는 것이 아니다. 웹 페이지를 우리가 살고 있는 집이라고 표현한다면, 집을 지을 때 어떤 모양으로 지을 것인가에 대한 아이디어와 여기에 사용되는 재료들이 필요할 것이다. 이와 마찬가지로 웹 콘텐츠에도 올릴 글 또는 그림

등의 재료가 필요하고, 또한 이를 어떻게 구성할 것인가에 대한 아이디어가 있어야 한다. 콘텐츠에 포함될 그림은 디지털 카메라로 직접 찍거나, 찍은 사진을 스캔하거나, 그림을 직접 그려서 넣을 수 있다. 그리고 웹 콘텐츠 구성에 대한 아이디어는 수업에서의 목표하는 바를 명확히 하고, 학습 목표 도달에 가장 효과적인 방법을 생각하면서 만들어 내야 할 것이다.

(3) 웹 콘텐츠 저작 도구 – 나모웹에디터

예전에는 HTML 언어를 배워서 프로그래밍을 할 줄 알아야만 웹 콘텐츠를 만들 수 있었다. 그러나 요즈음은 초보자도 쉽게 제작할 수 있는 나모 웹에디터와 같은 저작도구를 이용한다. 나모 웹에디터는 복잡한 HTML을 직접 입력할 필요 없이 글 2005에서 문서를 작성하듯이 간단하게 웹 콘텐츠를 제작할 수 있다.

(4) 웹 브라우저 – 인터넷 익스플로러 또는 넷스케이프

자신이 만든 웹 콘텐츠를 확인해 볼 때 필요하다. 웹 브라우저의 대표적인 것은 '인터넷 익스플로러' 와 '넷스케이프 커뮤니케이터' 이다. 이러한 브라우저는 인터넷에서 무료로 다운로드하여 사용할 수 있으며, '인터넷 익스플로러' 의 경우 윈도우가 설치되어 있는 컴퓨터에 기본적으로 내장되어 있다.

(5) 집을 지을 땅! 계정이 필요하다.

집을 지을 때 집 지을 땅이 있어야 하듯이, 웹 콘텐츠를 모두 만들면 그것을 다른 사람이 볼 수 있도록 인터넷에 올려야 한다. 내 컴퓨터에만 있는 웹 콘텐츠는 다른 컴퓨터에서 남들이 볼 수 없기 때문에 아무런 의미가 없다. 요즈음은 인터넷을 검색하면 무료로 최적의 조건을 주는 곳이 많은 편이다.

chapter7 **2** HTML 언어 맛보기

01_HTML의 개요

1. HTML이란 무엇인가?

HTML이란 Hyper Text Markup Language의 약자로 월드 와이드 웹(World Wide Web)의 문서를 작성하는데 사용되는 일종의 프로그램 언어이다. 하지만 HTML은 프로그램 언어들과는 달리 Markup 언어로 구성되어 있다. 이 말은 HTML은 OS의 종류와 상관없이 브라우저, 즉 검색기만으로 실행이 가능하다는 뜻이다. 일반 프로그래밍 언어는 OS의 종류에 따라 컴파일을 각각 따로 하여야 하는 번거로움이 있는데 HTML은 모든 사람이 공유하기 편리하도록 Markup 언어로 구성되어 있다. 따라서 한 HTML로 여러 가지 OS에서 어떠한 변화를 주지 않아도 실행이 가능하다. 여러 가지 OS를 사용하는 인터넷에선 Markup을 비롯하여 Netscape Live Script와 Sunsoft 의 Java등이 있으며 주로 월드 와이드 웹 문서를 작성하는데 많이 이용된다.

2. Hyper Text의 원리란 무엇인가?

Hyper Text(특정 데이터 항목이 다른 문서와 링크 관계를 가지고 있는 문서)의 원리는 문서의 검색을 보다 쉽게 하기 위하여 문서의 일부를 다른 문서와 링크, 즉 연결시킨 것을 말한다. Netscape으로 월드 와이드 웹을 검색하여 본 사람이라면 누구나 알 수 있듯이 웹 문서에서는 문서의 일정한 부분(텍스트나 이미지)이 링크가 되어 있어 마우스로 클릭 할 경우에 해당된 연결주소로 이동하게 되어있다. 따라서 이 하이퍼텍스트의 원리를 이용하면 정보검색이 보다 편리하고 신속하게 이루어질 수 있다. 이 원리는 월드 와이드 웹을 비롯하여 윈도우즈나 맥킨토시, X-Windows의 Help(도움말)에서 많이 쓰인다.

02_HTML로 홈페이지 제작

1. HTML의 기본 용어

• Tag : html 문서를 작성하는 명령어, 시작과 끝이 있는 경우도 있고 시작만 있는 경우도 있다.

〈head〉 〈/head〉, 〈body〉 〈/body〉, 〈br〉

• Option : 각 태그(Tag)에 필요한 특성을 추가로 지정하는 경우

〈font size="7" color = blue〉

2. HTML의 구조

(1) HTML의 기본 구조

• 〈html〉 ~ 〈/html〉 : html 문서의 시작과 끝

• 〈head〉 ~ 〈/head〉 : 문서의 title과 문서의 속성을 지정하는 곳

• 〈body〉 ~ 〈/body〉 : 문서의 본문 내용을 구성

기본구조 예제

① 〈HTML〉

② 〈HEAD〉

③ 〈/HEAD〉

④ 〈BODY〉

⑤ 여러분 안녕!

⑥ 〈/BODY〉

⑦ 〈/HTML〉

① 이 문서가 HTML 4.0 버전을 기준으로 만들어졌음을 뜻하는 것으로, 의례적으로 넣도록 한다.

② 모든 내용은 〈HTML〉과 〈/HTML〉 사이에 들어가게 된다. 〈HTML〉이나

</HTML>과 같은 것을 태그(Tag)라고 하는데, 일반적으로 쌍으로 이루어져 있다. 끝내는 태그에는 /를 붙인다. 한 쌍의 태그(끝내는 태그가 없을 경우 하나)를 Element라고 한다. HTML은 태그들의 모음이라고 생각하면 된다.

③ 〈BODY〉 와 ⑥ 〈/BODY〉 사이에 실질적인 모든 내용이 들어간다.

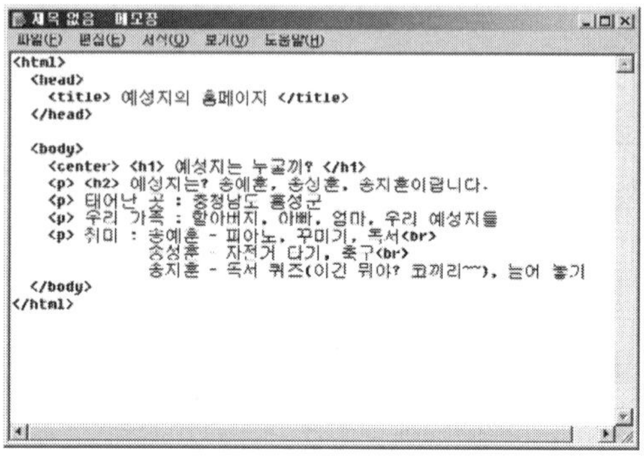

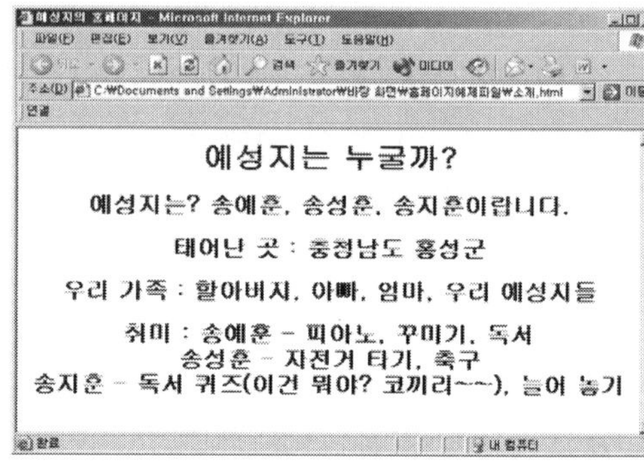

(2) 〈TITLE〉 태그

• 〈title〉 〈/title〉 예 : 〈title〉 창의 제목을 입력한다. 〈/title〉

〈title〉과 〈/title〉 사이에 '예성지의 홈페이지' 라고 입력을 하면, 오른 쪽 익스플로러의 제목에 입력한 문자가 표시된다.

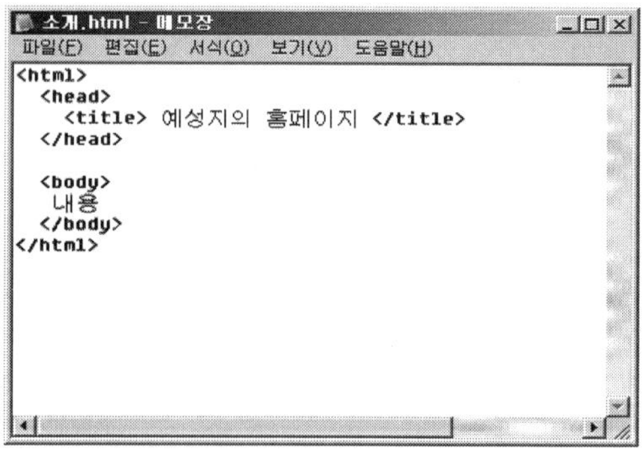

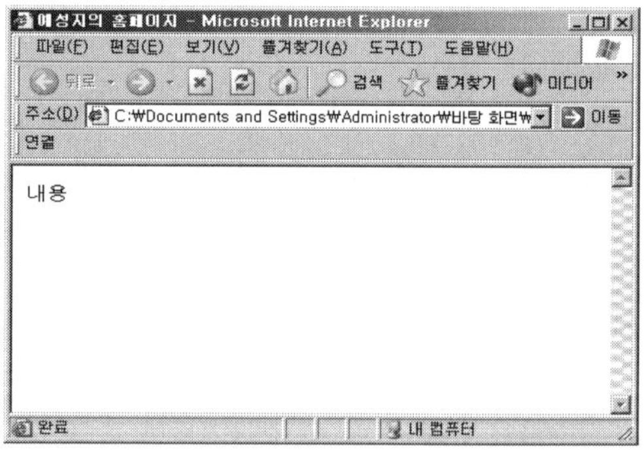

(3) 〈BODY〉 태그

• 〈body〉 내용 〈/body〉 본문 작성

bgcolor=RGB 값 (예 #ffff00) : 배경색

background= 배경그림

text=전체 글자 색상

link=하이퍼링크된 연결된 부분의 글자색상

vlink=한 번 방문한 곳의 글자색상

alink=누르고 있는 동안의 색상

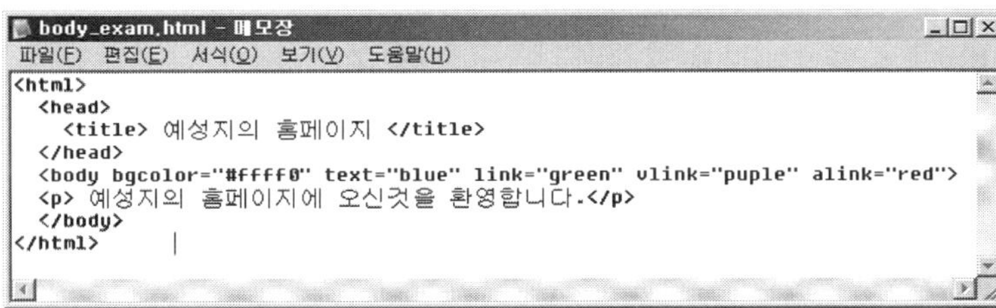

```
<html>
  <head>
    <title> 예성지의 홈페이지 </title>
  </head>
  <body bgcolor="#ffff0" text="blue" link="green" vlink="puple" alink="red">
  <p> 예성지의 홈페이지에 오신것을 환영합니다.</p>
  </body>
</html>
```

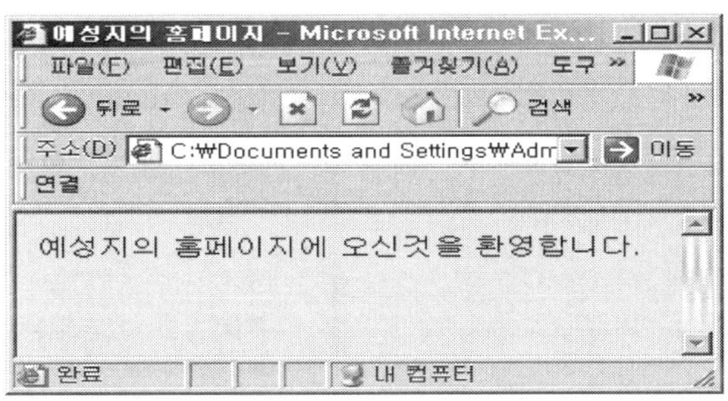

(4) 〈HEAD〉 태그

제목에 해당되는 문자에 사용하는 태그

- 〈h1〉 ~ 〈/h1〉 : 제목 지정 태그는 1에서 6까지 지정하며, 1이 가장 크다.

  옵션 : align = left, center, right

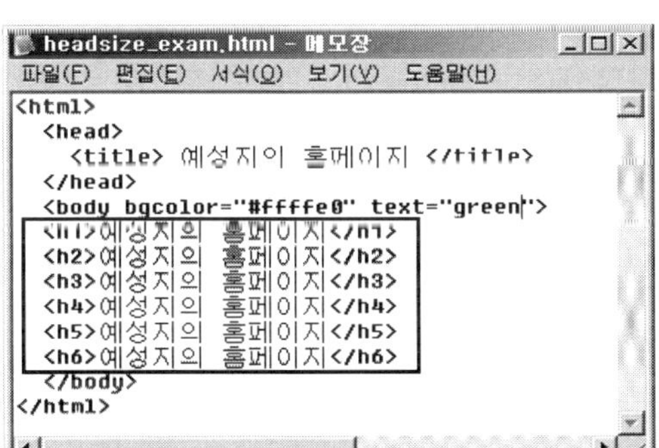

```
<html>
  <head>
    <title> 예성지의 홈페이지 </title>
  </head>
  <body bgcolor="#ffffe0" text="green">
  <h1>예성지의 홈페이지</h1>
  <h2>예성지의 홈페이지</h2>
  <h3>예성지의 홈페이지</h3>
  <h4>예성지의 홈페이지</h4>
  <h5>예성지의 홈페이지</h5>
  <h6>예성지의 홈페이지</h6>
  </body>
</html>
```

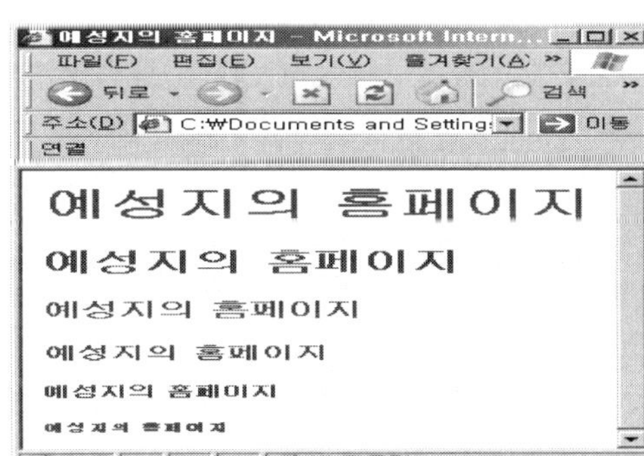

(5) 문서에 배경색 넣기와 문자 크기 지정

〈html〉

〈head〉 〈/head〉

〈body bgcolor="yellow"〉

〈P〉〈font size="1"〉여러분 안녕하십니까?〈/font〉〈/P〉

〈P〉〈font size="3"〉여러분 안녕하십니까?〈/font〉〈/P〉

〈P〉〈font size="5"〉여러분 안녕하십니까?〈/font〉〈/P〉

〈P〉〈font size="7"〉여러분 안녕하십니까?〈/font〉〈/P〉

〈/body〉

〈/html〉

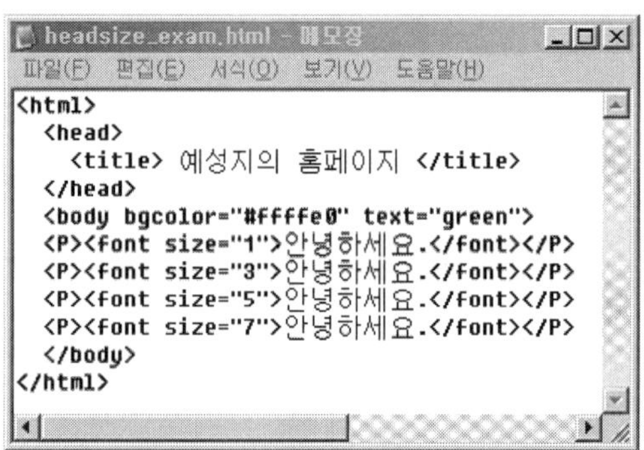

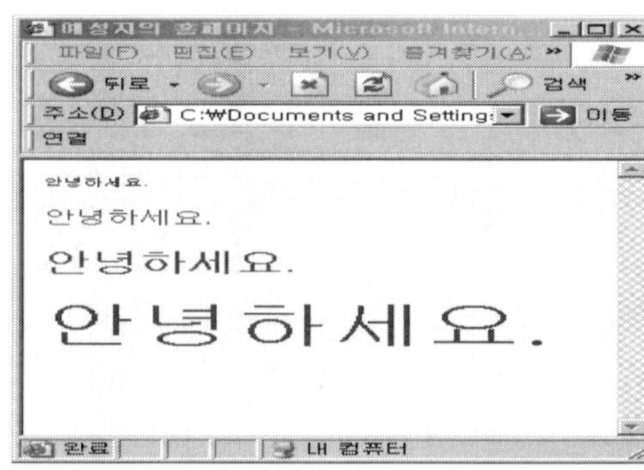

• 〈body bgcolor="yellow"〉 : bgcolor는 배경색을 나타내는 것으로 " " 속에 색상 이름이나 16진법에 의한 RGB의 값을 기입
 문자의 색상은 color="red" 또는 color = "#FF0000" 준다.

• 〈P〉 〈/P〉 : 문장 내에서 줄을 바꾼다.

• 〈font size=" "〉 〈/font〉 : 문자의 크기를 나타낸다. size = 1~7까지 줄 수가 있고 7이 가장 크다.

(6) 문서의 줄바꾸기

〈html〉

⟨head⟩ ⟨/head⟩
⟨body bgcolor="#ffe000"⟩

⟨font size=3 color= red face=굴림체⟩
나의 소개⟨p⟩
추천사이트⟨P⟩
방명록⟨P⟩

나의 소개⟨br⟩
추천사이트⟨br⟩
방명록⟨br⟩
⟨/body⟩
⟨/html⟩

- ⟨p⟩ : 줄 바꿈
- ⟨br⟩ : 바로 다음 줄로 바꿈
- ⟨font size=3 color= blue face=굴림체⟩ : 글자 크기 – 3
  글자 색상 – 청색
  글자체 – 굴림체

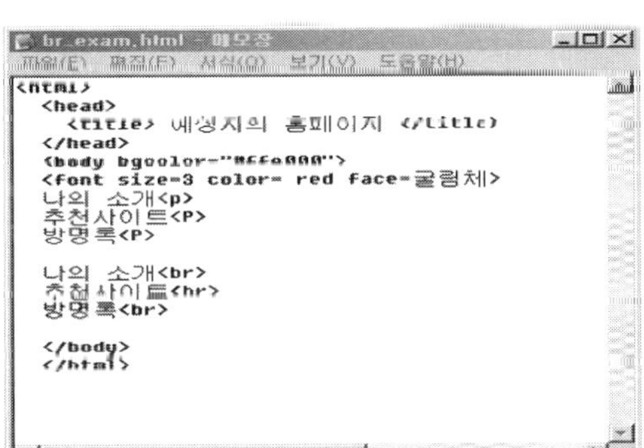

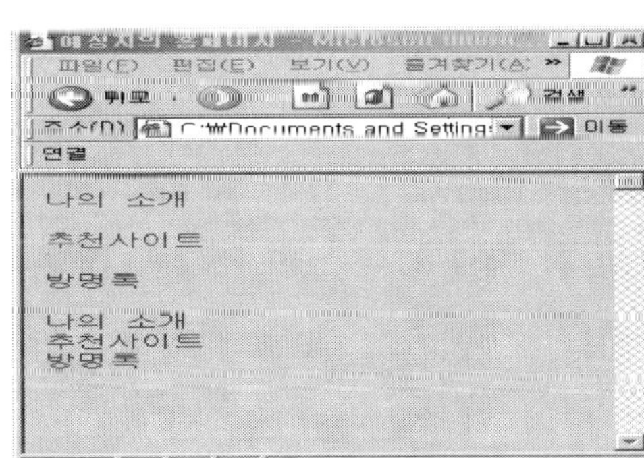

(7) 문서에 그림 넣기

〈html〉

〈head〉 〈/head〉

〈body bgcolor="white" text="black"〉

〈img src="sjb.jpg"〉〈/p〉

〈/body〉

〈/html〉

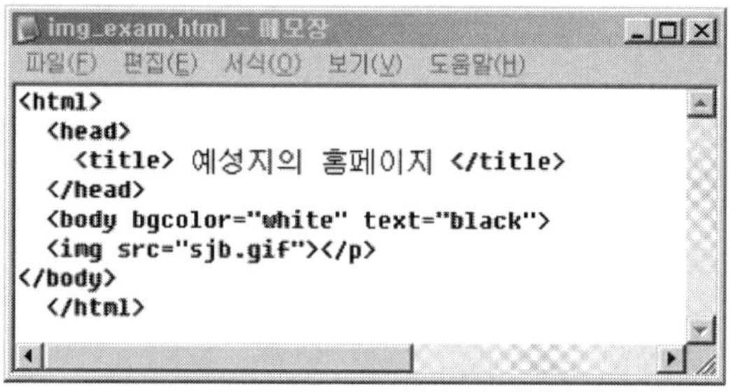

TIP

그림을 삽입할 경우 경로를 주위

※ 문서에 그림을 삽입하기 전 그림이 어떤 폴더에 있는지 확인하고 삽입한다.

① 작성하는 문서와 그림이 같은 폴더에 있는 경우
〈img src=cys.jpg〉
위의 두 개의 그림처럼 정상적으로 나온다.

② 작성하는 문서와 그림이 서로 다른 폴더에 있는 경우
〈img src=images/cys.jpg〉
〈html〉
〈head〉 〈/head〉
〈body bgcolor="white" text="black"〉

(8) 문단 모양

〈html〉

〈head〉 〈/head〉

〈body bgcolor="white" text="black" 〉

〈ol type = i〉

〈li〉한국교원대학교〈/li〉

〈li〉대학원〈/li〉

〈li〉도서관〈/li〉

〈/ol〉

〈/body〉

〈/html〉

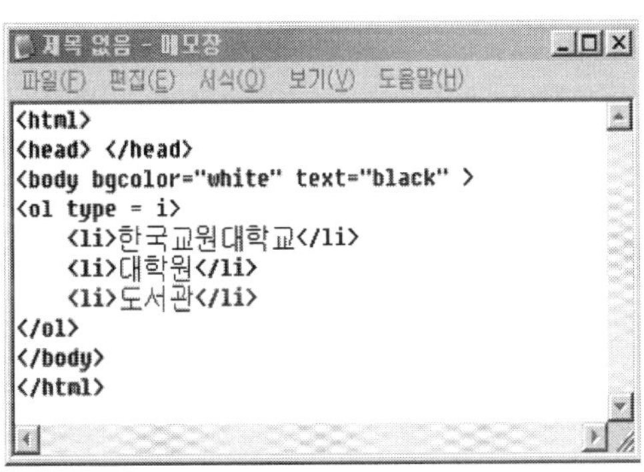

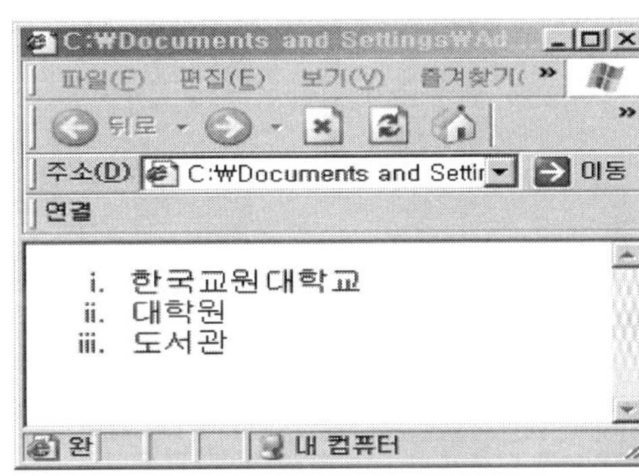

(9) 기타 태그

① 〈LI〉태그

목록항목임을 표시해주는 태그이다. 혼자서는 사용할 수 없고 아래에서 설명할〈UL〉,〈OL〉,〈MENU〉,〈DIR〉태그와 같이 사용하며 적절한 표현은 아니지만 위의 태그의 하위 태그라고 이해하면 된다.

상위에 어떤태그를 사용했느냐 에 따라 번호가 나오기도 하고 부호가 나오기도 한다. 종료태그가 없고 줄바꿈기능이 있으며, 들여쓰기로 출력된다.

형식

〈LI〉 내용..

② 〈UL〉태그

순서가 없는 목록의 시작과 끝을 알려주는 태그이다. 특정부호를 발생시키는데 위에서 설명한대로 LI태그와 같이 사용하며 UL태그는 순서가 없는 목록이다 라고 선언만 해주며 부호는 LI태그에서 발생시킨다.

겹쳐서 사용하면 단계증가의 효과도 볼 수 있다(하위메뉴)옵션을 주지 않으면 디폴트로 속이 칠해진 원모양의 부호가 출력된다.

형식

〈UL 옵션〉 ← 순서 없는 목록선언 시작

〈LI〉 내용.... ←(LI 태그가 상위 옵션에 맞는 부호발생

〈LI〉 내용.... ← 옵션이 없으면 속이 칠해진 원모양의 부호 출력)

〈/UL〉 ← 순서 없는 목록선언 끝

옵션

TYPE = SQUARE , CIRCLE , DISC

SQUARE : 속이 칠해진 사각형모양의 부호

CIRCLE : 속이 빈 원모양의 부호

DISK : 속이 칠해진 원모양의 부호

예)

HTML소스		화면 출력
〈UL〉		1. 한국교원대학교
〈li〉교양관	= >	• 교양관
〈li〉도서관		• 도서관
〈li〉기숙사		• 기숙사
〈/UL〉		

HTML소스		화면 출력
1.한국교원대학교		
〈UL type=square〉		1.한국교원대학교
〈li〉교양관		• 교양관
〈li〉도서관	= >	• 도서관
〈li〉기숙사		• 기숙사
〈/UL〉		

HTML소스		화면 출력
1.한국교원대학교		
〈UL type=circle〉		1.한국교원대학교
〈li〉교양관		• 교양관
〈li〉도서관	= >	• 도서관
〈li〉기숙사		• 기숙사
〈/UL〉		

HTML소스		화면 출력
1.한국교원대학교		
〈UL type=disc〉		1.한국교원대학교
〈li〉교양관		• 교양관
〈li〉도시관	= >	• 도서관
〈li〉기숙사.		• 기숙사
〈/UL〉		

③ 〈OL〉태그

UL 태그의 반대로 순서가 있는 목록을 지정할 때 쓰인다. 겹쳐서 사용하면 단계증가의 효과도 볼 수 있다.

형식

〈OL 옵션〉 ← 순서가 있는 목록선언 시작

〈LI〉 내용.... ←(LI 태그가 상위 옵션에 맞는 문자 및 숫자 발생

〈LI〉 내용..... ← 옵션이 없으면 순차적인 숫자출력(1,2,3,4...))

〈/OL〉 ← 순서가 있는 목록선언 끝

옵션

TYPE = A , a , I , i , 1

A : 순차적인 알파벳 대문자로 출력

a : 순차적인 알파벳 소문자로 출력

I : 순차적인 로마자 대문자로 출력

i : 순차적인 로마자 소문자로 출력

1 : 순차적인 아라비아 숫자로 출력

예)

HTML소스		화면 출력
한국교원대학교		
〈OL〉		한국교원대학교
〈li〉교양관	=	1.교양관
〈li〉도서관	>	2.도서관
〈li〉기숙사		3.기숙사
〈/OL〉		

HTML소스		화면 출력
한국교원대학교		
〈OL type=A〉		한국교원대학교
〈li〉교양관	=	A.교양관
〈li〉도서관	>	B.도서관
〈li〉기숙사		C.기숙사

〈/OL〉

④ 〈MENU〉태그

UL 태그와 기능이 같다.

단어를 나열해서 메뉴등을 만들때 사용한다.

형식

〈MENU 옵션〉 ← 순서 없는 목록선언 시작

〈LI〉 내용.... ←(LI 태그가 상위 옵션에 맞는 부호발생

〈LI〉 내용.... ← 옵션이 없으면 속이 칠해진 원모양의 부호 출력)

〈/MENU〉 ← 순서 없는 목록선언 끝

⑤ 〈DIR〉태그

MENU 태그와 기능이 같다.

짧은 내용을 리스트로 꾸미는데 이용된다.

형식

〈DIR 옵션〉 ← 순서 없는 목록선언 시작

〈LI〉 내용.... ←(LI 태그가 상위 옵션에 맞는 부호발생

〈LI〉 내용... ← 옵션이 없으면 속이 칠해진 원모양의 부호 출력)

〈/DIR〉 ← 순서 없는 목록선언 끝

⑥ 〈DL,DT,DD〉태그

이태그는 사전방식으로 정리할 때 쓰인다.

특정단어를 기록하고 그 아래에 그 단어에 대해 설명할때 많이 쓰인다.

형식

〈DL〉 ← 사전방식 선언 시작

〈DT〉 제목 ← DT는 설명하고자 하는 단어

〈DD〉 설명... ← DD는 단어를 설명하는 문장

〈/DL〉 ←사전방식 선언 끝

예)

HTML소스		화면 출력
용어사전		용어사전
〈DL〉		DT
〈DT〉DT 〈DD〉설명하고자 하는 단어를 기록하는 부분으로 제목이라고 볼 수 있다.		설명하고자 하는 단어를 기록하는 부분으로 제목이라고 볼 수 있다.
〈DT〉DD	= >	DD
〈DD〉DT에 적힌 단어를 설명하는 부분으로 DD에 적힌 부분은 들여쓰기가 되며 자동워드랩되는 특징이 있다.		DT에 적힌 단어를 설명하는 부분으로 DD에 적힌 부분은 들여쓰기가 되며 자동워드랩되는 특징이 있다.
〈/DL〉		

(10) 문자에 하이퍼링크 넣기

〈html〉

〈head〉 〈/head〉

〈body bgcolor="white" text="black" link="blue" vlink="purple" alink="red"〉

〈p〉〈a href="http://www.knue.ac.kr"〉한국교원대학교〈/a〉〈/p〉

〈p〉〈a href="http://sjb.pe.kr"〉송샘의 원격강의실〈/a〉〈/p〉

〈/body〉

〈/html〉

• 〈a href="http://www.hanmir.com"〉한미르〈/a〉 : 문자에 하이퍼링크 연결

(11) 표 만들기

```
〈html〉
〈head〉 〈/head〉
〈body〉
〈table border="1"〉
   〈tr〉
      〈td〉
       표 연습
      〈/td〉
   〈/tr〉
〈/table〉
〈/body〉
〈/body〉
〈/html〉
```

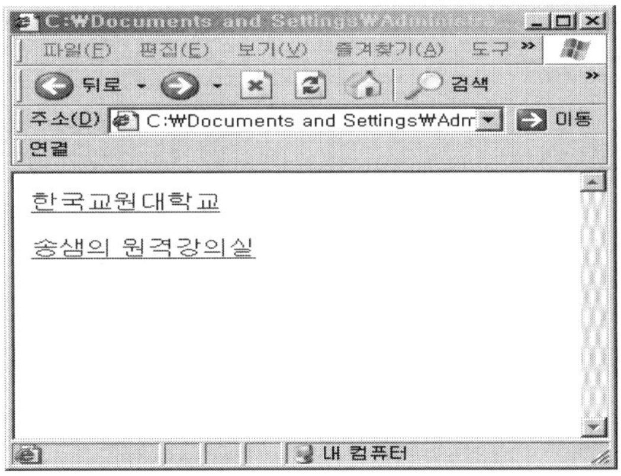

- 〈table〉 : 표의 시작을 의미
- 〈/table〉 : 표의 종료를 의미
- 〈tr〉 : 표의 한 행을 시작
- 〈/tr〉 : 표의 한 행을 종료
- 〈td〉 : 표의 한 셀(칸)을 시작
- 〈/td〉 : 표의 한 셀(칸)을 종료
- border="수치" : 표의 테두리 두께
- WIDTH="수치" or "수치%" : 표의 가로넓이를 지정, 수치는 픽셀, %는 백분율을 의미
- HEIGHT="수치" or "수치%" : 표의 세로넓이를 지정, 수치는 픽셀, %는 백분율을 의미
- CELLSPACING="수치" : 셀과 셀 사이의 간격 조정
- CELLPADDING="수치" : 셀의 안쪽여백의 간격
- bgcolor="색명" or "색상코드명" : 표의 배경색

〈TD COLSPAN=가로 셀 수 ROWSPAN=세로 셀 수〉 셀을 가로, 세로로 합치고 싶을 때 사용

따라해보기 Html로 표 만들어 보기

```
<html>
<head> </head>
<body>
<table border="1" cellpadding="3" cellspacing="2" width="50%" bgcolor="aqua">
   <tr>
      <td width="312" colspan="2">
         <p>1</p>
      </td>
      <td width="317" rowspan="2">
         <p>4</p>
      </td>
   </tr>
   <tr>
      <td width="317">
         <p>2</p>
      </td>
      <td width="317">
         <p>3</p>
      </td>
   </tr>
</table>
</body>
</body>
</html>
```

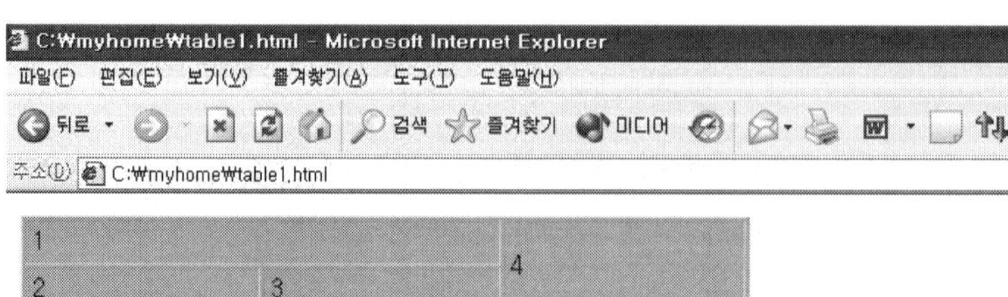

chapter7 3 나모 웹에디터 2006과 친해지기

01_나모 웹에디터의 시작

윈도우즈 바탕 화면에 있는 나모 웹에디터 2006(이하 나모 웹에디터)의 단축 아이콘을 마우스로 더블 클릭하여 나모 웹에디터를 실행할 수 있다. 나모 웹에디터를 설치할 때 바딩화면에 단축 아이콘을 만들지 않았다면 [시작]-[프로그램]-[나모 웹에디터 2006]-[나모 웹에디터 2006]을 선택하여 실행할 수 있다.

나모의 설치 파일을 받기 위해서는 "http://www.namo.co.kr/download/view.php?idx=18"을 주소창에 입력하면 나모 웹에디터 체험판을 다운로드 할 수 있다.

02_나모 웹에디터의 화면 구성

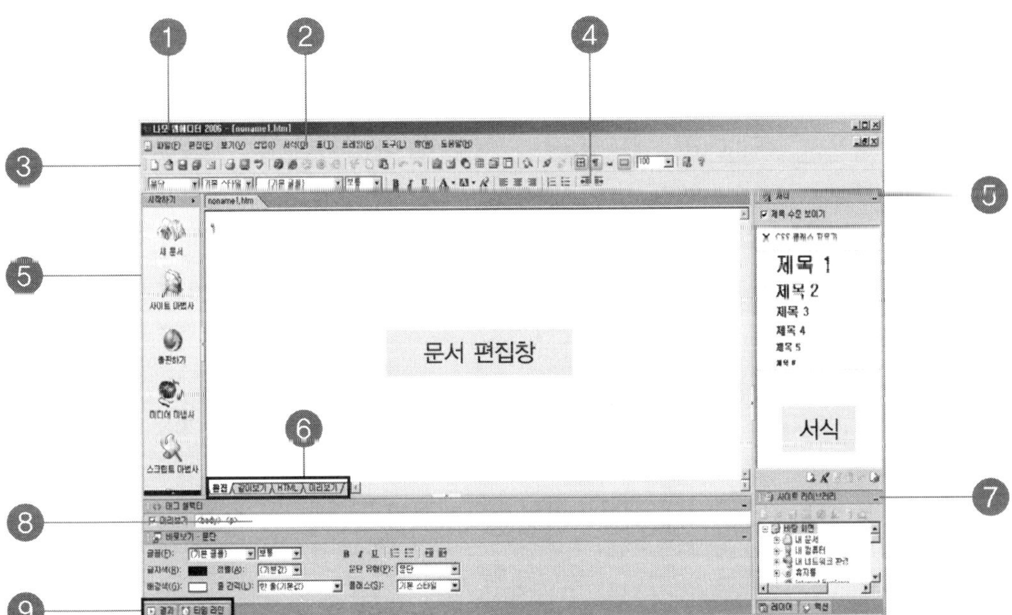

❶ 제목 표시줄

제목 표시줄은 현재 작업하고 있는 웹 문서의 제목을 표시하는 곳이다. 이 부분에 표시되는 것은 브라우저에서 읽어들을 때에도 그대로 표시되기 때문에 웹 페이지의 제목에 신경을 써야 한다. 저장을 하지 않았을 때는 기본값으로 noname1.htm으로 표시된다.

❷ 메뉴 표시줄

나모 웹에디터의 메뉴 표시줄은 프로그램의 모든 기능을 담고 있는 부분이라고 할 수 있을 정도로 나모 웹에디터가 가지고 있는 기능의 모든 것이 담겨 있다.

❸ 기본 도구 상자

기본 도구 막대는 문서를 불러오거나 저장, 표 만들기, 레이어를 삽입하는 등의 기능들이 모여있는 곳이다. 메뉴 표시줄보다 빠른 실행을 할 수 있다는 장점이 있다.

❹ 서식 도구 상자

서식 도구는 많이 사용되는 것으로, 웹 페이지 내에 있는 내용들의 속성을 결정하는 데 주로 사용되며, 서식 도구는 글자 크기, 스타일 등을 결정하는 것으로 기본 도구에 비하여 세세한 부분에 영향을 주는 도구라 할 수 있다.

❺ 서식 패널

서식 패널을 이용하면 문서에 쉽게 스타일을 추가하거나 수정, 삭제할 수 있다.

❻ 문서 표시 탭

다양한 방식으로 편집중인 웹 페이지를 볼 수가 있다. 편집은 한글 2005처럼 문서 편집창에서 제작을 할 수 있으며, HTML 보기는 사용자가 직접 HTML 태그를 입력하여 제작을 할 수 있어 세세한 조정을 할 때 쓰는 기능이며, 같이 보기는 위에는 문서 편집창, 아래는 HTML보기창이 동시에 있어 두 개를 비교하면서 제작할 수 있다. 마지막으로 미리보기 현재 제작하고 있는 웹 문서를 인터넷에 올렸을 때처럼 볼 수 있는 기능이다.

❼ 사이트 라이브러리

사이트에서 사용하는 각종 리소스 파일을 쉽게 관리하고 사용할 수 있다.

❽ 태그 셀렉터

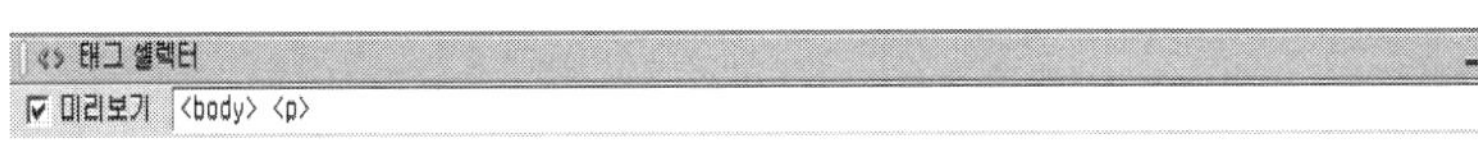

태그 셀렉터에서 '스타일 보이기'를 선택하면 각 태그의 색깔, 글꼴, 테두리 등의 속성을 미리 볼 수 있다. 또한 마우스 오른쪽 버튼을 클릭하면 나타나는 바로가기 메뉴에서 선택한 태그가 스타일인지 클래스인지를 확인해 볼 수 있으며 선택한 태그에 대한 도움말을 쉽게 찾아볼 수 있다.

❾ 결과, 타임라인

나모 웹에디터 2006에서 추가된 기능으로 이전 버전에서는 타임라인을 활용하여 웹문서를 제작하기 위해서는 메뉴에서 타임라인을 불러와서 활용을 하였지만, 나모 웹에디터 2006에서는 편집 화면에서 바로 타임라인 창을 불러와서 활용할 수 있도록 인터페이스가 변경되었다.

| 03_기본기능을 익히기 |

1. 새 문서 만들기 단축키 Ctrl + N

처음 나모 웹에디터를 실행하면 'noname1.htm' 이라는 문서가 자동으로 만들어지며, 다른 작업 중에 빈 문서를 새로 만들려면 [파일]-[새글]을 선택하거나 단축 아이콘을 누른다. 기본 도구 막대의 '새 글 아이콘' 이나 단축키 '[CTRL]+[N]' 을 사용하여도 된다. '문서 편집창' 에 아래의 보기와 같이 입력하면 웹 문서의 제작이 가능하다.

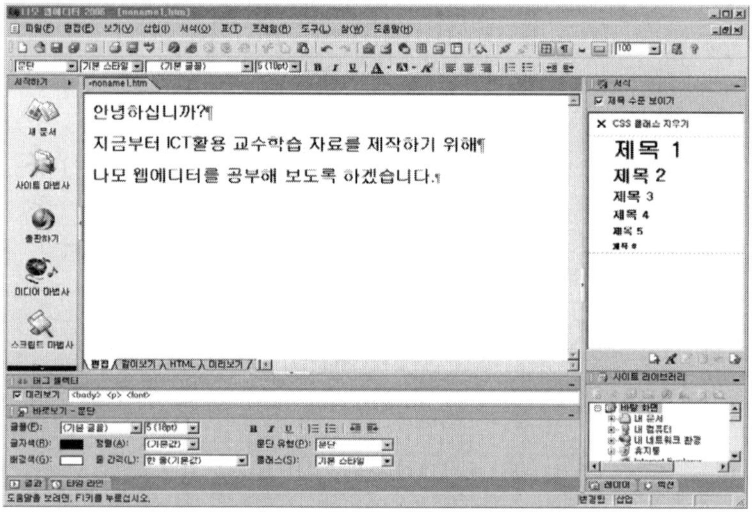

텍스트 입력 시 줄바꿈은 [Shift]+[Enter] 키를 누르고, 문단 바꿈은 [Enter] 키를 누르면 된다.

> **TIP**
>
> 기호 입력 방법 (단축키 : Ctrl + F7)
>
> - [삽입]-[기호]를 선택하거나 단축키를 누르면 기호 삽입 대화상자가 나타나며, 원하는 기호를 선택한 후 [삽입] 버튼을 누르면 문서에 기호가 삽입된다.

편집된 문서의 HTML 소스를 보고자 할 경우에는 위 화면에서 [HTML]탭을 선택하고, 웹 브라우저의 화면으로 보고자 할 경우에는 [미리보기]탭을 선택한다. 다음의 그림은

[HTML]탭과 [미리보기]탭의 결과 화면이다.

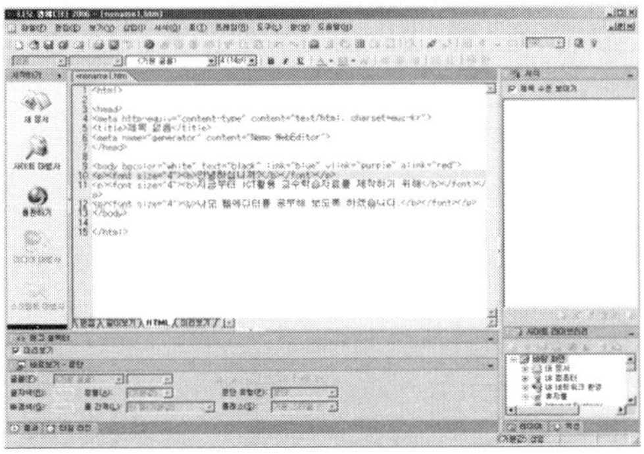

[HTML]탭 선택 시 화면

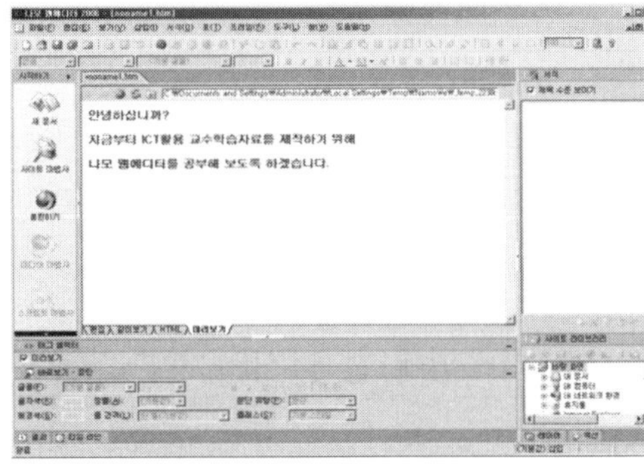

[미리보기]탭 선택 시 화면

2. 파일의 저장과 열기

작성된 HTML 문서를 저장할 경우에는 [파일]-[다른 이름으로 저장]을 선택한다. 새로 열려진 창에서 저장 파일명을 '연습'이라고 입력하고 [저장] 버튼을 누르면 저장된다. 이때 새로운 폴더를 만들어 작성되는 파일들을 한 곳에 저장하면 파일의 관리가 편리하다. 같은 이름으로의 저장은 💾 이나, [파일]-[저장하기]를 선택한다.

저장된 파일의 열기는 이미 다른 프로그램에서 사용하는 방법과 동일하다. [파일]-[열기]를 선택하거나 '열기 아이콘' 을 클릭하면 된다.

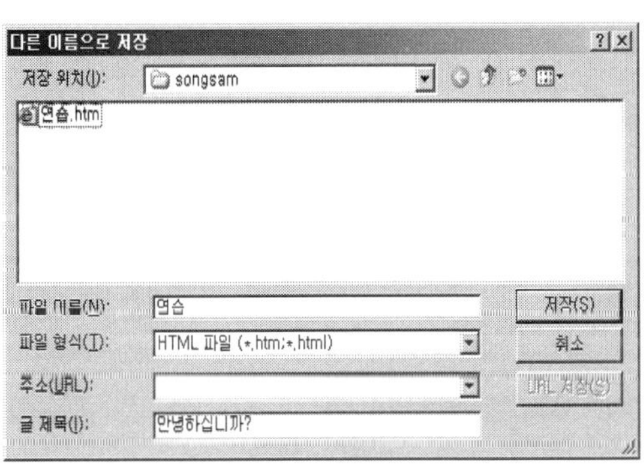

[파일]-[저장] 할 때 화면

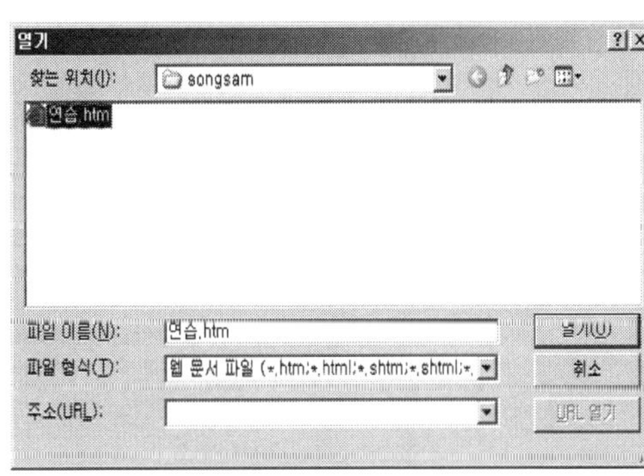

[파일]-[열기] 선택 시 화면

TIP	나모 웹에디터에 대한 학습을 시작하기 전에 몇 가지 중요한 사항을 알아둡시다. 1. 홈페이지의 전체적인 구조를 머릿속 또는 그림으로 그려봅시다. 특히, 프레임을 활용한 구조를 생각해 봅시다. 2. 작성하는 웹문서를 하나의 폴더에 저장을 하며, 종류별로 폴더를 구분하여 저장하는 것이 나중에 경로문제와 파일관리가 편리하다. (예: images, sound, flash, movie 등)

3. 글자 입력하고 편집하기

문서의 글자 크기와 글꼴의 선택은 '서식 도구 막대'에서 미리 선택하고 입력할 수도 있으며, 입력된 문자들을 블록으로 지정한 다음, 그 속성을 지정하여 주어도 된다.

또한 서식 도구 막대를 통해서 선택할 수도 있고 상단의 메뉴 중 [서식]-[글꼴]을 선택하여 글꼴 대화 상자에서 설정을 할 수도 있다.

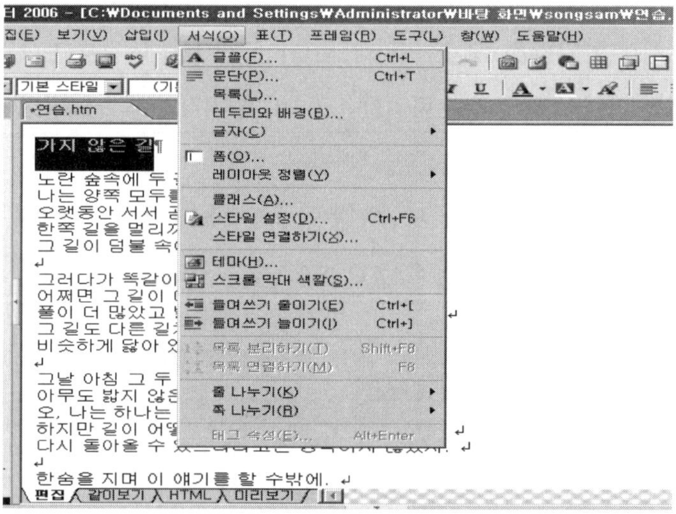

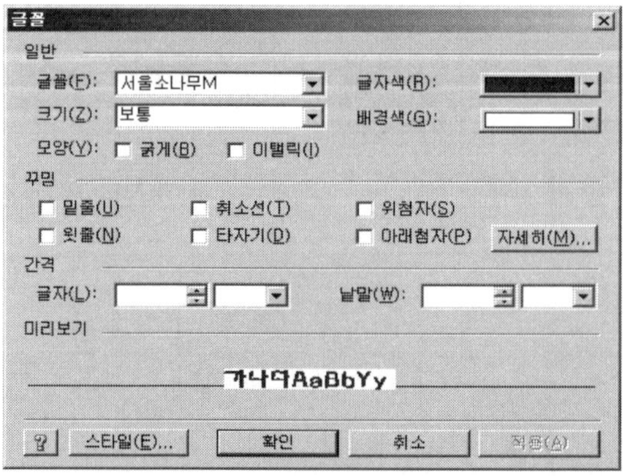

글자 속성 아이콘	설 명
글꼴(F): 서울소나무M	글꼴을 변경한다.
크기(Z): 보통	글자의 크기를 변경한다.
글자색(R):	글자의 색상을 변경한다.
배경색(G):	글자의 배경색을 변경한다.
모양(Y): □ 굵게(B) □ 이탤릭(I)	글자의 모양을 굵게, 기울이게 조정한다.
꾸밈 □ 밑줄(U) □ 취소선(T) □ 위첨자(S) □ 윗줄(N) □ 타자기(D) □ 아래첨자(	글자를 꾸며주는 항목으로 해당되는 체크하면 그 효과가 적용된다.
낱말(W):	글자 간의 간격을 조정한다.
낱말(W):	낱말 간의 간격을 조정한다.

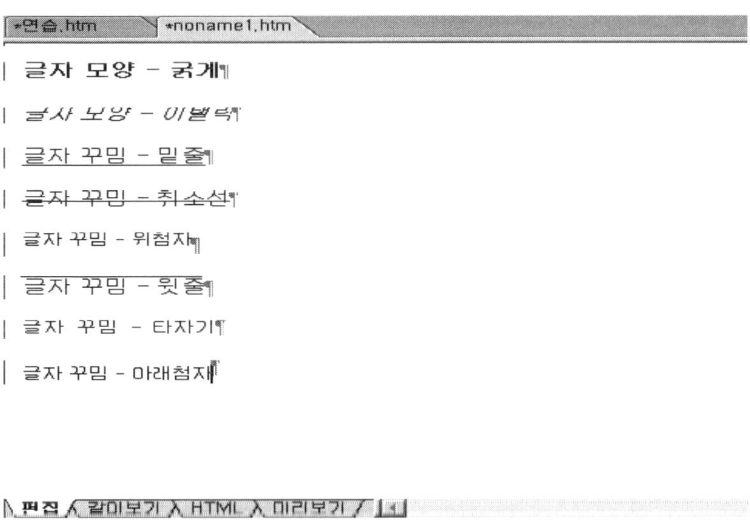

글자 모양과 꾸밈의 사용 예

4. 문단 속성 바꾸기

속성을 바꿀 문단에 커서를 올려놓고 메뉴에서 [서식]-[문단]을 클릭하면 스타일 대화상자가 나타난다. 문단의 속성을 원하는 형태로 변경한다. 기본 메뉴 상단에 있는 단축 아이콘은 문단 속성 대화상자에 있는 아이콘과 같은 기능을 한다.

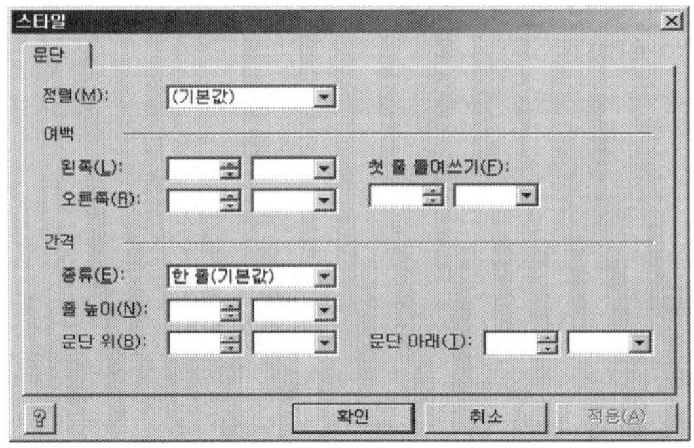

정렬방식으로는 왼쪽 정렬, 가운데 정렬, 오른쪽 정렬이 있으며, 사용된 예제 화면은 아래와 같다.

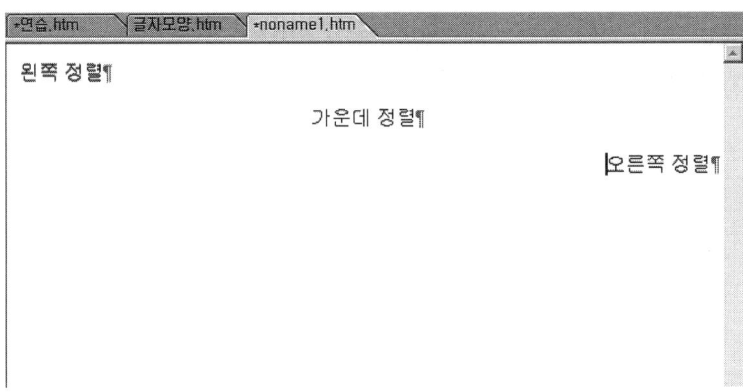

5. 목록 만들기

목록을 만들 문단에 커서를 위치시키고 메뉴에서 [서식]-[목록]을 클릭하거나 도구 상자에서 단축 아이콘을 클릭한다.

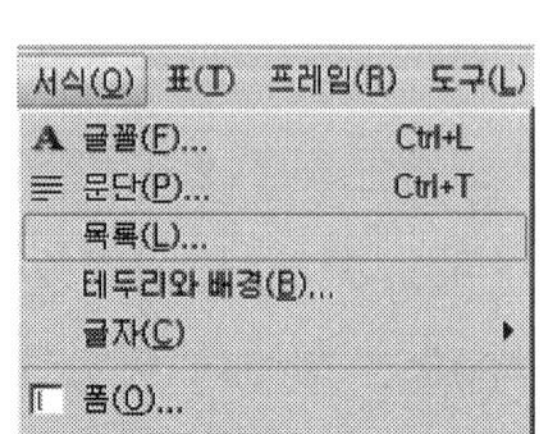

원하는 목록 스타일을 선택한 후 [확인] 버튼을 클릭한다.

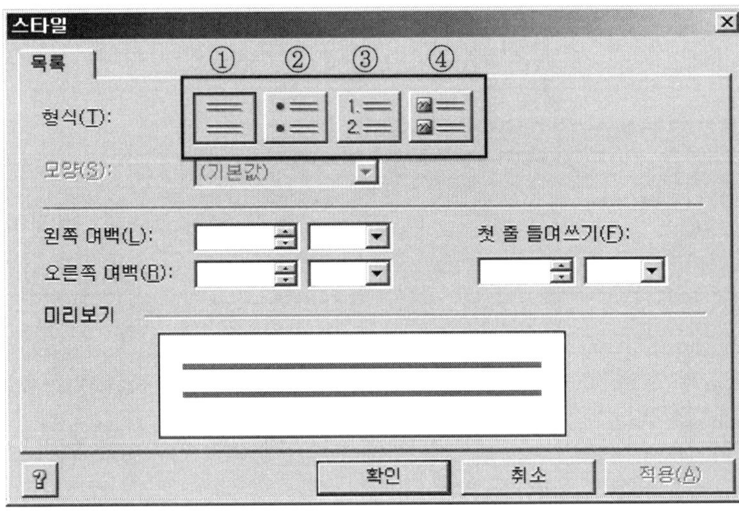

① 목록 만들기 해제

② 점 목록 만들기

③ 숫자 목록 만들기

④ 그림 목록 만들기

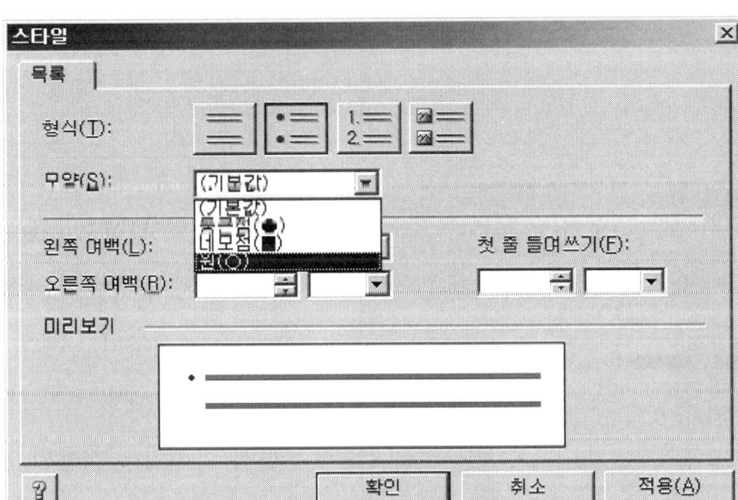

따라해보기 점으로 된 목록 만들기

작성된 문서에 '점으로 된 목록'을 만들기 위해 다음과 같이 따라해보자.

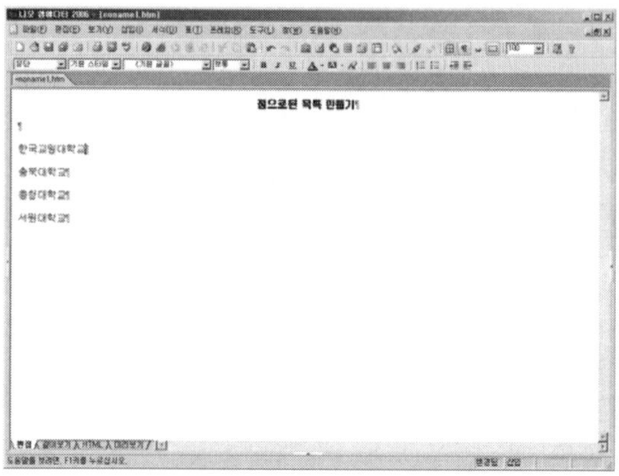

① 우선 글자를 입력한 다음 마우스를 사용하여 블록을 지정하고, 상단의 서식 도구 막대에서 '점으로 된 목록'(☰)을 누른다. 또는 블록을 지정한 다음, [서식]-[문단]을 선택하거나 마우스 오른쪽 버튼을 누른다.

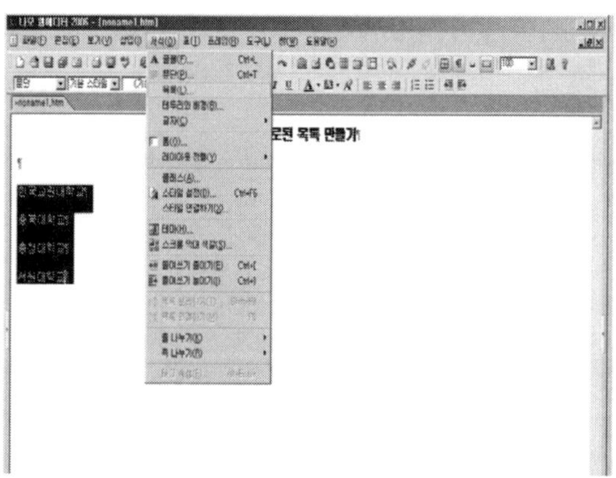

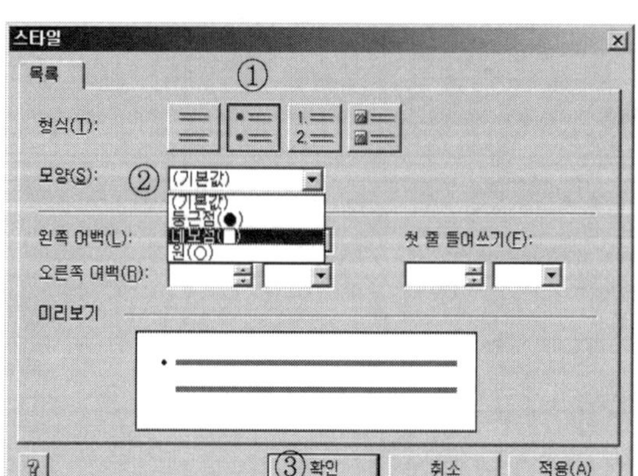

② 형식에서 두 번째 [점 목록 만들기]를 누른 후 모양을 선택하여 원하는 점 모양을 선택한다. 이곳에서는 네모점을 선택하기로 한다.
네모점을 선택한 후 [적용]을 누르면 편집 화면에서 적용된 결과를 미리보기 할 수있고 [확인]을 누르면 편집화면으로 돌아가게 된다.

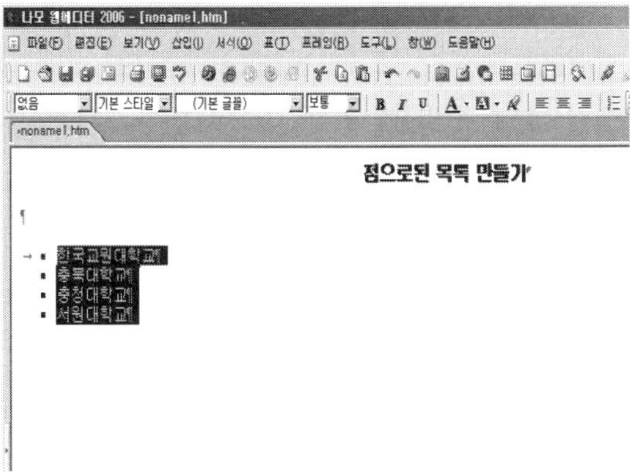

③ 형식에서 두 번째 [점 목록 만들기]를 누른 후 모양을 선택하여 원하는 점 모양을 선택한다. 이곳에서는 네모점을 선택하기로 한다.

네모점을 선택한 후 [적용]을 누르면 편집 화면에서 적용된 결과를 미리 보기 할 수있고 [확인]을 누르면 편집화면으로 돌아가게 된다.

6. 그림 삽입하기

나모 웹에디터에서는 마우스를 클릭하면 손쉽게 그림을 삽입할 수 있다. 보통 사용자가 컴퓨터에 저장되어 있는 그림 파일을 삽입할 수도 있고 나모 웹에디터에서 제공하는 클립아트를 편집창에 삽입하는 방법 두 가지로 나눈다.

(1) 일반 그림 삽입하기

① 메뉴에서 [삽입]-[그림]-[그림]을 선택하거나 '기본도구막대'에서 그림 삽입( ) 아이콘을 클릭한다.

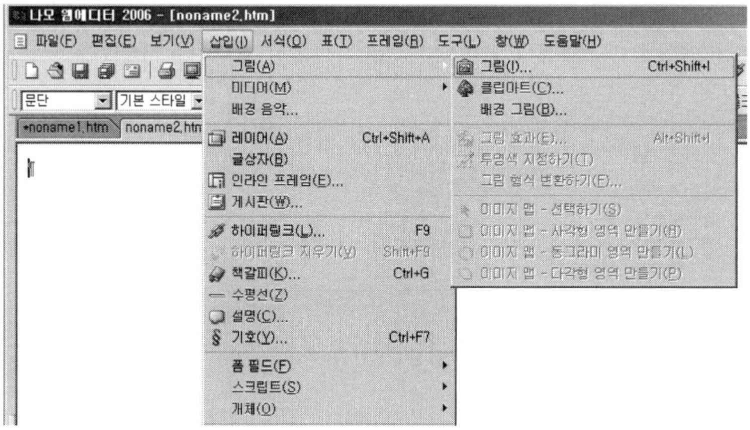

② 그림 속성창이 삽입하고자 하는 그림의 경로를 직접 입력하거나, 찾아보기 아이콘을 선택한다.

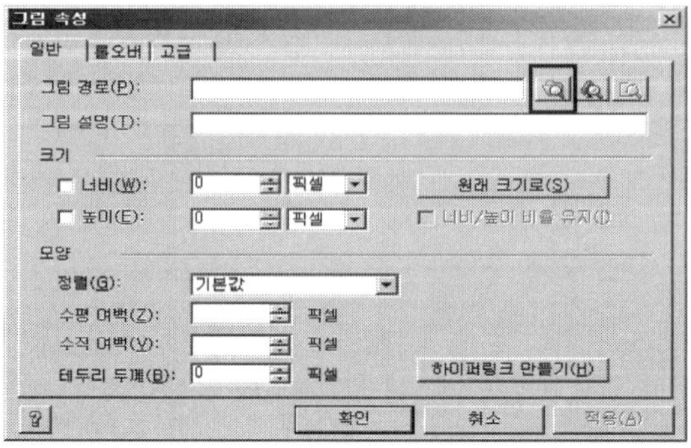

③ 찾는 위치를 삽입하고자 하는 그림 파일이 있는 곳으로 위치한 후 그림을 선택한 다음 열기를 누른다.

(2) 클립아트 삽입하기

① 상단 메뉴에서 [삽입]-[그림]-[클립아트]를 선택하여 리소스 관리자를 불러온다.

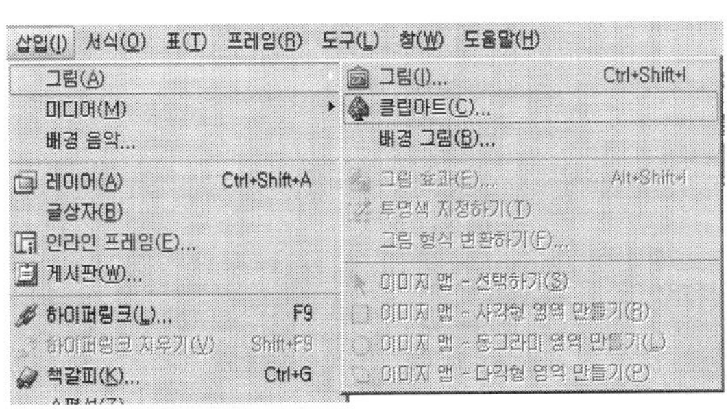

② 리소스 관리 하면에서는 일반적인 클립아트를 주제별로 구분하여 분류하여 원하는 그림을 찾기가 쉽다. 다음 그림은 건축 주제를 선택한 것으로 삽입하고자 하는 클립아트를 선택하고 하단에 있는 [삽입]버튼을 누르면 편집창에 클립아트가 삽입된 것을 확인할 수 있다. 클립아트외에도 스마트 클립아트, 플래시 버튼, 테마 등이 있다. 좀 더 자세한 설명은 다음에 하도록 한다.

(3) 인터넷에 있는 그림 삽입

① 인터넷 사이트에서 삽입하고자 하는 그림을 선택한 후, 마우스 오른쪽 버튼을 클릭하여 나타나는 단축 메뉴에서 [속성]을 클릭한다.

다음 그림은 네이버(http://www.naver.com)에 접속해서 로고 이미지 위에서 마우스 오른쪽 버튼을 클릭한 화면이다.

② 인터넷 그림 파일의 등록 정보창이 나오면 그중 주소:(URL) 부분을 마우스로 드래그하여 선택한 후 복사를 한다.

③ 삽입하고자 하는 그림파일의 주소를 복사하였다면 나모 웹에디터의 상단 메뉴의 [삽입]-[그림]-[그림]을 클릭하거나 기본도구막대에서 그림 삽입 아이콘을 눌러 그림 경로에 붙여 넣기하고 확인을 누르면 된다.

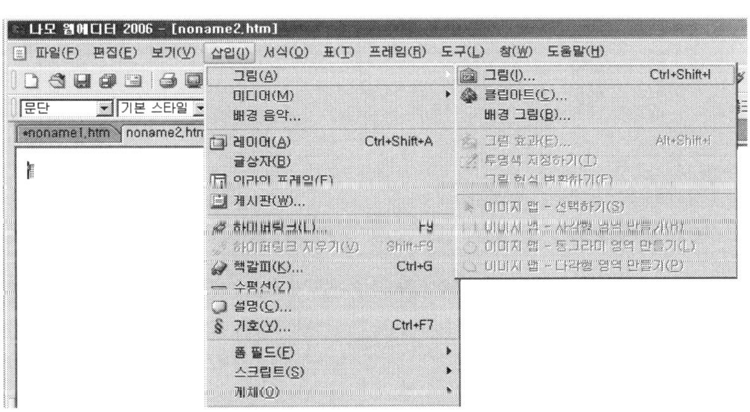

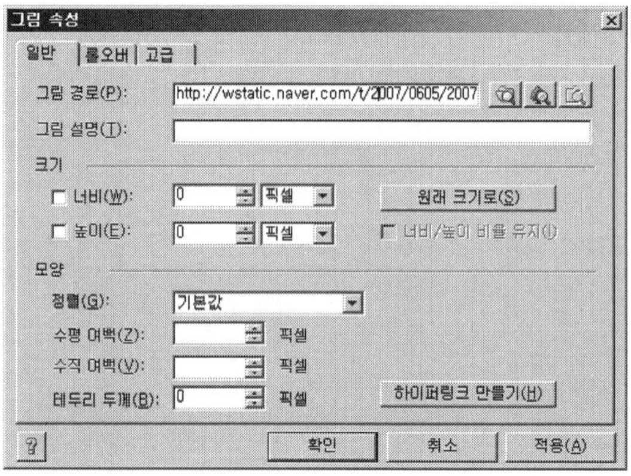

(4) 배경 그림 삽입

① 윈도우즈에 바탕화면에 배경 그림을 넣어서 많이 사용하고 있다. 이것처럼 내가 만드는 홈페이지 바탕화면에 배경그림을 넣을 수 있는 기능이다. 상단 메뉴에서 [삽입]-[그림]-[배경 그림]을 클릭한다.

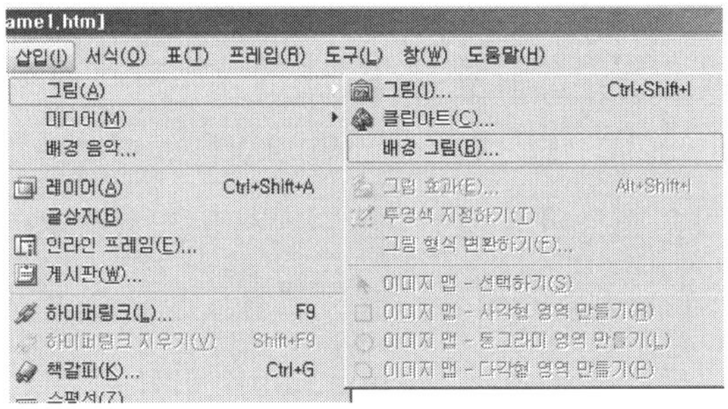

② '문서 배경 그림' 대화상자에서 원하는 배경 그림을 선택하기 위해서 [찾아보기] 버튼을 클릭하여 내 컴퓨터에 있는 파일을 선택할 수도 있고 인터넷에 있는 그림 파일인 경우 그림 파일의 주소를 복사하여 그림 경로 부분에 붙여 넣기 해도 된다. 물론 [클립아트]를 클릭하면 나모 웹에디터에서 제공하는 주제별 클릭아트가 제시되고 그 중 선택을 해도 된다.

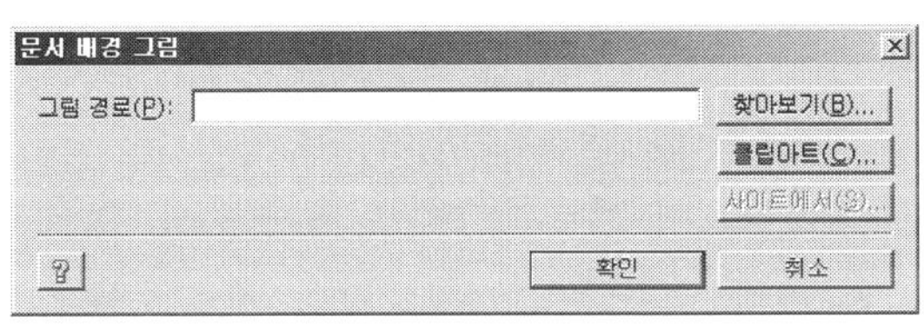

③ 다음 그림은 배경 그림이 적용된 상태를 나타낸 것이다.

7_홈페이지의 교육적 활용

7. 포토 앨범 만들기

홈페이지에 삽입되는 그림은 가급적 크기를 작게 설정하는 것이 문서 로딩을 빠르게 만드는 방법이다. 이러한 이유 때문에 여러 개의 그림을 보여주는 갤러리 홈페이지를 꾸밀 때도 한 화면에는 작은 그림만이 보이도록 구성하고 그림을 클릭하면 원래의 그림이 나타나도록 만든다. 이때 화면을 구성하는 작은 그림을 별도로 제작해야 하는데 이 작은 그림들을 손톱크기 만하다고 해서 썸네일(Thumnail)이라고 부른다.

(1) 나모 웹에디터에서는 디지털 카메라로 찍은 사진들이 들어 있는 폴더나 이미지 파일을 대상으로 쉽게 웹 브라우저로 볼 수 있도록 앨범 형식의 제작을 가능하게 하는 포토 앨범 만들기 기능이 있다. 메뉴에서 [도구]-[포토앨범] 을 선택한다.

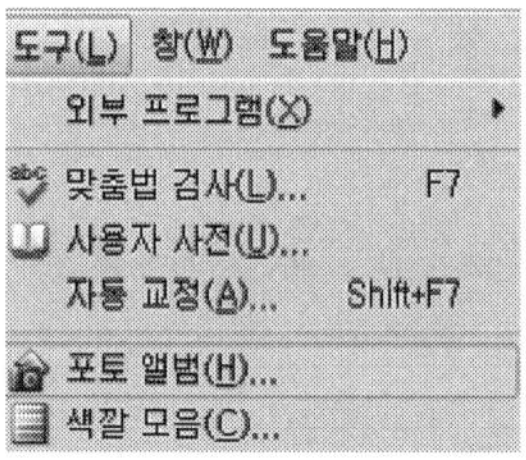

(2) 웹 문서를 저장하기 전이라면 아래와 같이 '포토 앨범을 만들기 전에 문서를 저장해야 합니다.' 라는 메시지가 뜬다. [확인] 버튼을 클릭하여 현재 작업할 웹 문서를 저장한다.

이 곳에서는 '포토앨범.htm' 로 저장한다.

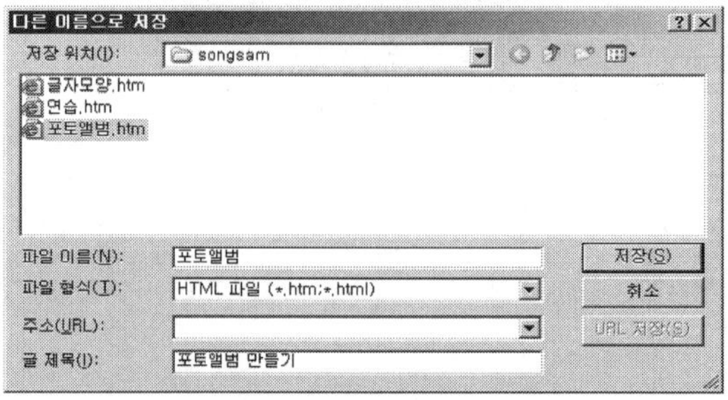

(3) 웹 문서를 저장하면 '앨범 설정 정보' 대화 상자가 나타난다. 처음으로 포토 앨범을 만드는 경우에는 [새로 만들기] 버튼을 클릭, 이미 포토 앨범을 한 번 만든 적이 있으면 앨범 설정 파일 열기를 누른다.

이 때 [새로 만들기] 버튼을 클릭하면 '포토 앨범 유형 선택하기' 대화상자가 나타나며, [앨범 설정 파일 열기] 버튼을 클릭하면 기존 포토 앨범 정보를 가지고 있는 파일을 선택할 수있는 대화상자가 나타난다.

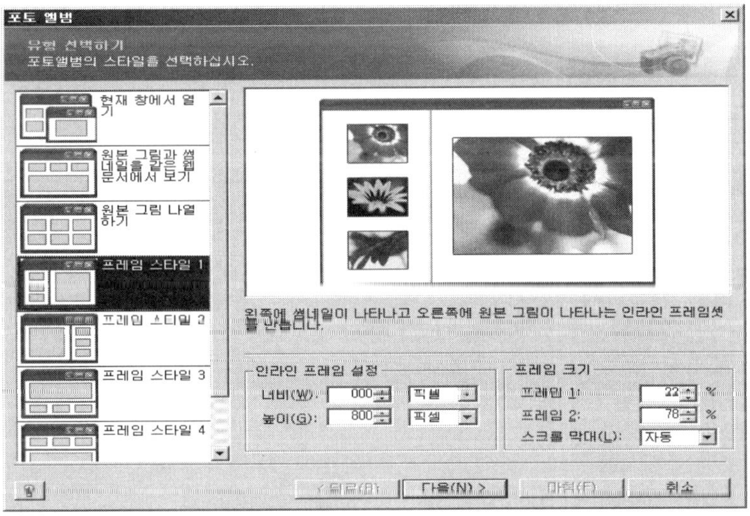

[새로 만들기] 버튼을 클릭했을 때 나타나는 화면

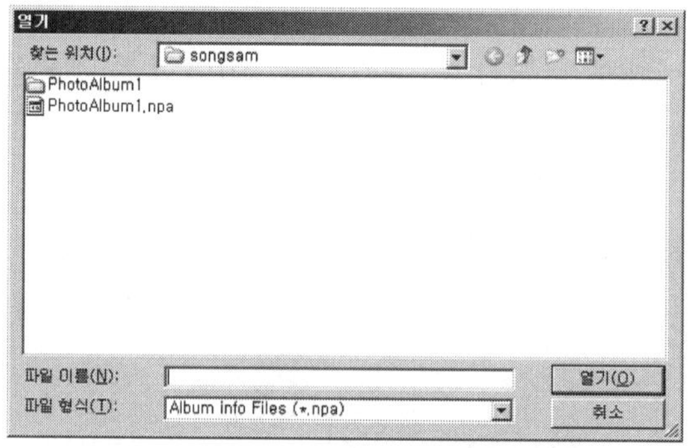

[앨범 설정 파일 열기] 버튼을 클릭했을 때 나타나는 화면

(4) 앞에서 앨범의 유형을 선택하거나 기존 앨범을 열게 되면 '파일 선택하기' 화면이 나온다. 이 화면에서는 [파일 추가] 버튼을 눌러 디지털 카메라로 찍은 사진 중 앨범으로 만들고 싶은 파일을 추가하거나, 한 폴더에 모든 사진이 들어 있다면 [폴더 추가] 버튼을 눌러 폴더채로 선택할 수도 있다. 파일을 다 선택했다면 [다음] 버튼을 눌러 진행한다. 혹 전과정으로 돌아가고 싶으면 언제든지 [뒤로] 버튼을 클릭한다. 이 책에서는 6학년 포토앨범을 제작하고자 6학년 학생들의 사진을 선택하여 추가하였다.

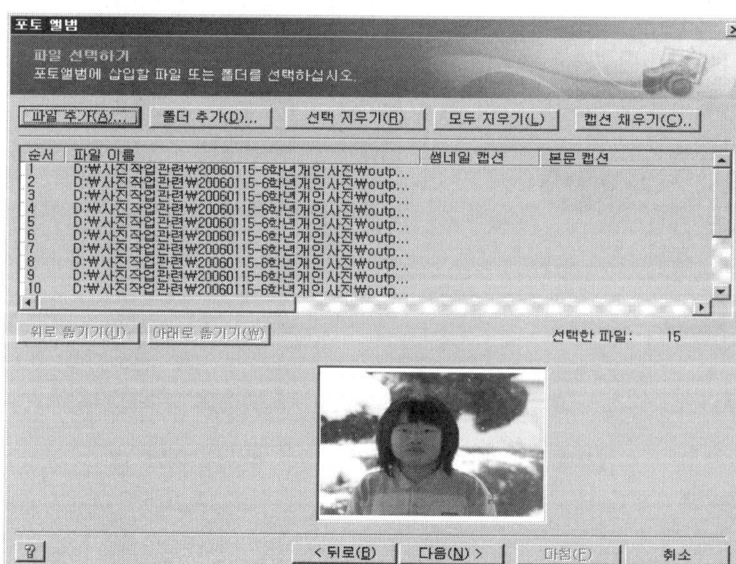

> **TIP**
>
> 최근에는 싸이월드(http://cyworld.co.kr) 등의 개인 까페나 블로그가 많이 보급되어 있어 나모 웹 에디터의 포토 앨범 사용 빈도가 많이 줄어들었지만 학교 행사 사진 앨범이나 학급 전자 앨범, 교육용 콘텐츠에 활용할 수 있는 기능이므로 잘 살펴보도록 합시다.

(5) 앞 과정에서 사진 파일을 선택하고 [다음] 버튼을 누르면 '셈네일 만들기' 화면이 나타난다. 여러 개의 그림을 보여주는 갤러리 홈페이지를 꾸밀 때도 한 화면에는 작은 그림만이 보이도록 구성하고 그림을 클릭하면 원래의 그림이 나타나도록 만든다. 이때 화면을 구성하는 작은 그림을 별도로 제작해야 하는데 이 작은 그림들을 손톱크기 만하다고 해서 썸네일(Thumnail)이라고 부른다. 따라서 이 과정에서는 셈네일 파일의 설정을 해주는 것으로 셈네일 사진의 효과, 크기등을 설정할 수 있습니다. 설정을 다 마쳤으면 [다음] 버튼을 눌러 진행한다.

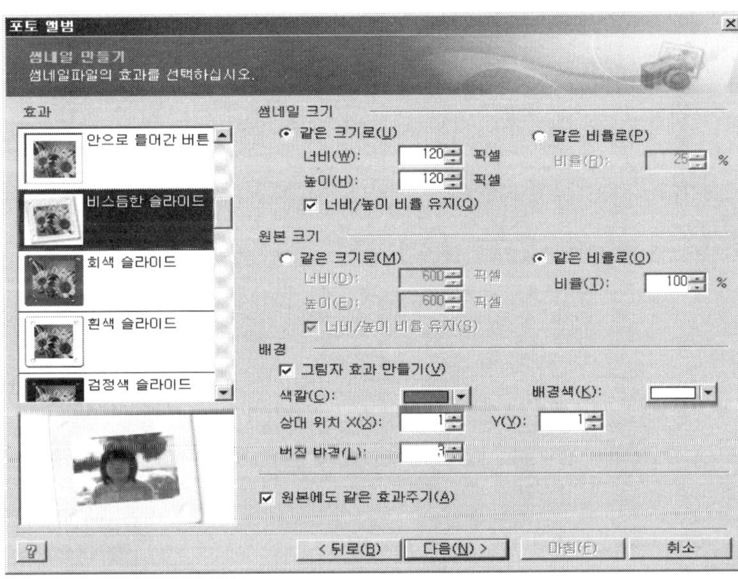

(6) 다음 화면은 '포토 앨범 모양' 대화상자로써 포토앨범의 레이아웃을 선택하는 화면이다. 표의 칸수, 표 너비, 표 넓이, 정렬 방식, 테두리 색깔, 선 두께 등을 조절할 수 있습니다. 설정을 다 했으면, [다음] 버튼을 눌러 진행한다.

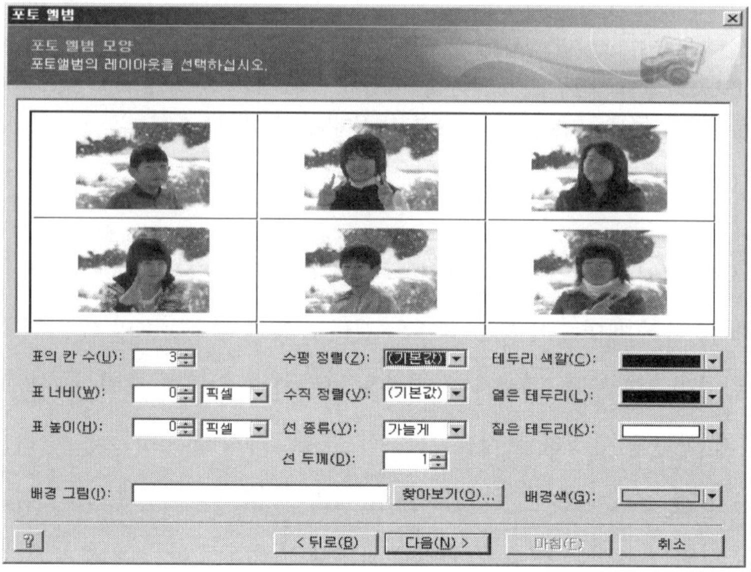

(7) 다음 화면은 '포토 앨범 설정' 화면으로 선택한 사진 파일을 저장할 경로와 섬네일 파일을 저장할 경로, 포토앨범 HTML 문서경로 등을 설정할 수 있다. 별다른 경로의 변경이 필요 없다면 [마침] 버튼을 눌러 앨범 제작을 마치면 된다.

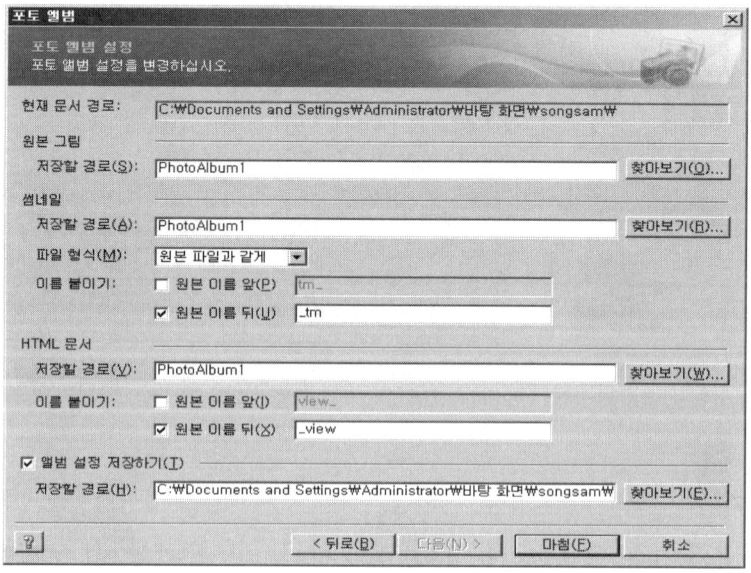

(8) 포토 앨범 제작을 마쳤으면 [편집] 화면에서 [미리보기] 화면으로 전환하여 제작이 잘 되었는지 확인하여야 한다. 화면에서 보는 것과 같이 셈네일 파일을 클릭하면 새 창으로 원본 사진이 실행되는 것을 확인할 수 있다. 혹 앨범의 설정이 마음에 들지 않으면 다시 ①번부터 재 설정을 하여 ③번 과정에서 [앨범 설정 파일 열기]를 눌러 기존 앨범 파일을 열어 재 설정 해주면 된다. 이 책에서의 앨범 설정 파일은 'PhotoAlbum1' 이다.

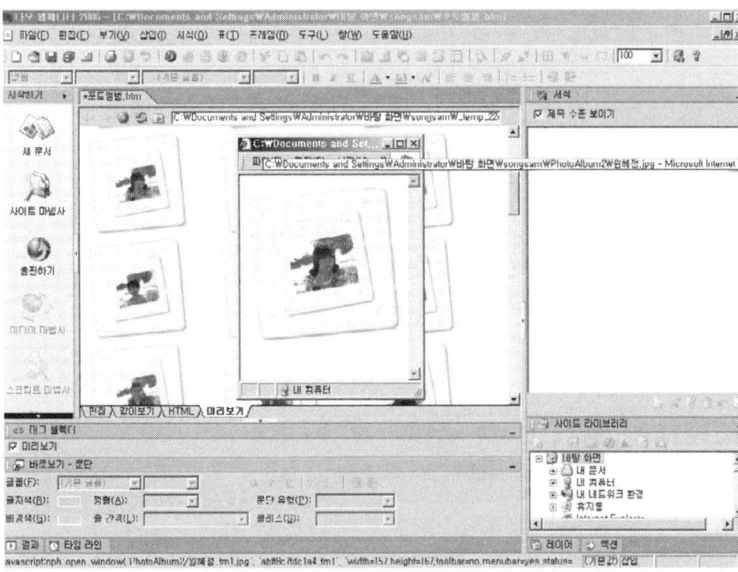

8. 멀티미디어 삽입하기

(1) 배경 음악 삽입하기

① 메뉴에서 [삽입]-[배경 음악]을 선택하거나 편집화면의 빈 공간에서 마우스 오른쪽 버튼을 클릭하여 단축 메뉴에서 [문서 속성]을 선택한다.

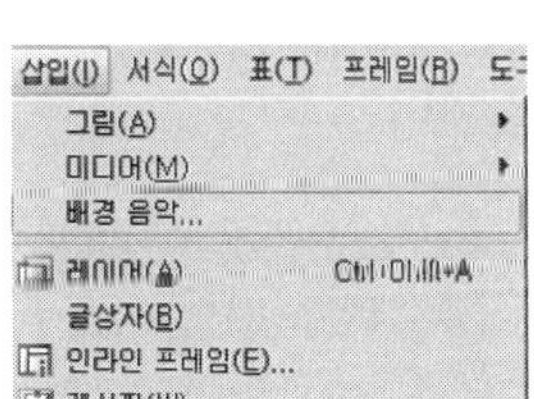

[삽입]-[배경 음악]

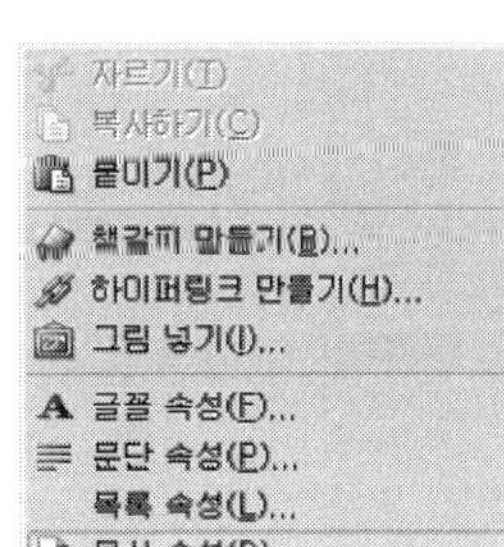

편집 화면 빈공간에 빠른 메뉴[문서 속성]

② 인터넷에서 마음에 드는 배경 음악의 경로를 복사하여 직접 입력하여 줄 수도 있고 사용자의 컴퓨터에 있는 음악 파일을 선택하기 위해서는 [찾아보기] 버튼을 클릭하고 원하는 음악 파일을 선택한다. 또한 선택한 배경 음악의 반복 횟수 등을 설정한 후 설정이 끝났으면 [확인] 버튼을 클릭한 후 [미리보기] 탭을 눌러 지정한 배경 음악이 제대로 나오는지 확인한다.

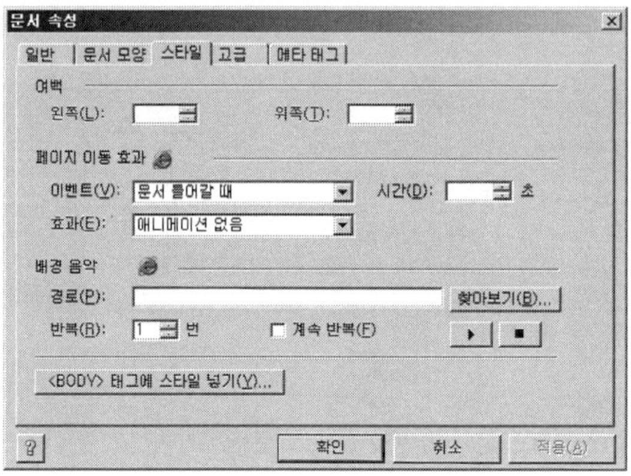

(2) 동영상 파일 넣기

① 메뉴에서 [삽입]-[미디어]-[Windows 미디어 플레이어]를 클릭하면 미디어 속성 대화 상자가 나타난다. 경로에 직접 동영상 파일의 경로를 지정하거나, [찾아보기] 버튼을 눌러 동영상 파일을 선택한다.

② 동영상 파일을 선택한 후 동영상의 너비, 높이등의 설정과 재생 방법에 대한 설정을 마쳤으면 [확인] 버튼을 눌러 진행한다.

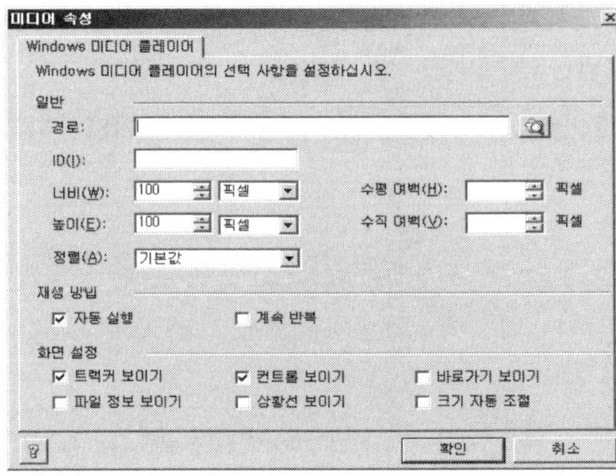

③ [확인] 버튼을 클릭하면 편집 화면에 다음과 같은 개체가 표시되며 동영상의 내용은 보이지 않으므로, [미리보기] 탭으로 이동하여 동영상이 올바로 웹 문서에 삽입되었는지 확인한다.

[편집] 화면에서 동영상 개체 표시

[미리보기] 화면에서 동영상의 실행

9. 표 만들기

(1) 웹 문서에서의 표

웹 문서 작성에 있어서 표는 다음과 같은 두 가지 중요한 의미를 갖는다.

① **정보를 표시하는 형태** : 시간표, 성적표 등의 정보를 표시하는 형태

② **문서의 레이아웃을 위한 틀** : 그림과 문자를 배치하기 위한 틀, 이 경우 표의 테두리를 보이지 않게 설정하는 예가 많다.

(2) 표 삽입하기

표를 삽입하는 방법은 크게 3가지가 있다.

① 기본 도구 막대에서 [표 만들기 ▦]를 클릭하여 원하는 가로줄, 세로줄 수를 선택하는 방법

② 메뉴에서 [표→표 그리기]를 클릭하여 나타나는 [표 도구] 막대에서 [표 그리기]를 클릭하여 원하는 위치에 가로/세로줄을 그려 넣는 방법

[표 도구] 막대에는 [표 지우기], [표 속성], [셀 속성] 등 표에 관련된 여러 가지 기능이 모여 있다.

③ 메뉴에서 [표→새 표]를 선택하여 [표 속성] 창에서 표의 크기, 모양, 테두리, 배경 속성을 지정하는 방법

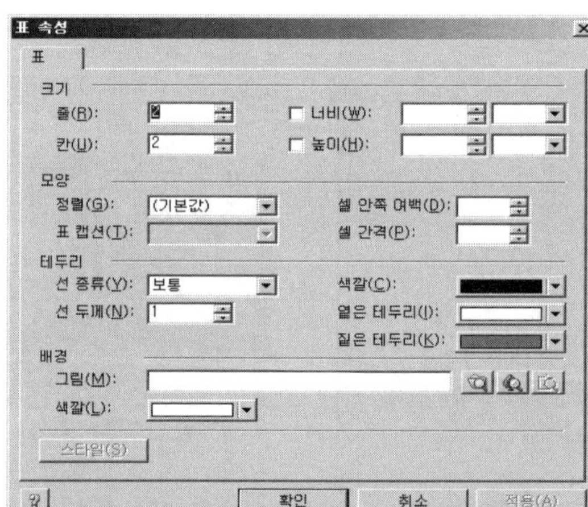

[확인] 버튼을 클릭하면 '2×2' 짜리 표가 편집창의 가운데 만들어진다.

> **TIP**
>
> 최근 홈페이지 레이아웃을 위해 대부분 표를 사용하고 있습니다. 표를 사용하는 경우 표 안에 내용(글자, 그림) 정렬이 용이합니다. 따라서 홈페이지 제작에 있어서 표를 다루는 능력은 필수적이라고 할 수 있습니다. 이번 기회에 표에 대해 자세히 공부해 보세요. 참고적으로 요즘 포털사이트들의 대부분이 표를 활용하여 제작 되었답니다.

(3) 표에 줄 삽입하고 지우기

① 줄을 삽입할 표의 셀에 마우스 포인터를 위치시킨 후 [표→줄 삽입하기]를 클릭한다.

② [줄 삽입하기] 창이 나타나면 [가로줄 삽입하기]에 체크하고, [가로줄 개수]를 '1'로 지정한다. 그리고 [현재 셀의 아래쪽]에 체크하고 [확인] 단추를 클릭한다. 그러면 마우스 포인터가 있던 곳에 가로로 줄이 하나 삽입된다.

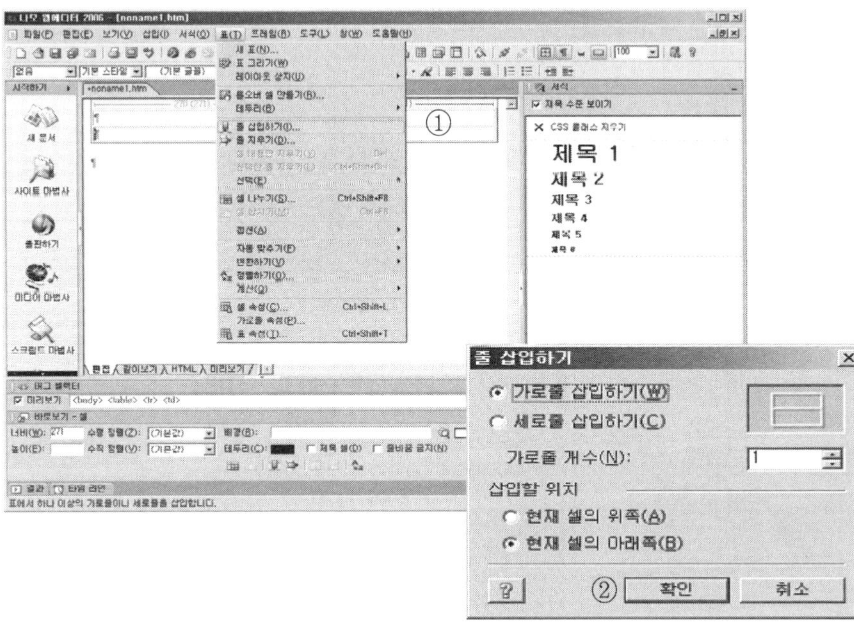

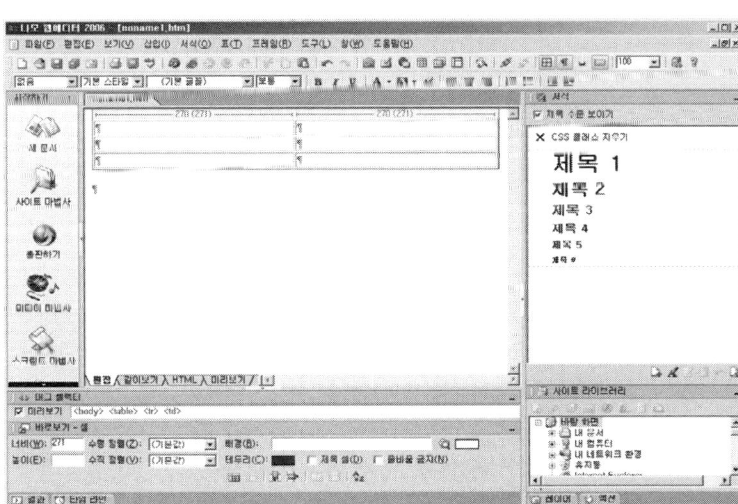

③ 표에 마우스 오른쪽 버튼을 클릭한 후, 나타나는 단축메뉴에서 [표→줄 삽입하기]를 차례로 클릭한다.

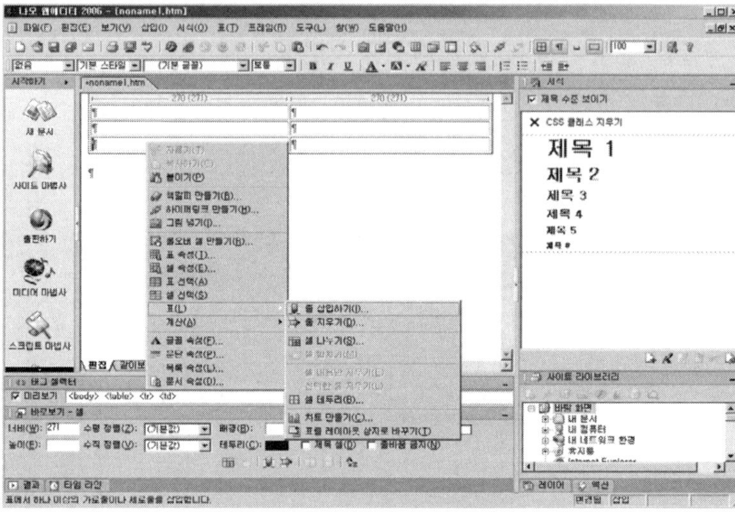

④ 다시 [줄 삽입하기] 대화상자가 나타나는데 이번에는 [세로줄 삽입하기]에 체크하고 [세로줄 개수]를 '2' 로 지정한 후, [확인] 단추를 클릭한다. 그러면 표에 세로줄 2개가 삽입이 되어 '3×2' 인 표가 '3×4' 인 표로 만들어진 것을 확인할 수 있다.

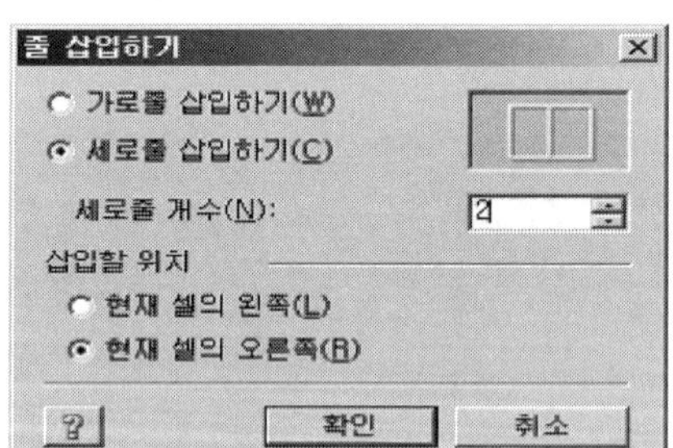

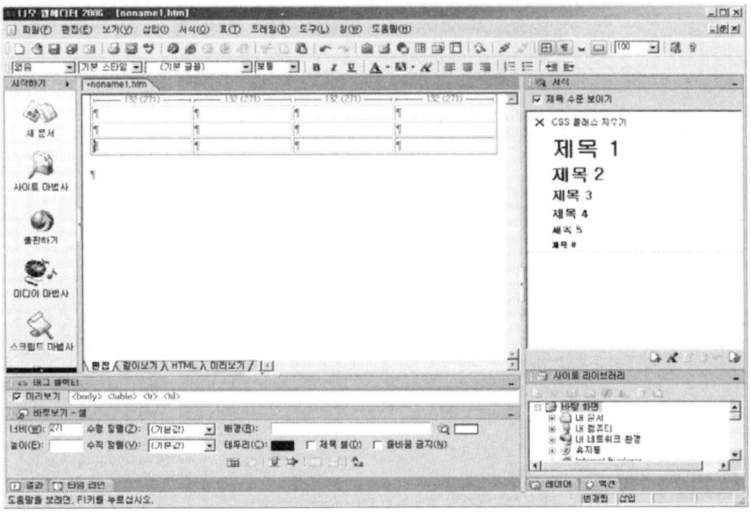

⑤ 이번에는 삽입된 줄을 지우기 위해 마우스 포인터를 셀 안에 위치시킨 후, [표→줄 지우기]를 클릭한다.

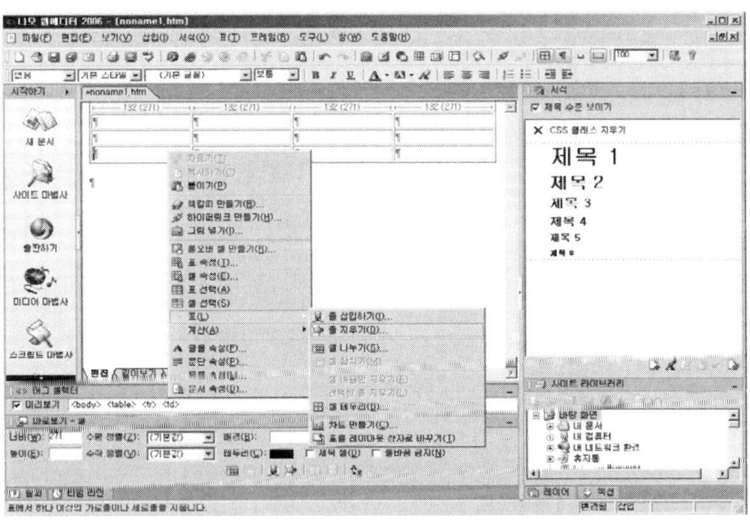

⑥ [줄 지우기] 대화상자가 나타나면 [가로줄 지우기]에 체크하고 [지울 개수]를 '1'로 지정한 후, [확인] 단추를 클릭한다. 그러면 표의 가로줄 한 개가 지워진다.

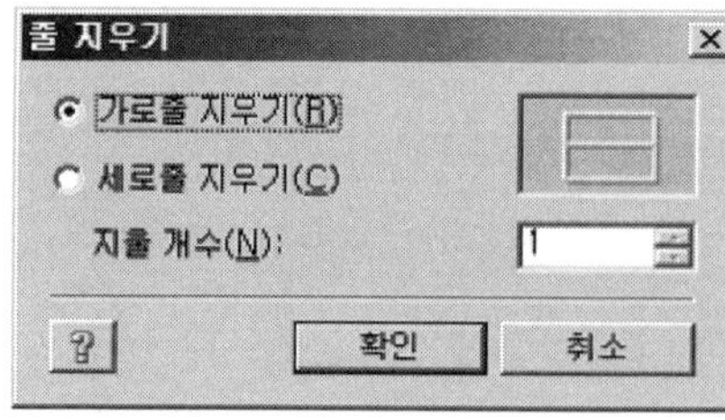

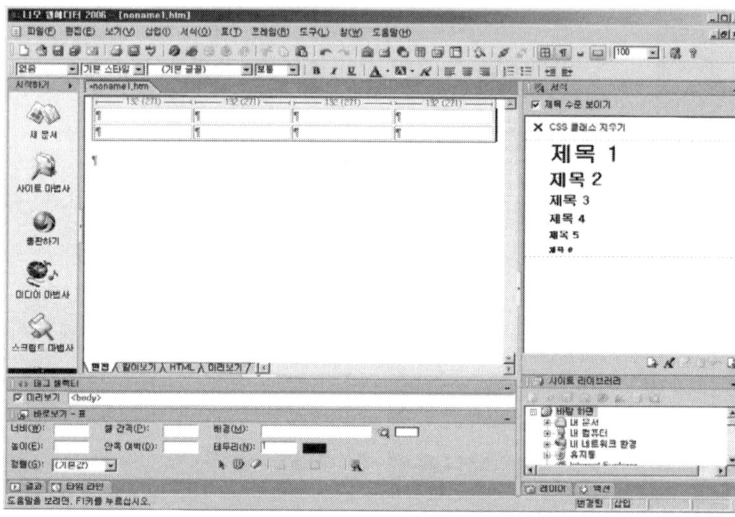

⑦ 계속해서 표에서 마우스 오른쪽 버튼을 클릭한 후 나타나는 단축메뉴에서 [표→줄 지우기]를 차례대로 클릭한다. [줄 지우기] 대화상자가 나타나면 이번에는 [세로줄 지우기]에 체크하고 [지울 개수]를 '2'로 지정한 후, [확인] 단추를 클릭한다. 그러면 표의 가로줄 한 개가 지워진다. 그러면 '2×4' 였던 표의 세로줄 2개가 지워지면서 '2×2' 인 표로 바뀐 것을 확인할 수 있다.

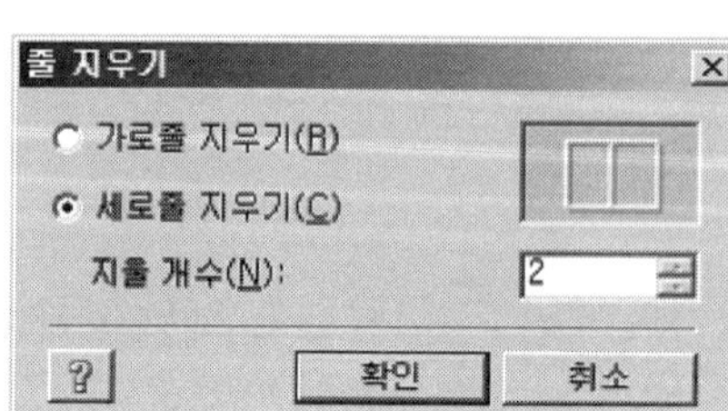

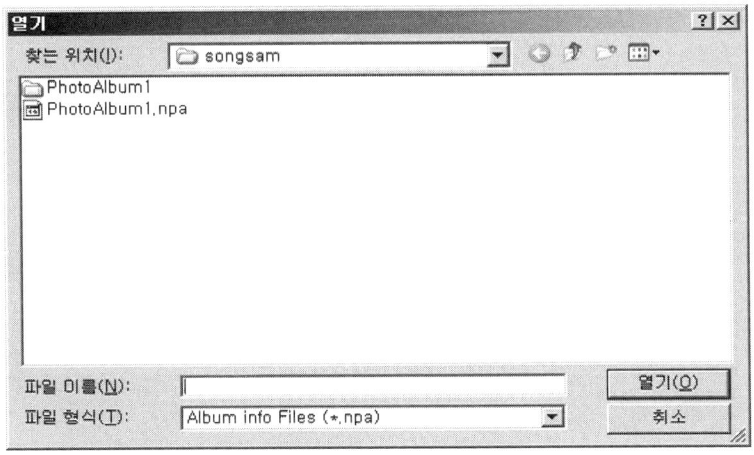

(4) 하나의 셀을 여러 개로 나누기

① 셀을 나눌 곳에 마우스 포인터를 위치시킨 후 [표→셀 나누기]를 클릭한다.

② [셀 나누기] 대화상자가 나타나면 [가로줄로 나누기]에 체크하고 [나눌 개수]를 '3' 으로 지정한 후, [확인] 단추를 클릭한다.

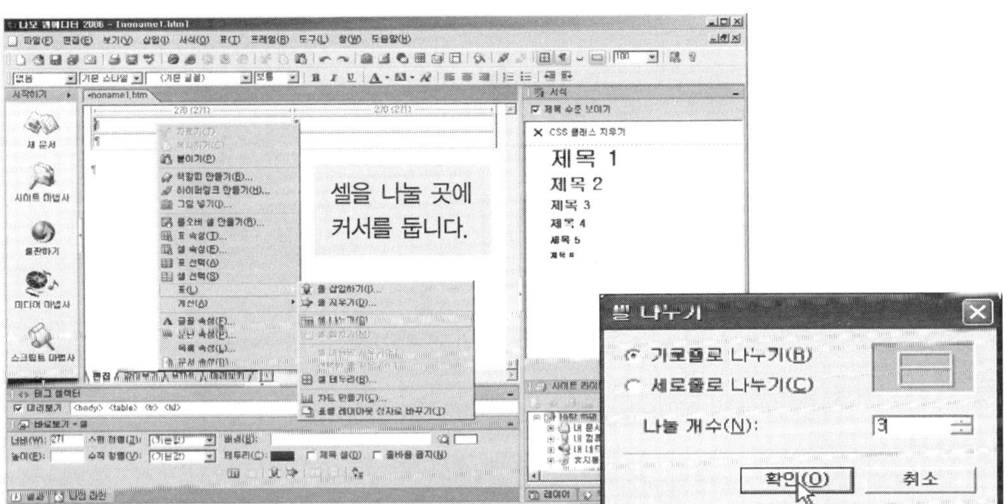

③ 커서가 위치해 있던 곳의 셀이 3개로 나누어진다. 이번에는 다른 셀에 커서를 놓고 마우스 오른쪽 버튼을 클릭한 후 나타나는 단축메뉴에서 [표→셀 나누기]를 차례대로 클릭한다.

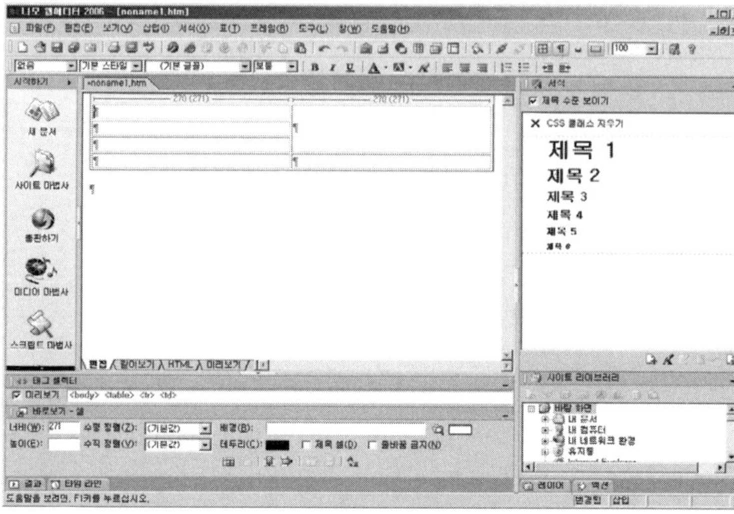

④ 다시 [셀 나누기] 대화상자가 나타나면 이번에는 [세로줄로 나누기]를 체크하고, [나눌 개수]를 '2'로 지정한 후 [확인] 단추를 클릭한다. 그러면 커서가 위치해 있던 곳의 셀이 2개로 나누어지는 것을 확인할 수 있다.

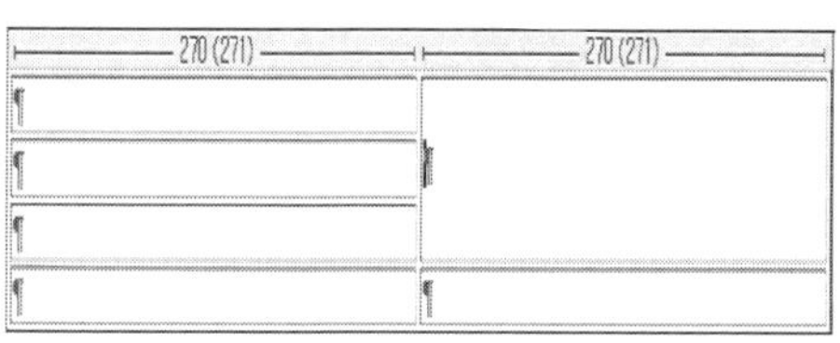

셀 나누기 전

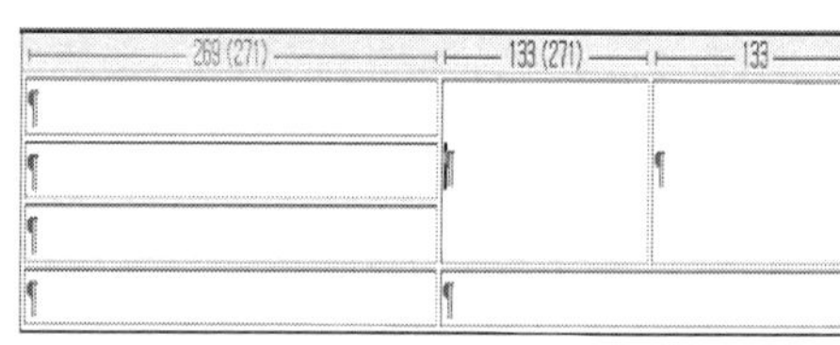

셀 나누기 후

⑤ [표 도구] 막대를 이용한 셀 나누기를 위해 메뉴에서 [보기→도구막대→표]를 차례대로 클릭한다.

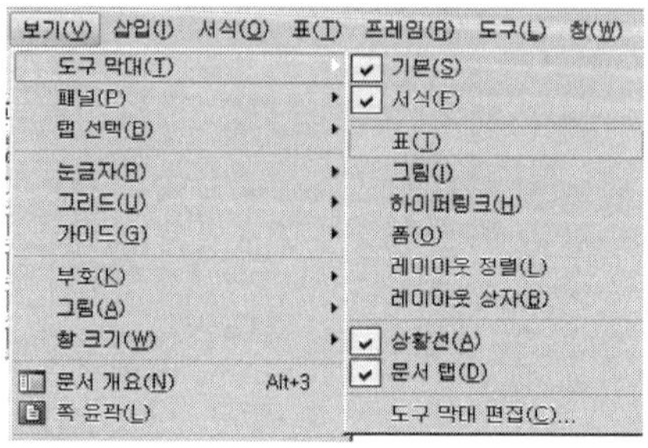

⑥ 웹 문서의 [편집] 창에 [표] 도구막대가 나타나면 [표 그리기] 단추를 클릭한다. 그러면 마우스 포인터의 모양이 연필 모양으로 바뀐다. 연필 모양의 마우스 포인터를 이용하여 오른쪽 셀 안에 가로줄을 그어준다.

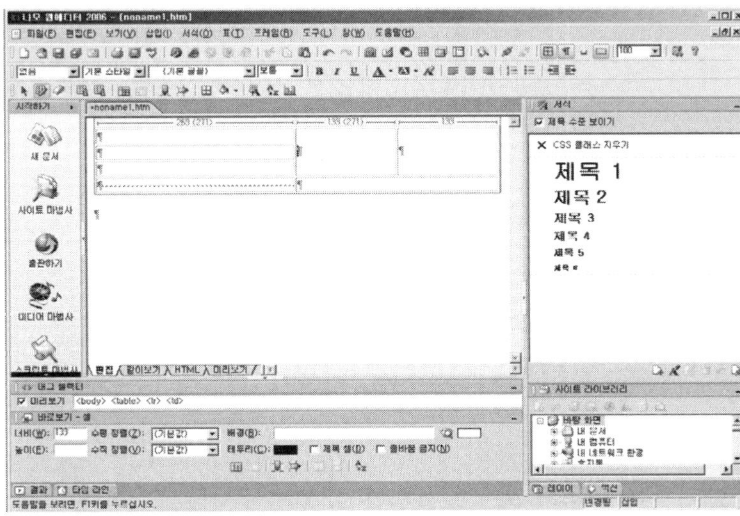

⑦ 셀을 더 잘게 나누기 위해 가로줄을 그었던 셀에 세로줄을 그어준다. 그러면 2개였던 셀이 4개의 셀로 나누어진 것을 확인할 수 있다.

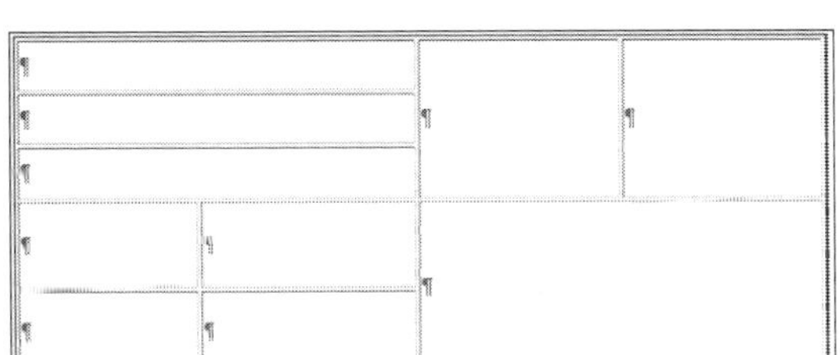

(5) 표 지우개로 표의 줄 지우기

① [표 도구] 막대에 있는 지우개 모양의 [표 지우기] 단추를 클릭한다.

② 마우스 포인터의 모양이 지우개 모양으로 바뀌면 지우려는 줄 근처로 마우스 포

인터를 가져간다.

③ 마우스 왼쪽 버튼을 클릭한 상태에서 마우스 포인터를 지우려는 줄에 대면, 선택된 줄이 빨간색으로 나타난다.

④ 지우려는 줄이 빨간색으로 나타나면 마우스 왼쪽 버튼에서 손을 뗀다. 그러면 선택되었던 줄이 사라진다.

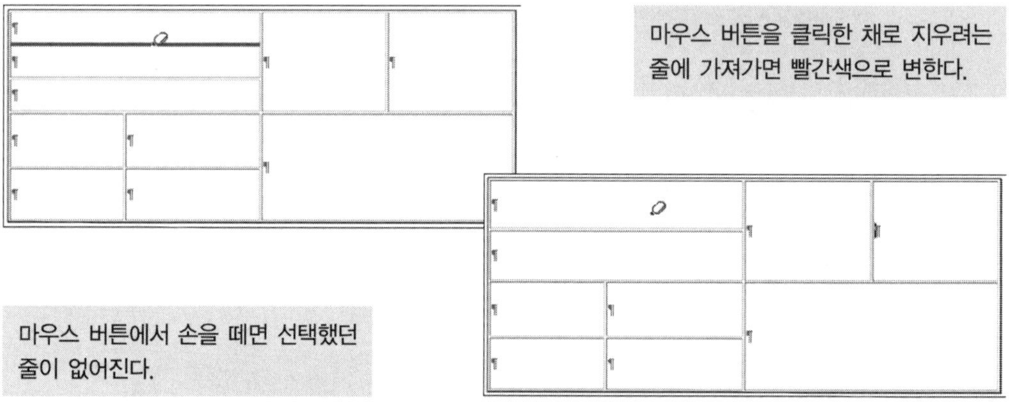

⑤ 계속해서 마우스 왼쪽 버튼을 클릭한 후 지우개 모양의 마우스 포인터로 지우려는 줄을 선택합니다. 선택된 줄은 모두 빨간색으로 나타난다.

⑥ 마우스 왼쪽 버튼을 떼면 빨간색으로 선택되었던 줄이 모두 삭제된다.

(6) 셀 크기 정리하기

① 너비와 높이가 서로 다른 셀들을 같은 크기로 정리하기 위해서는 먼저 셀들을 블록 설정해야 한다. 표 안에서 마우스 오른쪽 버튼을 클릭한 후 나타나는 단축메뉴에서 [표→선택]을 차례로 클릭한다.

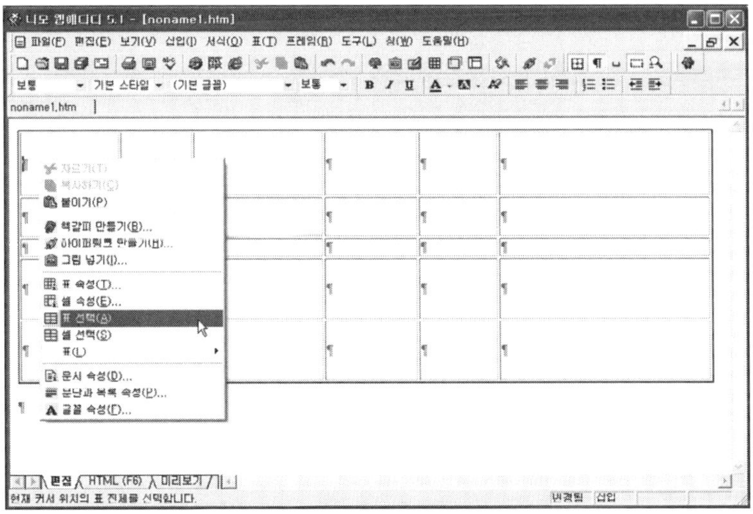

② 정리할 셀들이 블록 설정되면 [표→셀 크기 정리→셀 너비를 같게]를 차례로 클릭한다.

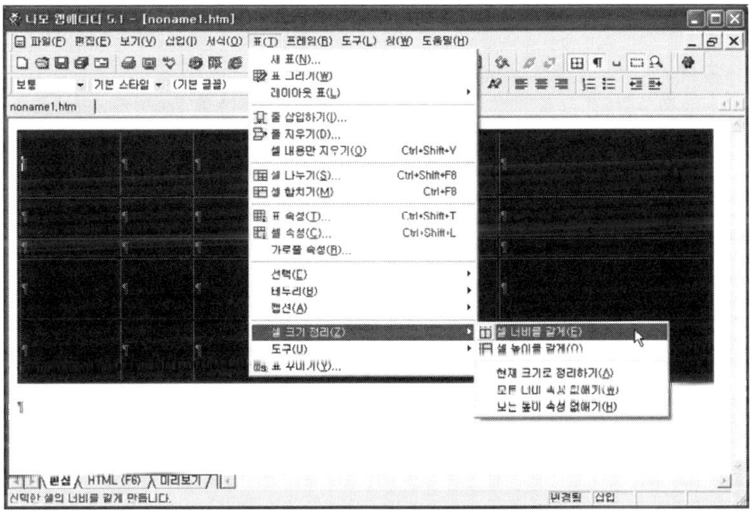

③ 블록 설정했던 표의 너비가 서로 같아진다. 계속해서 다시 표를 블록 설정한 다음, 이번에는 [표→셀 크기 정리→셀 높이를 같게]를 차례로 클릭한다.

④ 서로 크기가 달랐던 셀들의 너비와 높이가 같아져서 똑같은 크기의 셀들로 표가

정리된 것을 확인할 수 있다.

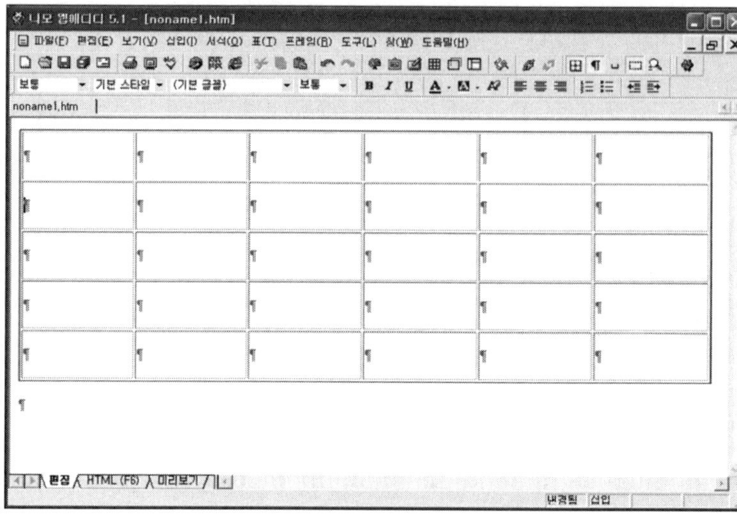

chapter7 4 드림위즈에 회원 가입하고 홈페이지 계정 신청하기

나모 웹에디터로 홈페이지 파일을 만들었으면 이 파일을 자기만의 홈페이지 공간에 업로드하여 다른 사람들에게 알려야 한다. 그럼 홈페이지 무료공간을 주는 사이트 중 '드림위즈' 사이트에 회원 가입하고 홈페이지 계정을 신청해보자.

① 익스플로러를 실행시킨후 주소창에 'http://www.dreamwiz.com' 입력하고 회원 가입을 한다. 회원 가입 절차와 방법은 다른 사이트와 비슷하므로 생략힌다.

② 로그인 후 드림위즈의 하단에 보면 왼쪽과 같은 메뉴들이 있고 이 중 '웹데스크' 라는 메뉴를 클릭한다.

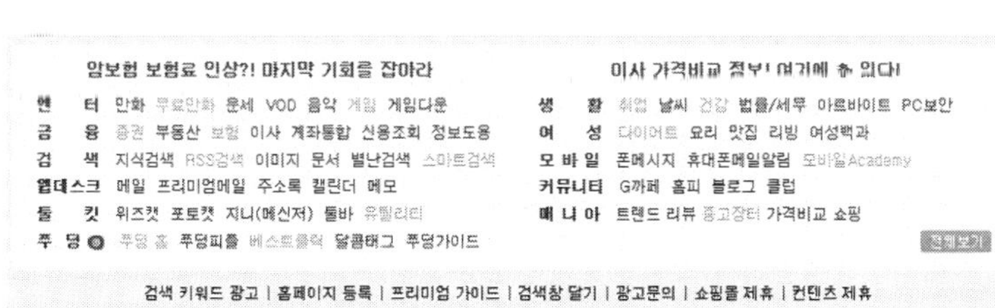

③ FTP주소란에 'ftp.dreamwiz.com'라고 입력하시고 사용자 아이디와 비밀번호에는 드림위즈 가입시에 사용한 아이디와 패스워드를 입력한다. 또 포트는 21로 되어 있는지 확인하고 [확인] 버튼을 누른다.

④ 홈페이지 개설에 관련된 안내 사항이 나오고 개설을 위해 사용자 비밀번호와 인증키를 입력하게 되어 있다. 비밀번호를 입력 후 아래 화면에 있는 인증번호를 인증키 입력 부분에 입력한 후 확인 버튼을 누르면 홈페이지 계정이 개설된다.

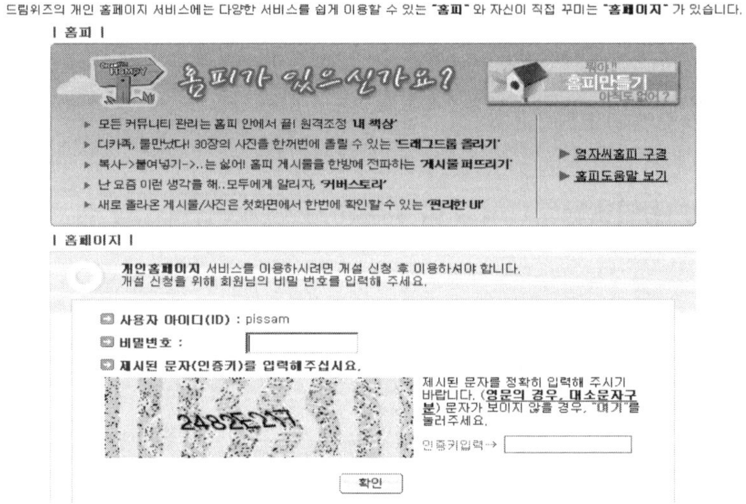

chapter7 5 알FTP로 홈페이지 올리기

01_FTP 서비스는 무엇인가?

FTP란 (File Transfer Protocol) 사용자가 네트워크 상의 다른 컴퓨터에 로그인(login)한 후, 제공 되는 명령어를 사용해 원격지의 컴퓨터(Server/Client)간에 파일을 교환할 수 있는 기능이다.

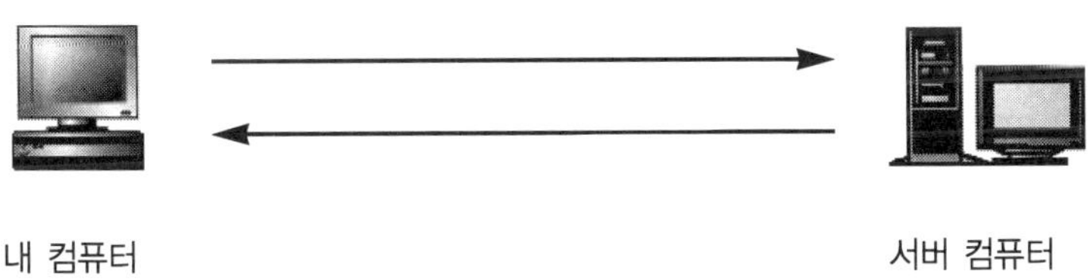

02_FTP 프로그램의 종류

FTP의 종류는 상당히 많이 있다. 사용자가 프로그램의 기능, 편의성을 고려해서 사용하면 된다.

WS_FTP 3.0

전세계적으로 가장 많은 사용자를 확보하고 있는 FTP Client 프로그램의 대명사인 WS_FTP의 공개 버전인 WS_FTP Limited Edition, WS_FTP

CuteFTP Pro 3.0

WS_FTP와 함께 가장 많은 사용자를 확보하고 있는 FTP 클라이언트인 CuteFTP 이다.

알FTP 3.1

알집, 알See 등 공개 셰어웨어 프로그램을 배포하고 있는 이스트소프트가 제작한 무료 FTP 클라이언트 프로그램인 알FTP 이다.

나모웹에디터 FTP

나모웹에디터는 “출판하기” 라는 기능을 이용하여 쉽게 파일 전송을 할 수 있다.

드림위버 FTP

드림위버는”사이트관리자” 라는 기능을 이용하여 쉽게 파일 전송을 할 수 있다.

MS-DOS 창에서 FTP

인터넷에 연결된 상태에서 특별한 FTP프로그램이 없이도 실행할 수 있다.

교재에서는 국내에서 제작하여 무료로 배포하고 있는 알FTP를 활용하여 나모로 제작한 홈페이지를 서버에 올리는 방법에 대해 알아본다.

① [시작] - [프로그램] - [이스트소프트]-[알FTP]를 차례대로 클릭하여 알FTP를 실행한다.

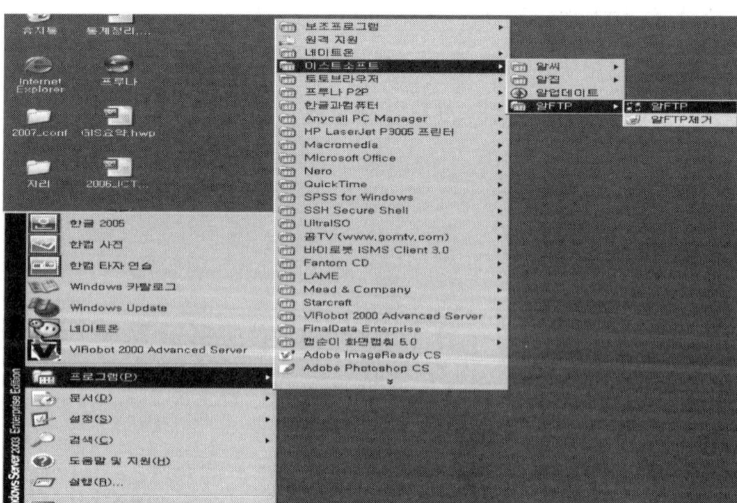

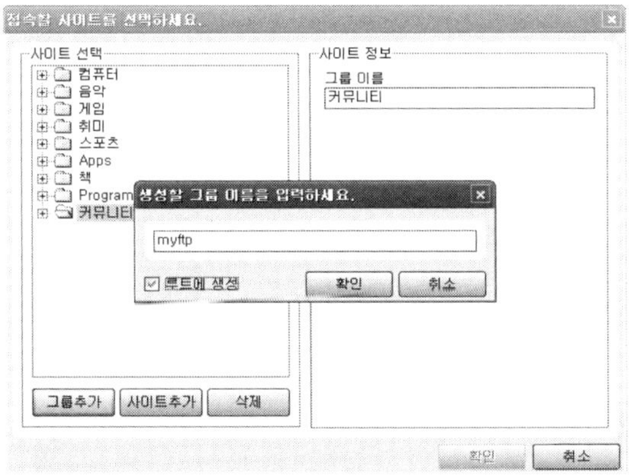

② 접속할 사이트를 선택할 수 있는 대화상자가 나오면 하단에 있는 [그룹추가] 버튼을 눌러 'my ftp' 라는 그룹을 추가하고 '루트에 생성' 에 체크를 한다.

③ 'myftp' 라는 그룹을 선택하고 하단에 [사이트추가] 버튼을 누르면 옆 그림과 같은 대화상자가 나오는데 이곳에 '드림위즈' 라고 입력하고 '루트에 생성' 에는 체크 해제한다.

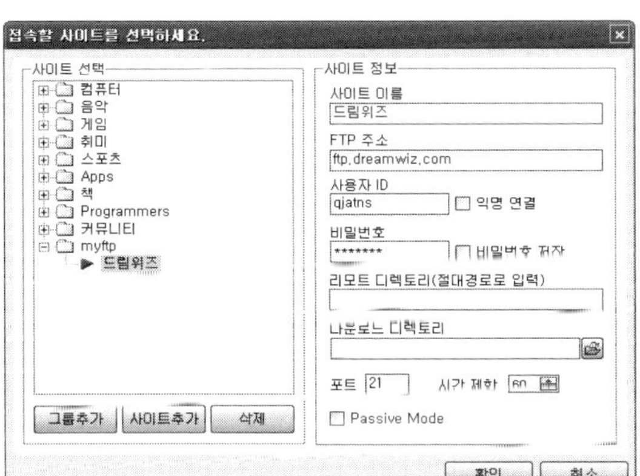

④ FTP주소란에 'ftp.dreamwiz.com' 라고 입력하고 사용자 아이디와 비밀번호에는 드림위즈 가입시에 사용한 아이디와 패스워드를 입력한다. 또 포트는 21로 되어 있는지 확인하고 [확인] 버튼을 누른다.

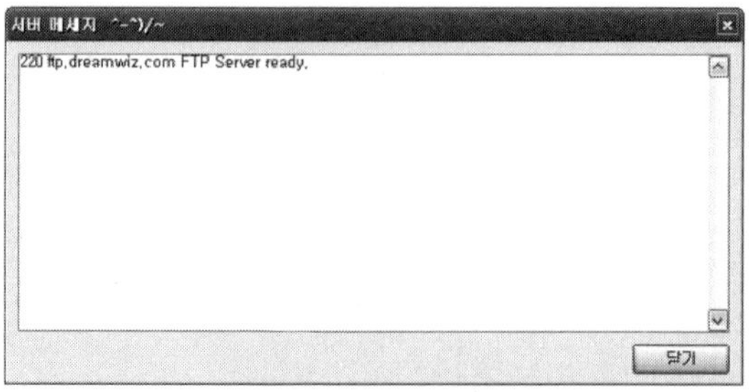

⑤ 서버 메시지가 뜨고 [닫기] 버튼을 누르면 드림위즈의 FTP의 자신의 계정으로 접속이 된다.

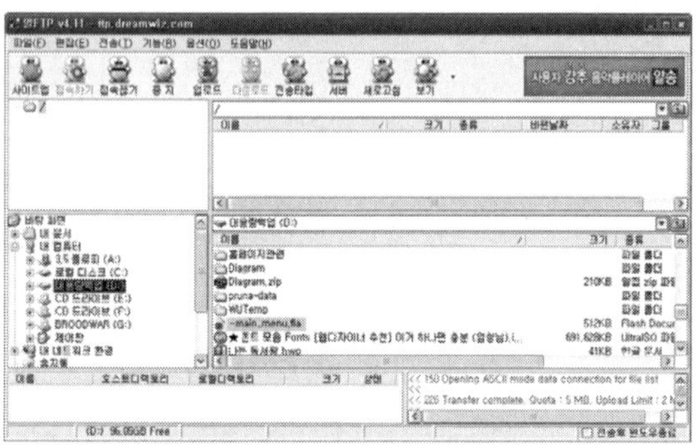

⑥ 옆화면은 접속이 되어 있는 그림이며, 보통 홈페이지를 만들때는 'public_html' 라는 폴더를 생성해 주고 그 안에 홈페이지 파일을 업로드 하여야 한다.

찾아보기

저자소개

이태욱(李泰旭)

➡ 서울대학교를 졸업한 후 미국 플로리다 공대 대학원에서 컴퓨터 과학, 컴퓨터 교육학으로 석사 및 박사를 취득하였고, 미국 플로리다 공대에서 연구 교수를 역임하였다. 귀국 후 1985년부터 한국교원대학교 컴퓨터교육과 교수로 재직하면서 한국 컴퓨터 교육학 회장과 교육정책 심의회 위원, 한국교원대학교 교육연구원장을 역임하였고 ICCE(세계 컴퓨터교육협의회) 수석위원으로 활동 중이다.

컴퓨터 교육학 분야의 국내 제1호 박사이며 정보처리기술사로서 재미과학기술자협회와 미국 National Science Foundation에서 최우수 논문상 등을 수상하였고 약 150여 편의 국내외 학술, 기술 관련 논문과 40여 편의 책과 교과서를 집필하였다.

박정호(朴正鎬)

➡ 서울교육대학교를 졸업하고, 아주대학교 교육대학원에서 컴퓨터교육 전공으로 석사 학위를 받았으며, 화성장안초등학교에서 초등 교사로서 근무 중이며, 현재 컴퓨터교육과 박사과정에 있다.

정보처리기사를 포함 다수의 컴퓨터과련 자격증을 보유하고 있으며 2005~2006년 서울시 영재교육자료 개발에 참여하였으며, 현재 한국교원대학교에서 컴퓨터 관련 과목의 강사로 재직 중이다.

송성범(宋正範)

➡ 공주교육대학교를 졸업하고, 同 대학원에서 초등컴퓨터교육 전공으로 석사 학위를 받았으며, 충남 갈산초등학교에서 초등교사로 근무 중이며, 현재 한국교원대학교 컴퓨터교육 박사과정에 있다.

전국교육자료전 푸른 기장 수상 및 ICT 활용 관련 연구대회 입상 경험이 있으며 현재 한국교원대학교에서 컴퓨터 관련 과목의 강사로 재직 중이다.

김광열(金光烈)

➡ 대구교육대학교를 졸업하고, 대구 성남초등학교에서 초등교사로 근무 중이며, 현재 한국교원대학교 초등컴퓨터교육 석사과정에 있다

ICT 활용연구대회 입상 및 컴퓨터 관련 연구대회에서 다수의 입상 경험이 있으며, 컴퓨터 관련 강의 경력이 풍부하다.

예비교사를 위한

컴퓨터 활용교육

2007년 8월 20일 초판 인쇄
2007년 8월 25일 초판 발행

지은이 | 이태욱/박정호/송정범/김광열
펴낸이 | 오판근
펴낸곳 | 교우사

주 소 | 서울시 동대문구 제기2동 148-19
전 화 | 925-2861, 929-4865
팩 스 | 925-2860
E-mail | kw2861@chollian.net
http://www.kyowoo.co.kr
등 록 | 1994. 3. 24 제6-0256호

ISBN 978-89-8172-696-6(93000)
값 19,000원